LA TÉCNICA DEL RECURSO DE SUPLICACIÓN

JUAN MOLINS GARCÍA-ATANCE
Magistrado del TS, especialista en el orden social
Doctor en Derecho
Graduado Social

LA TÉCNICA DEL RECURSO DE SUPLICACIÓN

2.ª edición actualizada

ARANZADI

ARANZADI LA LEY, S.A.U.
C/ Collado Mediano, 9
28231 Las Rozas (Madrid)
www.aranzadilaley.es
Atención al cliente: https://areacliente.aranzadilaley.es/publicaciones

Primera edición: 2025
Depósito Legal: M-12894-2025
ISBN versión impresa: 978-84-1125-934-7
ISBN versión electrónica: 978-84-1162-200-4

Diseño, Preimpresión e Impresión: ARANZADI LA LEY, S.A.U.
Printed in Spain

Índice General

Página

Página

Página

Página

Página

I

Introducción

En España hay unos 150.000 abogados colegiados y aproximadamente 5.500 jueces. No todos esos letrados se dedican primordialmente a litigar en los tribunales: presentar demandas, contestaciones a las demandas, recursos judiciales... Pero si están colegiados, eso significa que ejercen la abogacía ante los tribunales. También hay:

1) Unos 25.000 graduados sociales, facultados para interponer demandas y recursos de suplicación en el orden social.

2) Aproximadamente 11.000 procuradores.

3) En torno a 2.500 fiscales.

4) Decenas de miles de policías encargados de redactar atestados que cumplen la función de denuncias penales, etc.

Todas esas personas instan el funcionamiento de la Administración de justicia. Y solamente 5.500 jueces deben responder a sus pretensiones. Un sistema en el que hay 30 abogados colegiados por cada juez está desequilibrado.

Es importante hacer hincapié en la diferente forma de operar de los abogados colegiados y los jueces. Los abogados colegiados desarrollan su actividad profesional con unos incentivos racionales y eficaces: en principio, cuanto más y mejor desarrollen su función, más ingresos percibirán y más clientes tendrán.

Por el contrario, los jueces no solo deben afrontar un número de pleitos mucho mayor, sino que, en la práctica, la Administración de justicia no proporciona incentivos reales. El juez percibe su salario con independencia de la carga de trabajo que afronte y del resultado de su actividad profesional, con la única salvedad de un porcentaje mínimo de su salario vinculado a retribuciones variables por objetivos.

Todo ello impulsa la litigiosidad, al existir un número muy elevado de abogados colegiados y de otros profesionales que promueven la intervención de los Tribunales. En los órdenes civil y contencioso-administrativo la condena en costas disuade de la litigiosidad abusiva. En dichos órdenes jurisdiccionales, salvo que se haya reconocido el beneficio de justicia gratuita por insuficiencia de recursos, la parte litigante, al tomar la decisión de interponer un recurso devolutivo, debe tener en cuenta que si se desestima se le impondrán las costas del recurso, cuya cuantía puede ser muy importante, lo que actúa como un factor disuasorio.

Por el contrario, en el orden jurisdiccional social:

1) No hay condena al pago de las costas en la instancia, salvo cuando el empresario actúe con temeridad o mala fe (art. 97.3 LRJS). No es preceptiva la intervención de abogado en la instancia, ni de procurador.

2) De las cuatro grandes categorías de sujetos del proceso (trabajadores, empresarios, beneficiarios de la Seguridad Social y Entidades Gestoras de la Seguridad Social)[1], tres de ellas: los trabajadores, los beneficiarios de la Seguridad Social y las Entidades Gestoras de la Seguridad Social, gozan del beneficio de justicia gratuita *ex lege*. Además, las Administraciones públicas y las entidades de derecho público, cuando intervienen en el proceso social, están exentas de las obligaciones de depositar y consignar.

3) Al gozar del beneficio de justicia gratuita, esas partes pueden recurrir en suplicación sin depositar ni consignar cantidad alguna y sin tener que valorar si la posibilidad de vencer en el recurso compensa el riesgo de afrontar una condena en costas si se desestima la suplicación.

4) Respecto de las partes que no gozan del beneficio de justicia gratuita (los empleadores que no han acreditado insuficiencia de ingresos para litigar), la condena al pago de las costas de suplicación limita los honorarios del abogado o graduado social a una cuantía máxima (1.200 euros) muy alejada del importe que pueden alcanzar en el orden civil o contencioso-administrativo.

5) La sanción por temeridad o mala fe no sirve para afrontar este problema estructural de la Administración de justicia porque solo opera en casos muy concretos y específicos de actuaciones absolutamente temerarias.

---

1. Los sujetos del proceso social pueden ser muy variados: sindicatos, asociaciones, fundaciones... Sin embargo, la mayoría de los intervinientes en este proceso puede reconducirse a alguna de las categorías citadas.

6) El recurso de suplicación lo pueden interponer e impugnar, además de los abogados, los graduados sociales colegiados, lo que facilita el acceso a este recurso.

La consecuencia es que en el orden social no hay medidas efectivas que limiten el exceso de litigiosidad.

La limitación del importe máximo de los honorarios del abogado o graduado social de la contraparte que deben abonarse en caso de condena en costas en el recurso de suplicación conlleva que al tomar la decisión de recurrir se asume un riesgo limitado en relación con el de otros órdenes jurisdiccionales, como el civil o el contencioso-administrativo, en los que la condena en costas puede alcanzar un importe muy superior. Parece que al legislador le produjera cierto reparo la desigualdad de armas que supone reconocer la justicia gratuita a las Entidades Gestoras de la Seguridad Social, que tienen unos importantísimos recursos económicos y a todos los trabajadores, con independencia de sus ingresos y patrimonio, que en algunas ocasiones pueden ser muy elevados (como los altos directivos o los futbolistas de elite) y para moderar esta desigualdad limita el importe de las costas que se puede imponer a la parte contraria. Así se facilita el acceso al recurso, pues se consigue que los titulares de la justicia gratuita puedan recurrir sin preocuparse de una eventual condena en costas y que los que no disfrutan de justicia gratuita tampoco se vean condicionados por la posibilidad de que se les imponga el abono de unas costas muy elevadas. No es infrecuente que en el orden social se ventilen pleitos de cuantías elevadísimas, pese a lo cual el importe de los honorarios del abogado de la contraparte en caso de condena en costas no puede exceder de la citada cantidad, que en este contexto resulta exigua. Es plausible facilitar el acceso al recurso, pero la consecuencia inevitable es la multiplicación de las suplicaciones.

Esta desproporción entre el número de abogados colegiados y de jueces, unida a la inexistencia de normas procesales que limiten la litigiosidad, perjudica gravemente la Administración de justicia: inevitablemente tiene consecuencias perjudiciales para el derecho a la tutela judicial efectiva.

Por ejemplo, salvo en el orden penal, en los restantes órdenes jurisdiccionales cuando se estima un motivo de un recurso devolutivo (apelación, casación o suplicación) en el que se denuncia la infracción de normas procesales causantes de indefensión, anulando las actuaciones de instancia, no se considera que el juez de instancia esté «contaminado». Por ello, el mismo juez, que normalmente ya tiene formada su convicción sobre la controversia litigiosa (si ha entrado a conocer del fondo del asunto), vuelve a dictar la nueva sentencia. Si se ha anulado su sentencia de instancia porque denegó una prueba y el tribunal *ad quem* considera que debió practicarla, las posibilidades de que cambie su criterio en su segundo pronunciamiento son mínimas.

La razón última por la que en el orden social (al igual que en los órdenes civil y contencioso-administrativo) no se considera que el órgano judicial de instancia está «contaminado» es que, al no ventilarse la libertad de las personas, habida cuenta de que la Administración de justicia está sobrecargada, con juzgados que están señalando los juicios para dentro de varios años y TSJ con un importante retraso, si se acordase que el juez está contaminado, ello tendría las siguientes consecuencias:

1) Habría un aumento del número de recursos devolutivos: desaparecería el factor disuasorio consistente en que los abogados y graduados sociales saben que, si se estima un recurso de suplicación denunciando una infracción procedimental, la segunda sentencia la dictará el mismo Juzgador.

2) Los Juzgados de lo Social tendrían que celebrar más juicios orales y dictar más sentencias.

3) Se obligaría a que la nueva sentencia la dictase otro juez, con un turno de sustitución y, en su caso, de compensación en el reparto de litigios por el dictado de dicha resolución judicial, lo que añadiría complejidad al funcionamiento de una institución que se encuentra al límite. La situación crítica de la Administración de justicia condiciona inevitablemente su funcionamiento.

Para cada parte procesal, su pleito personal es el más importante. Con la finalidad de conseguir un pronunciamiento favorable, frecuentemente se presentan demandas, contestaciones a las demandas o recursos muy prolijos, desarrollando múltiples motivos distintos (o causas de oposición distintas, si es la parte demandada), con el objetivo de que al menos uno de ellos sea acogido por el juez y prevalezca su postura.

A título ejemplificativo, el Reglamento del CGPJ 2/2018, de retribuciones variables por objetivos de los miembros de la Carrera Judicial, atribuye un tiempo de solamente cinco horas y 30 minutos para resolver cada recurso de suplicación que verse sobre un despido. Un recurso extraordinario de suplicación en una materia tan compleja como un despido, que supone la extinción del contrato de trabajo y que priva al empleado de los ingresos que suponen su medio de vida, debe examinarse y resolverse por el juez en un lapso temporal muy breve, so pena de incurrir en responsabilidad por retraso. En la práctica, cada magistrado de una Sala Social de un TSJ debe redactar, como ponente, entre 7 y 10 sentencias o autos finales cada semana.

Ante esa situación hay muchos abogados y graduados sociales que, de buena fe, limitan la extensión de sus recursos, en aras a la deseable concisión y claridad, para facilitar el trabajo de los tribunales.

Sin embargo, otros operadores jurídicos insisten en demandas, contestaciones y recursos muy extensos y prolijos, convencidos de que es la vía para obtener un pronunciamiento favorable. Algunos recursos de suplicación revelan que la parte recurrente ha decidido acumular el mayor número de argumentos posibles, con independencia de su mayor o menor rigor, confiando en que alguno de ellos será estimado por el Tribunal.

El riesgo radica en los sesgos. Un sesgo o prejuicio cognitivo es una interpretación errónea de la información disponible, al dar demasiada importancia o demasiada poca a algunos aspectos.

Si en una demanda o en un recurso se acumulan múltiples argumentos distintos confiando en que alguno de ellos convenza al juez, se pueden producir dos efectos distintos:

1) El denominado «sesgo de primera impresión»: percibimos, recordamos y damos más importancia al primer evento que a los siguientes, aunque puedan contradecirlo o atenuar su valor. Si el primer argumento de un escrito de demanda o un recurso es manifiestamente insostenible, opera subconscientemente un sesgo de desvalorización: el juzgador inevitablemente tiene a pensar que una parte procesal que ha sido capaz de afirmar algo tan erróneo carece de credibilidad.

   Desde este punto de vista es importante reparar en que la información se valora con más fuerza cuando aparece pronto en una serie, incluso cuando el orden no es relevante. Por ejemplo, la gente se forma una impresión más positiva de alguien descrito como «*inteligente, trabajador, impulsivo, crítico, obstinado y envidioso*» que cuando se dan las mismas palabras en orden inverso[2].

2) Más importante aún es el sesgo de confirmación. Si en un recurso se incluyen múltiples motivos manifiestamente erróneos, se puede crear una tendencia contraria a su estimación. A título ejemplificativo, si los nueve primeros motivos de un recurso carecen claramente de fundamento, para cuando finalmente el juez entra en el examen del motivo décimo está subconscientemente condicionado por la tendencia negativa de los anteriores. Resulta incomprensible que se presenten recursos muy prolijos con múltiples motivos que incluyen algunos sin un sustento sólido, y sin anteponer los motivos más fundamentados a los que tienen menos visos de prosperar.

En efecto, la lectura de un recurso cuyo primer motivo está claramente desprovisto de sustento puede hacer que entre en juego el «sesgo de primera impresión». Y la reiteración de motivos infundados puede hacer que opere el

2. BARON, J.: *Thinking and Deciding* (Fourth Edition), Cambridge University Press, New York, 2008, págs. 203 y ss.

sesgo de confirmación. La formación que reciben los jueces contribuye a minimizar su efecto. Pero resulta imposible eliminar completamente la virtualidad de los sesgos cognitivos, lo que deberían tener en cuenta los recurrentes en suplicación.

Por último, al examinar esta institución procesal es importante reparar en que el acceso al recurso de suplicación no es neutral desde el punto de vista de los trabajadores porque no se realiza en igualdad de condiciones entre el trabajador y el empresario. El empresario, salvo que goce del beneficio de justicia gratuita, tiene que depositar 300 euros (que pierde si se desestima el recurso), consignar o asegurar en un breve plazo la cantidad objeto de condena y abonar las costas de su recurso si éste es desestimado, con un importe de hasta 1.200 euros en concepto de honorarios de cada letrado o graduado social impugnante del recurso (puede haber varios). Si el empresario ha optado por desarrollar su actividad empresarial mediante una sociedad mercantil, es imposible que se le reconozca el beneficio de justicia gratuita, aunque la situación de la empresa sea catastrófica, lo que en la práctica puede imposibilitar el recurso.

Por el contrario, el trabajador no tiene que efectuar depósito ni consignación alguna, ni abonar las costas de su recurso si éste se desestima. Debido a ello, se interponen muchos más recursos de suplicación por los trabajadores que por los empresarios.

Si el acceso al recurso de suplicación es mucho más fácil para una parte procesal (los trabajadores) que para la otra (los empresarios), las interpretaciones jurisprudenciales contrarias a la admisión del recurso de suplicación contra determinadas sentencias o autos no son neutrales desde el punto de vista de los trabajadores y los empresarios, ya que supone privar a los primeros de una ventaja respecto de los segundos.

Por la misma razón, las interpretaciones limitativas de la cognición del TSJ al resolver los recursos de suplicación no son neutrales desde el punto de vista de los trabajadores. El recurso devolutivo con una cognición plena del tribunal *ad quem* es la apelación: la Audiencia Provincial puede conocer íntegramente la cuestión de fondo. En el otro extremo, el recurso devolutivo con una limitación mayor de la cognición es la casación. El recurso de casación para la unificación de doctrina soslaya las controversias fácticas y el recurso de casación ordinario solo permite al TS una limitada revisión fáctica basada en prueba documental. Entre uno y otro recurso se encuentra la suplicación, más cercana a la casación que a la apelación.

Si el acceso a suplicación por parte de los trabajadores es mucho más fácil que por los empresarios, razón por la cual los empleados interponen muchos más recursos de suplicación que los empleadores, cuanto más amplia sea la *cognitio* del TSJ, más posibilidades hay de que el recurso de suplicación se estime. En definitiva, si se limita el objeto del recurso de suplicación, se limita algo que los trabajadores pueden alcanzar con más facilidad que los empresarios. Esa es la razón última por la que determinados sectores de la doctrina científica han defendido la sustitución de la suplicación por la apelación[3].

La naturaleza extraordinaria de este medio de impugnación condiciona la redacción de la sentencia por el Juez de lo Social y exige que los letrados y graduados sociales conozcan la técnica de este recurso extraordinario para que la suplicación pueda cumplir su función. En caso contrario, las partes procesales corren el riesgo de que se desestime el recurso por incumplimiento de los requisitos formales, sin entrar a conocer del fondo de la controversia suplicacional.

La Ley Orgánica 1/2025, de 2 de enero, de medidas en materia de eficiencia del Servicio Público de Justicia, dispone que, en fecha 31 de diciembre de 2025, los Juzgados de lo Social se transformarán en Secciones de lo Social de los Tribunales de Instancia y los Juzgados de lo Mercantil en Secciones de lo Mercantil de los Tribunales de Instancia (disposición transitoria 1.ª de la citada LO 1/2025). Cuando suceda, las menciones contenidas en esta monografía a esos Juzgados deberán considerarse referidas a esas secciones de los Tribunales de Instancia.

3. DÍAZ DE RÁBAGO VILLAR, M.: «El proceso laboral del siglo XXI: situación actual y propuesta de reforma», en HERNÁNDEZ VITORIA, M. J. y TORRES ANDRÉS, J. M.: *Derecho Laboral del siglo XXI,* (Estudios de Derecho Judicial, 118), Consejo General del Poder Judicial, Madrid, 2007, págs. 413 y ss.

II

Naturaleza extraordinaria del recurso de suplicación

Una afirmación recurrente de los tribunales y operadores jurídicos es que el recurso de suplicación tiene naturaleza extraordinaria. Es importante precisar qué quiere decir esa aseveración. La característica esencial del orden jurisdiccional social radica en que es el único de todos los órdenes jurisdiccionales que carece de doble instancia. En los órdenes civil, penal y contencioso-administrativo, las sentencias del tribunal de primera instancia son recurribles en apelación. Por el contrario, en el orden social rige un procedimiento de instancia única y recurso extraordinario (de suplicación o casación «común» u «ordinaria»). Si la sentencia de instancia la dicta un Juzgado de lo Social, cabe interponer recurso extraordinario de suplicación. Si la sentencia de instancia la dicta un TSJ o la Audiencia Nacional, puede interponerse recurso de casación.

Hay una pluralidad de notas diferenciadoras de los recursos ordinarios y extraordinarios[1]. Pero el criterio esencial es la limitación de los motivos del recurso y de la cognición del tribunal de segundo grado. Ambas cuestiones están íntimamente entrelazadas: al limitarse los motivos del recurso, se limita también la cognición del tribunal encargado de su resolución. Si el tribunal de segundo grado tiene la misma cognición que el de primer grado, de forma que puede reexaminar en su integridad la cuestión suscitada en primera instancia y el objeto del recurso es lo que CALAMANDREI llamaba la «cuestión de fondo», entonces se tratará de un recurso ordinario. Por el contrario, si el recurso solo puede interponerse por los motivos taxativamente establecidos por la ley y el tribunal que lo resuelve tiene una cognición limitada, de forma

1. Esta cuestión se examina in extenso en MOLINS GARCÍA-ATANCE, J.: *El recurso de suplicación. La revisión de los hechos probados*, Thomson-Aranzadi, Pamplona, 2005, págs. 69 a 71.

que el objeto del recurso no es la cuestión de fondo, sino la sentencia de instancia, en tal caso se tratará de un recurso extraordinario[2].

Por tanto, en los recursos ordinarios (la apelación) el objeto del recurso consiste en examinar la «cuestión de fondo»: volver a enjuiciar aquello que fue objeto del litigio en primera instancia. El objeto del recurso es el propio objeto del proceso: la materia o cuestión deducida en juicio, que se vuelve a examinar por el tribunal de apelación. En tal caso se usa la expresión: «doble instancia».

Por el contrario, en los recursos extraordinarios (la suplicación y la casación) el objeto del recurso no es la cuestión de fondo, sino la propia sentencia de instancia, cuya corrección jurídica se examina: a la luz de los concretos motivos formulados por el recurrente, se determina si la resolución de instancia es ajustada a derecho. Se trata de un proceso de instancia única.

En el proceso civil, el Juez de Primera Instancia efectúa una valoración de toda la prueba practicada y dicta sentencia. Posteriormente, la Audiencia Provincial efectúa una nueva valoración del conjunto de la prueba evacuada, coincidente o no con la efectuada por el Juzgado de Primera Instancia, y dicta sentencia, confirmando o revocando la de primera instancia. El objeto del recurso de apelación es el mismo que el objeto del pleito en primera instancia: la cuestión de fondo.

En cambio, en el proceso social hay una única valoración de toda la prueba. La mayoría de los procesos sociales se tramitan en la instancia ante los Juzgados de lo Social. En ellos el Juzgado de lo Social efectúa una valoración del conjunto de la prueba y dicta sentencia. Si se recurre en suplicación, el TSJ no efectúa una nueva valoración del conjunto de la prueba (salvo que se suscite una cuestión atinente al orden público procesal, como la incompetencia por razón de la materia). El objeto del recurso de suplicación no es examinar la cuestión de fondo. El objeto de este recurso es más limitado:

1) Examinar la corrección probatoria de la sentencia de instancia, a la luz de dos únicos medios de prueba: documental y pericial [motivo de suplicación del apartado b) del art. 193 LRJS].

2) Examinar la corrección jurídico-sustantiva de la sentencia de instancia [motivo de suplicación del apartado c) del art. 193 LRJS].

2. Como excepción, en los motivos suplicacionales amparados en el art. 193.a) LRJS el objeto del recurso de suplicación puede ser una infracción procesal cometida antes de que el Juzgado de lo Social dictase la sentencia.
En todos los recursos extraordinarios, como regla general el objeto del recurso es la sentencia recurrida. Pero siempre tienen un motivo excepcional cuyo objeto no es la sentencia recurrida sino infracciones procesales anteriores a ella. Por ejemplo, una citación defectuosa o la denegación de una prueba.

3) Un motivo de suplicación especial que pretende subsanar las infracciones procedimentales esenciales, que hayan causado indefensión, siempre que se haya formulado protesta [motivo de suplicación del apartado a) del art. 193 LRJS].

Por ende, el orden social es el único orden jurisdiccional en el que se efectúa una sola valoración del conjunto de la prueba, por el órgano judicial de instancia. No vuelve a efectuarse una segunda valoración del conjunto de la prueba. El recurso de suplicación tiene un objeto distinto, más limitado: examinar la corrección probatoria (a la luz de la prueba documental y pericial) y sustantiva de la sentencia recurrida, además de un motivo procedimental.

La inexistencia de doble instancia condiciona la intervención de las partes procesales y de los jueces en el proceso social. Hay pleitos en los que subyace un conflicto jurídico-sustantivo (la interpretación de normas sustantivas), en otros subyace un conflicto probatorio (la acreditación de hechos controvertidos) y también hay litigios en los que subyacen uno y otro. Si se establece un recurso, como el de suplicación, que limita las cuestiones fácticas (como las relativas a la valoración de la prueba), el control suplicacional del acierto de instancia también estará limitado. Por ejemplo, si en un pleito de despido disciplinario o de reclamación de cantidad por horas extraordinarias, en el que el conflicto es eminentemente probatorio: se discute si realmente el trabajador cometió el incumplimiento contractual que se le imputa o realizó un exceso de jornada, el Juez de lo Social reputa probados unos determinados hechos sobre la base de prueba testifical, las posibilidades de control suplicacional del acierto de instancia son muy limitadas.

Este sistema de instancia única conlleva una distribución del poder entre los sucesivos grados del proceso social sin parangón en los restantes órdenes jurisdiccionales, que inevitablemente afecta a la posición del juez en el proceso y a la relación de los restantes intervinientes en el proceso con el juez social. Un abogado civilista es consciente, desde que comienza el proceso civil, de que el Juez de Primera Instancia, a la postre, va a dictar la primera sentencia sobre el fondo del asunto: valorará toda la prueba y dictará sentencia. Pero si esta resolución es contraria a sus intereses, la parte procesal podrá interponer recurso de apelación en el que la Audiencia Provincial verá la grabación del juicio oral y examinará todas las pruebas practicadas, pudiendo incluso practicar prueba en apelación que será valorada *ex novo* por la Audiencia Provincial (*nova reperta*), llegando a su propia convicción probatoria, coincidente o no con la del Juzgado de Primera Instancia, y resolviendo el litigio. No es que la sentencia de primera instancia no sea importante. Pero el abogado civilista es consciente de que el Juez de Primera Instancia se limita a efectuar el primer pronunciamiento sobre el fondo del asunto.

Por el contrario, el abogado laboralista o el graduado social son conscientes, desde el comienzo del proceso, de que el Juez Social no se va a limitar a dictar la primera sentencia sobre el fondo del asunto, sino que va a dictar la única sentencia sobre el fondo del asunto. Y posteriormente ningún otro órgano judicial va a examinar todas las pruebas practicadas, porque el objeto del recurso de suplicación (y el ulterior recurso de casación para la unificación de doctrina) es distinto.

Las cifras relativas a las revocaciones de sentencias en los órdenes civil y social apoyan estas aseveraciones. En el año 2023 el porcentaje de recursos de apelación del orden civil devueltos en los que se confirmó totalmente la sentencia de primera instancia fue del 60,1%. En el mismo año, el porcentaje de recursos de suplicación devueltos confirmando totalmente la sentencia de instancia fue del 77,7%[3].

Las estadísticas judiciales revelan que el porcentaje de sentencias revocatorias en el orden civil es mucho mayor que en el orden social. El Juez de lo Social disfruta de una preeminencia que el juez de Primera Instancia Civil no tiene. El tipo de recurso del orden social condiciona la relación del juez con los restantes intervinientes en el proceso: un sistema de instancia única y recurso extraordinario incide en la relación entre el Juez de lo Social y las partes procesales. Esta preeminencia del juez social se constata también en las diligencias finales, cuya operatividad en el proceso civil es muy limitada. Sin embargo, en el proceso social el juez puede acordar de oficio *«la práctica de cuantas pruebas considere necesarias»* (art. 88.1 LRJS). Los fines a los que sirve el proceso social, orientado a la tutela de los intereses de los agentes sociales, justifican que el juez social disfrute de unas facultades que el juez civil no tiene.

3. Memoria sobre el estado, funcionamiento y actividades del Consejo General del Poder Judicial y de los juzgados y tribunales en el año 2023.

III

Pluralidad de recursos de suplicación

El examen de las sentencias dictadas por las 21 Sedes de 17 Salas de lo Social de los TSJ[1] resolviendo recursos de suplicación revela que la configuración esencial de este medio de impugnación es la misma en todas ellas. Se trata de un recurso extraordinario que solo permite la cognición del TSJ a través de los tres motivos del art. 193 LRJS.

Pero el funcionamiento práctico de este recurso presenta grandes variaciones entre unas Salas y otras. Por ejemplo, el rigor en la exigencia de requisitos formales varía mucho de un Tribunal a otro. Algunos TSJ rechazan entrar a conocer de los motivos amparados en la letra c) del art. 193 LRJS si la parte recurrente no denuncia la infracción de la concreta norma jurídica esencial para resolver la controversia litigiosa[2]. Por el contrario, otras Salas adoptan posturas antiformalistas, sin exigir cita normativa expresa[3].

Lo mismo sucede con la revisión fáctica suplicacional. El rigor en la exigencia de sus requisitos varía mucho entre unas Salas y otras. Algunos TSJ atribuyen eficacia revisora suplicacional a documentos que, a juicio de otros tribunales, carecen de ella.

La razón última de estas disparidades es que la intervención unificadora del TS en relación con el recurso de suplicación se limita a ámbitos concretos de este recurso. Hay múltiples pronunciamientos del TS en relación a qué resolu-

1. El TSJ de Andalucía tiene tres Salas de lo Social (Sevilla, Málaga y Granada), el TSJ de Castilla y León tiene dos (Burgos y Valladolid) y el TSJ de Canarias tiene otras dos (Las Palmas y Tenerife).
2. STSJ de Asturias de 29 de mayo de 2018, recurso 985/2018; TSJ de Castilla y León con sede en Burgos de 30 de junio de 2017, recurso 420/2017; TSJ de Castilla y León con sede en Valladolid de 13 de julio de 2007, recurso 1188/2007; TSJ de Cataluña de 7 de septiembre de 2007, recurso 4130/2006; TSJ de la Comunidad Valenciana de 21 de febrero de 2017, recurso 917/2016; Extremadura de 11 de diciembre de 2018, recurso 681/2018; TSJ de Madrid de 8 de mayo de 2017, recurso 243/2017.
3. STSJ de Madrid de 10 de noviembre de 2017, recurso 815/2017 y del TSJ de Galicia de 22 de abril de 2014, recurso 1683/2012.

ciones del Juzgado de lo Social son recurribles en suplicación, lo que ha unificado estas concretas materias. Ello es posible porque la primera barrera que dificulta el acceso al TS a través del recurso de casación para la unificación de doctrina (la necesidad de contradicción entre la sentencia recurrida y la sentencia de contraste) no se exige cuando se trata de determinar la competencia funcional. Reiterada doctrina jurisprudencial sostiene que el acceso de la sentencia a los recursos puede examinarse de oficio por el TS por afectar al orden público procesal, aunque no concurra contradicción [sentencias del TS 66/2016, de 3 de febrero (recurso 2279/2014); 380/2016, de 5 mayo (rcud 3494/2014); y 867/2021, de 8 de septiembre (rcud 2978/2018)].

Pero otras materias propias del recurso de suplicación están huérfanas de la interpretación unificadora del TS. Un prestigioso magistrado del TS[4] afirmaba que no se ha producido un desbordamiento del número de recursos de casación unificadora como consecuencia del uso riguroso de la contradicción de sentencias en la admisión, explicando que las resoluciones de inadmisión en este recurso pueden llegar al 80% de estos recursos[5]. Este rigor en la exigencia del requisito de contradicción ha permitido que el volumen de recursos de la Sala de lo Social del TS esté dentro de lo admisible. Pero ello conlleva la existencia de amplias parcelas del ordenamiento jurídico huérfanas del impulso unificador del TS.

Como regla general, el TS ha eludido pronunciarse en casación unificadora acerca de la corrección de los pronunciamientos suplicacionales relativos a la revisión fáctica, por considerar que quedaban al margen del citado recurso extraordinario y excepcional, limitándose a realizar aportaciones concretas.

Los escasos pronunciamientos en casación para unificación de doctrina relativos a la revisión fáctica suplicacional se limitaron a afirmar que, al no ser el citado recurso el último grado de jurisdicción, el TSJ debe resolver en todo caso los motivos de revisión fáctica, dejando ya definitivamente configurada la versión judicial de los hechos, sin que sea admisible no entrar a conocer de algún motivo de revisión fáctica por considerarlo intrascendente (STS de 22 de mayo de 1996, recurso 3602/1995; y 12 de julio de 2001, recurso 4722/2000)[6].

Ello supone que el TS no se ha pronunciado nunca acerca de si la respuesta de los TSJ a los motivos de suplicación formulados al amparo del art. 193.b) LRJS es o no correcta, salvo en el concreto caso citado en el que no se entra a conocer

---

4. DESDENTADO BONETE, A.: «Los recursos en el proceso social y la nueva Ley de Enjuiciamiento Civil», *Revista del Ministerio de Trabajo y Asuntos Sociales*, n.º 28, 2001, pág. 157.
5. «Propuesta de reforma del TS, en atención a sus funciones constitucionales». Puede consultarse en «Informes relativos a las posibles reformas del TS», *Tribunales de Justicia*, n.º 8/9, agosto/septiembre 2000, págs. 979 y ss. y específicamente págs. 991 y 992.
6. Las citadas sentencias del TS anularon la sentencia de instancia con la finalidad de que el TSJ entrase a conocer del motivo de revisión fáctica que no se había abordado por considerarlo intrascendente.

de alguno de ellos por considerarlo intrascendente. La consecuencia es que el alcance de la revisión fáctica suplicacional queda al albur de cada TSJ, sin que haya habido un control unificador por parte del TS en esta materia.

Los únicos criterios que suministra (indirectamente) la Sala Social del TS son los establecidos al resolver los motivos de revisión fáctica en los recursos de casación ordinarias, en la medida en que los TSJ frecuentemente los asumen, aplicándolos a los recursos de suplicación, con el argumento de que ambos recursos comparten su naturaleza extraordinaria. Paradójicamente, el recurso de casación ordinario ha tenido una influencia mucho mayor en la revisión fáctica suplicacional que el recurso de casación para la unificación de doctrina, pese a que éste último es el encargado de controlar la corrección jurídica de las sentencias dictadas en suplicación, porque el recurso de casación ordinario, al resolver motivos dirigidos a la revisión de hechos probados, establece una pluralidad de requisitos y de criterios que, frecuentemente, son seguidos por los TSJ al resolver los recursos de suplicación, en la creencia de que la suplicación es un recurso extraordinario al que se le pueden aplicar aquellos requisitos.

Ahora bien, el TS se limita a establecer criterios respecto de la revisión fáctica fundada en prueba documental, pero no en prueba pericial, pues no está prevista en el recurso de casación ordinario. Además, cabe plantearse si realmente deben aplicarse al recurso de suplicación los criterios de la revisión fáctica casacional, pues éste último es un recurso distinto, que cumple unas funciones muy diferentes y que incluso tiene una regulación legal de su revisión fáctica distinta y más restringida que la de la suplicación[7]:

1) El art. 207.d) LRJS limita el error de hecho en casación a aquel basado en *«documentos que obren en autos que demuestren la equivocación del juzgador, sin resultar contradichos por otros elementos probatorios»*. Por ende, exige expresamente varios requisitos, entre ellos el de no contradicción.

2) El art. 193.b) LRJS no impone condición alguna, limitándose a prever la revisión fáctica *«a la vista de las pruebas documentales y periciales practicadas»*.

Debido a ello, existen importantes diferencias entre unas sedes de las Salas de lo Social de los TSJ y otras en cuanto al rigor en la exigencia de los requisitos de la revisión fáctica suplicacional. En general se ha optado por asumir el acervo histórico de la revisión fáctica desarrollado tradicionalmente por el TS y el TCT.

7. COLMENERO GUERRA, J. A.: *El recurso de suplicación. (Doctrina, jurisprudencia y formularios), Tirant lo Blanch, Valencia, 2001*, pág. 342, cuestiona el traslado histórico a la suplicación de las doctrinas relativas al error de hecho en casación, puesto que estos recursos ni han guardado siempre el mismo paralelismo, ni en la actualidad cumplen funciones semejantes.

IV

Escrito de interposición del recurso de suplicación

SUMARIO: 1. REQUISITOS FORMALES. *A) Encabezamiento. B) Cuerpo del escrito. C) Suplico. D) Otrosíes. E) Domicilio y firma.* 2. MOTIVO SUPLICACIONAL DEL ART. 193.A) LRJS: INFRACCIONES PROCESALES. *A) Indefensión. B) Protesta. C) Garantías del procedimiento. D) Normas procedimentales aplicables a las sentencias. E) Eficacia de este motivo. F) Denegación de prueba. G) Defectuosa grabación del juicio oral.* 3. MOTIVO SUPLICACIONAL DEL ART. 193.B) LRJS: REVISIÓN FÁCTICA. *A) Clases de hechos probados y su impugnación en suplicación.* a) Hechos probados formales y materiales. b) Hechos notorios, conformes y probados. c) Hechos sustantivos y procesales. d) Hechos positivos y negativos. e) Hechos directos e indirectos. f) Hechos institucionales o jurídicos. i. Hechos jurídicos controvertidos. g) Hechos externos e internos. *B) El razonamiento probatorio no es un razonamiento silogístico sino inductivo. C) Prueba documental: literosuficiencia.* a) Documentos dispositivos y testimoniales. b) Prueba testifical documentada. c) Documento de parte y documento de tercero. i. Documento de parte. ii. Documento de tercero. d) Falsedad documental. e) Impugnación de la autenticidad documental. i. Exactitud de la copia. ii. Autenticidad del documento original. f) Eficacia de los documentos testimoniales en suplicación. g) Documentos electrónicos. i. Definición de documento electrónico. ii. Expediente judicial electrónico. iii. Documento judicial electrónico. iv. Documentos electrónicos públicos. v. Impugnación de la autenticidad. h) Medios de reproducción de la palabra, sonido e imagen e instrumentos de archivo. i. Medios de reproducción de la palabra, sonido e imagen. ii. Instrumentos de archivo. i) Documentos no escritos susceptibles de percepción visual inmediata (fotografías). j) Copias reprográficas (fotocopias). k) Instructas. l) Expediente disciplinario. *D) Prueba pericial.* a) Factores de valoración atinentes a la prueba pericial en sí misma (con independencia de los restantes medios de prueba). i. Credibilidad subjetiva. ii. Credibilidad objetiva. b) Factores de valoración que exigen poner la pericia en relación con los restantes medios de prueba. *E) Requisitos de la revisión fáctica suplicacional. F) Orden público procesal.* 4. MOTIVO SUPLICACIONAL DEL ART. 193.C) LRJS: INFRACCIONES SUSTANTIVAS. *A) Denunciar la infracción de normas jurídicas o de la jurisprudencia. B) Razonar la pertinencia y fundamentación de los motivos. C) Sujeción a los hechos probados. D) Otros mecanismos de revisión fáctica.* a) Hechos conformes. b) Hechos notorios. c) Ficta confessio y ficta documentatio.

1. REQUISITOS FORMALES

El art. 196.2 LRJS establece los requisitos generales del escrito de interposición del recurso de suplicación y el art. 196.3 LRJS los requisitos específicos del motivo suplicacional formulado al amparo del apartado b) del art. 193 LRJS, relativo a la revisión fáctica basada en prueba documental y pericial.

El recurso de suplicación, de naturaleza extraordinaria, es el «hermano menor» del recurso de casación ordinario. Por ello es frecuente que los TSJ adapten a la suplicación los requisitos formales exigidos por el TS para la casación. En relación con este último recurso el TS ha interpretado el art. 210.2 LRJS, que establece los requisitos formales del escrito de interposición del recurso de casación, en el sentido de que son exigibles los siguientes:

> «*1) Se expresarán por separado cada uno de los motivos de casación.*
>
> *2) Se redactarán con el necesario rigor y claridad.*
>
> *3) Se seguirá el orden de los motivos del artículo 207.*
>
> *4) Hay que razonar la pertinencia y fundamentación de cada motivo.*
>
> *5) Hay que razonar el contenido concreto de la infracción o vulneración cometidas.*
>
> *6) Hay que realizar mención precisa de las normas sustantivas o procesales infringidas.*
>
> *7) En los motivos basados en infracción de las normas y garantías procesales, deberá consignarse la protesta, solicitud de subsanación o recurso destinados a subsanar la falta o trasgresión en la instancia, de haber existido momento procesal oportuno para ello y el efecto de indefensión producido*» [STS 1318/2024, de 4 de diciembre (rcud 3458/2021)].

Es importante que el TSJ rechace los excesos formalistas que constituyen huecos obstáculos procesales, en desdoro del derecho constitucional a la tutela judicial efectiva, salvaguardando unas exigencias formales mínimas, sin las cuales el proceso devendría en caótico. Los criterios manejados por el TC son los de razonabilidad y proporcionalidad, ponderando la razonabilidad de la exigencia formal en relación con el fin que persigue, así como la proporcionalidad de los efectos que puedan derivar de su inobservancia. Así, la STC 163/1999 rechazó determinados formalismos en relación con el escrito de interposición del recurso, como la desestimación del recurso de suplicación por un error en la cita del precepto infringido, debido a la entrada en vigor de la LGSS durante la tramitación del procedimiento, que motivó la desestimación de la suplicación, lo que dio lugar al amparo del TC, quien declaró que el órgano judicial no puede rechazar el examen de la pretensión por defectos formales cuando del recurso de desprenden sin esfuerzo las argumentaciones del recurrente y el objeto del recurso.

La STC 18/1993, cuya doctrina se reitera en las STC 294/1993 y 218/2006, sostiene que «*[e]l carácter extraordinario y casi casacional del recurso de suplicación justifica la exigencia de estos requisitos procesales, aunque, ciertamente, como se dijo en la STC 18/1993, desde la perspectiva constitucional, en último extremo lo relevante "no es la 'forma' o 'técnica' del escrito de recurso, sino su contenido, esto es, que de forma suficientemente precisa exponga los hechos o razonamientos que estime erróneos y cuáles los que debieran ser tenidos por correctos... desde esta perspectiva, resulta obligado concluir que el órgano judicial, según una interpretación flexibilizadora y finalista de las normas disciplinarias del recurso, no debe rechazar a limine el examen de una pretensión por defectos formales o deficiencias técnicas cuando el escrito correspondiente suministra datos suficientes para conocer precisa y realmente la argumentación de la parte*».

Las STS 330/2021, de 17 de marzo (rcud 14/2021); 713/2022, de 7 de septiembre (rcud 104/2022) y 290/2023, de 20 de abril (rcud 1239/2020) argumentan: «*No debe rechazarse el examen de una pretensión por defectos formales o deficiencias técnicas cuando el escrito correspondiente suministra datos suficientes para conocer precisa y realmente la argumentación de la parte, pues lo relevante no es la forma o técnica del escrito de recurso, sino su contenido y si éste es suficiente para llegar al conocimiento de la pretensión ha de analizarse y no descartarse de plano*».

La citada STS 290/2023, de 20 de abril (rcud 1239/2020) enjuició un supuesto en el que la parte recurrente había cometido un error mecanográfico en el suplico del escrito interposición del recurso de suplicación consistente en que se había suprimido el adverbio «no». La empresa había interpuesto recurso de suplicación en cuyo suplico solicitaba la declaración de existencia de grupo de empresas a efectos laborales. Lo que verdaderamente pretendía es que se declarase que no había un grupo de empresas. El TS argumentó que ese error mecanográfico no impedía resolver el motivo sin que ello conllevara construir nada que la parte no hubiera pedido sino dar una tutela judicial efectiva.

Respecto de la revisión fáctica suplicacional, la STC 230/2000 otorgó el amparo frente a una sentencia de un TSJ que había desestimado una pretensión revisora, esencial para el litigio, relativa a la interrupción de un plazo prescriptivo, porque el motivo del recurso no concretaba que la petición de ampliación de la ejecución anterior (a la que se atribuía eficacia interruptiva de la prescripción) fuera coincidente con la petición contenida en la demanda de autos. El TC argumentó que, aunque el motivo suplicacional de revisión fáctica no mencionaba expresa y literalmente que la cuestión incidental anterior fuera idéntica a la deducida en la demanda de autos, del contenido de dicho motivo, en relación con los restantes, se desprendía con total nitidez que el recurrente estaba afirmando esta identidad.

El escrito de interposición del recurso de suplicación debe tener el contenido siguiente:

A) ENCABEZAMIENTO

Debe constar el Juzgado al que se dirige, el número de procedimiento al que se refiere, la resolución judicial recurrida, las partes procesales y el letrado o graduado social recurrente.

B) CUERPO DEL ESCRITO

1) En primer lugar debe explicar por qué procede el recurso de suplicación contra la sentencia o el auto de instancia, así como que se han cumplido los requisitos del recurso: plazo, depósito para recurrir y consignación o aseguramiento de la cantidad objeto de condena, o la manifestación de que el depósito y la consignación no son necesarios (art. 196.2 LRJS).

2) Los motivos de suplicación, que debe reunir tanto requisitos generales como específicos de cada uno de los motivos.

A) Requisitos generales

El recurso de suplicación debe articularse en motivos separados, siguiendo el mismo orden que el previsto en el art. 193 LRJS:

a) En primer lugar, los motivos en los que se denuncian los vicios *in procedendo* (la infracción de normas procedimentales), formulados al amparo del apartado a) del art. 193 LRJS.

b) En segundo lugar, los motivos de revisión fáctica basados en prueba documental o pericial, formulados al amparo del apartado b) del art. 193 LRJS.

c) En tercer lugar, la denuncia de la infracción de normas sustantivas y de la doctrina jurisprudencial, al amparo del apartado c) del art. 193 LRJS: los vicios *in iudicando*.

En aras a la claridad expositiva, cada motivo suplicacional debería comenzar indicando el apartado del art. 193 LRJS: a), b) o c), al amparo del cual se formula dicho motivo. El incumplimiento de este requisito no impide que el TSJ entre a conocer del fondo del motivo cuando aparece con claridad cuál es la naturaleza del motivo formulado.

La exigencia legal de precisión y claridad resalta la necesidad de que el escrito de interposición del recurso de suplicación evite la oscuridad y las generalidades, concretando de manera inteligible el debate suplicacional.

Se puede formular un único motivo suplicacional de denuncia de infracciones jurídicas al amparo del apartado c) del art. 193 LRJS: no es necesario que dicho motivo vaya precedido de un motivo previo dirigido a la revisión de los hechos probados (STS de 19 de enero de 2001, recurso 2946/2000).

B) Requisitos específicos de cada uno de los motivos de suplicación

El art. 193 LRJS, al definir el triple objeto de este recurso, concreta las únicas vías a través de las cuales pueden articularse los motivos de suplicación, pues no cabe que se invoque un motivo que no esté amparado en alguna de ellas, las cuales constituyen un *numerus clausus.*

1) Si se trata de un motivo amparado en la letra a) del art. 193 LRJS deben indicarse las concretas normas procedimentales o las garantías del procedimiento que se consideran vulneradas.

   Si la parte recurrente denuncia la infracción de sentencias del TS o del TC cuya doctrina versa sobre las citadas garantías procedimentales, se entenderá cumplido este requisito.

   A continuación, la parte recurrente debe desarrollar el razonamiento jurídico que evidencia la infracción jurídica de la sentencia de instancia.

2) Los motivos amparados en la letra b) del art. 193 LRJS están sujetos a una pluralidad de requisitos que examinamos en el epígrafe relativo a ese precepto.

3) Si se trata de un motivo amparado en la letra c) del art. 193 LRJS deberá citarse la norma jurídica o doctrina jurisprudencial vulnerada por la sentencia recurrida y a continuación desarrollar la fundamentación del motivo.

C) SUPLICO

Debe ser congruente con el escrito de demanda o con la contestación a la demanda y con los motivos del propio recurso. Se puede solicitar la anulación de las actuaciones de instancia [si se ha formulado algún motivo al amparo del art. 193.a) LRJS], la estimación total o parcial de la demanda (si recurre el actor) o su desestimación (si recurre el demandado).

D) OTROSÍES

Pueden incluirse otrosíes, en los que se pide la devolución del depósito y consignación, la admisión de documentos aportados en suplicación al amparo del art. 233 LRJS u otras peticiones.

E) DOMICILIO Y FIRMA

El art. 198 LRJS establece que la parte recurrente debe designar un domicilio en la sede de la Sala de lo Social del TSJ. Debe constar la firma del letrado o graduado social colegiado.

La implantación en la Administración de Justicia del sistema informático de telecomunicaciones Lexnet (RD 1065/2015) priva de sentido a la exigencia procesal consistente la designación de un domicilio en la sede del TSJ. El uso de LexNet para todos los profesionales de la justicia (abogados, graduados sociales y procuradores entre ellos) y órganos y oficinas judiciales y fiscales devino obligatoria a partir del 1 de enero de 2016, respecto de los procedimientos que se iniciaran a partir de esa fecha. Si la parte recurrente debe estar asistida por un letrado o graduado social y este debe comunicarse con el TSJ vía Lexnet, no parece necesario que designe el citado domicilio.

La subsistencia de esta exigencia legal de designar un domicilio en la sede de la Sala de lo Social del TSJ (art. 198 LRJS) puede causar inseguridad jurídica. El TS ha declarado la nulidad de actuaciones en un supuesto en el que tanto la notificación de la providencia dando traslado de las posibles causas de inadmisión del recurso de casación, como el propio auto de inadmisión una vez que fue dictado, se notificaron vía LexNet a la letrada de la parte recurrente, cuando ella había designado un domicilio a efectos de notificaciones distinto, coincidente con el de una procuradora de Madrid (el art. 221.1 LRJS contiene una exigencia análoga respecto del recurso de casación para la unificación de doctrina) (auto del TS de 18 de abril de 2018, recurso 2102/2016).

Si el letrado o graduado social colegiado no asume la representación de la parte procesal, asimismo deberá firmar el escrito la propia parte.

2. MOTIVO SUPLICACIONAL DEL ART. 193.A) LRJS: INFRACCIONES PROCESALES

El apartado a) del art. 193 LRJS regula un motivo de recurso que permite el acceso a suplicación de las infracciones de normas o garantías del procedimiento, con tal de que se haya causado indefensión a la parte recurrente y esta haya formulado protesta, si ello es posible.

El TS sostiene que, cuando se formula un motivo casacional en el que se denuncia la infracción de las normas reguladoras de la sentencia o de los actos o garantías procesales, al amparo del art. 207.c) LRJS [que tiene el mismo contenido que el art. 193.a) LRJS] *«los recurrentes están obligados a solicitar de forma expresa la declaración de nulidad de la sentencia recurrida [...] sin que baste para ello que el motivo pudiere haberse planteado formalmente al amparo de la letra c) del art. 207 LRJS, cuando en su redactado no se incluye una clara y precisa petición de nulidad, y se limita —como es el caso de autos—, a poner simplemente de manifiesto las supuestas incongruencias y contradicciones de la sentencia, a modo de crítica genérica y previa a su contenido, que no se encauza posteriormente bajo el paraguas de la preceptiva solicitud de nulidad en forma»*. Por ello, el TS rechazó de plano estos motivos, sin entrar en su examen, al no haber solicitado expresamente la nulidad de la sentencia impugnada [STS 866/2017, de 8 de noviembre (rec. 40/2017, Pleno)].

La citada doctrina jurisprudencial es aplicable al recurso de suplicación: cuando se formula un motivo al amparo del art. 193.a) LRJS es necesario que la parte recurrente solicite la nulidad de las actuaciones de instancia. En caso contrario, si se limita a denunciar vulneraciones procesales sin una petición clara y precisa de nulidad, el motivo debería desestimarse de plano.

Si se formula un motivo suplicacional en el que se denuncia que la sentencia de instancia incurre en incongruencia omisiva, no es necesario que previamente al recurso de suplicación la parte recurrente haya solicitado el complemento de la sentencia previsto en los arts. 215.2 LEC y 267.5 LOPJ [STS 134/2017, de 1 de marzo (rcud 2128/2015)].

Cuando en el recurso de suplicación se denuncia la vulneración de una materia de orden público procesal (como la falta de jurisdicción y de competencia internacional, material, objetiva, funcional o territorial[1], o bien el litisconsorcio pasivo necesario) el TSJ dispone de una cognición plena, sin sujeción a los hechos probados de instancia ni a la estructura del recurso[2]. Es decir, cuando el recurso afecta a alguna de las citadas materias, en realidad la parte recurrente no tiene que formular un motivo suplicacional amparado en el apartado a) del art. 193 LRJS y sujeto a sus requisitos, sino que basta con que invoque la vulneración de la citada materia de orden público procesal y el TSJ entrará en su examen. Incluso aunque la parte recurrente omita dicha mención en su recurso de suplicación, el TSJ debe examinarla de oficio.

A) INDEFENSIÓN

No basta con que la sentencia dictada por el Juzgado de lo Social haya vulnerado las normas procesales. Es preciso que también haya causado indefensión a la parte recurrente. La indefensión consiste en la limitación del derecho de

1. STS 1238/2024, de 12 de noviembre (rcud 4275/2023).
2. STS de 23 de abril de 1991 (ECLI:ES:TS:1991:2205) y STSJ de Aragón de 18 de mayo de 2016, recurso 303/2016.

defensa producida por actos de los órganos jurisdiccionales, lo que impide que *«se dé la necesaria contradicción entre las partes, así como que posean idénticas posibilidades de alegar o probar, y, en definitiva, de ejercer su derecho de defensa en cada una de las instancias que lo componen»* (STC n.º 175/1994, de 7 junio, F. 4).

El TC argumenta que la queja por irregularidades procesales y el derecho a la utilización de los medios de prueba solo adquiere trascendencia en sede constitucional cuando concurren las siguientes exigencias:

1) Que tenga una incidencia real y efectiva sobre el derecho de defensa de la parte y, además, que no sea debida a la pasividad o falta de diligencia de la parte procesal: la falta de diligencia de la parte excluye la indefensión (STC n.º 217/1998, de 16 de noviembre; 26/2000, de 31 de enero y 45/2000, de 14 de febrero).

2) Para que exista indefensión a los efectos del art. 24 CE no basta con que haya existido una infracción de las reglas procesales, sino que es preciso que, como consecuencia de estas infracciones, el recurrente sufra un efectivo y real menoscabo en su derecho de defensa (STC n.º 91/2000, de 30 de marzo, FJ 2).

3) Además, que la parte recurrente haya experimentado o pueda experimentar un perjuicio real y efectivo en los intereses materiales deducidos en el proceso (STC n.º 171/1994, de 7 de junio, FJ 2 y 20/2000, de 31 de enero, FJ 6).

La doctrina de suplicación ha añadido el requisito consistente en que la parte recurrente argumente la relevancia que los hechos que quería probar pueden tener en la sentencia condenatoria (STSJ de Madrid de 21 de diciembre de 2001, recurso 5413/2001, con cita de la STC 30/1986, de 20 febrero). El TSJ de Madrid rechazó de plano un motivo de suplicación en el que se solicitaba la nulidad de las actuaciones de instancia por denegación de un medio de prueba porque *«[e]l recurso omite todo razonamiento acerca del modo en que la realización del medio probatorio que le fue denegado hubiera podido influir en el resultado del litigio, en relación con el resto de los medios de prueba que sí se practicaron»*.

B) PROTESTA

Los TSJ aplican al recurso de suplicación la doctrina sentada por el TS respecto del recurso de casación ordinario consistente en que el perjudicado tiene que haber formulado la correspondiente protesta en tiempo y forma [STS de 17 de julio de 2014, recurso 133/2013; 22 de diciembre de 2014, recurso 185/2014 (Pleno); y 814/2022, de 6 de octubre (rec. 29/2021)] o debe haber recurrido la resolución de trámite que infringió las normas procesales, si ello es posible, pues en caso contrario se entenderá que ha consentido la irregularidad procesal [STS 133/2023, de 14 de febrero (rec. 165/2020)].

Se trata de que el perjudicado por la irregularidad procesal haya interesado su subsanación, si ha podido hacerlo. Es la denominada subsidiariedad de la suplicación[3]. Debemos diferenciar:

1) Si la infracción procesal se ha producido antes del juicio oral (por ejemplo, en el escrito de demanda se solicitó una prueba y el juzgado la denegó), normalmente la parte recurrente pudo interponer recurso de reposición o directo de revisión contra la resolución del Juez o del LAJ que le causó indefensión.

2) Si la infracción procesal se produce en el plenario (por ejemplo, el Juez declaró impertinente una pregunta a un testigo), en tal caso el recurso de reposición no es posible pero la parte recurrente debe formular protesta. La finalidad de la protesta es que conste que la parte procesal no ha consentido la decisión judicial y pueda denunciar esa infracción procesal en suplicación.

3) Cuando se denuncia una infracción procedimental causada por la sentencia recurrida (por ejemplo, la falta absoluta de motivación de la sentencia dictada por el Juzgado de lo Social), no es exigible la protesta, puesto que el conocimiento de la irregularidad procesal se produce cuando se notifica la sentencia a la parte procesal.

Estas exigencias suponen que, como regla general, tendrán acceso a suplicación todas las infracciones de las normas y garantías procesales siempre que concurran estos dos requisitos: indefensión del recurrente y, si es posible, que haya formulado protesta en tiempo y forma.

La exigencia de que ambos requisitos concurran hace posible que se hayan cometido infracciones procedimentales en la instancia pero que no se estime el motivo suplicacional formulado al amparo del art. 193.a) LRJS porque no ha concurrido indefensión del recurrente o porque este consintió la irregularidad procesal: no formuló protesta.

En aras a facilitar el ejercicio de la función jurisdiccional, la parte recurrente debería identificar el concreto expositor y el folio en que se produjo la controversia procesal. Si se propuso un medio de prueba en el juicio que fue denegado por el Juez, la parte recurrente debería indicar el minuto de la grabación en que aparece dicha denegación, a fin de que el TSJ pueda comprobar que efectivamente se solicitó ese medio de prueba, que fue denegado y que se formuló protesta.

3. SEMPERE NAVARRO, A. V.: «El recurso de suplicación: objeto y ámbito», *Revista del Ministerio de Empleo y Seguridad Social*, n.º 103, 2013, págs. 322 y 323.

C) GARANTÍAS DEL PROCEDIMIENTO

El art. 193.a) LRJS no se refiere únicamente a la infracción de normas procesales, sino que alternativamente permite que el recurso se funde en la infracción de garantías del procedimiento, refiriéndose a esta última categoría como una entidad distinta de las normas procesales. Ello supone que no es necesario para el éxito de este motivo del recurso que se haya infringido una norma procesal concreta. Basta con que se infrinja una garantía procesal, con tal de que se ocasione indefensión, de lo que se infiere que este motivo de suplicación no está orientado a la defensa de las normas procesales, sino a la protección del derecho de defensa de las partes (art. 24 CE). El art. 24.2 CE menciona las garantías procesales siguientes: el Juez ordinario predeterminado por la ley, el proceso público o la utilización de los medios de prueba.

La infracción procesal puede afectar a cada uno de los trámites del procedimiento, incluyendo los actos preprocesales, el trámite de subsanación de la demanda, las citaciones y notificaciones, la práctica de la prueba, la intervención del Ministerio Fiscal, las diligencias finales...

D) NORMAS PROCEDIMENTALES APLICABLES A LAS SENTENCIAS

Debemos distinguir:

a) El motivo regulado en el apartado a) del art. 193 LRJS se refiere a aquellas infracciones procedimentales que causan indefensión al recurrente, por lo que pueden dar lugar a la reposición de las actuaciones de instancia al estado en que se encontraban al momento de cometerse la infracción.

b) En cambio, el motivo previsto en el apartado c) del art. 193 LRJS se refiere a las infracciones de normas sustantivas o de la jurisprudencia que no dan lugar a la reposición de las actuaciones de instancia, sino a un pronunciamiento del TSJ que resuelva la cuestión sustantiva suscitada: estimar o desestimar la demanda.

Hay sentencias que resuelven el fondo del litigio aplicando normas procesales. Por ejemplo, se reclama un derecho y la sentencia aplica la cosa juzgada negativa del art. 222.1 de la LEC y desestima la demanda. Es una norma procesal pero que no regula los trámites de ese procedimiento. Lo mismo sucede cuando se declara la caducidad de la acción o la carga de la prueba.

Cuando se interpone un recurso de suplicación en el que se denuncia la infracción de una de esas normas procesales aplicadas al dictar sentencia, surge la duda consistente en si ese motivo suplicacional debe articularse al amparo del apartado a) o del apartado c) del art. 193 LRJS. Hay que diferenciar:

1) Si se infringen normas procedimentales reguladoras de la forma de la sentencia (por ejemplo, la omisión o insuficiencia de motivación o la incongruencia de la sentencia recurrida), estas infracciones deben articularse al amparo del apartado a) del art. 193 LRJS. Se trata de una infracción *in procedendo*.

   La STS 1247/2021, de 9 de diciembre (rcud 2138/2020) admitió el recurso de suplicación formulado contra una sentencia de instancia que no era recurrible por razón de la materia (se impugnaba una alta médica), en el que el recurrente alegaba que la sentencia recurrida incurría en incongruencia omisiva y que se había incurrido en defectos en la valoración de la prueba que le habían causado indefensión. El TS explicó que el recurso de suplicación debía limitarse al exclusivo examen y resolución de los defectos procedimentales alegados.

2) Por el contrario, si se denuncia la infracción de normas procesales que afectan al fondo del asunto, el TSJ deberá examinar la corrección jurídica de la sentencia, que incluye la aplicación de normas procesales, como las relativas a la cosa juzgada, la litispendencia, la caducidad de la acción, la carga de la prueba... Se trata de una infracción de una norma procesal pero que afecta al proceso lógico de enjuiciamiento, que requiere la aplicación tanto de normas sustantivas como procesales, por lo que deberá articularse al amparo del apartado c) del art. 193 LRJS. Es una infracción *in iudicando*.

En cualquier caso, el error de la parte recurrente al articular un motivo de suplicación de esta índole al amparo del apartado a) y no del c) del art. 193 LRJS, o al revés, no debe suponer el rechazo del motivo del recurso, so pena de incurrir en un rigorismo formalista incompatible con el derecho a la tutela judicial efectiva (art. 24 CE).

La estimación de los motivos amparados en el art. 193.a) LRJS relativos a las normas reguladoras de la sentencia no conduce necesariamente a la anulación de las actuaciones. El art. 202.2 LRJS, de conformidad con los principios de conservación de actos procesales y de economía procesal, establece que el TSJ deberá *«resolver lo que corresponda, dentro de los términos en que aparezca planteado el debate. Pero si no pudiera hacerlo, por ser insuficiente el relato de hechos probados de la resolución recurrida y por no poderse completar por el cauce procesal correspondiente, acordará la nulidad en todo o en parte de dicha resolución y de las siguientes actuaciones procesales»*.

Hemos explicado que la naturaleza extraordinaria de un recurso significa que su objeto no es la cuestión de fondo (volver a examinar la cuestión de fondo) sino que su objeto es examinar la corrección jurídica de la sentencia (o el auto) de instancia. Los motivos suplicacionales de los apartados b) y c) del art. 193 LRJS tienen este objeto.

Por su parte, el motivo suplicacional del apartado a) del art. 193 LRJS puede tener uno de los siguientes objetos:

1) Algunas veces tiene por objeto la sentencia de instancia. Por ejemplo, cuando se denuncia que la sentencia recurrida incurre en falta de motivación y se solicita la nulidad de las actuaciones.

2) Sin embargo, ese motivo suplicacional también puede tener por objeto un acto procesal distinto de la sentencia de instancia, como la denegación de un medio de prueba, en cuyo caso el objeto del recurso de suplicación no es propiamente la sentencia dictada por el Juzgado de lo Social. Se trata de un motivo excepcional, vinculado al derecho a la tutela judicial efectiva del art. 24 CE.

E) EFICACIA DE ESTE MOTIVO

Solo hay cinco vías para que accedan a suplicación las sentencias que, como regla general, no son recurribles por su materia o cuantía:

1) La denuncia de vulneración de un derecho fundamental.

2) La afectación general.

3) La susceptibilidad de extensión de efectos.

4) La incompetencia internacional, material, objetiva, territorial y funcional.

5) La denuncia de la violación de una norma procesal causante de indefensión.

La razón por la que cualquier sentencia, aunque su cuantía sea mínima, tiene acceso a suplicación cuando se denuncia una de esas infracciones procedimentales causantes de indefensión radica en que este motivo de suplicación está vinculado con el art. 24.1 CE, que regula el derecho a la tutela judicial efectiva con proscripción de la indefensión.

El desequilibrio estructural existente en la Administración de justicia española explica por qué en teoría este motivo suplicacional vinculado a la tutela judicial efectiva es tan importante y, por el contrario, en la práctica su operatividad sea muy escasa.

Cuando la vulneración procesal afecta a materias como la denegación de una prueba, la operatividad real de este motivo de suplicación está condicionada por el propio procedimiento. Se trata de supuestos en los que el Juez de lo Social llega a la conclusión de que una prueba es impertinente, denegándola. La parte procesal que propone esta prueba denegada debe recurrir la denegación de la prueba o formular protesta, haciendo constar su disconformidad con el juez antes de que éste haya formado su convicción probatoria. Posteriormente el juez llega a una convicción probatoria y dicta sentencia. Si esta resolución perjudica a la parte proponente del medio probatorio denegado, debe recurrir en suplicación, solicitando la anulación de las actuaciones a fin de que se practique la citada prueba. En el supuesto de que consiga que se estime el motivo suplicacional formulado al amparo del art. 193.a) LRJS, los autos vuelven al mismo Juzgado de lo Social que dictó la primera sentencia. Este juzgador, que ya tiene formada su convicción probatoria en este pleito, se ve obligado a efectuar un nuevo señalamiento y a dictar nueva sentencia.

Nuestro ordenamiento procesal pretende que el Juez de lo Social, como Saulo camino de Damasco, a la vista de la declaración de un testigo o un perito propuestos por la parte vencida, que en su momento consideró innecesarios y que tiene ya formada su convicción fáctica en relación con ese concreto litigio, llegue a una conclusión distinta y dicte una sentencia de signo contrario a la primera. La experiencia forense evidencia que, cuando se anula una sentencia para que se practique una prueba que fue denegada por el Juez de lo Social, en la práctica totalidad de los casos la nueva sentencia reitera los hechos probados de la anterior, con lo que el juez *a quo* viene a ratificar su criterio anterior relativo a la impertinencia de este medio de prueba, lo que disuade a las partes procesales de acudir a esta vía de recurso.

Solamente en el orden jurisdiccional penal se considera que el Tribunal de instancia está contaminado y se sustituye por otro (sentencias de la Sala Penal del TS n.º 848/2009, de 24 de julio; 443/2009, de 8 de abril y 747/2009, de 2 de julio, entre otras). En los restantes órdenes jurisdiccionales: civil, contencioso-administrativo y social, es el mismo juez el que dicta la segunda sentencia. La razón última es que, salvo que esté en juego la libertad de un ciudadano, como ocurre en el orden penal, en los demás órdenes jurisdiccionales la grave situación en que se encuentra la Administración de justicia desaconseja sustituir al juez que dictó la primera sentencia.

La consecuencia es que se disuade de la interposición de motivos suplicacionales amparados en el apartado a) del art. 193 LRJS. En la práctica, su operatividad depende de que el Juez de lo Social que dictó la primera sentencia anulada, no pueda dictar la segunda porque ha cesado en el Juzgado (por traslado, jubilación...) o esté de baja, en cuyo caso sí que dicta la segunda sentencia un juez distinto, que no tiene formada su convicción sobre la controversia litigiosa.

F) DENEGACIÓN DE PRUEBA

Cuando se ha denegado una prueba o no se ha practicado una prueba previamente admitida, el elemento esencial para apreciar la lesión del derecho fundamental del art. 24 CE es que ello haya supuesto para la parte procesal *«la existencia de una indefensión constitucionalmente relevante, resultando necesario a tal efecto demostrar que la actividad probatoria que no fue admitida o practicada era decisiva en términos de defensa, esto es, que hubiera podido tener una influencia decisiva en el pleito, por ser potencialmente trascendente para el sentido de la resolución»* (STC n.º 130/2017, de 13 de noviembre, F. 2).

La inadmisión de una prueba solamente tendrá relevancia constitucional si concurren una serie de circunstancias: la falta de práctica tiene que ser directamente imputable al órgano jurisdiccional y el recurrente debe justificar la indefensión material sufrida. En cuanto a este último extremo, el TC sostiene que la tarea de verificar si la prueba es decisiva en términos de defensa y por tanto constitucionalmente trascendente, exige que el recurrente haya alegado y fundamentado adecuadamente dicha indefensión material. Debe acreditar la relación entre los hechos que se quisieron y no se pudieron probar y las pruebas inadmitidas o no practicadas y, asimismo, que la resolución final del pleito podría haber sido favorable, quedando obligado a probar la trascendencia que la inadmisión o la ausencia de práctica de la prueba pudo tener en la decisión final del pleito, ya que sólo en tal caso, comprobado que el fallo pudo, acaso, haber sido otro si la prueba se hubiese admitido o practicado, podrá apreciarse también el menoscabo efectivo del derecho a la tutela judicial efectiva (STC n.º 217/98, de 16 de noviembre).

El TSJ que resuelve el recurso de suplicación, cuando la parte recurrente solicita la nulidad de las actuaciones de instancia porque se ha denegado la práctica de un medio de prueba, no puede anticipar cuál será el resultado de la citada prueba. Si la parte procesal solicita la anulación de las actuaciones de instancia porque se denegó la práctica de la prueba testifical de una persona que presenció los hechos litigiosos, el TSJ desconoce cuál será el resultado futuro de dicha prueba. Puede que el testigo recuerde perfectamente los hechos controvertidos y el Juez de lo Social le atribuya credibilidad. Y puede que no.

El TSJ lo único que puede hacer es inferir, de las circunstancias concurrentes, si previsiblemente la prueba omitida podría ser relevante para la resolución del pleito, en cuyo caso deberá estimar el motivo del recurso, reponiendo los autos al momento del señalamiento para el juicio, debiendo practicarse la referida prueba.

Si el TSJ llega a la conclusión de que, aunque se practique dicha prueba, con independencia de su resultado, no va a tener relevancia para la resolución del pleito, deberá desestimar el motivo.

G) DEFECTUOSA GRABACIÓN DEL JUICIO ORAL

La defectuosa grabación del juicio oral no conlleva necesariamente la anulación de las actuaciones de instancia cuando no se ha causado indefensión a la parte recurrente. La STC n.º 4/2004, de 14 de enero, explica que la destrucción del acta de juicio no es en sí una causa de nulidad del juicio mismo si ese juicio materialmente se celebró con todas las garantías y en él las partes pudieron ejercer sus derechos de alegación y prueba sin limitación.

La STS de 31 de octubre de 2012 (rcud 3760/2011) denegó la nulidad de actuaciones fundada en la falta de incorporación a las actuaciones del acta levantada por el Secretario Judicial, siendo inaudible el DVD utilizado para la grabación. El TS explicó que resultaba esencial valorar en qué medida se había causado indefensión a las partes. La parte recurrente no había expresado cómo la indefensión se había producido, salvo en lo que concernía a la valoración de la prueba testifical, que es irrelevante en el recurso de suplicación.

La STS 4/2023, de 10 de enero (rcud 4071/2019) negó que la ausencia de grabación del juicio oral por problemas de carácter técnico, con la consiguiente imposibilidad de disponer de la misma en el momento de interposición del recurso de suplicación, constituyese causa de nulidad. El TS argumentó que la infracción de las normas sobre grabación del juicio o elaboración de acta del mismo no comporta la automática nulidad de todo lo actuado posteriormente, siendo la misma posible si la parte recurrente alega y argumenta la indefensión que ello acarrea.

3. MOTIVO SUPLICACIONAL DEL ART. 193.B) LRJS: REVISIÓN FÁCTICA

La comparación entre el motivo suplicacional del apartado b) del art. 193 LRJS y los otros dos motivos de este recurso [los apartados a) y c) del art. 193 LRJS] evidencia diferencias esenciales.

Los motivos a) y c) del art. 193 LRJS constituyen motivos suplicacionales «abiertos», en los que se pueden denunciar una pluralidad de infracciones procedimentales o sustantivas distintas. Son las vías que permiten el acceso a suplicación de cuestiones muy diversas: prácticamente todo el ordenamiento jurídico puede ser denunciado al amparo de estos apartados. Es decir, a través de esos motivos se puede denunciar la infracción de casi cualquier norma procesal o sustantiva y conseguir así el control suplicacional del acierto del Juez de lo Social.

Por el contrario, el apartado b) del art. 193 LRJS es un motivo «cerrado»: se trata de un «submotivo» suplicacional. El citado precepto debe ponerse en relación con el art. 196.3 LRJS y con la rigurosa doctrina judicial que desarrolla su alcance. Se configura así un «submotivo» suplicacional en el que únicamente cabe invocar la concreta prueba documental o pericial que demuestre el error probatorio de instancia.

Cualquier otra cuestión probatoria es ajena a este precepto. Si se alega que la sentencia de instancia carece de hechos probados o de motivación, se deberá articular un motivo al amparo del apartado a) del art. 193 LRJS denunciando la infracción de las normas reguladoras de la sentencia o del art. 24 CE.

Si la parte recurrente sostiene que la sentencia de instancia ha incurrido en error al establecer sus hechos probados aplicando la *ficta confessio*, en tal caso se deberá articular un motivo amparado en el apartado c) del art. 193 LRJS denunciando la infracción del art. 91.2 LRJS, que regula este mecanismo procesal de fijación de hechos distinto de la valoración de la prueba. Existe controversia sobre si la infracción de la *ficta confessio* regulada en el art. 91.2 LRJS debe ampararse en motivos articulados en el apartado c) o en el a) del art. 193 LRJS. En cualquier caso, no se trata de una pretensión revisora que deba articularse a través del apartado b) del art. 193 LRJS, el cual constituye un motivo suplicacional «cerrado»: cuyo objeto se limita a los errores probatorios evidenciados por prueba documental o pericial.

Muchos recursos de suplicación incurren en la equivocación consistente en identificar el concreto documento o pericia en que se ha basado el Juez de lo Social para declarar probado un hecho y argumentar que ese medio de prueba no tiene fuerza probatoria: no acredita el citado hecho.

Se trata de una pretensión revisora que no puede prosperar. No cabe invocar el mismo documento o pericia en que se ha basado la sentencia recurrida para fijar el hecho y explicar que, aunque dicho medio de prueba no contradice el relato fáctico de instancia, el documento o pericia carece de eficacia probatoria.

Por ejemplo, supongamos que en un pleito sobre la pensión de incapacidad permanente el Juez atribuye credibilidad a un informe de la medicina privada que afirma que el actor padece fibromialgia. La Entidad Gestora recurre la sentencia estimatoria de instancia explicando que ese facultativo en realidad no ha tratado médicamente al demandante, ni le ha evaluado, por lo que se trata de un informe médico carente de credibilidad, solicitando la supresión del hecho probado en el que se afirma que está aquejado de fibromialgia.

El motivo no podrá ser estimado porque el motivo suplicacional del art. 193.b) LRJS no puede basarse en un documento o pericia que afirme lo mismo que se ha declarado probado en la sentencia recurrida. No basta con que un documento o pericia que dice lo mismo que el hecho probado combatido pueda tener una fuerza probatoria discutible.

El recurso debe articularse al revés. Es necesario invocar un documento o pericia que demuestre el error probatorio de instancia: que contenga una afirmación de hecho distinta del hecho probado recurrido y demuestre así su error. En definitiva, la parte procesal deberá identificar un documento o pericia que afirme algo distinto del hecho impugnado y demuestre así su equivocación.

A) CLASES DE HECHOS PROBADOS Y SU IMPUGNACIÓN EN SUPLICACIÓN

En realidad, los hechos normalmente son ajenos al proceso[4]. La prueba no versa sobre hechos sino sobre afirmaciones de hecho[5] o enunciados de hechos[6], realizadas por las partes procesales. Sin embargo, en aras a la claridad y sencillez de la exposición vamos a emplear el término «hechos» y no el de «afirmaciones sobre los hechos».

a) Hechos probados formales y materiales

La expresión «hechos probados» tiene dos significados:

1) Hechos probados materiales

Constituyen el sustrato fáctico de la resolución judicial. En ellos se incluyen:

a) Los hechos acreditados por los medios de prueba (hechos probados en sentido estricto).

b) Los hechos conformes.

c) Los hechos notorios.

d) Los hechos establecidos mediante otros mecanismos procesales de fijación de hechos (como la *ficta confessio* o la *ficta documentatio*).

Normalmente estos hechos probados materiales aparecen en el apartado de las sentencias denominado «hechos probados». Pero a veces están incluidos en los fundamentos jurídicos de la sentencia, lo que no les priva de valor.

2) Hechos probados formales

Se trata del apartado de la sentencia denominado así (art. 97.2 LRJS). Las sentencias sociales (y del orden jurisdiccional penal) necesariamente deben incluir un apartado o un subapartado intitulado «hechos probados» o referido expresamente a ellos.

No deben confundirse los hechos probados materiales y formales. En el apartado de la sentencia social denominado «hechos probados» se incluyen

4. GUASCH FERNÁNDEZ, S.: *El hecho y el derecho en la casación civil*, José María Bosch Editor, Barcelona, 1998, pág. 191, explica que, si se conciben los hechos como acontecimientos de la realidad, transcurrido el instante en el que suceden, el hecho es de imposible percepción.

5. CARNELUTTI, F.: La prueba civil, (traduc. de N. Alcalá-Zamora), Ediciones Arayú, Buenos Aires, 1955, págs. 38 y ss.

6. UBERTIS, G.: Fatto e valore nel sistema probatorio penale, Giuffrè, Milano, 1979, págs. 90 y 91.

cuestiones ajenas a los hechos probados en sentido material, como la costumbre o el Derecho extranjero aplicable. Algunas veces, en las sentencias sociales aparezcan hechos probados en sentido material —afirmaciones fácticas esenciales para la resolución del litigio— fuera del apartado de la sentencia correspondiente a los hechos probados: en los fundamentos de derecho de la resolución judicial, en cuyo caso su colocación errónea no les priva de eficacia jurídica, pudiendo el recurrente interesar la revisión de las afirmaciones con valor fáctico incluidas en la fundamentación jurídica de la sentencia. En este caso, los hechos probados en sentido material están incluidos, cuando menos en parte, en los fundamentos de derecho de la sentencia.

Como regla general, cuando el art. 193.b) LRJS establece que el recurso de suplicación tiene por objeto *«revisar los hechos declarados probados»* se está refiriendo a los hechos probados en sentido material, no a los hechos probados en sentido formal, lo que permite que, aun cuando un hecho probado esté recogido en los fundamentos jurídicos de la sentencia de instancia —por una deficiente técnica procesal del juez—, sea admisible su revisión fáctica. Lo mismo sucede al revés: si en el apartado de la sentencia intitulado «hechos probados» se incluye por error una valoración jurídica predeterminante del fallo, no cabrá interesar su revisión por la vía del apartado b) del art. 193 LRJS.

Ello ilustra acerca de la dificultad de redactar correctamente el escrito de interposición del recurso suplicación. Si el Juez de lo Social, al elaborar la sentencia de instancia, redacta en primer lugar los hechos probados y a continuación los fundamentos de derecho, es posible que al construir el razonamiento silogístico (la aplicación de la norma jurídica al caso concreto) incluya algún hecho relevante que no mencionó en el apartado correspondiente a los hechos probados. Su inclusión en los fundamentos de derecho no le priva de valor, para evitar la anulación de las actuaciones de instancia. Por ello, la parte recurrente debe extremar su cuidado para detectar si en los fundamentos de derecho de la sentencia recurrida se incluye algún hecho probado relevante y poder combatirlo en el recurso de suplicación.

Esa regla general consistente en que el objeto de la revisión son los hechos probados materiales tiene una excepción: la costumbre y el Derecho extranjero. Aunque son fuentes del derecho, al ser objeto de prueba en el proceso, pueden dar lugar a la revisión fáctica en suplicación mediante los motivos suplicacionales amparados en la letra b) del art. 193 LRJS.

A modo de ejemplo, si se declara probado que la costumbre sectorial y territorial establece un plazo de preaviso de la dimisión del trabajador de 10 días [art. 49.1.d) ET], esa afirmación deberá incluirse en los hechos probados de la sentencia. En la fundamentación jurídica, al explicar el razonamiento probatorio, deberá explicitarse con base en qué medios de prueba se ha acreditado esa norma consuetudinaria. En el recurso de suplicación se podrá solicitar la revisión de esa afirmación con base en prueba documental o pericial que demuestre que el derecho consuetudinario establece un plazo de preaviso distinto de los 10 días.

b) Hechos notorios, conformes y probados

En sentido estricto, los hechos probados no pueden ser más que aquéllos que han sido objeto de prueba, no los exentos de ella, por tratarse de hechos conformes o notorios. Sin embargo, dentro del apartado de la sentencia denominado: «hechos probados» se incluyen tanto los hechos conformes, como los hechos notorios y los hechos probados *strictu sensu*.

En la práctica, la mayoría de las afirmaciones incluidas en los «hechos probados» de las sentencias, no son hechos probados en sentido estricto (hechos controvertidos que han resultado acreditados) sino hechos conformes, pues lo habitual es que las cuestiones fácticas controvertidas en el litigio sean limitadas. En una sentencia de despido, los hechos probados relativos a la antigüedad, la categoría profesional, el salario, el lugar de trabajo, la modalidad y duración del contrato, etc. frecuentemente no se discuten. La controversia fáctica se ciñe a si el trabajador ha realizado una conducta susceptible de ser sancionada con el despido disciplinario (por ejemplo, si ha sustraído dinero de la empresa).

Incluso puede suceder que una sentencia carezca de hechos probados en sentido estricto, porque se trate de un pleito en el que la controversia se ciñe a la interpretación o aplicación de una norma sustantiva y ambas partes están conformes con el relato histórico, que no se discute. Así suele suceder en pleitos de impugnación de convenios colectivos. En tal caso resulta improcedente la práctica de la prueba.

Por consiguiente, normalmente antes del proceso y al margen del mismo se producen unos hechos. Posteriormente las partes procesales efectúan afirmaciones sobre estos hechos y proponen prueba para acreditarlos. El juez debe deslindar los hechos conformes y notorios (exentos de prueba) y los hechos controvertidos, debiendo ceñirse la actividad probatoria a estos últimos. La sentencia dictada en el orden social debe incluir dentro del apartado denominado «hechos probados»:

1) Las afirmaciones sobre hechos conformes (por no haber sido cuestionadas por las partes).

2) Las afirmaciones sobre hechos notorios (que están exentas de prueba).

3) Y las afirmaciones sobre hechos probados en sentido estricto (fijadas sobre la base de la prueba practicada).

La revisión fáctica suplicacional del apartado b) del art. 193 LRJS se refiere, en principio, a los hechos probados en sentido estricto, no a los hechos conformes y notorios. El art. 193.b) LRJS establece que el recurrente debe identificar la prueba documental o pericial que acredite el error en la valoración de la prueba de instancia. Si se trata de un hecho conforme o notorio, no se habrá establecido sobre la base de la prueba practicada sino con base en consideraciones ajenas a la prueba de instancia. Por eso, la revisión de los hechos conformes y notorios debería llevarse a cabo articulando un motivo suplicacional al amparo del art. 193.c) LRJS en el que se denuncie la infracción de las normas jurídicas que regulan los hechos conformes (art. 281.3 LEC: *«Están exentos de prueba los hechos sobre los que exista plena conformidad de las partes, salvo en los casos en que la materia objeto del proceso esté fuera del poder de disposición de los litigantes»*) y notorios (art. 281.4 LEC: *«No será necesario probar los hechos que gocen de notoriedad absoluta y general»).*

Por ello, en realidad el apartado b) del art. 193 LRJS en realidad contiene un submotivo suplicacional muy específico, que se ciñe a la revisión de hechos probados en sentido estricto (así como la costumbre y el Derecho extranjero) basada en dos únicos medios de prueba (documental y pericial).

c) Hechos sustantivos y procesales

En el recurso de suplicación reciben un tratamiento distinto los hechos sustantivos y procesales:

1) Los hechos sustantivos son los hechos ocurridos al margen del litigio en los que las partes fundan materialmente sus pretensiones. Estos hechos sustantivos deben recogerse en el apartado de la sentencia denominado: «hechos probados». Su revisión se realiza por la vía del apartado b) del art. 193 LRJS.

2) Los hechos procesales son los hechos ocurridos en el mismo proceso o inmediatamente antes, pero con relación inmediata con el pleito (en la conciliación o mediación preprocesal, en la reclamación administrativa o en la vía administrativa previa). Estos hechos procesales no tienen que recogerse en el apartado denominado «hechos probados» de la sentencia de instancia.

La consideración como hechos procesales de la conciliación o mediación preprocesal, de la reclamación administrativa o de la vía administrativa previa se debe a que suponen el cumplimiento de un trámite previo de acceso al proceso[7] y tienen lugar inmediatamente antes de él, sin que puedan incluirse dentro de la categoría relativa a los hechos sustantivos. Por ello, se trata de hechos

7. UBERTIS, G.: «Prova (in generale)», *Digesto IV*, Utet, Torino, 1995.

procesales en un sentido amplio. Empleamos la denominación «hechos procesales», en un sentido lato, comprensivo de los actos procesales.

Cuando se denuncia la infracción de una norma o garantía procesal, al amparo del art. 193.a) LRJS, en relación con uno de estos hechos procesales, en tal caso el TSJ no está vinculado por el relato de la incidencia procesal que, en su caso, se haya podido reseñar en la sentencia de instancia, sino que debe examinar los autos.

Por ejemplo, si el recurrente alega que se le denegó injustificadamente una prueba en el plenario y formuló protesta, es posible que en la sentencia dictada por el Juzgado de lo Social se mencione la denegación de la prueba y se afirme que no se formuló protesta. En tal caso, la afirmación de la sentencia relativa a que no se formuló protesta no vincula al TSJ. El TSJ deberá examinar la grabación del juicio oral a fin de determinar si efectivamente se propuso la citada prueba, si se denegó por el juez, si se formuló la preceptiva protesta... En caso de contradicción entre el tenor literal de la sentencia de instancia (que niega que se formulara protesta) y la grabación del juicio oral (que evidencia que sí se produjo), al tratarse de un hecho procesal vinculado con el derecho a la tutela judicial efectiva del art. 24 CE deberá prevalecer la grabación del juicio oral. El TSJ no está vinculado, en cuanto a estos hechos acaecidos en el mismo proceso, por el relato histórico de instancia, sino que debe buscar el hecho procesal en las actuaciones de instancia.

Los hechos que se tienen que incluir en el apartado de la sentencia denominado «hechos probados» y que se revisan al amparo del apartado b) del art. 193 LRJS, son los hechos sustantivos, no los procesales acaecidos en el mismo litigio de que se trate.

Ello se debe a que los hechos probados de la sentencia cumplen una función instrumental en relación con su razonamiento, que permite conocer los argumentos que han llevado al juez a pronunciar un determinado fallo y permite controlar, mediante los correspondientes recursos, el acierto de la sentencia. Por eso, los hechos probados de la resolución judicial contienen la versión del Juez de lo Social acerca de la controversia probatoria. Por el contrario, en principio, no es necesario que también recojan las incidencias procesales, que constan en las propias actuaciones, puesto que normalmente no cumplen ninguna función en relación con el razonamiento lógico que es el contenido propio de la sentencia. Únicamente si la propia sentencia de instancia tiene que resolver alguna cuestión procesal, en tal caso sí que deberá contener la correspondiente mención a los hechos procesales atinentes a ella.

Los «hechos probados» de las sentencias no deben describir pormenorizadamente la interposición de la demanda rectora del pleito y su contenido, ni la contestación a la demanda, ni las incidencias del proceso... Si así se hiciera, las sentencias serían innecesariamente prolijas y complejas. La omisión de estas menciones no impide al TSJ examinar las actuaciones de instancia para constatar si se ha producido una infracción procesal.

Además, el motivo suplicacional del apartado b) del art. 193 LRJS no tiene por objeto revisar los hechos procesales, sino los hechos sustantivos. El art. 193 LRJS sigue un orden lógico:

1) En primer lugar, el apartado a) del art. 193 LRJS se dirige a combatir las infracciones procedimentales.

2) En segundo lugar, el apartado b) del art. 193 LRJS tiene como finalidad la revisión del relato histórico.

3) Por último, el apartado c) del art. 193 LRJS está dirigido a combatir las infracciones de normas sustantivas y de la jurisprudencia.

El apartado b) del art. 193 LRJS, como regla general, tiene un carácter accesorio e instrumental respecto del apartado siguiente: el c), no respecto del apartado que le precede: el a). El TS sostiene que la revisión fáctica en suplicación cumple una función instrumental respecto del motivo del recurso previsto en el apartado c) del art. 191 de la LPL (STS de 3 de octubre de 2000, recurso 3370/1999; 19 de enero de 2001, recurso 2946/2000 y 6 de marzo de 2001, recurso 2344/1999).

La razón por la que el motivo b) del art. 193 LRJS no cumple una función instrumental respecto del motivo a) de este precepto, radica en que no es necesario postular una revisión fáctica en suplicación para poder acoger un motivo del recurso en el que se denuncie la infracción de normas o garantías del procedimiento, puesto que son ajenas al relato histórico de la sentencia de instancia, ya que los hechos probados de las sentencias tienen por objeto reseñar los hechos sustantivos, no los procesales, y la finalidad de la revisión fáctica en suplicación es la de combatir estos hechos sustantivos, no los procesales.

Debido a ello, en cuanto al examen de los hechos procesales no hay limitaciones en suplicación, bien entendido que los hechos procesales cuya inclusión en los hechos probados de la sentencia resulta innecesaria son aquéllos relativos a las actuaciones llevadas a cabo en el propio proceso. Cuando se trata de actuaciones procesales efectuadas en otros litigios distintos, que inciden en las reclamaciones planteadas, en tal caso sí que se deben incluir en los hechos probados de la sentencia las menciones relativas a ellas, pues en este supuesto no se trata de reflejar en los hechos probados las vicisitudes acaecidas en el propio proceso, sino de reseñar hechos sustentadores de la pretensión ejercitada o de la oposición a la demanda, y que se han declarado probados con base en la prueba obrante en las actuaciones (o por conformidad de las partes). Por ejemplo, si se alega la interrupción de la prescripción producida por una reclamación judicial anterior, en tal caso deberán constar en los hechos probados los extremos relativos a la reclamación judicial previa interruptiva de la prescripción.

En los juicios de despido, el TS ha negado que la manifestación expresa que puede hacer el trabajador o el empresario titular del derecho a optar entre readmisión o indemnización en el acto del juicio, anticipando su opción para el caso de declaración de improcedencia del despido, deba calificarse como un «hecho» o como un «punto de hecho» que deba ser incluido entre los hechos declarados probados de la sentencia de despido por las razones siguientes [STS 117/2019, de 14 de febrero (rcud 1782/2017)]:

a) No está previsto expresamente en la normativa específica sobre los hechos probados que deben figurar en la sentencia que se dicte en la modalidad procesal de despido.

b) En el apartado de la sentencia relativo a los «hechos probados» debe incluir exclusivamente los verdaderos hechos, los cuales deben derivar de los elementos de convicción valorados por el juzgador en atención a las pruebas practicadas.

c) El juez deberá explicar en la sentencia los fundamentos de la concreta inclusión de los hechos en el apartado de hechos probados.

d) El declarado como verdadero hecho probado en una sentencia puede ser revisado cuando la sentencia sea susceptible de ser impugnada en suplicación o en casación ordinaria.

El TS concluye que la citada manifestación de la parte procesal es un acto jurídico de parte con incidencia en el proceso que, al igual que otros actos de parte que pueden producirse durante el juicio (como la alegación de excepciones), no deben figurar en el concreto apartado de hechos probados, pero el juez debe hacer referencia a ellos en la sentencia y determinar en la misma motivadamente su trascendencia.

Por el contrario, si el trabajador no titular del derecho a la opción es quien solicita expresamente en el propio acto del juicio que se acuerde, en caso de improcedencia del despido, tener por hecha la opción por la indemnización, el art. 110.1.b) LRJS exige que conste un «hecho» concreto: los datos fácticos de los que se deduzca que no será posible la readmisión. Por ello, en los hechos probados de la sentencia deberán constar los datos fácticos de los que se pueda inferir tal imposibilidad de readmisión, y tal hecho podrá ser combatido en el recurso procedente contra la sentencia en la misma forma en que se impugnan los demás hechos declarados probados.

d) Hechos positivos y negativos

BENTHAM explica que un hecho positivo es aquel que se expresa por una proposición afirmativa, poniendo como ejemplo el hecho *«yo he estado en tal lugar»*; mientras que un hecho negativo es aquél que se expresa por una proposición negativa, y pone como ejemplo el hecho *«yo no he estado»* en ese lugar[8].

Existe división de la doctrina jurisprudencial acerca de los hechos negativos. La Sala Civil del TS sostiene que *«no puede admitirse como norma absoluta que los hechos negativos no pueden ser probados, pues pueden serlo por hechos o circunstancias positivas»* (sentencias de la Sala Civil del TS n.º 242/2007, de 23 febrero; 748/2007, de 20 junio; y 777/2007, de 27 junio).

La Sala Penal del TS rechaza que se pueda imponer al acusado una prueba «diabólica» de hechos negativos, exigiéndole que demuestre la falsedad de las acusaciones (sentencias de la Sala Penal del TS n.º 1468/2005, de 22 noviembre y de 11 de diciembre de 2006, recurso 715/2006). Lo que el TS está expresando es que, si se acusa a una persona de falsificar un cheque, el acusado no tiene que demostrar que él no falsificó ese documento, lo que sería imposible, sino que puede limitarse a negar los hechos, proporcionando una versión exculpatoria.

La Sala Social del TS explica que la revisión de sentencias por el dictado posterior de sentencias penales, que solo procede cuando se dicte *«sentencia absolutoria por inexistencia del hecho o por no haber participado el sujeto en el mismo [...] requiere la certeza sobre cualquiera de los dos hechos negativos que previene»* [STS 1022/2018, de 5 de diciembre (revisión 37/2017)].

Es decir, si una sentencia social declara procedente el despido disciplinario de un trabajador que golpeó al empresario y posteriormente se dicta sentencia penal que declara probada la inexistencia del hecho (el trabajador no golpeó al empresario) o que el trabajador no participó en dicho hecho (los que golpearon al empresario fueron otras personas, sin que lo hiciera el trabajador), ambos son hechos negativos. Por consiguiente, la Sala Social del TS está admitiendo que en los hechos probados de las sentencias (penales) se incluyan hechos negativos.

Varios pronunciamientos de la Sala Social del TS afirmaron que en los hechos probados de las sentencias debían incluirse tanto los hechos positivos como los negativos que individualizasen la pretensión (STS de 6 de julio de 1990, RJ 6073; 16 de enero de 1997, recurso 1420/1996 y 16 de marzo de 1999, recurso 2881/1998).

8. BENTHAM, J.: *Tratado de las pruebas judiciales*, (traduc. de M. Ossorio Florit), volumen I, Ediciones Jurídicas Europa-América, Buenos Aires, 1971, pág. 26, nota 2. Este autor explica que tratar de hablar de otro modo resultaría ininteligible.

Sin embargo, reiterados pronunciamientos de la Sala Social del TS han sostenido que en el relato de hechos probados de las sentencias sociales no pueden figurar hechos negativos (STS de 20 de septiembre de 2013, recurso 61/2010; 16 de octubre de 2013, recurso 101/2012; 12 de mayo de 2014, recurso 92/2013; y 15 de diciembre de 2014, recurso 38/2013).

La citada STS de 15 de diciembre de 2014, recurso 38/2013, rechaza la adición fáctica casacional consistente en añadir a los hechos probados que el sindicato LAB no es parte de la comisión paritaria, *«por tratarse de hechos negativos que no pueden formar parte del relato histórico, sin perjuicio de que al razonar sobre la prueba las partes puedan sostener su posición con base en la falta de prueba de semejantes datos»*.

A título ejemplificativo, si se produce un accidente laboral y el INSS impone al empresario un recargo prestacional fundamentado en que el empleador no proporcionó al trabajador formación en materia de seguridad e higiene en el trabajo y se practica prueba que efectivamente acredita que no formó al empleado, el hecho probado sustentador de la responsabilidad empresarial debería ser un hecho negativo: «El empresario no proporcionó formación en materia de seguridad e higiene en el trabajo al trabajador».

Es necesario distinguir entre el hecho probado negativo y el hecho no probado[9]. Un hecho negativo supone que se afirma como probado que no ha sucedido un determinado extremo (por ejemplo, que el trabajador no llevaba casco cuando se produjo el accidente). Por el contrario, en el denominado hecho no probado, que en realidad no es tal, se afirma que no ha quedado acreditado un determinado extremo[10] (por ejemplo, que no consta que el trabajador llevara casco en el momento del accidente).

En un pleito de despido disciplinario, si la carta de despido imputa al trabajador que insultó y agredió al empresario y la prueba practicada acredita que el trabajador efectivamente insultó al empleador pero no llegó a agredirle, se incluiría un hecho positivo y otro negativo si en la sentencia de instancia se mencionase que el trabajador *«llamó imbécil al empresario, pero no le agredió»*, mientras que se incluiría un hecho no probado si se reseñase que el actor *«llamó imbécil al empresario, pero no consta que le agrediese»*.

Por tanto, si el juez llega a la convicción razonada de que el trabajador insultó al empresario, pero no le agredió, la sentencia debería consignar el hecho positivo y el negativo: el trabajador le insultó, pero no le agredió.

9. La STC 24/1984, de 23-2, explica que *«ni jurídica ni lógicamente es lo mismo decir que está probado que alguien no ha sido autor de un hecho, que afirmar que no está probado que alguien es autor de ese mismo hecho»*.

10. Como indica MICHELI, G. A.: *La carga de la prueba*, (traduc. S. Sentís Melendo), Editorial Ediciones Jurídicas Europa-América, Buenos Aires, 1961, pág. 251, la no probada existencia de un hecho no equivale a la probada inexistencia del hecho.

Ahora bien, puede suceder que la prueba practicada no acredite si el trabajador agredió al empresario o no: no se ha probado el hecho negativo de que el trabajador no agrediese al empresario. En tal caso, en el apartado de la sentencia intitulado «hechos probados» solo debería recogerse el único hecho probado: el hecho positivo consistente en que el trabajador insultó al empresario, sin mencionar ningún hecho no probado.

La práctica forense demuestra que continuamente se están reseñando hechos probados negativos en las sentencias del orden social, por ejemplo, en materia de seguridad e higiene en el trabajo, para reseñar incumplimientos en esta materia: el trabajador no llevaba puesto el cinturón de seguridad o el casco, el trabajador no pulsó el botón que detenía la máquina antes de acceder a una parte peligrosa de la misma, etc. Se trata de hechos negativos indispensables para la resolución del pleito.

Pese a la doctrina jurisprudencial que niega que puedan incluirse hechos negativos en las sentencias, la *praxis* forense revela que continuamente se están incluyendo hechos probados negativos imprescindibles para el relato histórico. Un examen aleatorio de sentencias del TS en materia de recargo de prestaciones económicas de la Seguridad Social revela que los apartados de las sentencias de instancia intitulados «hechos probados» contienen hechos probados negativos:

— *«Los trabajadores no arriostraron debidamente el apoyo de madera, si bien disponían de medios para ello, ni utilizaron la cesta elevadora que también tenían disponible en el camión»* [STS 849/2016, de 18 de octubre (rcud 1233/2015)].

— *«El trabajador no hacía uso del arnés de seguridad cuando se cayó por el hueco del ascensor»* (STS de 13 de abril de 2016, recurso 3043/2013).

— *«Al cual había accedido (a un tejado) mediante una escalera de mano [...] no fijada en la parte superior ni superando la altura de la propia pared»* [STS 842/2018, de 18 de septiembre (rcud 144/2017)].

— *«Pertrechado con un arnés mas sin ternero anclado a un punto fijo (ya que el mosquetón "no cogía" los distintos agujeros que al efecto tiene la chapa)»* (STS de 11 de febrero de 2016, recurso 2806/2014).

Una categoría completamente distinta de los hechos probados negativos es la de los denominados hechos no probados, que en realidad no son hechos probados. Un hecho no probado supone que se afirma que un determinado extremo no ha resultado acreditado. En ocasiones se redactan empleando la expresión *«no consta»: «no consta que el trabajador agrediese al empleador»; «no consta que el empresario instruyese al trabajador acerca de cómo manejar y aplicar el producto tóxico»*.

Estos hechos no probados no cumplen función procesal alguna, pues no aportan nada al relato histórico de instancia, al limitarse a afirmar que un extremo no ha quedado acreditado. Tampoco son conceptualmente hechos probados, ya que en ellos no se reseña ningún extremo que haya quedado acreditado. Por ello, su inclusión en el apartado de la sentencia relativo a los «hechos probados» no está justificada.

El art. 851.2 de la Ley de Enjuiciamiento Criminal establece un motivo de casación penal por quebrantamiento de forma consistente en que *«en la sentencia solo se exprese que los hechos alegados por las acusaciones no se han probado, sin hacer expresa relación de los que resultaren probados»*. El propio legislador distingue nítidamente entre hechos probados y no probados, rechazando estos últimos. La Sala Penal del TS ha considerado incorrecto reflejar hechos no probados en el *factum* de la sentencia (sentencia de la Sala Penal del TS de 18 de diciembre de 2002, recurso 2222/2001).

El problema radica en que la mención en los «hechos probados» de la sentencia relativa a que no consta un determinado hecho, puede ser una expresión equívoca que induzca a error. A título ejemplificativo, supongamos que en un pleito de recargo prestacional se imputa a un empresario que ordenó a un trabajador utilizar una máquina nueva sin instruirle acerca de su manejo. La pretensión del trabajador se sustenta en un hecho negativo: el empleador no le dio las pertinentes instrucciones. A veces se incluye una afirmación del tipo: *«no consta que el empleador instruyese al trabajador en el manejo de la máquina»*. Se trata de una frase equívoca, puesto que puede llevar a la conclusión errónea de que se reputa probado que no se han dado las citadas instrucciones, cuando en realidad se limita a reflejar la falta de una conclusión probatoria sobre esta cuestión.

Por eso, hay que evitar incluir hechos no probados en el relato histórico de la sentencia, explicando en sus fundamentos de derecho la imposibilidad de llegar a la conclusión de si las citadas instrucciones se impartieron o no, a la vista de las pruebas practicadas. A continuación, hay que aplicar las reglas de la carga de la prueba: el *onus probandi*, argumentando a cuál de las partes debe perjudicarle la no acreditación de este extremo. En definitiva, la inclusión de hechos no probados en la crónica histórica de las resoluciones judiciales no debe considerarse ajustada a derecho.

La doctrina jurisprudencial que rechaza la inclusión de hechos negativos en las sentencias, solo podría admitirse si se considerase que los *«hechos negativos equivalen a no acaecidos»* (STSJ de Castilla-La Mancha de 31 de enero de 2019, recurso 1651/2017; TSJ de Castilla y León con sede en Burgos de 25 de junio de 2018, recurso 331/2018; TSJ de la Comunidad Valenciana de 5 de febrero de 2019, recurso 230/2018; TSJ de La Rioja de 24 de enero de 2019, recurso 2/2019; y TSJ de Madrid de 25 de mayo de 2018, recurso1446/2017). Pero en tal caso se estarían identificando los hechos negativos con los hechos no probados, pese a que se trata de categorías distintas.

e) Hechos directos e indirectos

El apartado de la sentencia denominado «hechos probados» debe fijar la versión judicial de los hechos litigiosos, lo que constituye un relato histórico: un relato que reconstruye unos hechos acaecidos normalmente al margen y con anterioridad al proceso, que no es sino la versión del juez acerca de lo que sucedió en el pasado. Los hechos probados de la sentencia deben contar una historia: la versión del juez acerca de la realidad. Por ello, debe considerarse incorrecta la reiterada práctica forense de incluir, en los hechos probados de las sentencias, no la versión del juez acerca de la realidad, sino las versiones de otras personas o entidades: el Inspector de Trabajo, un médico, el EVI, un perito...

Por ejemplo, en un accidente de trabajo, el informe de la Inspección de Trabajo y de la Seguridad Social contiene la versión que el Inspector tiene acerca de cómo se produjo el siniestro, extraída del examen del centro de trabajo, de las declaraciones de las personas con las que ha hablado y de la documentación examinada. También puede aportarse a ese pleito el informe de un perito que contiene su versión acerca del accidente.

Frecuentemente en los hechos probados de la sentencia se contienen afirmaciones del tipo: *«Consta en las actuaciones el informe de la Inspección de Trabajo obrante al folio [...] que se da por reproducido»*. O bien: *«Un médico traumatólogo examinó al actor el 2 de abril de 2017 y le diagnosticó gonartrosis grado III»*.

Un «hecho indirecto» consiste en la afirmación de que una prueba obrante en las actuaciones tiene un determinado contenido. Pero eso no significa necesariamente que el Juez de lo Social acepte como cierta la versión del accidente del Inspector de Trabajo o la afirmación de ese facultativo. Las sentencias sociales frecuentemente contienen menciones a que unos determinados documentos tienen un contenido y sin embargo la versión judicial de los hechos es distinta.

Por ejemplo, en los pleitos de incapacidad permanente a veces se reproduce el contenido de una pluralidad de informes médicos relativos a las dolencias del actor. Y finalmente se declaran probadas las concretas lesiones que padece, que no coinciden exactamente con las descritas en dichos informes médicos.

La sentencia de instancia debe describir la versión judicial de los hechos controvertidos, sin que se cumpla dicho objeto con la mera mención al contenido de un informe que no vincula para la resolución del litigio. Es decir, lo importante no es que el informe de la Inspección de Trabajo tenga un determinado contenido sino cuál es el modo en que se produjo el accidente de trabajo. En la fundamentación jurídica de la sentencia, al cumplir con el mandato impuesto por el art. 97.2 LRJS consistente en explicitar el razonamiento probatorio, debe explicarse cuál es el medio probatorio al que se ha otorgado credibilidad y que sustenta la citada versión judicial de los hechos.

La proliferación de hechos indirectos en las sentencias sociales pugna con la necesaria concisión y claridad de las resoluciones judiciales, que deberían centrarse en la versión judicial de los hechos litigiosos. Además, los hechos probados indirectos pueden inducir a error, en la medida en que no se sabe a ciencia cierta si el Juzgado acepta como verdaderas las afirmaciones contenidas en el medio probatorio al que se remite, o si el Juez se limita a considerar probado que su autor ha efectuado esas aseveraciones.

A título ejemplificativo, si la sentencia contiene un hecho probado en el que se afirma que un médico cardiólogo examinó al demandante el 2 de enero de 2017 y sostuvo que padecía insuficiencia cardíaca valorada con el grado 3 de la New York Heart Association (NYHA), no está claro si el Juez considera que el actor efectivamente padece insuficiencia cardíaca grado 3 o si se ha limitado a afirmar que ese médico valoró su dolencia en ese concreto grado. Hay veces que el examen del conjunto de la sentencia revela que el Juez de lo Social no considera probado que padezca dicha patología: en un hecho probado posterior de la sentencia se afirma que el accionante padece insuficiencia cardíaca valorada con el grado 4 de la NYHA. Y en el fundamento de derecho dedicado a explicar el razonamiento probatorio, se argumenta que la pericia médica ha convencido al juez de que el grado de insuficiencia cardíaca es 4 y nº 3.

Por ejemplo, un hecho indirecto puede tener el siguiente contenido: «*Un servicio de cardiología examinó al actor el 2 de enero de 2017 y afirmó que padecía insuficiencia cardíaca valorada con el grado 3 de la NYHA*». En sentido estricto, esa afirmación lo único que evidencia es que en esa concreta fecha el facultativo afirmó que el accionante padecía esas dolencias. Pero se desconoce si en la fecha del hecho causante de la pensión de incapacidad permanente el demandante tenía idénticas dolencias u otras distintas[11].

El verdadero problema de que el Juez de lo Social, con una plausible finalidad de búsqueda de la exhaustividad, incluya prolijos hechos probados describiendo múltiples informes médicos de distintas fechas con diferentes dolencias, radica en que nunca describen las dolencias en idénticos términos. Siempre hay divergencias entre unos informes médicos y otros. Puede resultar dificultoso precisar cuáles son las concretas dolencias que se consideran probadas.

Es cierto que el apartado de las sentencias denominado «hechos probados» debe contener hechos probados situados espacio-temporalmente. Por ejemplo,

11. Deben valorarse las dolencias que el solicitante de la pensión de incapacidad permanente tiene en el momento del hecho causante, salvo que se produzca una agravación de las mismas con posterioridad, en cuyo caso deberá se el momento del juicio oral (STS de 5 de marzo de 2013, recurso 1453/2012).

en un pleito sobre la etiología común o laboral de una baja médica es necesario incluir en los hechos probados la mención al parte médico de alta, con su diagnóstico, al de baja, a las recaídas...

El hecho de que se incluya un hecho probado que mencione esos extremos no supone que se trate de un hecho indirecto. En las sentencias resolutorias de esos pleitos suelen aparecer hechos probados del tipo: «*En fecha 4 de abril de 2017 el médico de atención primaria redactó el parte de baja médica obrante al folio 154 de las actuaciones, cuyo contenido se da por reproducido, en el que aparece el diagnóstico de lumbalgia*».

Aparentemente se trata de un hecho indirecto. Pero en realidad es un hecho directo que si se hubiera redactado con mejor técnica jurídica diría: «*En fecha 4 de abril de 2017 el médico de atención primaria emitió un parte de baja médica del actor con el diagnóstico de lumbalgia*».

Lo mismo sucede cuando los hechos probados de la sentencia recogen el contenido del dictamen del EVI, que describe las dolencias y limitaciones del demandante, y de la lectura de la sentencia se desprende que el Juez de lo Social considera probado que el actor padece las dolencias reseñadas en el dictamen del EVI. En tal caso, parece un hecho probado indirecto, pero en realidad se trata de un hecho probado directo: el juez ha atribuido credibilidad al dictamen del EVI y declara probado que esas son sus secuelas.

En definitiva, los hechos probados deben contener los hechos directos (la versión judicial de los hechos controvertidos) y no afirmaciones relativas a que un medio de prueba tiene un determinado contenido.

La relevancia de esta distinción se vislumbra en los recursos de suplicación dirigidos a la revisión de los hechos probados, en los que no basta con solicitar la inclusión de hechos que se limiten a afirmar que un documento o pericia tiene un determinado contenido. Por ejemplo, muchos recurrentes postulan adiciones fácticas como la siguiente: «*El día 4 de febrero de 2017 la Inspección de Trabajo emitió un informe en el que afirmaba que la empresa incumplió las medidas de seguridad e higiene en el trabajo al encomendar la construcción de una nave a dos trabajadores sin formación y sin proporcionarles los EPI*».

La parte recurrente debería solicitar que constasen en el relato fáctico los hechos objetivos y directos consistentes en que la empresa no había proporcionado formación a los trabajadores, ni les había entregado los EPI. Pero en realidad solo está solicitando la inclusión de un hecho indirecto: que en el citado informe se afirman estos hechos, es decir, que ese medio de prueba tiene un concreto contenido, lo que solamente constituye la opinión del Inspector de Trabajo sobre los hechos litigiosos, que no vincula al Tribunal.

Las revisiones fácticas suplicacionales amparadas en el art. 193.b) LRJS deben solicitar la inclusión en los hechos probados de hechos directos, no meramente indirectos.

f) Hechos institucionales o jurídicos

LARENZ explica que las relaciones jurídicas pueden ser elementos de los supuestos de hecho de las normas jurídicas[12]. El que alguien sea propietario de una cosa o trabajador o representante legal de otra persona, puede integrar el supuesto de hecho de una norma legal. Se trata de los denominados «hechos institucionales o jurídicos»[13]: son los hechos externos que no están definidos en términos puramente fácticos sino *«jurídicamente condicionados, lo que significa que están definidos en relación con el Derecho»*[14]. También se han denominado «hechos relacionales», que son aquellos que, para afirmar la existencia de un hecho, precisan determinar su relación con una norma jurídica.

Se caracterizan por que en ellos coexiste un elemento de hecho y otro elemento de derecho[15]. Todo hecho jurídico o institucional tiene una base fáctica, que constituye su elemento de hecho; y una calificación o valoración jurídica, que constituye su elemento de derecho[16].

Al igual que los supuestos de hechos de las normas contienen hechos institucionales o jurídicos, en los hechos probados de las sentencias se incluyen continuamente referencias a que se concertó un contrato de trabajo, a que el actor es representante legal de los trabajadores, a que fue despedido un determinado día...

Se trata de hechos jurídicos: están establecidos en relación con el Derecho. Para determinar el hecho consistente en que el actor ha prestado servicios laborales es menester acudir al art. 1.1 del ET y comprobar que concurren las notas de dependencia, ajenidad, retribución...

El ejemplo más claro se produce en los pleitos de incapacidad permanente, en los que se incluye una mención relativa a que la base reguladora de la pensión de incapacidad permanente asciende a una determinada cantidad. Esta clase de afirmaciones se reseñan incluso cuando se trata de una sentencia desestimatoria, lo

12. LARENZ, K.: *Metodología de la Ciencia del Derecho*, 2.ª edición, (traduc. M. Rodríguez Molinero), editorial Ariel Barcelona, 2001, pág. 279.
13. GASCÓN ABELLÁN, M.: *Los hechos en el derecho. Bases argumentales de la prueba*, Marcial Pons, Madrid, 1999, págs. 75 y 76.
14. Esta definición es de ROSS, A.: *Sobre el Derecho y la justicia*, (traduc. de G. Carrió), Eudeba, Buenos Aires, 1963, pág. 211.
15. Así, GARCIMARTÍN MONTERO, R.: *El objeto de la prueba en el proceso civil*, Cedecs, Barcelona, 1997, pág. 60.
16. HERNÁNDEZ GIL, A.: «El abogado y el razonamiento jurídico», *Conceptos jurídicos fundamentales*, Obras completas, tomo I, Espasa Calpe, Madrid, 1987, pág. 719.

que aparentemente parece contradictorio, al afirmar en los hechos probados que la base reguladora asciende a una concreta cuantía y a continuación negar que el actor esté afecto de la incapacidad permanente solicitada. En realidad, cuando en los hechos probados de una sentencia dictada en un pleito de esta naturaleza consta que se fija la base reguladora de la pensión de incapacidad permanente en una determinada cantidad, el juez está haciendo una afirmación condicional: *«en el supuesto de que se reconozca al demandante una pensión de incapacidad permanente, en tal caso la pensión ascendería a esta concreta cuantía»*.

Es importante precisar que, en aquellos litigios en los que se discute la cuantía de la pensión, no debe incluirse una afirmación de esta clase en los hechos probados. En tal caso, en el apartado denominado «hechos probados» es preciso reseñar todos los extremos fácticos necesarios para su cálculo (por ejemplo, las cotizaciones del trabajador a la Seguridad Social que permitan, en los fundamentos de derecho de la sentencia, explicar cómo se ha calculado la cuantía de la pensión). Pero en la mayoría de los litigios se trata de un extremo que no ha sido discutido por las partes, que se incluye como tal en los hechos probados.

En estos supuestos, en realidad lo que el juez quiere decir con la citada afirmación es lo siguiente: *«las partes están de acuerdo en que, si se reconoce la incapacidad permanente, la base reguladora ascendería a esta concreta cuantía»*. Las partes están conformes en relación con este concreto extremo.

Sin embargo, no puede decirse que esa afirmación tenga una naturaleza puramente fáctica porque el cálculo de la base reguladora es una cuestión nítidamente jurídica. La determinación del importe de la base reguladora de la pensión de incapacidad permanente se lleva a cabo aplicando normas jurídicas sustantivas. Lo que sucede es que, en muchas ocasiones, el INSS calcula su importe, la contraparte no cuestiona este cálculo y, ante su carácter no controvertido, el juez la incorpora a los hechos probados. En definitiva, la aplicación del Derecho necesaria para la determinación de la base reguladora se ha llevado a cabo al margen del proceso y el carácter no discutido de la misma lleva, en la práctica forense, a su inclusión en los hechos probados de la sentencia.

Pero el hecho de que esta afirmación no se discuta por las partes no la convierte en una afirmación puramente fáctica, puesto que su determinación exige la aplicación de normas jurídicas a unos datos fácticos preexistentes.

En realidad, avanzando un paso más, lo que la citada aseveración viene a decir es lo siguiente: *«las partes están de acuerdo en que, si se tiene en cuenta el tiempo en que el actor trabajó, la categoría profesional que efectivamente desempeñó, las bases de cotización... y se aplican las normas jurídicas que se ocupan del cálculo de la base reguladora de la pensión de incapacidad permanente, la base resultante ascendería, caso de que se reconociese la pensión, a esta concreta cantidad»*.

Se trata de un hecho jurídico puesto que, partiendo de una base fáctica, aplica unas normas jurídicas para llegar a su determinación. Resulta revelador comparar esa afirmación con la siguiente, que en ocasiones se incluye asimismo en los hechos probados de las sentencias sociales: *«las partes intervinientes están de acuerdo en que el convenio colectivo aplicable es el de [...]»*. En este último supuesto existe asimismo una conformidad de las partes, pero afecta al derecho, no a un hecho jurídico o institucional.

Así, en el caso de que las partes estén conformes con la base reguladora de la pensión de incapacidad permanente, aunque el juez, a la hora de dictar sentencia, considere que incurrieron en error y la base reguladora debería ser otra, no puede condenar al demandado a pagar una base distinta de la establecida por las partes, porque no nos encontramos en el terreno de las normas, sino en el de un hecho jurídico fijado por conformidad que, como tal, es un hecho complejo, ya que lleva implícita la aplicación de unas normas jurídicas a un sustrato fáctico, por lo que el juez está vinculado por la conformidad de las partes respecto del mismo[17]. De ello se infiere la utilidad de la expresión «hecho jurídico», pues ilustra acerca de la circunstancia de que una concreta afirmación contenida en los hechos probados de la sentencia contiene tanto una base fáctica como una valoración jurídica.

Continuando con el ejemplo anterior, puede ocurrir que el demandante esté disconforme con el cálculo efectuado por el INSS de la base reguladora de la pensión de incapacidad permanente derivada de enfermedad común, pero esté de acuerdo con las bases de cotización tenidas en cuenta por la Entidad Gestora para efectuar el correspondiente cálculo, discrepando del modo de llevar a cabo este cálculo. En este supuesto, en los hechos probados de la sentencia deben constar las bases de cotización del demandante, a fin de que en los fundamentos de derecho el juez de instancia pueda argumentar cuál es el cálculo correcto.

Incluso en tal caso, la afirmación relativa a cuáles son las bases de cotización por contingencias comunes que le corresponden al trabajador a lo largo del período legalmente previsto no es tampoco una afirmación puramente fáctica, sino que exige llevar a cabo una calificación jurídica: es preciso diferenciar los conceptos remuneratorios incluidos y los excluidos del cálculo de la base de cotización, sumar la parte proporcional de las pagas extras, comprobar si se exceden las bases mínima y máxima, etc. Por tanto, también se están introduciendo en los hechos probados afirmaciones que exceden de las puramente fácticas, y en ellas se emplean conceptos jurídicos.

17. *Strictu sensu* habría que distinguir entre el elemento fáctico y el elemento jurídico del citado hecho jurídico: entre su sustrato fáctico y la aplicación de normas jurídicas al mismo, de forma que la conformidad de las partes vinculante para el juez sería la que afectase al sustrato fáctico y no a la aplicación del Derecho, sujeta al principio *iura novit curia*.

Estos hechos jurídicos incontrovertidos incluidos en los hechos probados de las sentencias cumplen una función muy importante: permiten delimitar el ámbito del silogismo contenido en la sentencia, centrando el razonamiento judicial en las concretas cuestiones controvertidas.

En los pleitos sobre incapacidad permanente en los que los litigantes están de acuerdo en cuál es la profesión del demandante y cuál es la base reguladora de la pensión que le correspondería en caso de que se estimase la demanda, se incluyen en los hechos probados los hechos jurídicos correspondientes a estos extremos. Ello permite centrar el objeto del razonamiento silogístico judicial en la determinación de cuáles son las secuelas del actor y en si estas son tributarias de una incapacidad permanente.

Cabría redactar unos hechos probados de una sentencia que no contuvieran ningún hecho jurídico —y por tanto ningún concepto jurídico— pero ello conllevaría que las sentencias fueran innecesariamente prolijas. Continuando con el ejemplo anterior, relativo a la base reguladora indiscutida de la pensión de incapacidad permanente, la omisión del hecho jurídico relativo a su importe obligaría a que los hechos probados de la sentencia incluyesen una pluralidad de extremos fácticos necesarios para el cálculo de la base reguladora, cuando su cuantía no se discute.

Como indica CARNELUTTI *«un hecho capaz de producir consecuencias jurídicas se puede afirmar, tanto narrándolo en sus detalles, como indicándolo mediante su definición jurídica»*. Existe una simple diferencia de forma entre estos modos de afirmación del hecho, debida a que el hecho es progresivamente representado con fórmulas descendentes de lo particular a lo general[18]. Si las exigencias argumentativas de la sentencia no requieren descender a los detalles concretos para expresar la realidad enjuiciada, no parece que haya inconveniente a que se empleen estos conceptos jurídicos en aras a la deseable concisión y claridad de las resoluciones judiciales.

i. Hechos jurídicos controvertidos

La declaración de nulidad de las actuaciones debe apreciarse restrictivamente, habida cuenta del perjuicio que ocasiona a la Administración de Justicia: la nulidad solo debe prevalecer cuando sea imprescindible para evitar un perjuicio de mayor entidad que la propia nulidad. El TS intenta evitar la nulidad de actuaciones, si es posible, porque ello pugnaría con los principios de economía procesal y conservación de los actos judiciales[19].

18. CARNELUTTI, F.: *La prueba civil*, (traduc. de N. Alcalá-Zamora), Ediciones Arayú, Buenos Aires, 1955, págs. 136 y 137.
19. STS 238/2022, de 16 de marzo (rec. 254/2021, Pleno); 967/2023, de 14 de noviembre (rcud 1975/2021); y 542/2024, de 11 de abril (rec. 95/2022, Pleno).

Por eso, cuando la sentencia de instancia incluye hechos jurídicos controvertidos en los hechos probados basta con tenerlos por no puestos, ignorándolos y resolviendo el recurso de suplicación como si no existieran.

Por ejemplo, en un pleito en el que se discute si el actor tiene la condición de trabajador autónomo económicamente dependiente (TRADE) puede suceder que en los hechos probados de la sentencia dictada por el Juzgado de lo Social se afirme que *«el demandante es TRADE de la empresa demandada»*. Sin embargo, la empresa niega que tenga dicha condición porque sostiene que no concurren los requisitos legales. En tal caso, el TSJ debe tener por no puesto el citado hecho probado.

A pesar del principio de conservación de los actos judiciales, la nulidad de la sentencia de instancia puede ser una consecuencia indirecta de la consecuencia directa o inmediata de tener por no puesto el hecho jurídico controvertido, en la medida en que ello produzca una insuficiencia de hechos probados que no se haya corregido con los motivos de revisión fáctica suplicacional (art. 202.2 LRJS) y obligue a anular la sentencia de instancia, que incumplió el mandato impuesto por el art. 97.2 LRJS. Cuando este precepto estatuye que las sentencias dictadas en el orden social incluirán una declaración expresa de hechos probados, implícitamente exige una declaración suficiente de hechos probados, so pena de incurrir en defecto de motivación, al omitir la sentencia las menciones indispensables relativas a la premisa menor del silogismo judicial. Puede ocurrir que, al tener por no puestos determinados hechos probados formales que contengan valoraciones jurídicas predeterminantes del fallo, los restantes hechos probados sean insuficientes para la resolución del pleito, lo que obliga a anular la sentencia de instancia.

La eficacia del recurso de suplicación depende de la correcta delimitación del contenido de los hechos probados. Así, puede ocurrir que una valoración jurídica esté incluida entre los hechos probados de una sentencia, pero ello no implica que el apartado b) del art. 193 LRJS sea el instrumento idóneo para proceder a su revisión.

Por ejemplo, si en un litigio en el que se discute por las partes el concreto importe de la base reguladora de la pensión de incapacidad permanente y el juez de instancia reseña en los hechos probados su importe —incluyendo en los hechos probados la frase: *«la base reguladora de la pensión debatida es de 1.000 euros mensuales»*—, en tal caso se trata de una mención errónea, pues debería haber hecho constar en los hechos probados los extremos fácticos necesarios para su cálculo y en los fundamentos de derecho tenía que haber argumentado cuál era el cálculo idóneo de la citada base reguladora. Esa afirmación dificulta el control en suplicación de la sentencia de instancia, porque se ha introducido en el *factum* una valoración jurídica controvertida que predetermina el fallo.

En efecto si, como hipótesis, se admitiese la corrección de la inclusión en los hechos probados de la citada afirmación, parece que la revocación en suplicación de la sentencia de instancia pasaría por la formulación de un motivo de revisión fáctica, al amparo del art. 193.b) LRJS, dirigido a sustituir la citada afirmación por otra en la que se incluyese una mención análoga pero en la que se reseñase una base reguladora superior (si recurría la parte actora) o inferior (si recurría la parte demandada). Ello supondría trasladar el debate jurídico relativo al fondo del litigio, que es propio del motivo de suplicación referente a la infracción de normas sustantivas [correspondiente al apartado c) del art. 193 LRJS] al motivo de revisión fáctica [el apartado b) del art. 193 LRJS], lo que sería incorrecto, porque lo que se está debatiendo no es una cuestión probatoria sino estrictamente jurídica-sustantiva, relativa a la interpretación de unas normas sustantivas.

Además, debe hacerse hincapié en que el motivo de suplicación previsto en el apartado b) del art. 193 LRJS no es conceptualmente idóneo para examinar estas cuestiones, puesto que en este caso no nos encontramos ante un problema de valoración errónea de una prueba documental o pericial, como corresponde a este motivo del recurso, sino que subyace una cuestión de interpretación de normas sustantivas.

Por ende, si la parte recurrente se encuentra con una sentencia de instancia que ha incluido incorrectamente en sus hechos probados la base reguladora controvertida de una prestación, no puede pretender sustituir la afirmación *«la base reguladora de la prestación de autos es de 1.000 euros mensuales»*, por otra análoga, con una base reguladora diferente (por ejemplo: *«la base reguladora de la prestación de autos es de 1.200 euros mensuales»*), porque se trata de una valoración jurídica controvertida predeterminante del fallo, cuya inclusión en el *factum* es incorrecta. Lo que debe hacer es interesar una revisión fáctica en virtud de la cual se incluyan en los hechos probados de la sentencia los extremos fácticos necesarios para el cálculo de la base reguladora correcta y posteriormente formular un motivo del recurso al amparo del art. 193.c) LRJS en el que denuncie la infracción de la norma sustantiva reguladora del cálculo de la base reguladora de la prestación de que se trate.

g) Hechos externos e internos

En los hechos descriptivos (los que describen una realidad) puede distinguirse entre hechos externos, que serían los acontecimientos que se producen en la realidad sensible, y los hechos internos o psicológicos, que serían los que afectan a la esfera mental de una persona[20]. Se refieren al estado de ánimo. Por ejemplo, en un pleito por despido disciplinario en el que se enjuicia la conducta de un trabajador que insultó a su empleador, puede ser relevante reseñar su

20. GASCÓN ABELLÁN, M.: *Los hechos en el derecho...*, ob. cit., págs. 75 a 82.

estado de ánimo: si el trabajador estaba alterado por una noticia familiar negativa y en ese momento el empresario le recriminó un defecto en el trabajo, la reacción excesiva del trabajador pudo deberse a sus circunstancias familiares, lo que debe valorarse a la hora de ponderar la gravedad del incumplimiento contractual que se le imputa.

Estos hechos internos o psicológicos suelen ser más difíciles de probar que los externos, pero ello no desvirtúa su naturaleza fáctica: deben inferirse a partir de los hechos sensibles[21]. Por ende, los hechos descriptivos pueden relatar tanto la realidad externa, sensible, como la realidad interna, mental de las personas, pero en ambos casos conservan su naturaleza como tales hechos. Por ello, pueden ser objeto de revisión fáctica al amparo del apartado b) del art. 193 LRJS.

B) EL RAZONAMIENTO PROBATORIO NO ES UN RAZONAMIENTO SILOGÍSTICO SINO INDUCTIVO

Al combatir los hechos probados de una sentencia es importante partir de que el razonamiento probatorio no puede reconducirse a un razonamiento silogístico[22]. La valoración de la prueba puede limitarse a determinar, al existir dos testimonios contradictorios —*v. gr.* un testigo que afirma que una persona ha sustraído una determinada cantidad de dinero y otro que lo niega— cuál de ellos tiene una mayor credibilidad.

No es admisible una valoración irracional o emotiva del juzgador, sino que es exigible la aplicación de un razonamiento basado en las máximas de experiencia relativas a la valoración de la prueba. El juzgador, al desarrollar el razonamiento probatorio, debe explicar cuál o cuáles son las máximas de experiencia de valoración de la prueba que ha aplicado, así como la razón por la que ha acudido a ellas y no a otras. Pero resulta difícil reconducir este mecanismo lógico a un silogismo cuando su supuesta premisa mayor se limita a afirmar que, como principio general, los testigos en los que concurren unas determinadas circunstancias son más veraces que aquellos en quienes no concurren, existiendo máximas de experiencia que *a priori* tienen el mismo valor y que en el caso concreto conducirían a soluciones contrapuestas[23]. La razón es porque las máximas de experiencia de valoración de la prueba no constituyen leyes universales,

21. Cfr. DEVIS ECHANDÍA, H.: *Teoría general de la prueba judicial*, tomos I, 6° edición, Zavalía Editor, Buenos Aires, 1988, págs. 163 a 165.
22. En cuanto a la naturaleza inductiva y no deductiva del razonamiento en virtud del cual se declaran probados los hechos internos o psicológicos, *vide* ANDRÉS IBÁÑEZ, P.: «Acerca de la motivación de los hechos en la sentencia penal», en VV.AA.: *La sentencia penal*, Consejo General del Poder Judicial (Cuadernos de Derecho Judicial XIII), Madrid, 1992, págs. 130 y 131.
23. Las dificultades de la aplicación de la lógica inductiva a la evaluación de la prueba judicial las examina AÍSA MOREU, D.: *El razonamiento inductivo en la ciencia y en la prueba judicial*, Prensas Universitarias de Zaragoza, Zaragoza, 1997, págs. 272 y ss. y 342 y ss.

sino que son el fruto de la constatación de cierta regularidad en la forma de producirse determinados fenómenos o comportamientos, respondiendo al esquema de la inducción generalizadora y produciendo únicamente conocimiento probable[24].

La averiguación de los hechos se lleva a cabo mediante una inferencia inductiva, lo que supone que el quehacer cognoscitivo del juez respecto de los hechos se sitúa en el ámbito de las explicaciones probabilísticas[25]. Ello implica que existe un margen de incertidumbre y de libertad de elección entre opciones en esta materia, lo que supone una forma de poder del juez que nunca será del todo controlable[26].

Si la determinación de los hechos probados no obedece a una suerte de silogismo práctico, sino que se lleva a cabo mediante una inferencia inductiva, aplicando máximas de la experiencia de valoración de la prueba, ello supone que el relato histórico se caracteriza por tener una naturaleza meramente probable. Por eso, el tribunal de suplicación difícilmente podrá afirmar que el relato fáctico de instancia no es cierto a la vista de las pruebas evacuadas, sino a lo sumo que es improbable que sea cierto, sustituyéndolo por otro que ofrezca una probabilidad de certeza mayor, a la vista de las pruebas documentales o periciales invocadas por el recurrente, lo que sitúa el debate revisor fáctico en el ámbito de la mera probabilidad y no de la certeza.

Por ejemplo, en los pleitos en los que se debate si el actor está afecto de una incapacidad permanente, normalmente se discute cuáles son sus secuelas: el demandante sostiene que padece unas secuelas más graves que las reconocidas por el INSS o la mutua. Buena parte de la prueba gira en torno a esta cuestión.

Habitualmente obran en las actuaciones:

1) Prueba documental aportada por las partes procesales consistente en informes médicos.

2) Prueba documental obrante en el expediente administrativo (que incluye el informe médico de síntesis y el dictamen del EVI o equivalentes, que contienen una descripción del cuadro secuelar).

3) Es frecuente que se practique prueba pericial médica a instancia de una o de ambas partes intervinientes.

24. ANDRÉS IBÁÑEZ, P.: «Acerca de la motivación…», ob. cit., pág. 147.
25. GORPHE, F.: *Las resoluciones judiciales*, Ediciones Jurídicas Europa-América, Buenos Aires, 1953, pág. 122, sostiene que, objetivamente hablando, las pruebas no pueden proporcionar sino verosimilitudes, puesto que nunca se está seguro de poseer la verdad: no hay certeza sobre nada, fuera de las nociones matemáticas.
26. ANDRÉS IBÁÑEZ, P.: «Acerca de la motivación…», ob. cit., págs. 141 a 146.

En ocasiones, entre las secuelas del demandante descritas en unas y otras pruebas hay diferencias muy importantes. El perito médico que interviene a instancia del actor menciona más secuelas y de mayor gravedad que las reseñadas en el informe médico de síntesis, el cual frecuentemente no incluye dolencias recogidas en los informes médicos aportados en las actuaciones, tanto de médicos pertenecientes al Sistema Nacional de Salud, como ajenos a él.

Por tanto, aparecen en las actuaciones pruebas contradictorias acerca de las dolencias del actor. En tal caso, la apreciación probatoria de instancia consiste esencialmente en establecer una jerarquía probatoria, seleccionando el medio probatorio (o los medios probatorios) al que se atribuye mayor credibilidad y declarando probadas las secuelas descritas en él. El juez de lo social se decanta por atribuir virtualidad probatoria a alguno o algunos de ellos, rechazando la eficacia probatoria de los restantes y para ello tiene que aplicar alguna máxima de experiencia, a fin de determinar cuál es verdaderamente el cuadro secuelar del accionante.

En algunas sentencias se aplica una máxima de experiencia que podría sintetizarse en los términos siguientes: «*Atribuir, en principio, valor probatorio prevalente al informe médico de síntesis o al dictamen del EVI, en atención a la experiencia de sus integrantes*». Esta máxima de experiencia, aplicada en multitud de sentencias, en realidad encubre una valoración personal del juez, que desconfía de la prueba pericial de parte y de los informes médicos aportados por las partes y atribuye una mayor credibilidad a las secuelas reseñadas en los citados informes, por la experiencia que atribuye a los facultativos que redactan los informes médicos de síntesis y a los funcionarios y al personal estatutario que integran los EVI.

Otra máxima de experiencia podría enunciarse en los siguientes términos: «*Atribuir, en principio, valor probatorio prevalente a los informes de los médicos de la sanidad pública que han atendido al solicitante, pues gozan de la imparcialidad derivada de su pertenencia al Sistema Nacional de Salud y además se trata de facultativos que han examinado y tratado médicamente al actor*». Detrás de esta máxima de experiencia se encuentra el juicio de valor de algunos jueces, los cuales consideran que, en algunas ocasiones, los informes médicos de síntesis y los dictámenes de los EVI infravaloran las secuelas del solicitante, por lo que esos jueces determinan el cuadro secuelar a partir de los informes médicos de la Sanidad Pública. Esos jueces consideran que los facultativos de la Sanidad Pública tienen una credibilidad superior a los de un médico privado que ha intervenido en el pleito a instancia de la parte.

También se aplica la siguiente máxima de experiencia de valoración de la prueba: «*Atribuir, en principio, valor probatorio prevalente a las pruebas de diagnóstico médico practicadas al solicitante, por la objetividad propia de esta clase de pruebas*». En aquellos pleitos en los que se ha aportado el resultado de pruebas médicas: tomografías axiales computerizadas, resonancias magnéticas, radiografías, ecografías... (que son interpretadas por el médico especialista que las lleva a cabo), hay jueces que consideran que la objetividad y precisión de estas pruebas obligan a atribuirles valor probatorio.

Otra máxima de experiencia sería la siguiente: «*Atribuir, en principio, valor probatorio preponderante a la prueba pericial médica, por la altura profesional del facultativo que la suscribe*». En ocasiones el juez de instancia transcribe literalmente las secuelas descritas por el perito interviniente, por su cualificación profesional (o por la solidez argumental de su dictamen) que dota de credibilidad a sus afirmaciones. Existen otras máximas de experiencia de valoración de la prueba que aplican los jueces de lo social. No se trata de máximas excluyentes unas de otras, pudiendo combinarse varias.

La elección por el juez de una u otra máxima de experiencia se debe a su propia experiencia personal[27]: sus valores ideológicos, culturales, sociales... Se trata del acervo personal de cada juez, de su urdimbre ideológica, cultural, social..., que varía de una persona a otra y no es inmutable, sino que puede cambiar en función de sus experiencias personales. Hay jueces con una gran confianza en los dictámenes del EVI hasta que sucede algo en su trayectoria profesional o personal que disminuye esa confianza. La valoración de la prueba varía de un juez a otro.

Ninguna de esas máximas de experiencia es apodícticamente mejor que otra: preferible a otra. En ello radica la esencia de la prueba libre, por contraposición a la prueba tasada (en la que la máxima de experiencia de valoración de la prueba está impuesta por la ley). En la prueba libre el juez puede elegir en cada litigio la máxima de experiencia que considere más oportuna, sin que pueda afirmarse apriorísticamente que existan máximas de experiencia objetivamente preferibles a otras.

Cuando concurren pruebas contradictorias se suscita el problema de la jerarquía probatoria entre medios de prueba que apriorísticamente no son mejores unos que otros. En ese ejemplo, imaginemos que el Juez de lo Social ha aplicado la primera de las máximas de experiencia citadas: la que atribuye valor probatorio prevalente a los informes médicos de síntesis y a los dictámenes de los EVI, por la experiencia de sus autores. En tal caso, el juez habrá reproducido literalmente el cuadro secuelar descrito en estos informes. Si la parte recurrente interesa la revisión del hecho probado en el que se reseñan las secuelas del actor, postulando la sustitución del cuadro clínico residual descrito en él por

27. Hay posturas reduccionistas que centran estas diferencias en la ideología del juez. Sin embargo, la perspectiva ideológica no es sino una forma más, entre otras muchas, de percepción de la realidad. Y la realidad, con toda su riqueza, no se puede reducir a ese sesgo ideológico. Hay una pluralidad enorme de condicionamientos individuales, culturales, educativos, sociales, que configuran la experiencia de cada individuo y en consecuencia su forma de ver la realidad y de interpretar las pruebas.

el más amplio reseñado en diversos informes de los médicos del Servicio Público de Salud que han tratado al demandante, en realidad lo que el recurrente está haciendo es solicitar al TSJ que sustituya la máxima de experiencia aplicada por el Juez de lo Social por una máxima de experiencia distinta, que conduzca a atribuir valor probatorio prevalente a los informes de los facultativos de la medicina pública.

La opción por una u otra máxima de experiencia de valoración de la prueba obedece a un juicio de valor efectuado por el juez de instancia, el cual, en virtud de su experiencia personal y profesional atribuye prevalencia a una u otra. Es cierto que la valoración de la prueba llevada a cabo en cada litigio es distinta, lo que supone que el hecho de que un juez opte por una máxima de experiencia en un litigio determinado no implica que esté vinculado por esta máxima de experiencia en litigios futuros, pues ello contravendría el sistema de libre valoración de la prueba. Pero no puede olvidarse que la opción por una máxima de experiencia determinada implica un juicio de valor subyacente, que depende de un sistema de valores que, sin ser inmutable, suele tener cierta persistencia en el tiempo.

El orden social se caracteriza por que los jueces de lo social tienen que resolver una pluralidad de pleitos que presentan unas características comunes. Es el caso de los pleitos en los que se discute si el actor está afecto de una incapacidad permanente. En ellos, sin desconocer la individualización de cada caso concreto, hay litigios en los que la valoración de la prueba se plantea en unos términos similares: la parte demandante suele aportar informes médicos de la medicina pública o privada que describen sus secuelas; en un elevado porcentaje de los pleitos interviene un perito médico propuesto por ella, el cual asimismo describe sus dolencias; mientras que el INSS se suele remitir al informe médico de síntesis, en el que también se describen sus secuelas. Ante esta situación el Juez de lo Social tiene que decidir a qué elementos probatorios atribuye prevalencia y a cuáles no. La reiteración de esta clase de pleitos supone que cada juez tiende, como regla general sujeta a excepciones, a preferir unas máximas de experiencia en perjuicio de otras, en función de su acervo personal.

Siguiendo con el ejemplo anterior, si un juez está convencido de que la prueba pericial evacuada a instancia de parte no ofrece garantías de veracidad y, por el contrario, considera que el facultativo encargado de redactar el informe médico de síntesis es imparcial y tiene una notable preparación para el desempeño de su trabajo, lo normal es que a la hora de establecer las secuelas del demandante en esta clase de pleitos reproduzca las secuelas descritas en el informe médico de síntesis. Ello no impide que, en un caso concreto, en el que intervenga un perito muy prestigioso o en el que su informe esté perfectamente razonado y tenga un gran poder de convicción, el citado juez se separe del cuadro secuelar establecido en el informe médico de síntesis, reproduciendo el establecido por el citado perito, pero sí que es cierto que existen diferencias importantes en orden a la valoración de las pruebas entre unos y otros jueces, en función de sus circunstancias personales.

Por consiguiente, suele haber diferencias entre las máximas de experiencia de valoración de la prueba que aplican los diferentes jueces de lo social, lo que conduce a que el resultado de la valoración probatoria puede diferir en función del juzgado al que se turne la demanda. La distinción entre declarar como ciertas las secuelas y las limitaciones orgánicas y funcionales reseñadas por el dictamen del EVI o por el perito de parte puede ser decisiva para la resolución del pleito.

El problema deriva del hecho de que ninguna máxima de experiencia de valoración de la prueba de las citadas es jurídicamente mejor que otra: el Juez de lo Social no se ha equivocado, no ha incurrido en un error jurídicamente reprochable al elegir alguna de las máximas de experiencia valorativas citadas —o cualquier otra que no sea irracional o arbitraria—, puesto que la esencia misma de la valoración libre de la prueba radica en la imposibilidad de fijar *a priori* la máxima de experiencia aplicable, lo que dificulta que el TSJ pueda sustituir la máxima de experiencia de valoración de la prueba aplicada por el Juez de lo Social por la suya propia.

El TSJ se encuentra con que debe resolver recursos de suplicación contra sentencias dictadas por Jueces de lo Social que aplican máximas de experiencia diferentes. El porcentaje de demandas de incapacidad permanente que estiman algunos Jueces de lo Social es menor que otros. La estimación de estas pretensiones no debería depender de cuál es el Juzgado de lo Social al que se turna la demanda. El TSJ debe intentar evitar esa diferencia de trato. Pero lo cierto es que cualquiera de las citadas máximas de experiencia de valoración de la prueba es conforme a derecho: no puede afirmarse que un Juez de lo Social haya incurrido en error probatorio por aplicar una de ellas.

A la vista de los citados argumentos, debemos partir de que sí que tiene eficacia revisora suplicacional la prueba documental o pericial en los casos siguientes:

1) Error en la interpretación del documento o pericia. La sentencia de instancia declara probado un hecho con base en un documento o pericia que no contiene dicha afirmación. Por ejemplo, en el contrato de trabajo consta que se suscribió en fecha 1 de enero de 2011 y el Juez de lo Social, con base en dicho documento, afirma que el contrato se firmó en otra fecha (el 15 de enero de 2011). O bien, en un pleito de incapacidad permanente, cuando la sentencia de instancia atribuye eficacia probatoria al dictamen del EVI a la hora de fijar las secuelas del demandante y, al transcribir su contenido, lo hace defectuosamente.

2) Error omisivo. La sentencia recurrida omite un hecho relevante que está acreditado por un documento o pericia, sin estar contradicho por

otros medios de prueba. Por ejemplo, en una sucesión de contratos temporales, la sentencia de instancia omite uno de ellos, constando en autos el documento que acredita dicho contrato.

3) Error en una afirmación fáctica. La sentencia de instancia afirma un hecho relevante y obra en las actuaciones un documento o pericia que demuestra que no es cierto, sin estar contradicho por otros medios de prueba. Por ejemplo, la sentencia recurrida sostiene que el trabajador demandante no tiene la condición de representante de los trabajadores y consta en las actuaciones un documento que demuestra que sí que la tiene.

El problema surge cuando obran en las actuaciones varias pruebas contradictorias acerca un mismo hecho controvertido, por lo que la apreciación probatoria consiste en establecer una jerarquía probatoria, precisando a cuál de todos esos medios de prueba se atribuye eficacia probatoria. Por ejemplo, en los pleitos de incapacidad permanente. Es frecuente que la sentencia de instancia atribuya eficacia probatoria a un concreto medio de prueba, aplicando una máxima de experiencia de valoración de la prueba. En el recurso de suplicación, la parte recurrente pretende sustituir dicha máxima de experiencia por otra distinta. La dificultad radica en que ninguna de esas máximas de experiencia, *a priori*, es mejor que otra.

La eficacia probatoria de la prueba documental depende de que se trate de un documento dispositivo o testimonial, de parte o de tercero. Por su parte, la eficacia revisora suplicacional depende de que dicho documento goce de literosuficiencia.

C) PRUEBA DOCUMENTAL: LITEROSUFICIENCIA

Es importante distinguir entre la eficacia probatoria de un documento en la instancia y la eficacia revisora suplicacional:

1) En la instancia se valora el conjunto de la prueba, lo que permite considerar que se han acreditado hechos con base en un conjunto de medios probatorios personales y reales. El juez valora cada medio de prueba en un contexto probatorio, relacionándolo con los demás.

2) Por el contrario, en suplicación se identifica el o los concretos documentos o pericias que por sí mismos demuestran el error probatorio de instancia. Es necesario que la lectura de ese medio de prueba, por sí mismo, evidencie el error fáctico.

Un supuesto típico de documento en que se basa una pretensión revisora suplicacional es el de un documento testimonial de la propia parte recurrente. Por ejemplo, para acreditar que la empresa comunicó a todos los empleados la prohibición de uso personal de los ordenadores de la empresa, el empleador aporta al juicio oral la circular en la que se comunicaba dicha prohibición.

En la instancia, dicha prueba, junto con la testifical evacuada en el juicio oral, puede llevar al juez a considerar probado que efectivamente la empresa comunicó a los trabajadores esa prohibición. Pero si el Juzgado de lo Social no lo considera probado y la empresa recurre en suplicación contra la sentencia de instancia, en caso de que pretenda la revisión fáctica con base en ese documento, dicha prueba, por sí sola, únicamente acredita que un directivo de la empresa firmó una circular prohibiendo el uso particular de ordenadores. Pero no prueba que se comunicara a los trabajadores de la empresa.

Es un requisito que tradicionalmente se ha denominado literosuficiencia. Su origen se encuentra en el error de hecho en la casación civil regulado en el art. 1692.7.º de la LEC de 1881, en su redacción original, que exigía que se tratase de documentos auténticos. La Sala Civil del TS distinguía entre la autosuficiencia y la literosuficiencia[28]. La autosuficiencia hacía referencia a que el documento hiciera prueba por sí mismo, sin ayuda de otros elementos probatorios que le diesen valor o le complementasen[29]. La literosuficiencia se refería a que el documento debía tener claridad suficiente en su contexto material, de forma que no necesitase labor alguna de aclaración, exégesis, análisis o presunción de los hechos que integraban su contenido. Su simple lectura había de ser suficiente para poner de manifiesto el hecho invocado. El documento debía demostrar la equivocación evidente del juzgador con la simple lectura de su texto, sin *«interpretaciones, deducciones, hipótesis ni comparaciones»*[30], de forma que *«un cotejo debe bastar para advertirlo»* (el error)[31].

La Sala Social del TS ha exigido que la revisión fáctica casacional se base en prueba documental dotada de literosuficiencia[32] y puntualmente de autosuficiencia[33]. Lo mismo ha sucedido con las Salas de lo Social de diferentes TSJ, que

28. NAVARRO HERNÁN, M.: *El documento auténtico y la casación civil y penal*, Montecorvo, Madrid, 1977, págs. 112 y ss.

29. Sentencias de la Sala Civil del TS de 27 de octubre de 1990, RJ 8053; 10 de marzo de 1992, RJ 2014; 3 de junio de 1994, RJ 4582 y 15 de julio de 1994, RJ 6440.

30. Sentencia de la Sala Civil del TS de 26 de mayo de 1973, RJ 2135, cit. por GUASCH FERNÁNDEZ, S.: *El hecho y el derecho...*, ob. cit., pág. 98.

31. PLAZA, M. de la: «Apuntes para el estudio de los errores de hecho y de derecho en casación; el documento público y el documento auténtico», *Anales de la Academia Matritense del Notariado*, volumen I, 1945, pág. 579.

32. Han rechazado pretensiones revisoras fácticas casacionales porque el documento carecía de literosuficiencia las STS de 11 de febrero de 2016, recurso 98/2015 y 18 de mayo de 2016, recurso 108/2015. Han estimado dichas pretensiones por la literosuficiencia documental las STS de 11 de febrero de 2016, recurso 98/2015 y 3 de febrero de 2016, recurso 143/2015.

33. La sentencia de la Sala Social del TS de 30 de noviembre de 2000, recurso 4371/1999, afirma que la prueba documental tiene que tener autosuficiencia, *«es decir, estar constituida por documentos confeccionados en modo tal que su simple lectura muestre a este Tribunal lo que la parte pide en su motivo de carácter histórico»*.

han exigido la literosuficiencia[34] y en alguna ocasión la autosuficiencia[35] documental para acoger los motivos de revisión fáctica suplicacional.

El significado de este requisito se centra en la necesidad de que del mero examen del documento o pericia invocado se infiera el error, sin que sea posible invocar una relación mediata (es decir, no inmediata y directa) entre la prueba y la equivocación, lo que sucedería si la parte pretendiese fundar su pretensión revisora en unos documentos o pericias que por sí solos no demostraran el error, pero que sirviesen de base para una compleja argumentación al término de la cual se afirmase que había quedado demostrada la equivocación.

El TS ha sostenido que, aunque la prueba testifical no puede sustentar una pretensión revisora casacional, *«[e]n algunos supuestos sí cabe que ese tipo de prueba se examine si ofrece un índice de comprensión sobre el propio contenido de los documentos en los que la parte encuentra fundamento para las modificaciones propuestas»* [STS 1157/2024, de 24 de septiembre (rec. 199/2022); 1218/2024, de 30 de octubre (rec. 264/2022); y 1249/2024, de 14 de noviembre (rec. 151/2024, Pleno), entre otras muchas].

Para precisar el alcance de este concepto jurídico: *«índice de comprensión sobre el contenido de los documentos»* revisores, es menester examinar la sentencia que originó esta doctrina jurisprudencial: la STS de 9 de julio de 2012, recurso 162/2011.

Se trataba de un recurso de casación ordinario en el que la parte recurrente había formulado un motivo de revisión fáctica a fin de que se añadiera que se había producido un «desfase» de dos meses de la valoración de los trabajos que daban lugar a las primas reclamadas. El TS rechazó el motivo explicando que el TSJ, al dictar la sentencia de instancia, había valorado los mismos documentos en los que se sustentaba la pretensión revisora, *«especialmente tratando de comprender su contenido a través del extenso y detallado interrogatorio directo que el Presidente de la Sala hizo tanto a los principales testigos de la parte actora como de la demandada. Ciertamente que la prueba testifical no puede ser objeto de análisis, fundamento o controversia en este extraordinario recurso, pero sí ofrece ahora un índice de comprensión [...] sobre el propio contenido de los documentos en los que la parte ahora quiere proyectar las modificaciones propuestas, para que se incluya*

34. Han exigido la literosuficiencia del documento para estimar la pretensión de revisión histórica, las STSJ de Aragón de 2 de noviembre de 2001, AS 4030; TSJ de Castilla-La Mancha de 18 de septiembre de 2001, AS 2002/189; TSJ de Cataluña de 5 de noviembre de 2001, AS 2317; TSJ de Castilla y León con sede en Burgos de 30 de octubre de 2001, AS 10100; TSJ de Castilla y León con sede en Valladolid de 11 de abril de 1995, AS 1397; TSJ de Extremadura de 1 de abril de 1993, AS 1730; TSJ de Murcia de 20 de marzo de 2000, AS 5208; y TSJ del País Vasco 15 de abril de 1998, AS 2097.

35. Han afirmado que el documento en el que se basaba la pretensión revisora debía ser autosuficiente, las sentencias de la Sala Social del TSJ de Cantabria de 4 de abril de 2001, AS 187147 y 26 de septiembre de 2002, AS 3563.

como hecho probado algo que no es tal, sino una valoración de la documental con arreglo a criterios distintos de los que sirvieron a la Sala para resolver el fondo del asunto».

El TS en ningún momento permitió construir un motivo de revisión fáctica casacional basado en la prueba documental en relación con la testifical. Al contrario, ratificó la apreciación probatoria de instancia, que sí que había hecho un examen conjunto de ambos medios de prueba: la valoración del conjunto de la prueba efectuada por el TSJ evidenciaba la inexistencia de error fáctico y, en consecuencia, impedía el éxito de la revisión histórica.

a) Documentos dispositivos y testimoniales

Los documentos declarativos (que contienen declaraciones) pueden ser documentos dispositivos y testimoniales[36]:

1) Los documentos dispositivos son los que contienen declaraciones de voluntad, aptas para engendrar relaciones jurídicas (como un contrato de trabajo). Se trata de un documento que contiene una o varias declaraciones efectuadas con la finalidad de producir efectos jurídicos, determinando el nacimiento, modificación o extinción de una relación jurídica. Estas declaraciones de voluntad las puede efectuar una sola persona (una donación o un testamento) o varias personas (un contrato).

2) Los documentos testimoniales son los que contienen declaraciones de hechos que no son declaraciones de voluntad sino declaraciones de verdad: declaraciones de conocimiento (como un informe médico o un recibo de salario).

Es importante resaltar que no se está empleando el término «testimonial» en un sentido procesal. No se está sugiriendo que se trate de una prueba testifical evacuada fuera del proceso. Se utiliza el término «documento testimonial» como expresivo de que en estos documentos sus autores no crean, modifican ni extinguen una obligación, sino que se limitan a recoger por escrito una declaración de verdad.

Es decir, la denominada «prueba testifical documentada» consiste en que, con la exclusiva finalidad de eludir la práctica de prueba testifical en el proceso, se aporta un documento que recoge por escrito la declaración de esa persona. No es un documento surgido en el tráfico jurídico, sino que se redacta con la única finalidad de presentarlo al proceso, impidiendo que ese testigo pueda ser repreguntado por la parte contraria en el juicio oral. Por ello, la prueba testifical documentada carece de eficacia revisora suplicacional.

36. *Vide* VILLACAMPA ESTIARTE, C.: *La falsedad documental: el análisis jurídico-penal*, Cedecs, Barcelona, 1999, pág. 100 y ss.

Por el contrario, el documento testimonial es una categoría de documento perfectamente lícita y apta para producir efectos probatorios, caracterizada por que contiene declaraciones de verdad. Por ejemplo, si una persona se encuentra mal y acude al Servicio de Urgencias, el médico le examina y emite un informe médico. No se trata de un documento dispositivo porque no contiene declaraciones de voluntad (no es un contrato). Es un documento testimonial porque contiene declaraciones de verdad: que en una determinada fecha ese facultativo ha atendido a un paciente, quien tenía una sintomatología y le ha recetado un tratamiento médico. Este documento testimonial puede ser posteriormente aportado a un juicio donde se discutan prestaciones de la Seguridad Social.

La característica probatoria esencial que distingue los documentos dispositivos de los testimoniales radica en que los primeros comportan una prueba de un solo grado, mientras que los segundos conllevan una prueba de doble grado.

En los documentos testimoniales:

1) En primer lugar, es preciso constatar que la declaración efectivamente se produjo, es decir, que en la fecha consignada en el documento las personas que aparecen como autores emitieron las declaraciones de voluntad que se recogen en él.

2) En segundo lugar, es necesario valorar si el testimonio recogido en el documento es cierto: si el contenido de la declaración de verdad documentada se corresponde con la realidad.

Ello supone que el documento prueba la declaración de verdad, y esta declaración de verdad puede probar el hecho acontecido. Por tanto, la eficacia probatoria del documento opera en dos fases distinguibles. El documento acredita que la declaración de verdad o conocimiento tuvo lugar y esta declaración prueba el hecho acaecido.

Por el contrario, en los documentos dispositivos nos encontramos ante un supuesto de prueba de primer grado: el objeto de la prueba se centra en si existió el contrato documentado, es decir, si se efectuaron las declaraciones de voluntad recogidas en el documento[37]. La actividad probatoria se ciñe a determinar si la declaración o las declaraciones de voluntad contenidas en el documento efectivamente se llevaron a cabo: si efectivamente se suscribió el contrato de trabajo, en cuyo caso desplegará sus efectos jurídicos.

Si se aporta a juicio un contrato de trabajo y la parte contraria no impugna su autenticidad, el documento despliega efectos jurídicos: en la fecha que aparece en el contrato de trabajo, el trabajador y el empresario lo suscribieron y

37. CARNELUTTI: *Studi di Diritto processuale*, volumen II, pág. 119, cit. por NÚÑEZ LAGOS, R.: *Hechos y derechos en el documento público*, Ministerio de Justicia y Consejo Superior de Investigaciones Científicas, Madrid, 1950, pág. 363.

comenzó a producir efectos jurídicos. Es un documento dispositivo, por lo que se trata de una prueba de primer grado.

En cambio, si se aporta un informe médico y la contraparte no impugna su autenticidad, ello supone que el facultativo que lo emitió, en la fecha que aparece en él, efectuó esa declaración (prueba de primer grado). Pero si ese informe médico afirma que el actor padece unas dolencias, puede suceder que haya otro medio de prueba con mayor credibilidad que impida que el juez declare probado que el demandante efectivamente sufre esas secuelas (prueba de segundo grado).

En efecto, respecto de los documentos testimoniales, continuando con el ejemplo del informe del Servicio de Urgencias, el hecho de que efectivamente se pruebe con un informe médico que el actor fue tratado en el Servicio de Urgencias en una determinada fecha, no significa necesariamente que padezca las dolencias relatadas en dicho informe (por ejemplo, que ese paciente padece una gonartrosis bilateral grado II). Puede obrar en las actuaciones otro informe médico con mayor credibilidad que acredite que el médico de urgencias se equivocó y las dolencias que realmente padece el actor son otras (la gonartrosis de esa persona es de grado III): la valoración de la veracidad de las declaraciones de verdad contenidas en los documentos testimoniales está sujeta a las reglas de libre valoración de la prueba.

El TS ha negado eficacia revisora casacional a los recortes de noticias de prensa respecto de las noticias contenidas en ellos porque *«el recorte de prensa [...] acreditan sólo la realidad del hecho, es decir la existencia de un recorte de prensa [...] pero no la veracidad de lo expresado en el recorte de prensa»* (STS de 30 de abril de 1999, recurso 4003/1998. En el mismo sentido, STS de 5 de marzo de 1987, [RJ 1987, 1337] y 10 de febrero de 1988, [RJ 1988, 606]).

b) Prueba testifical documentada

Las nociones de «prueba testifical documentada» o de «manifestación testimonial por escrito» tienen un origen jurisprudencial. Los tribunales reiteradamente han conocido litigios en los que se debía y podía haber practicado prueba testifical, pese a lo cual este medio probatorio había sido sustituido por un escrito (o una grabación)[38] preordenado al juicio que recogía las declaraciones de estas personas, que no habían llegado a declarar como testigos. La Sala Social del TS se ha referido a la «prueba testifical documentada»[39] o a la «manifestación testimonial

38. La STSJ de Galicia de 23 de julio de 2002, recurso 3229/2002, niega eficacia revisora suplicacional a una prueba videográfica que recogía la declaración de un testigo efectuada en un proceso civil anterior, explicando que se trata de una prueba testifical documentada.
39. Se han referido a la prueba testifical documentada, negándole eficacia revisora casacional, las STS de 17 de junio de 1996, recurso 1611/1995; 26/2023, de 11 de enero (rec. 149/2021); y 1166/2023, de 14 de diciembre (rec. 184/2023, Pleno).

por escrito»[40], negándoles eficacia revisora casacional. Una pluralidad de TSJ llegaron a la misma conclusión respecto del recurso de suplicación[41].

Esta cuestión afecta directamente al recurso de suplicación debido a que frecuentemente se rechazan de plano las pretensiones de revisión fáctica suplicacional con el argumento de que se fundan en la denominada «prueba testifical documentada». El tribunal se enfrenta con la paradoja de que, si los autores de estas declaraciones realizadas fuera del pleito y recogidas por escrito (por ejemplo, en un acta notarial) hubieran declarado en el plenario como testigos, con las garantías de contradicción e inmediación que este medio probatorio conlleva, en tal caso esta prueba estaría privada de virtualidad revisora suplicacional al amparo del art. 193.b) LRJS.

Sin embargo, si por la parte proponente de la prueba se elude la práctica de la prueba testifical, haciendo declarar a estas personas fuera del proceso, evitando que la contraparte y el juez puedan presenciar la declaración y repreguntar a estas personas, como quiera que la prueba documental goza de eficacia revisora suplicacional, nos encontraríamos ante un medio probatorio idóneo para sustentar la revisión fáctica. Un escrito que recoge declaraciones de personas que podían y debían haber declarado como testigos no debe tener una virtualidad revisora suplicacional de la que carecería la correspondiente prueba testifical. Por ello, el TS y los TSJ han negado eficacia revisora casacional y suplicacional a estas pruebas, en aras al cumplimiento del principio de contradicción y a fin de no favorecer esta clase de conducta procesal. Los tribunales argumentan que, aunque se aporte al proceso como prueba documental, su verdadera naturaleza es la propia de una prueba testifical, aunque desnaturalizada por la vía de evacuarse fuera del proceso, incorporándose a un documento. La prueba testifical no es apta a efectos revisores suplicacionales.

La LEC se ha ocupado de estos medios de prueba:

1) En el apartado XI, párrafo 13.º de la exposición de motivos de la LEC se niega que los *«dictámenes e informes escritos, con solo apariencia de documentos, pero de índole pericial o testifical»* constituyan prueba documental.

40. La Sala Social del TS, además de la denominación «prueba testifical documentada», se ha referido a las «manifestaciones testimoniales recogidas por escrito», negándoles también la consideración de documentos a efectos del error de hecho en casación: STS de 23 de marzo de 1984, RJ 1602; 10 de abril de 1984, RJ 2975; 17 de mayo de 1985, RJ 2729; 24 de marzo de 1987, RJ 1668; 19 de julio de 1988, RJ 6197; 22 de septiembre de 1988, RJ 7096; 15 de noviembre de 1989, RJ 8064; 13 de diciembre de 1990, RJ 9782 y 13 de marzo de 1991, RJ 1851.

41. Entre los TSJ, han manejado el concepto de prueba testifical documentada las STSJ de Andalucía, con sede en Málaga de 17 de abril de 1998, RJ 2454; TSJ de Aragón de 4 de octubre de 1999, RJ 3471; TSJ de Castilla y León, con sede en Burgos de 19 de abril de 1999, RJ 5934; TSJ de Castilla-La Mancha de 16 de junio de 1995, RJ 2591; TSJ de Cataluña de 28 de julio de 1999, RJ 6271; TSJ de Comunidad Valenciana de 29 de julio de 1999, RJ 4710; TSJ de Galicia de 25 de marzo de 1997, RJ 557; TSJ de La Rioja de 24 de abril de 1995, RJ 1376; TSJ de Madrid de 28 de abril de 1998, RJ 5188 y TSJ del País Vasco, sentencia de 13 de abril de 1999, RJ 1018.

2) El art. 265.1.5.º de la LEC da tratamiento de prueba testifical a los informes de los detectives privados presentados por las partes.

3) El art. 381 de la LEC regula dentro de la prueba testifical los informes escritos de las personas jurídicas y entidades públicas que se recaben en el litigio, previendo, en coherencia con su naturaleza testifical, que en función del resultado de la prueba sea traída a juicio la persona física autora del informe a fin de aclarar o completar la declaración.

Un caso extremo es el de la parte procesal que, en vez de proponer prueba testifical, para evitar que la contraparte pueda repreguntar a sus testigos, unos días antes del juicio oral acude con estas personas ante un notario, redactándose un acta notarial en la que se recogen sus declaraciones. Posteriormente la parte aporta a juicio esta acta notarial como prueba documental y ulteriormente pretende la revisión fáctica suplicacional basada en esta prueba. En este caso incluso podría existir un fraude procesal, en la medida en que se utilice esta vía para eludir el derecho de la contraparte a repreguntar a estos testigos. Junto al citado supuesto, que no ocurre frecuentemente, sí que es habitual que las partes aporten a juicio escritos que contienen declaraciones suscritas por personas que, en vez de acudir al juicio como testigos, emiten una declaración de verdad por escrito con la finalidad clara de servir de prueba en un concreto proceso.

Podría argumentarse que detrás de esta construcción subyace el concepto de fraude de ley, aun cuando no se diga expresamente. Si la declaración de estas personas se pudo y debió evacuar en el plenario, cabría sostener que la conducta de la parte debe reputarse fraudulenta, y por ello no cabe atribuirle eficacia revisora. Lo que ocurre es que, si se concluye que la razón por la que no se atribuye eficacia revisora en suplicación a estos medios de prueba es por su naturaleza fraudulenta, nos encontraríamos con importantes dificultades. El fraude de ley no se presume, debe acreditarse cumplidamente. En el ejemplo anterior, si se aportan las declaraciones de una pluralidad de personas que viven en la misma localidad en la que se encuentra el juzgado ante el que se sigue el pleito, practicadas ante notario unos días antes del juicio, sin que exista razón alguna que justifique que se eluda el trámite de la prueba testifical en el juicio oral, en ese caso sí que sería dable concluir que existe una conducta fraudulenta. Por el contrario, en otros supuestos, con los datos obrantes en las actuaciones, no cabe inferir que el fraude de ley exista. El principio general de prohibición del fraude de ley es insuficiente para dar una respuesta adecuada a este fenómeno procesal.

Al abordar este problema hay que partir de que el documento es una institución causal: cuando se suscribe un documento, ello obedece a una causa concreta. Puede servir para documentar un negocio jurídico (como un contrato), como instrumento de comunicación (como una carta), con una finalidad de documentación estrictamente íntima y personal (como el diario privado de una persona), etc. Posteriormente, cualquiera de estos documentos puede aportarse a un juicio.

Dentro de esta pluralidad de causas lícitas se encuentra aquella consistente en prever un posterior conflicto y suscribir un documento a fin de dar seguridad jurídica a las relaciones entre las partes, sabiendo que podrá ser aportado en un litigio futuro, si este se produce. Ello ocurre cuando se exige la suscripción de un contrato escrito como requisito para la concesión de un préstamo. En este sentido, este documento será una prueba preconstituida.

Pero si la causa de la suscripción de un documento no es otra que eludir las normas y garantías procesales inherentes a las pruebas personales, en tal caso no solo nos encontramos ante un documento —en cuanto institución jurídico-sustantiva— que tiene una causa ilícita, sino que además se infringen las exigencias de la práctica de la prueba. Las normas procesales sobre práctica de la prueba son de Derecho necesario. La parte procesal puede proponer prueba o no proponerla, pero si lo hace debe someterse a las normas procesales sobre su evacuación, que son de *ius cogens*. Si una parte procesal quiere traer al pleito la declaración de verdad de una persona, ese litigante no puede elegir entre la prueba documental o la testifical, porque la prueba documental está pensada para traer a un litigio un documento nacido en el tráfico jurídico, mientras que la prueba testifical lo está para traer al pleito las declaraciones de terceros ajenos a las partes.

Es cierto que la parte procesal puede elegir el medio probatorio con el que intenta acreditar un hecho relevante. Así, si quiere que consten en el pleito los daños de una casa, se puede aportar un dictamen pericial de un arquitecto, o solicitar la prueba de reconocimiento judicial, o instar la evacuación de prueba testifical a cargo de personas que conozcan los daños, o solicitar la prueba de interrogatorio de la parte a fin de que la contraria reconozca la existencia de estos daños. Pero lo que la parte procesal no puede hacer es pervertir un medio de prueba, empleándolo para evitar las garantías procesales inherentes a otro. Las denominadas pruebas personales se caracterizan por la inmediación y contradicción. Sustituirlas por otras pruebas (ya sea un escrito o una grabación en la que aparezca la declaración del testigo o de la propia parte) que imposibiliten la contradicción no es admisible. Atribuir eficacia probatoria a una prueba de esta índole podría suponer la vulneración de derechos fundamentales, en particular del derecho de defensa, *ex art*. 24 de la CE, pues la elusión de la práctica de la preceptiva prueba testifical impide que la contraparte pueda repreguntar al declarante, lo que puede ser esencial para su derecho de defensa, al permitirle evidenciar las contradicciones o errores del testigo.

A estos efectos es irrelevante que, además de aportar al proceso la prueba testifical documentada o el documento, su autor comparezca en el juicio oral y lo ratifique. La ratificación en el juicio oral de un documento o de una prueba testifical documentada no cambia su naturaleza:

1) Si se trata de una declaración extrajudicial preordenada al juicio, el hecho de que su autor comparezca en el plenario únicamente supone

que su declaración tendrá la condición de prueba testifical (o de interrogatorio de la parte), ineficaz a efectos revisores suplicacionales.

2) Si se trata de una genuina prueba documental, nacida en el tráfico jurídico con una causa propia, la circunstancia de que comparezca su autor en el juicio únicamente supone que podrá autenticarla, en su caso, y reforzar su credibilidad al responder a las preguntas de las partes, aclarando las dudas que pueda suscitar, pero ello no modifica la naturaleza de la prueba documental aportada.

Desde esta perspectiva resulta esencial determinar la causa del documento. En efecto, existen supuestos en los que se redactan actas notariales que recogen la manifestación de una persona con una finalidad perfectamente lícita —como hacer constar la oposición de un ciudadano a un acto de otro, a fin de evitar que posteriormente se le pueda imputar un consentimiento derivado de su conducta omisiva— en cuyo caso estas actas notariales se pueden aportar ulteriormente al litigio. Además, una pluralidad de normas prevé que el empleador emita el correspondiente certificado de empresa. Pero si no se trata de uno de los supuestos en los que está legalmente previsto que un empresario emita un certificado de empresa, sino que unos días antes del juicio oral el jefe de personal de la empresa emite un «certificado» preordenado al pleito (que no es tal, porque esa persona no tiene una función certificante) en el que manifiesta cuáles eran las concretas tareas que realizaba un trabajador, explicando que tiene conocimiento de ellas porque lo ha visto con sus propios ojos, en tal caso ese escrito no tiene otra finalidad que la de servir de prueba en el litigio. Es un papel que no cumple absolutamente ninguna otra finalidad en el tráfico jurídico que la de recoger una declaración de una persona para aportarla a un proceso. Se trata, nítidamente, de la denominada «prueba testifical documentada» (de una declaración extrajudicial elusiva de la prueba testifical). Valorarla sin traer al juicio oral a la persona que la suscribe supondría ponderar su eficacia probatoria sin un previo proceso de depuración del medio de prueba, por la vía de la contradicción y la inmediación propia de la prueba testifical.

La Sala Social del TS ha utilizado la denominación de «prueba testifical documentada» y ha excluido que tenga eficacia revisora casacional en los siguientes supuestos:

1) Una declaración de un testigo en un acta notarial (STS de 23 de mayo de 1990)[42].

42. La mentada STS de 23 de mayo de 1990 cita las STS de 15 de junio de 1987, 1 de marzo, 3 de mayo y 14 de junio de 1988; y 7 de marzo de 2003, recurso 96/2002.

2) Un «certificado» de un alcalde (que en realidad era un informe: STS de 14 de diciembre de 1985, RJ 6111) [43] .

3) Un informe de un alcalde (STS de 14 de junio de 1988, RJ 5298)[44].

4) El informe de un investigador privado (STS de 24 de febrero de 1992, recurso 1059/1991)[45].

5) Unos partes-informes emitidos por las personas encargadas de vigilar a las personas que trabajan en el turno de noche (STS de 21 de julio de 1986, RJ 4529)[46].

Si se examinan las citadas pruebas, que el TS considera prueba testifical documentada, se constata que en realidad pertenecen a dos categorías distintas:

1) Las declaraciones de testigos en actas notariales, el «certificado» del alcalde (que en realidad era ajeno a la función certificante que tienen determinados funcionarios públicos), el informe del regidor y el informe del investigador privado están preordenados a un concreto proceso. Son pruebas testificales documentadas.

Si uno de los litigantes se dirige a un tercero (v. gr. a una agencia de detectives privados), solicita que redacte un informe con la única finalidad de que sirva como prueba en un concreto pleito y este tercero comparece en el juicio (o en su defecto, se practica prueba testifical anticipada), parece razonable que, por aplicación de lo dispuesto en el art. 360 de la LEC, estas personas que tienen noticia de los hechos controvertidos en el pleito comparezcan como testigos en el pleito, pues ello permite a la contraparte interrogar al testigo, sometiendo su declaración a contradicción, y el juez podrá examinar la credibilidad del testigo en el momento de efectuar su declaración, sin limitarse a examinar una información aportada por escrito en un documento.

43. La STS de 14 de diciembre de 1985, RJ 6111, considera prueba testifical documentada, negándole valor probatorio documental, a un certificado del alcalde de un ayuntamiento que reseñaba los trabajos que llevaba a cabo el demandante, en cuanto capataz, dirigiendo los trabajos del personal a sus órdenes. El TS argumenta que esta prueba carece de la condición de certificado, el cual solo lo podría extender el Secretario respecto a expedientes municipales.

44. La STS de 14 de junio de 1988, RJ 5298, considera prueba testifical documentada un informe de un alcalde en el que se limita a señalar que uno de los trabajadores de la empresa coordina los servicios.

45. La STS de 2 de octubre de 1989, RJ 7092, afirma con carácter general que el informe de un investigador privado no puede alcanzar otro valor que el de una prueba testifical documentada. En el mismo sentido se pronuncia la STS de 17 de junio de 1996, recurso 1611/1995.

46. La STS de 21 de julio de 1986, RJ 4529, considera prueba testifical documentada fuera del proceso *«unos partes-informes emitidos por las personas encargadas de vigilar al personal del turno de noche»*.

No es admisible que una parte procesal pueda optar entre incorporar una información al pleito mediante la prueba testifical o bien solicitar que la persona que tiene un conocimiento personal de los hechos incorpore esta información a un escrito y lo aporte al juicio como si fuera una genuina prueba documental.

2) Por el contrario, los partes-informes emitidos por los vigilantes de la empresa a los que se refiere la mentada STS de 21 de julio de 1986 no son documentos redactados en su momento con la finalidad de servir como medio de prueba en un proceso. El empresario tiene derecho a adoptar medidas de vigilancia del cumplimiento de las obligaciones laborales por parte de sus trabajadores, *ex art.* 20.3 del ET. Si en el marco del ejercicio legítimo de este derecho, unos vigilantes redactan periódicamente unos partes-informes de incidencias, con la finalidad de que el empleador pueda controlar el cumplimiento de la prestación laboral, y algunos de ellos se aportan posteriormente a un litigio, forzoso es concluir que no estaban preordenados al pleito, sino que son documentos que surgieron en el tráfico jurídico en sentido amplio y que posteriormente se aportaron al proceso como prueba documental. En tal caso, estos partes-informes se redactaron con una finalidad de vigilancia del trabajo efectuado por los trabajadores, como una más de las medidas dirigidas a controlar su rendimiento, y no con una finalidad procesal probatoria directa. Es cierto que se trata de documentos testimoniales, en el sentido de que incorporan declaraciones de hechos que no son declaraciones de voluntad, y que ciertamente se podría, en su caso, intentar evacuar prueba testifical respecto de los autores de los mismos (del mismo modo que se podría practicar prueba testifical respecto de los autores de cualquier clase de documento, siempre que no hayan fallecido). Pero esos documentos, que obedecen a una causa lícita ajena a un concreto pleito, pertenecen a una categoría distinta de la denominada «prueba testifical documentada», lo que impide que se pueda rechazar de plano su eficacia revisora. Son auténticos documentos, nacidos del funcionamiento normal y habitual de la empresa, en el curso del cual se producen una pluralidad de genuinos documentos (nóminas, facturas, el libro de matrícula...), que pueden ser ulteriormente incorporados a un proceso como pruebas documentales[47]. No se trata de una declaración testifical practicada de forma anómala fuera del proceso.

La STS 60/2020, de 24 de enero (rcud 3962/2016), negó que tuviera la condición de prueba documental, a efectos de la revisión fáctica suplicacional, la constatación por escrito de determinados hechos vinculados con las funciones que desarrollan las demandantes, en textos escritos y firmados por los jefes inmediatos y no ratificados en presencia judicial: *«no integran un documento realmente, en los términos regulados por los arts. 317 y siguientes LEC, sino que*

47. Al tratarse de documentos testimoniales su valoración probatoria exige un doble grado: en primer lugar, debe constatarse la autenticidad de estos documentos y, en segundo lugar, hay que valorar la credibilidad de la información que aportan. Pero ello no supone que se trate de testificales documentadas, pues no se ha intentado eludir ilícitamente la práctica de la prueba testifical.

son textos en los que se reflejan datos o hechos comprobados por la persona que los refiere, esto es, constituyen una prueba documental impropia, que realmente debió tener el trato procesal correspondiente a la testifical».

Los TSJ han asumido esta categoría de la prueba testifical documentada. En algunas sentencias, los TSJ han considerado erróneamente como prueba testifical documentada a algunos medios de prueba (como el acta de la inspección de trabajo o la nómina) que no son declaraciones elusivas de la prueba testifical sino que son genuinos documentos surgidos en el tráfico jurídico en sentido amplio. El hecho de que contengan declaraciones de verdad no las convierte *per se* en pruebas testificales documentadas, las cuales carecen de eficacia revisora en todos los casos. Se trata de documentos que no se redactaron con una finalidad preordenada al proceso, sino con la finalidad de servir al tráfico jurídico, por lo que debe concluirse que se trata de una prueba documental apta a efectos revisores. Lo contrario supondría excluir de la posibilidad de revisión fáctica todos los documentos testimoniales, por el mero hecho de que contengan declaraciones de verdad y no de voluntad, lo que supondría limitar extraordinariamente la revisión fáctica en suplicación, que se ceñiría a los documentos dispositivos.

Un supuesto específico es el de los informes médicos redactados a petición del interesado para aportarlos a los pleitos de incapacidad permanente. Hay que diferenciar entre los informes médicos aportados al expediente administrativo y los posteriores.

El art. 4 de la Orden de 18 de enero de 1996 para la aplicación y desarrollo del Real Decreto 1300/1995, de 21 de julio, sobre incapacidades laborales del sistema de la Seguridad Social, regula la iniciación del expediente a solicitud del interesado. En su apartado 5 dispone: *«Los interesados podrán aportar, si obra en su poder, copia original del historial clínico elaborado por el Servicio Público de Salud competente o, en su caso, informe de la Inspección Médica de dicho Servicio, así como los historiales, pruebas y exploraciones complementarias de centros e instituciones sanitarias que consideren conveniente»*. El art. 11 regula audiencia del interesado. En el apartado 2 de este precepto se establece: *«El interesado dispondrá de un plazo de diez días para formular alegaciones y presentar los documentos que estime conveniente»*.

Por tanto, en el expediente administrativo de incapacidad permanente no está prevista la práctica de pruebas personales (testifical o de interrogatorio de parte). El interesado solo puede aportar prueba documental. En dicha tesitura, si el interesado acude al médico que le ha tratado para que redacte un informe médico exponiendo todas sus dolencias y limitaciones orgánicas y funcionales, a fin de que sea valorado por el INSS, dicho informe médico aportado al expediente administrativo no tiene la naturaleza de prueba testifical documentada, sino que responde a la necesidad de aportar información médica en el expediente administrativo, lo que no puede hacerse mediante pruebas personales. Si se desestima su pretensión y formula demanda reclamando la pensión de incapacidad permanente, en el recurso de suplicación contra la sentencia desestimatoria dictada por el Juzgado de lo Social sí que podría fundamentarse la revisión fáctica en dichos documentos aportados al expediente administrativo, que tienen la naturaleza de genuina prueba documental y no de prueba testifical documentada, al no haberse suscrito con la finalidad de eludir la prueba testifical.

Si el procedimiento judicial de impugnación de una resolución del INSS denegatoria de una pensión de incapacidad permanente tiene naturaleza revisora de esa resolución administrativa, los informes médicos aportados al expediente por el interesado para acreditar sus dolencias no deben excluirse de la revisión fáctica suplicacional porque no se redactaron con una finalidad espuria.

Por el contrario, si la resolución del INSS deniega la pensión de incapacidad permanente a la que el interesado cree tener derecho y este interpone una demanda contra la Entidad Gestora, el demandante no puede acudir al facultativo que le ha atendido para que este emita un informe a los únicos efectos de aportarlo al juicio. Si el actor considera que es necesario que su médico aporte información médica relevante, deberá citarlo al juicio como testigo-perito, para que aporte la información preceptiva.

Si se elude la práctica testifical solicitando al médico que emita un informe comprensivo de las dolencias del demandante a fin de aportarlo al pleito de incapacidad permanente, dicho medio de prueba tendrá la naturaleza de prueba testifical documentada y carecerá de eficacia revisora suplicacional.

c) Documento de parte y documento de tercero

La valoración de la prueba de segundo grado del documento testimonial (si la declaración de verdad contenida en él es cierta) depende de si se trata de un documento de parte (de una de las partes procesales) o de tercero.

Ello se debe a que las reglas de valoración del documento testimonial de tercero se aproximan más a las propias de la prueba testifical, mientras que las reglas de valoración del documento testimonial de parte se asemejan más a las de la prueba de interrogatorio de la parte.

El mismo documento que en un pleito es un documento de parte (porque lo suscribe una de las partes procesales) en otro litigio distinto puede ser un documento de tercero, porque las partes procesales son distintas. En el primer proceso se valorará conforme a las reglas de la *contra se probatio* (hace prueba en contra de su autor) y en el segundo en función de su credibilidad subjetiva y objetiva.

i. Documento de parte

Frecuentemente los pleitos seguidos ante el orden jurisdiccional social se caracterizan por que en ellos ha habido una relación previa entre las partes, lo que puede deberse a que haya existido una relación laboral (de la que se deriva una reclamación judicial en el ámbito del Derecho del trabajo) o bien una relación de Seguridad Social (de la que trae causa una reclamación propia de esta rama del Derecho), en el curso de la cual cada una de las partes ha emitido documentos, que posteriormente acceden al proceso.

La suscripción de un documento por una parte procesal puede vincular a su autor en su perjuicio en un juicio ulterior, conforme al principio de *contra se probatio* (prueba en contra de uno mismo), en función de las concretas circunstancias en que se produjo, de forma parecida a como ocurre en la prueba de interrogatorio de parte, que hace prueba si perjudica a la parte (art. 316.1 LEC).

Por ejemplo, las empresas están legalmente obligadas a redactar y entregar a sus trabajadores las nóminas. Si el empresario suscribe una nómina y en ella reseña una determinada retribución, este dato, en principio (si no está desvirtuado por otros elementos probatorios) hará prueba en contra suyo. De la pluralidad de datos que aparecen en este documento, la retribución abonada es un dato esencial (en atención a la finalidad que el documento cumple) que suele ser inequívocamente atribuible al propio autor del documento. Por ello, en principio, los datos relativos a la retribución al trabajador tendrán virtualidad probatoria (y revisora en suplicación) en perjuicio del empresario.

En cambio, en los documentos testimoniales pueden aparecer otros datos accesorios, adjetivos, que contienen información cuyo origen puede ser ajeno al autor del documento. Imaginemos que se solicita la revisión fáctica suplicacional del dato relativo al domicilio del trabajador, basando esta pretensión revisora en los datos obrantes en la nómina, en la que se menciona este extremo. El conocimiento que el empresario tiene del domicilio del trabajador suele provenir de lo que este último le ha manifestado. Es decir, el trabajador en el contrato de trabajo reseña un domicilio, o posteriormente informa al empleador de cuál es su domicilio actual y este lo reproduce en la nómina. Se trata de una declaración accesoria obrante en el documento y que es relativa a una información que no suele provenir inequívocamente del autor del mismo, lo que puede afectar a su eficacia probatoria (y revisora suplicacional). Por ello, a la hora de ponderar la virtualidad probatoria de los documentos testimoniales de parte hay que tener en cuenta las circunstancias en las que se suscribieron, la finalidad por la que se redactaron, diferenciar entre su contenido esencial y el accesorio o adjetivo...

Hay que recalcar que la eficacia probatoria y revisora de estos documentos depende, como regla general, de que favorezcan o perjudiquen a su autor. Por eso en suplicación no debería, en principio, atribuirse virtualidad revisora a una nómina no firmada por el trabajador cuando la invoque a efectos revisores la propia empresa que la redactó.

Es el caso en el que el empresario pretende que conste en los hechos probados algún extremo consignado en la nómina que le beneficia en el proceso (como el salario del trabajador o la antigüedad de la relación laboral). En este supuesto la nómina no es más que un documento redactado unilateralmente por una de las partes litigantes. Por ello, ese documento no acredita en beneficio de su autor la veracidad de los extremos reseñados en él. Por el contrario, sí que podría, en principio, atribuirse eficacia revisora a este documento cuando lo invoque en su beneficio la contraparte, en la medida en que la nómina contenga una declaración expresa de la que pueda inferirse la certeza de un hecho en perjuicio de la parte que lo redactó, salvo que obren en las actuaciones otros elementos probatorios que evidencien el error del empleador al redactarla.

Una subespecie de los documentos de parte está integrada por los documentos de índole estrictamente particular o domésticos. El art. 1228 CC, que no ha sido derogado por la LEC, dispone:

> *«Los asientos, registros y papeles privados únicamente hacen prueba contra el que los ha escrito en todo aquello que conste con claridad; pero el que quiera aprovecharse de ellos habrá de aceptarlos en la parte que le perjudiquen».*

El TS explica que el ámbito de este art. 1228 CC se circunscribe a los documentos *«que se formen y conserven por uno solo de los interesados y para mantenerlos consigo [...] es decir, los documentos formados por un particular y no destinados a otros [...] o, dicho de forma más sintética y expresiva, los de índole estrictamente particular o "domésticos"»*, no siendo aplicable a los contratos [STS (Civil) de 17 de abril de 2001, recurso 927/1996].

ii. Documento de tercero

Tanto el documento testimonial de tercero como la prueba testifical tienen en común el hecho de que ambos contienen la declaración de una persona, distinta de las partes del litigio, acerca de hechos relevantes para el proceso. Pero en la valoración de la prueba testifical resulta esencial la inmediación del juez que presencia la deposición del testigo, mientras que en la valoración de los documentos testimoniales el órgano judicial, normalmente, no puede examinar al suscribiente del documento. Ello supone que el juez se encuentra con unas limitaciones mayores para determinar la credibilidad del suscribiente de un documento testimonial que la de un testigo.

En la valoración del documento testimonial de tercero hay que distinguir:

1) Factores atinentes a la prueba en sí misma

a) Credibilidad subjetiva

La eficacia probatoria del documento depende en primer lugar de su credibilidad subjetiva[48] que hace referencia a la credibilidad del autor del documento, el cual es un tercero respecto del pleito, aunque ello no significa que esté libre de intereses espurios (lo que exige valorar su aptitud y su actitud).

Por ejemplo, si se trata de acreditar cuáles son las dolencias que padece un trabajador que reclama la pensión de incapacidad permanente total, en principio tendrían más credibilidad subjetiva los médicos de la Sanidad pública que han atendido al actor y emitieron informes describiendo sus dolencias, que un facultativo de la sanidad privada que tenía una relación económica con el paciente que aquellos no tienen. Si se están valorando dolencias artrósicas, en principio tendría más credibilidad un médico especialista en Traumatología que otro sin esta especialidad, por la mayor cualificación de aquél.

b) Credibilidad objetiva

Hace referencia a la credibilidad del contenido del documento: a que la información recogida en él sea verosímil, con independencia de la credibilidad que se le haya atribuido personalmente a su autor.

A título ejemplificativo, si un médico describe las dolencias del actor usando el término incorrecto «protusión», que aparece en múltiples informes médicos, en vez del término médico idóneo que es «protrusión» (del verbo «protruir»: desplazarse hacia delante), su credibilidad objetiva en principio será menor que la de otro facultativo que describe correctamente la dolencia.

2) Factores correspondientes a la relación entre el documento testimonial y las restantes pruebas evacuadas

Es necesario interrelacionar las pruebas y establecer jerarquías probatorias, en atención a la virtualidad probatoria que se les atribuya a unas y otras. Es lo que sucede en los pleitos de incapacidad permanente, en los que se aportan múltiples pruebas acerca de cuáles son las dolencias y limitaciones del actor. Si varios documentos distintos, de diferentes autores, coinciden en que el demandante está aquejado de una cardiopatía valorada en el grado III de la NYHA, la coincidencia de todos ellos refuerza su virtualidad probatoria.

En la revisión fáctica suplicacional, si se invoca un documento testimonial de tercero que, en principio, tiene credibilidad subjetiva y objetiva, ello no significa que en todo caso tenga eficacia revisora suplicacional porque pueden obrar en las actuaciones otros medios de prueba que lo contradigan.

48. En cuanto a la importancia de la credibilidad subjetiva puede citarse a NÚÑEZ LAGOS, R.: *Hechos y derechos...*, ob. cit., págs. 42 y 43.

Puede ocurrir que se aporte a un pleito un documento que contenga tanto declaraciones (de hechos o de voluntad) de una de las partes litigantes como de un tercero. Es el supuesto del contrato de trabajo suscrito por el trabajador demandante y por un empresario que no es demandado en el litigio. En tal caso es preciso diferenciar las declaraciones efectuadas por la parte, a las que se les aplicarán las reglas de valoración de los documentos de parte, y las efectuadas por terceros, que se regirán por las reglas relativas a los documentos de tercero.

d) Falsedad documental

Cuando se aporta un documento al proceso, la parte contraria puede hacer alguno de los siguientes pronunciamientos (art. 427.1 LEC):

1) Alegar su falsedad: la parte procesal considera que se ha producido un delito de falsedad documental, lo que, cuando el documento puede ser decisivo, conduce a la suspensión de las actuaciones (art. 86.2 LRJS).

2) Admitir el documento.

3) Impugnar la autenticidad del documento o la exactitud de la copia.

4) Reconocer el documento.

Si la parte procesal cuestiona la eficacia probatoria del documento, puede oponerse por las siguientes vías:

1) Delito de falsedad documental

El art. 86.2 LRJS dispone: «*En el supuesto de que fuese alegada por una de las partes la falsedad de un documento que pueda ser de notoria influencia en el pleito, porque no pueda prescindirse de la resolución de la causa criminal para la debida decisión o condicione directamente el contenido de ésta, continuará el acto de juicio hasta el final, y en el caso de que el juez o tribunal considere que el documento pudiera ser decisivo para resolver sobre el fondo del asunto, acordará la suspensión de las actuaciones posteriores y concederá un plazo de ocho días al interesado para que aporte el documento que acredite haber presentado la querella [...]*».

Esta alegación tiene que ponerse en relación con los tipos penales de la falsedad de documento privado y público: art. 390 y siguientes del Código Penal:

A) Documento público

La falsedad de documentos públicos está regulada en los arts. 390 a 393 CP. Se tipifica tanto la falsedad material o corporal (cuando se altera físicamente el documento) como la falsedad ideológica (faltar a la verdad en las declaraciones documentadas).

a) Falsedad material

La falsedad material supone una intervención física o material sobre el documento. Está tipificada en el art. 390.1.1.º y 2.º CP:

> «*1.º Alterando un documento en alguno de sus elementos o requisitos de carácter esencial.*
>
> *2.º Simulando un documento en todo o en parte, de manera que induzca a error sobre su autenticidad*».

A título ejemplificativo, si se aporta a juicio un testamento notarial falso porque el testador no acudió al notario para hacer testamento, sino que se simuló la escritura notarial para que parezca verdadera, se tratará de un delito de falsedad material de documento público. Si ese documento tiene notoria influencia para el pleito, deberá alegarse la falsedad documental, se suspenderá el proceso y deberá presentarse la correspondiente querella criminal.

b) Falsedad ideológica

La falsedad ideológica afecta a la veracidad del documento, la cual no se corresponde con la realidad que tendría que reflejar. Está tipificada en el art. 390.1.3.º y 4.º CP:

> «*3.º Suponiendo en un acto la intervención de personas que no la han tenido, o atribuyendo a las que han intervenido en él declaraciones o manifestaciones diferentes de las que hubieran hecho.*
>
> *4.º Faltando a la verdad en la narración de los hechos*».

Por ejemplo, si en un testamento notarial, la persona que aparece como testadora no es quien compareció ante el notario, sino que se suplantó su identidad, se tratará de un delito de falsedad ideológica de un documento público. Si tiene notoria influencia en el pleito, deberá alegarse la falsedad documental, se suspenderá el procedimiento y deberá presentarse la correspondiente querella.

B) Documento privado

La falsedad de documentos privados está regulada en los arts. 395 y 396 CP. A diferencia de los documentos públicos, en los documentos privados solo está tipificada la falsedad material del art. 390.1.1.º y 2.º CP y la falsedad ideológica del art. 390.1.3.º CP.

La falsedad ideológica consistente en faltar a la verdad en la narración de los hechos no es delictiva cuando consta en un documento privado. Si se aporta a juicio un informe médico que afirma que el actor padece gonartrosis bilateral grado IV y en el juicio se demuestra que no es verdad: que el demandante no padece ninguna gonartrosis, ello no supone que ese facultativo haya cometido un delito de falsedad documental.

Por el contrario, si el empresario presenta a juicio un contrato de trabajo que no fue firmado por el trabajador, sino que el empleador simuló su firma, en tal caso sí que se tratará de un delito de falsedad documental del art. 395 en relación con el art. 390.1.3.º CP.

2) Impugnación de la autenticidad del documento

En este supuesto, no se ha cometido un delito de falsedad documental de los tipificados por el CP. Pero la parte procesal considera que el documento aportado por la contraparte no es auténtico: cuestiona su autenticidad subjetiva, objetiva o datadora, en cuyo caso deberá procederse a la prueba de autenticación.

Por ejemplo, se aporta a juicio un contrato. Si la parte contraria cuestiona su autenticidad (es decir, impugna que ese documento fuera elaborado por la persona que consta como autor en la fecha que consta en él), deberá practicarse prueba de autenticación. Puede ser una pericial caligráfica o la declaración testifical de las personas que suscribieron ese contrato y que, bajo juramento o promesa, manifiestan que es cierto.

3) Se cuestiona la veracidad de la declaración testimonial contenida en el documento

Ni se alega la falsedad documental, ni que el documento sea inauténtico. Pero la parte contraria no está de acuerdo con su contenido.

A título de ejemplo, se aporta un informe médico que manifiesta que el actor padece una gonartrosis bilateral grado IV. La parte contraria no alega que el documento sea falso, ni que el facultativo que lo emitió haya hecho esa declaración. Pero no está de acuerdo con que el demandante padezca esa dolencia. Aporta otro informe médico en el que consta que su gonartrosis es de grado II, no de grado IV y argumenta por qué tiene mayor credibilidad que el informe médico del actor.

e) Impugnación de la autenticidad documental

Es frecuente que cada parte procesal no esté de acuerdo con el contenido de los documentos aportados por la parte contraria. Por ejemplo, en un pleito de incapacidad permanente de etiología profesional, si la mutua aporta un informe médico que afirma que las dolencias del actor no son graves, la parte contraria no estará de acuerdo con el contenido de ese documento. Ahora bien, eso no significa que impugne su autenticidad.

Un informe médico es un documento testimonial (contiene declaraciones de verdad, no de voluntad: no es un contrato, ni una donación). Cuando se aporta al juicio, la parte contraria puede alegar que la declaración de verdad contenida en un documento testimonial no es cierta. Pero ello, por relevante que sea para la resolución del litigio, no constituye un supuesto de impugnación de la autenticidad de un documento. La impugnación de la autenticidad documental tiene un sentido mucho más restringido: la palabra «auténtico» se refiere al «autor».

Hay que distinguir entre los documentos públicos y los privados:

A) Documentos públicos

1) El art. 318 de la LEC les atribuye fuerza probatoria plena cuando, habiendo sido aportados por copia simple, *«no se hubiere impugnado su autenticidad»*.

2) El art. 319 dispone que los documentos públicos de los números 1.º a 6.º del art. 317 (documentos judiciales, notariales, de los Registradores de la Propiedad...) harán prueba plena:

a) Del hecho, acto o estado de cosas que documenten.

b) De la fecha en que se produce esa documentación.

c) De la identidad de los fedatarios y demás personas que, en su caso, intervengan en ella.

Por tanto, la prueba plena acredita que en la fecha que aparece en el documento, las personas que lo suscriben efectuaron esas declaraciones.

3) El art. 320.1 de la LEC estatuye: *«si se impugnase la autenticidad de un documento público, para que pueda hacer prueba plena se procederá de la forma siguiente»* y a continuación regula el cotejo de las *«copias, certificaciones o testimonios fehacientes»* con los documentos originales, así como de las pólizas intervenidas con el libro registro.

B) Documentos privados

El art. 326.1 de la LEC les atribuye eficacia probatoria plena *«en los términos del art. 319, cuando su autenticidad no sea impugnada»*; y el art. 326.2 de la LEC establece que, *«cuando se impugnare la autenticidad de un documento privado»*, se practicará la correspondiente prueba de autenticación, mencionando expresamente el cotejo pericial de letras, lo que evidencia que está pensando en el documento original.

La impugnación del documento puede afectar a los extremos siguientes:

i. Exactitud de la copia

Es frecuente que no se aporte a juicio el original del documento, sino una copia, en cuyo caso es posible que la impugnación no se refiera a la autenticidad del original sino a la exactitud de la copia.

La impugnación de la exactitud de la copia se debe a que las copias de los documentos tienen lo que se ha denominado «valor probatorio reflejo», es decir, que únicamente tienen eficacia probatoria en cuanto se hallen conformes con los originales[49]. Si se impugna la exactitud de la copia, en tal caso la parte impugnante se limita a afirmar que la copia no se corresponde con el original. En este supuesto la determinación del objeto de la impugnación no plantea especiales problemas, limitándose a la existencia o no de identidad entre la copia aportada y el original, lo que se resuelve con un cotejo, si ello es posible.

ii. Autenticidad del documento original

Respecto del documento original cabe impugnar:

a´) Continente

La impugnación del continente del documento es aquella en que se alega que el soporte material del documento ha sido alterado, suprimiendo, modificando o añadiendo con posterioridad a su suscripción alguna mención que no estaba incluida en él cuando fue redactado. Hemos explicado que, si se alega la falsedad de un documento que pueda ser de notoria influencia para el pleito, el art. 86.2 LRJS prevé la continuación del juicio hasta el final y, una vez concluido, la suspensión de las actuaciones, concediendo un plazo de ocho días al interesado para que acredite la presentación de la querella, prolongándose la suspensión hasta la finalización de la causa criminal.

b´) Contenido: distinción entre impugnación de la autenticidad y objeción de la veracidad

La impugnación del contenido del documento es aquella en la que el soporte material no ha sido modificado pero las declaraciones contenidas en el documento no son ciertas. Pero la autenticidad no afecta a todo el contenido del documento: su objeto se ciñe a aquellos extremos del documento que gozan de prueba plena.

49. En este sentido se pronunció AGUILERA DE PAZ, E. y RIVES Y MARTÍ, F. de: *El Derecho judicial español*, tomo II, Editorial Reus, Madrid, 1923, págs. 830 y 831.

Los arts. 319.1 y 326.1 de la LEC establecen que los documentos públicos del art. 317 y los documentos privados cuya autenticidad no haya sido impugnada hacen prueba plena (es decir, prueba tasada) respecto:

1) Del hecho, acto o estado de cosas documentado.

2) De su fecha.

3) De la identidad de los intervinientes.

Se trata de la autenticidad subjetiva (su autor), objetiva (la emisión de la declaración) y datadora (la fecha).

Los documentos tienen:

1) Un contenido que puede estar amparado por la fuerza probatoria plena, cuya eficacia probatoria se despliega a menos que se impugne su autenticidad (o la exactitud de la copia). La LEC establece que si la parte a quien el documento perjudica no impugna en tiempo y forma su autenticidad (o la exactitud de la copia), el documento tendrá fuerza probatoria plena respecto de tres extremos: el hecho de que quien aparece como autor del documento emitió esa declaración, la identidad de quien aparece como autor del documento y la fecha.

Por ende, si la parte a quien el documento perjudica pretende evitar que despliegue esta eficacia probatoria tasada, deberá impugnar la autenticidad de estos tres extremos.

2) El resto del contenido del documento (como la veracidad del contenido de la declaración testimonial del particular recogida en él) queda al margen de la prueba tasada, rigiéndose por el sistema de libre valoración de la prueba, lo que implica que la contraparte puede acreditar su incerteza utilizando cualquier medio de prueba que la evidencie, aun cuando no haya habido impugnación de la autenticidad. La autenticación se ciñe al primero de los contenidos citados[50].

Continuando con el ejemplo anterior, si se aporta a juicio un informe médico que describe unas dolencias, en el caso de que la contraparte no impugne su autenticidad hará prueba plena respecto de su autenticidad subjetiva, objetiva y datadora: que en la fecha que consta en el documento, el facultativo que aparece como autor lo suscribió. Y la falta de impugnación de su autenticidad conlleva la inutilidad de aportar cualquier otra prueba que desvirtúe estas tres afirmaciones, pues el documento, por sí solo, hace prueba plena respecto de estos extremos.

50. ALEMANY EGUIDAZU, J.: «La prueba de la autenticidad electrónica con la Ley de Enjuiciamiento Civil 2000», *La Ley* 2001-3, pág. 2047, ha afirmado que la autenticación está ligada al contenido de la prueba documental.

Pero la autenticidad documental no alcanza a la veracidad de la declaración testimonial del médico recogida en su informe. La contraparte puede desvirtuar esta declaración mediante cualquier otro medio de prueba. Por consiguiente, la autenticación del documento únicamente significa que, en la fecha consignada en él, el facultativo que lo suscribió opinó que esa persona presentaba esas enfermedades. Si la contraparte niega que estos tres extremos sean ciertos, debe acudir a la impugnación de la autenticidad documental. Pero si la contraparte no niega que el médico que aparece como firmante del informe efectivamente lo suscribiese en la mentada fecha y su discrepancia se ciñe a que considera que el paciente no sufre esas dolencias, en tal caso no procede impugnar la autenticidad del documento, sin que la omisión de su impugnación implique asentimiento respecto de este contenido suyo, porque estamos en el ámbito de la veracidad del documento, no de su autenticidad. El juez puede negar que las dolencias sean las citadas, por la falta de credibilidad del facultativo, sin necesidad de impugnar la autenticidad documental.

El citado ejemplo se refiere a un documento testimonial, pero las mismas consideraciones son predicables respecto de los documentos dispositivos. Si se aporta a juicio un contrato de trabajo y la contraparte no impugna su autenticidad, hace prueba plena de que en la fecha que aparece en el documento, los que constan como firmantes emitieron las declaraciones documentadas. Si no se impugna su autenticidad no cabe pretender dejar sin efectos estas afirmaciones. Ahora bien, la sinceridad de las declaraciones testimoniales contenidas en el documento (como que el trabajador tiene una determinada titulación) queda fuera de la fuerza probatoria tasada del documento y la falta de impugnación documental no impide desvirtuarlas mediante cualquier otro medio de prueba.

Por ello, si una parte aporta un contrato, la contraparte puede considerar:

1) Que el documento no es subjetivamente auténtico, porque no fue suscrito por las partes que aparecen como firmantes del contrato (inautenticidad subjetiva).

2) Que no es cierta la fecha del documento (inautenticidad en la datación).

3) O que no es cierta la emisión de las declaraciones que constituyen el acto documentado al que se refiere el art. 319.1 en relación con el 326.1 de la LEC (inautenticidad objetiva relativa al acto documentado).

En tales casos, por aplicación del art. 326.1 en relación con el art. 319.1 de la LEC, la contraparte tiene la carga de impugnar la autenticidad de este documento, so pena de que haga prueba plena en cuanto a tres extremos:

1) El acto que documenta: la emisión de las declaraciones.

2) La fecha en la que se concertó el contrato.

3) Las personas que lo suscribieron.

Hemos explicado que puede ocurrir que lo que cuestione la contraparte sea la veracidad de determinadas declaraciones testimoniales contenidas en el contrato. Por ejemplo, se aporta un informe médico que sostiene que el actor padece gonartrosis de grado III y la contraparte afirma que ese facultativo no dice la verdad porque la gonartrosis solamente es de grado II. En tal caso no se está cuestionando la autenticidad del contrato, sino la veracidad de una declaración testimonial y la parte no tiene la carga procesal de impugnar su autenticidad, pues la omisión de esta impugnación únicamente implicará que el documento se tendrá como auténtico (se considerará probado que en la fecha reseñada en el documento se suscribió por quienes aparecen como firmantes) pero no desplegará fuerza probatoria tasada respecto de sus declaraciones testimoniales. La veracidad de las declaraciones de verdad se determina conforme a las reglas de valoración libre de la prueba.

Por ello, es importante no confundir la autenticidad del documento con la veracidad de las declaraciones testimoniales contenidas en él (salvo la veracidad de las declaraciones emitidas por un fedatario público relativas a hechos percibidos *de visu et auditu*: un notario que extiende un acta notarial recogiendo lo que ha visto y oído). Un documento puede ser auténtico e inveraz, en la medida en que una persona comparezca ante notario y efectúe unas declaraciones que no son ciertas, en cuyo caso no se podrá objetar su autenticidad, aunque las declaraciones documentadas no respondan a la verdad.

La no impugnación de la autenticidad de un documento presentado por la parte contraria no supone que se acepte la certeza de las declaraciones de verdad contenidas en él (con la única excepción relativa a las declaraciones de hechos percibidos *visibus et auditibus* por los fedatarios públicos), las cuales estarán sujetas a la libre valoración del juez.

En definitiva, la autenticación y la fuerza probatoria tasada de los documentos están indisolublemente unidas. La impugnación-autenticación se ciñe a la prueba de primer grado: a la emisión de la declaración, es decir, al hecho de que en la fecha que consta en el documento, las personas que aparecen como suscriptores emitieron las declaraciones recogidas en él. Autenticar consiste en verificar si efectivamente el documento se emitió en los términos descritos en él.

Pero no alcanza al segundo grado: a la veracidad de las declaraciones contenidas en el documento, con la única excepción de los fedatarios públicos. El concepto jurídico «autenticidad», comprende no solo la autenticidad subjetiva (la correlación entre los autores que aparecen en el documento y los autores reales) sino la autenticidad objetiva y datadora, relativa a los extremos reseñados en el documento que, de no ser impugnado, adquirirían valor probatorio pleno (el hecho, acto o estado de cosas que se documenta y la fecha de la documentación).

La doctrina jurisprudencial sostiene que *«el hecho de que una parte procesal reconozca la prueba documental aportada por la contraparte, lo que hace innecesario que se practique prueba de autenticación (no ha impugnado la autenticidad de esos documentos), no significa que esa parte admita la veracidad de todas las afirmaciones contenidas en ella»* [sentencias del TS 26/2023, de 11 enero (rec. 149/2021) y 1305/2024, de 27 de noviembre (rec. 88/2023)].

f) Eficacia de los documentos testimoniales en suplicación

A diferencia de la prueba testifical documentada, carente de virtualidad revisora en suplicación (y en casación), los documentos testimoniales surgidos lícitamente en el tráfico jurídico, como una nómina, un informe médico de urgencias, los libros contables de la empresa, etc., pueden desplegar eficacia revisora suplicacional.

En los recursos de suplicación frecuentemente se solicita la revisión fáctica suplicacional con base en un documento testimonial aportado por esa misma parte procesal, argumentando que, como la contraparte no ha impugnado su autenticidad, eso significa que su contenido es cierto y despliega efectos probatorios y revisores suplicacionales.

Por ejemplo, se aporta un escrito firmado por el jefe de recursos humanos de la empresa en el que aparece la mención consistente en que comunica a los trabajadores de la mercantil que se prohíbe el uso particular de los ordenadores de empresa. La parte que aportó ese documento en la instancia pretende introducir una revisión fáctica suplicacional consistente en que la empresa comunicó a todos los trabajadores dicha prohibición, explicando que, desde el momento en que el trabajador demandante no impugnó la autenticidad de ese documento, tiene plena eficacia probatoria.

Es un error pensar que, porque la parte contraria no haya impugnado su autenticidad en suplicación, un documento testimonial tiene eficacia revisora suplicacional. En el citado ejemplo, la falta de impugnación de la autenticidad de dicho documento únicamente significa que en la fecha que aparece en él, el jefe de recursos humanos suscribió el documento. Pero no acredita que efectivamente llegara a conocimiento de los trabajadores de la empresa.

Otro ejemplo sería el de la empresa que aporta a juicio documentos contables. Si la parte recurrente no impugna su autenticidad en el juicio oral, ello únicamente significa que admite como cierto que las personas que aparecen como autores de esos documentos verdaderamente los emitieron (prueba de primer grado).

Pero no supone que la parte contraria haya aceptado como ciertos los datos contables contenidos en ellos. La prueba de segundo grado de estos documentos testimoniales: que las declaraciones de verdad contenidas en ellos son ciertas, está sujeta a la libre valoración de la prueba. Si se trata de un documento testimonial de parte, habrá que examinarlo desde la perspectiva de la *contra se probatio*. Y si es un documento testimonial de tercero, el TSJ deberá valorar su credibilidad subjetiva y objetiva. Solamente en caso de que el examen del documento testimonial revele que el Juzgado de lo Social ha errado en la fijación de los hechos probados, sea porque un documento de parte acredita en perjuicio de su autor un concreto hecho, o porque un documento de tercero evidencia que una afirmación de hecho de la sentencia de instancia no es cierta, procederá estimar el motivo de revisión fáctica suplicacional.

En ese sentido se ha pronunciado la doctrina jurisprudencial respecto del recurso de casación ordinario. La sentencia del TS 1305/2024, de 27 de noviembre (rec. 88/2023)] resolvió un recurso en el que la parte recurrente había argumentado que un documento había sido reconocido por la contraparte, por lo que consideraba que esta Sala debía atribuirle eficacia revisora casacional. El TS explicó que el reconocimiento de un documento hace innecesaria la prueba documental pero no significa que se admita la veracidad de las afirmaciones contenidas en ella. Los documentos de parte, redactados y aportados al juicio oral por la propia recurrente, no demuestran, en el recurso extraordinario de casación, la veracidad de las afirmaciones contenidas en ellos.

g) Documentos electrónicos

Los avances tecnológicos han supuesto una transformación de las formas de comunicación. Los correos electrónicos, SMS, las aplicaciones WhatsApp, X (anteriormente Twitter), Telegram, Tuenti, Facebook, Instagram o Pinterest, entre otras muchas, han adquirido una enorme importancia.

La LEC diferencia:

1) Los arts. 318 y 326 LEC regulan la fuerza probatoria de los documentos públicos y privados, respectivamente. Tienen la misma fuerza probatoria cuando se presentan en soporte papel y cuando se aportan mediante documento electrónico. La diferencia entre los documentos en soporte papel y los electrónicos radica en la prueba de autenticación.

2) El art. 384 LEC menciona los instrumentos de archivo de palabras, datos, cifras y operaciones matemáticas. Ese precepto legal se refiere al continente: al objeto físico que contiene la información y que se aporta al proceso con fines probatorios. Se trata de un CD, un DVD, una memoria USB, un disco duro externo... que contienen datos. La LEC prevé que se examinarán por el tribunal en presencia de las res-

tantes partes procesales, se podrán aportar junto con pruebas instrumentales (que acrediten su autenticidad) y se valorarán conforme a las reglas de la sana crítica.

El TS atribuyó eficacia revisora casacional a unos correos electrónicos. La STS 843/2018, de 18 de septiembre (rec. 69/2017), estimó una pretensión revisora casacional basada en un descriptor *«que recoge diferentes comunicaciones por correo electrónico en las que se alude a la celebración de una reunión»*. Por consiguiente, considera que un correo electrónico aportado al juicio oral tiene eficacia revisora casacional al amparo del art. 207.d) LRJS.

La STS 706/2020, de julio (rec. 239/2018, Pleno) atribuye la condición de prueba documental a los correos electrónicos, los cuales pueden tener eficacia revisora suplicacional. El TS explica que se ha producido un avance tecnológico debido al cual muchos documentos se materializan y presentan a juicio a través de nuevos soportes electrónicos. Si no se postula un concepto amplio de prueba documental, sin necesidad de ninguna reforma legislativa llegaría un momento en que la revisión fáctica casacional (y suplicacional) quedaría vaciada de contenido si se limita a los documentos escritos, cuyo uso será exiguo. El TS precisa que no todo correo electrónico acredita el error fáctico de instancia, al igual que sucede con los documentos privados. Para ello será necesario valorar si se ha impugnado su autenticidad por la parte a quien perjudique; si ha sido autenticado, en su caso; y si goza de literosuficiencia.

Debemos explicar por qué los correos electrónicos tienen la condición de prueba documental a efectos de la revisión fáctica suplicacional y casacional, mientras que los medios audiovisuales no la tienen:

1) Correos electrónicos

El cambio social consistente en la progresiva sustitución de los documentos en soporte papel por documentos electrónicos conlleva la necesidad de admitir la eficacia revisora de estos documentos electrónicos simplemente para mantener el alcance de la revisión fáctica suplicacional (y casacional). Si se excluyera a estos instrumentos llegaría un momento en que la revisión fáctica suplicacional y casacional quedaría vacía de contenido. La citada STS 706/2020 no quiere ampliar la revisión fáctica, ni modificar la naturaleza del recurso de suplicación o casación. Esa sentencia se limita a mantener el *statu quo*.

2) Medios audiovisuales

Por el contrario, los tribunales de suplicación y casación nunca han visionado grabaciones para revisar el relato histórico instancia. La STS 325/2022, de 6 de abril (rcud 1370/2020) niega que los medios audiovisuales tengan eficacia revisora suplicacional. Esa sentencia no examina si se debe ampliar el concepto de prueba documental para hacer frente al cambio social que está sustituyendo los documentos en soporte papel por instrumentos de archivo. Esa sentencia se pronuncia acerca de si se debe ampliar el objeto del recurso de suplicación (y de casación ordinaria) incluyendo por primera vez los medios audiovisuales. El TS rechaza que deba modificarse el *statu quo*.

Hay que precisar que, si el correo electrónico contiene una grabación audiovisual, dicha grabación no tendrá eficacia revisora suplicacional ni casacional. En consecuencia, se deben distinguir los supuestos siguientes:

1) Se aporta al juicio un CD, un DVD, una memoria USB, un mensaje de WhatsAPP o un correo electrónico que contiene una grabación de vídeo o audio.

Se trata de una grabación de audio o vídeo que, conforme a la citada doctrina de la Sala Social del TS no tiene la naturaleza de prueba documental a efectos de fundar una revisión de hechos probados.

2) Se aporta al juicio un CD, un DVD, una memoria USB, un mensaje de WhatsAPP o un correo electrónico que contiene documentos relevantes, como la contabilidad de la empresa.

En tal caso se trata de genuina prueba documental, aunque el soporte sea electrónico. Ese DVD incluso puede incluir una copia de un documento público, como un documento notarial o una sentencia, cuya naturaleza documental no queda desvirtuada por el mero hecho de que se haya aportado un DVD que contiene la copia del documento.

En el caso de los mensajes de WhatsApp, el origen y soporte de esos mensajes es el teléfono móvil porque la compañía WhatsApp Inc. no hace copia de los mensajes enviados a través de su plataforma, manteniéndolos únicamente cuando el destinatario no está conectado, en cuyo caso los conserva un máximo de 30 días: si no se conecta en dicho plazo, el mensaje es eliminado[51]. Ello condiciona la prueba de autenticación de los mensajes de WhatsApp cuando su autenticidad se impugna por la contraparte: deberá practicarse una pericia informática cuyo objeto será el teléfono móvil en el que se encuentran los mensajes.

Ahora bien, si no se impugna la autenticidad de la transcripción escrita de los mensajes de WhatsApp, ello significa que la contraparte admite que dicha transcripción se corresponde con los mensajes originales, desplegando eficacia probatoria sin necesidad de autenticación. También despliegan su virtualidad probatoria cuando se impugna su autenticidad y esta se acredita.

Lo mismo sucede con los correos electrónicos, mensajes de SMS... Aunque se aporte una copia del contenido de dichos medios probatorios, el origen y

51. GARCÍA MESCUA, D.: *Aportación de mensajes de WhatsApp a los procesos judiciales*, editorial Comares, Granada, 2018, págs. 28 y ss.

soporte se encuentra en el servidor o en el teléfono móvil, lo que condiciona la prueba de autenticación de dichos medios de prueba.

Si una parte procesal aporta unos correos electrónicos o mensajes SMS o WhatsApp y la parte procesal contraria solicita la revisión fáctica suplicacional basada en dichos folios, podrían tener eficacia revisora en suplicación.

Por el contrario, si la misma parte procesal que aportó dichos folios es quien postula la revisión fáctica suplicacional basada en ellos, en tal caso el TSJ deberá comprobar si se ha impugnado su autenticidad. Si la parte contraria no ha impugnado su autenticidad, conforme a los citados pronunciamientos del TS favorables a atribuirles eficacia revisora casacional, no habría obstáculo para que pudieran tener eficacia revisora suplicacional.

i. Definición de documento electrónico

Un sector de la doctrina científica conceptúa el documento como cualquier soporte material, independientemente de su naturaleza, incluso el redactado y firmado electrónicamente, que tenga una finalidad probatoria, o cualquier otro tipo de relevancia jurídica, en su función de acreditar o hacer constar alguna cosa[52].

El soporte electrónico en el que se contiene un determinado documento no altera su naturaleza jurídica aunque sí que puede tener relevancia cuando sea impugnado[53]. Se ha hablado del «indiferentismo respecto de la materia documental»[54].

Las normas jurídicas han definido el documento electrónico. El anexo del Real Decreto-ley 6/2023 contiene la definición legal del documento electrónico a efectos de esa norma jurídica: la *«información de cualquier naturaleza en forma electrónica, archivada en un soporte electrónico según un formato determinado y susceptible de identificación y tratamiento diferenciado»*.

El art. 3.35) del Reglamento (UE) n.º 910/2014 del Parlamento Europeo y del Consejo, de 23 de julio de 2014, define el documento electrónico como *«todo contenido almacenado en formato electrónico, en particular, texto o registro sonoro, visual o audiovisual»*.

---

52. ELÍAS BATURONES, J. J.: *La prueba de documentos electrónicos en los tribunales de justicia*, Tirant lo Blanch, Valencia, 2008, pág. 42.
53. ORTIZ PRADILLO, J. C.: «Documentos judiciales electrónicos y documentos electrónicos en el proceso», en BANACLOCHE PALAO, J. y GASCÓN INCHAUSTI, F. (directores): *Los procesos judiciales tras las reformas introducidas por el Real Decreto-Ley 6/2023*, La Ley, Madrid, 2024, pág. 196.
54. RODRÍGUEZ ADRADOS, A.: «El nuevo artículo 17 bis de la Ley del Notariado y otras incidencias en la legislación notarial de la Ley 24/2001», *Anales de la Academia Matritense del Notariado*, tomo XLIII, 2002, págs. 48 y 49.

Son dos conceptos muy amplios de documento electrónico, que incluyen cualquier tipo de información o contenido que se encuentre en un soporte o formato electrónico.

El art. 3.1 de la Ley 6/2020, de 11 de noviembre, reguladora de determinados aspectos de los servicios electrónicos de confianza, dispone: *«Los documentos electrónicos públicos, administrativos y privados, tienen el valor y la eficacia jurídica que corresponda a su respectiva naturaleza, de conformidad con la legislación que les resulte aplicable».*

Los arts. 25 y 46 del Reglamento (UE) n.º 910/2014 regulan los efectos jurídicos de las firmas electrónicas y de los documentos electrónicos:

> *«Art. 25.1. No se denegarán efectos jurídicos ni admisibilidad como prueba en procedimientos judiciales a una firma electrónica por el mero hecho de ser una firma electrónica o porque no cumpla los requisitos de la firma electrónica cualificada.*
>
> *2. Una firma electrónica cualificada tendrá un efecto jurídico equivalente al de una firma manuscrita.*
>
> *3. Una firma electrónica cualificada basada en un certificado cualificado emitido en un Estado miembro será reconocida como una firma electrónica cualificada en todos los demás Estados miembros».*
>
> *«Art. 46. No se denegarán efectos jurídicos ni admisibilidad como prueba en procedimientos judiciales a un documento electrónico por el mero hecho de estar en formato electrónico».*

Los documentos públicos, administrativos y privados tienen la misma fuerza probatoria cuando se encuentran en soporte electrónico que cuando están en soporte papel.

ii. Expediente judicial electrónico

El expediente judicial electrónico está definido en el art. 47 del Real Decreto-ley 6/2023: *«es el conjunto ordenado de datos, documentos, trámites y actuaciones electrónicas, así como de grabaciones audiovisuales, correspondientes a un procedimiento judicial, cualquiera que sea el tipo de información que contengan y el formato en el que se hayan generado».*

Se caracteriza por el principio general de orientación al dato (art. 35 del Real Decreto-ley 6/2023).

iii. Documento judicial electrónico

El documento judicial electrónico está definido en el art. 39.1 del Real Decreto-ley 6/2023: *«Tendrá la consideración de documento judicial electrónico la información de cualquier naturaleza en forma electrónica, archivada en un soporte electrónico, según un formato determinado y susceptible de identificación y tratamiento diferenciado admitido en el Esquema Judicial de Interoperabilidad y Seguridad y en las normas que lo desarrollan, y que haya sido generada, recibida o incorporada al expediente judicial electrónico por la Administración de Justicia en el ejercicio de sus funciones, con arreglo a las leyes procesales».*

— Documentos judiciales electrónicos generados por la Administración de Justicia y documentos electrónicos de la parte procesal

Tienen la condición de documento judicial electrónico los siguientes:

1) Documentos electrónicos generados por la propia Administración de Justicia: providencias, autos, sentencias, diligencias, decretos del LAJ, cédulas de citación...

2) Documentos electrónicos de la parte procesal: son los aportados al procedimiento por las partes procesales (demandas, recursos, pruebas documentales...).

Los LAJ tienen atribuida la fe pública procesal (art. 145 LEC). Debido a su condición de fedatarios públicos, los documentos judiciales electrónicos que incorporan su firma electrónica tienen la condición de documentos públicos siempre que actúen en el ámbito de sus competencias procesales (art. 39.3 del Real Decreto-ley 6/2023).

— Documentos judiciales electrónicos originales y copias auténticas

Los documentos judiciales electrónicos pueden ser documentos originales o copias auténticas:

1) Documentos originales (art. 40.1 del Real Decreto-ley 6/2023)

Son los siguientes:

a) Documentos emanados de los sistemas de gestión procesal que estén provistos de firma electrónica.

b) Escritos y documentos iniciadores o de trámite presentados por las partes que se han incorporados al expediente judicial electrónico.

c) Resoluciones judiciales o administrativas firmadas electrónicamente por la autoridad competente, a través de cualquiera de los sistemas legalmente establecidos, incluyendo los basados en Código Seguro de Verificación.

No son documentos originales *«las copias digitalizadas de otros documentos incorporados al expediente judicial electrónico, salvo que así se declare expresamente»* (art. 40.1 del Real Decreto-ley 6/2023).

2) Copias auténticas

a) Copias firmadas por el LAJ o emitidas por actuaciones automatizadas con sello electrónico siempre que concurran estos requisitos:

— El documento electrónico original debe encontrarse en el expediente judicial electrónico.

— La información de firma electrónica, y en su caso de sello electrónico cualificado, así como de su contenido, deben permitir comprobar la coincidencia con dicho documento (art. 40.2 del Real Decreto-ley 6/2023).

b) Documentos electrónicos generados por la oficina judicial, de acuerdo con la normativa técnica del Comité técnico estatal de la Administración judicial electrónica, sobre documentos judiciales en soporte papel que consten en los archivos judiciales.

c) La digitalización de los documentos en papel presentados por quienes no estén obligados a relacionarse con la Administración de Justicia por medios electrónicos, siempre que se realice en los términos definidos por el Comité técnico estatal de la Administración judicial electrónica.

Estas copias auténticas tendrán la misma validez y eficacia que los documentos originales.

iv. Documentos electrónicos públicos

El documento electrónico puede ser soporte tanto de documentos públicos como de documentos privados. El documento público notarial tiene el mismo valor probatorio cuando se presenta en soporte papel o mediante un documento electrónico. En efecto, el art. 17.bis.1 de la Ley del Notariado dispone: *«Los instrumentos públicos a que se refiere el artículo 17 de esta Ley (los documentos notariales), no perderán dicho carácter por el sólo hecho de estar redactados en soporte electrónico con la firma electrónica avanzada del notario y, en su caso, de los otorgantes o intervinientes, obtenida la de aquél de conformidad con la Ley reguladora del uso de firma electrónica por parte de notarios y demás normas complementarias»*.

La DA 1.ª de la Ley 6/2020 establece: *«Lo dispuesto en esta Ley no sustituye ni modifica las normas que regulan las funciones que corresponden a los funcionarios que tengan legalmente atribuida la facultad de dar fe en documentos en lo que se refiere al ámbito de sus competencias»*.

v. Impugnación de la autenticidad

Hay que distinguir:

— **Documento público**

Los documentos públicos tienen fuerza probatoria plena cuando se aportan al proceso en original o por copia o certificación fehaciente, ya sean en soporte papel o mediante documento electrónico (art. 318 LEC).

La diferencia entre los documentos públicos en soporte papel y electrónicos se produce cuando se impugna su autenticidad. El art. 320.1 LEC establece:

«1. Si se impugnase la autenticidad de un documento público, para que pueda hacer prueba plena se procederá de la forma siguiente:

1.º Las copias, certificaciones o testimonios fehacientes se cotejarán o comprobarán con los originales, dondequiera que se encuentren, ya se hayan presentado en soporte papel o electrónico, informático o digital [...]

3.º En el caso de documentos electrónicos se verificará la validez de la firma electrónica.

2. [...] Si los documentos públicos estuvieran incorporados al expediente en soporte electrónico, el cotejo con los originales se practicará por el letrado o letrada de la Administración de Justicia en la oficina judicial, a presencia, si concurrieren, de las partes y de sus defensores, que serán citados al efecto.

En los casos de documentos públicos electrónicos, el letrado o letrada de la Administración de Justicia comprobará la validez de la firma electrónica, en su caso, mediante su verificación, a través del Código Seguro de Verificación. En todo caso, podrá valerse de la asistencia de un experto que emita informe, de inicio a cargo del impugnante, sin perjuicio de lo que se determine sobre imposición de costas [...]».

El cotejo varía:

1) Las copias electrónicas se cotejan con el original.

2) Si se aporta un documento público electrónico se verifica la validez de la firma electrónica con el Código Seguro de Verificación.

— **Documento privado**

El art. 326.2 LEC establece que la autenticación del documento privado en soporte escrito se hace mediante el cotejo de letras u otro medio de prueba pertinente.

La autenticación del documento privado electrónico se regula en el art. 326.3 y 4 LEC:

> *«3. Cuando la parte a quien interese la eficacia de un documento electrónico lo solicite o se impugne su autenticidad, integridad, precisión de fecha y hora u otras características del documento electrónico que un servicio electrónico de confianza no cualificado de los previstos en el Reglamento (UE) 910/2014 [...] permita acreditar, se procederá con arreglo a lo establecido en el apartado 2 del presente artículo y en el Reglamento (UE) n.º 910/2014.*
>
> *4. Si se hubiera utilizado algún servicio de confianza cualificado de los previstos en el Reglamento citado en el apartado anterior, se presumirá que el documento reúne la característica cuestionada y que el servicio de confianza se ha prestado correctamente si figuraba, en el momento relevante a los efectos de la discrepancia, en la lista de confianza de prestadores y servicios cualificados.*
>
> *Si aun así se impugnare el documento electrónico, la carga de realizar la comprobación corresponderá a quien haya presentado la impugnación. Si dichas comprobaciones obtienen un resultado negativo, serán las costas, gastos y derechos que origine la comprobación exclusivamente a cargo de quien hubiese formulado la impugnación. Si, a juicio del tribunal, la impugnación hubiese sido temeraria, podrá imponerle, además, una multa de 300 a 1200 euros».*

Por tanto, hay que diferenciar:

1) Documento electrónico que ha utilizado un servicio electrónico de confianza no cualificado

   Si se impugna su autenticidad, el documento deberá autenticarse con cualquier medio de prueba pertinente.

2) Documento electrónico que ha utilizado un servicio electrónico de confianza cualificado

Se presume su autenticidad e integridad si el servicio de confianza figuraba en la lista de confianza de prestadores y servicios cualificados. Parte de la doctrina científica afirma que se da un tratamiento privilegiado, similar a los documentos públicos, al documento electrónico realizado con la intervención de un servicio de confianza cualificado[55].

Se ha criticado esta norma porque, a efectos de la impugnación, equipara el documento electrónico privado confeccionado usando un servicio de confianza

55. HINOJOSA SEGOVIA, R.: «Eficacia probatoria e impugnación de los documentos electrónicos en el ordenamiento español», *Revista Jurídica del Notariado*, enero-junio 2024, núm. 118, pág. 109.

cualificado con el régimen propio del documento público a pesar de que se trata de un documento privado[56].

h) Medios de reproducción de la palabra, sonido e imagen e instrumentos de archivo

El art. 299.1 LEC enumera los medios de prueba (incluida la prueba documental) y a continuación, en el apartado siguiente (art. 299.2) menciona *«los medios de reproducción de la palabra, el sonido y la imagen, así como los instrumentos que permiten archivar y conocer o reproducir palabras, datos, cifras y operaciones matemáticas llevadas a cabo con fines contables o de otra clase, relevantes para el proceso»*.

Ese precepto diferencia entre:

1) Los medios de reproducción de la palabra, el sonido y la imagen.

2) Los instrumentos que permiten archivar y conocer o reproducir palabras, datos, cifras y operaciones matemáticas.

i. Medios de reproducción de la palabra, sonido e imagen

El art. 382.1 LEC dispone: *«Las partes podrán proponer como medio de prueba la reproducción ante el tribunal de palabras, imágenes y sonidos captados mediante instrumentos de filmación, grabación y otros semejantes. Al proponer esta prueba, la parte deberá acompañar, en su caso, transcripción escrita de las palabras contenidas en el soporte de que se trate y que resulten relevantes para el caso»*.

La citada norma legal se refiere a las grabaciones de audio y vídeo que deben ser escuchadas o visionadas por el tribunal para poder valorarlas.

El TS ha negado que la grabación de audio y vídeo tenga la naturaleza de prueba documental a efectos de fundar una revisión de hechos probados al amparo del art. 193.b) LRJS, argumentando que la LEC es de aplicación supletoria al proceso laboral y la norma procesal común atribuye a estos medios de reproducción de la palabra, sonido e imagen un tratamiento autónomo respecto a la prueba documental, lo que excluye que se trate de prueba documental a efectos de la revisión fáctica suplicacional (STS de 16 de junio de 2011, recurso 3983/2010; y 26 de noviembre de 2012, recurso 786/2012).

La STS 325/2022, de 6 de abril (rcud 1370/2020) niega que la grabación de un sonido tenga la naturaleza de prueba documental a efectos de la revisión fáctica suplicacional. El TS parte de que la suplicación es un recurso de carácter

56. BANACLOCHE PALAO, J.: «La firma electrónica de un documento privado no altera su naturaleza jurídica ni refuerza su eficacia probatoria», *El Notario del Siglo XXI. Revista del Colegio Notarial de Madrid*, núm. 108, marzo/abril de 2023, pág. 120.

extraordinario y la consecuencia de tal carácter es la limitada revisión de hechos legalmente permitida, que únicamente puede realizarse a la vista de la prueba documental o pericial practicada en la instancia, por lo que la interpretación del concepto de prueba documental necesariamente ha de ser efectuada de forma restrictiva.

Asimismo, el TS ha negado eficacia revisora casacional, por no tener la condición de documento hábil a estos efectos, tanto a la grabación visionada en el acto de la vista, como a la transcripción literal de su contenido (STS de 20 de julio de 2016, recurso 22/2016). Esta doctrina jurisprudencial la han reiterado los recientes autos del TS de 12 de junio de 2018, recurso 4590/2017 y 5 de marzo de 2019, recurso 26/2018.

ii. Instrumentos de archivo

El art. 384.1 LEC establece: *«Los instrumentos que permitan archivar, conocer o reproducir palabras, datos, cifras y operaciones matemáticas llevadas a cabo con fines contables o de otra clase, que, por ser relevantes para el proceso, hayan sido admitidos como prueba, serán examinados por el tribunal por los medios que la parte proponente aporte o que el tribunal disponga utilizar y de modo que las demás partes del proceso puedan, con idéntico conocimiento que el tribunal, alegar y proponer lo que a su derecho convenga».*

Hemos explicado que ese precepto legal se refiere a los CD, DVD, memoria USB, disco duro externo... que contienen datos. La concisa regulación de estos instrumentos de archivo establecida en la LEC es la siguiente:

1) Se examinan por el tribunal en presencia de las restantes partes procesales.

2) Ambas partes procesales pueden aportar dictámenes y medios de prueba instrumentales para acreditar o impugnar su autenticidad.

3) Se valoran conforme a las reglas de la sana crítica.

Hemos indicado que su fuerza probatoria y revisora dependerá de cuál es su contenido: una grabación de vídeo o de audio, un documento electrónico...

La Ley Orgánica 1/2025, de 2 de enero, de medidas en materia de eficiencia del Servicio Público de Justicia ha reformado el art. 82.5 LRJS. La prueba documental o pericial ya no se aporta en el juicio oral sino anticipadamente, con diez días de antelación al acto de juicio. Ese precepto tiene el contenido siguiente: *«Transcurrido este plazo, sólo se admitirán a la parte actora o demandada los documentos, dictámenes, medios e instrumentos relativos al fondo del asunto cuando se hallen en alguno de los casos siguientes [...]».*

Parece que los medios audiovisuales y los instrumentos de archivo también se tienen que aportar con diez días de antelación al juicio oral.

i) Documentos no escritos susceptibles de percepción visual inmediata (fotografías)

En cuanto a las fotografías, el TSJ de Cataluña les ha negado eficacia revisora suplicacional porque considera que se trata de un medio de reproducción de la imagen, por lo que le aplica la doctrina jurisprudencial que rechaza que los medios de reproducción de la imagen tengan la consideración de prueba documental a efectos revisores (STSJ de Cataluña de 18 de diciembre de 2017, recurso 6147/2017).

A favor de la eficacia revisora suplicacional de las fotografías se pronunció la STSJ de Castilla y León con sede en Valladolid de 14 de febrero de 2007, recurso 86/2007.

La controversia radica en si la fotografía es uno los medios de reproducción de la palabra, el sonido y la imagen previstos en el art. 299.2 LEC. En relación con esta cuestión, hay que partir de que los arts. 317 a 334 LEC regulan la prueba documental refiriéndose a documentos escritos con una sola excepción. El único precepto de la LEC que menciona documentos no escritos es el art. 333. Está incluido en la sección de la LEC que se ocupa de las disposiciones comunes a los documentos públicos y privados. Se intitula *«extracción de copias de documentos que no sean escritos»*. Se refiere expresamente a los *«documentos que no incorporen predominantemente textos escritos»*, mencionando, en una enumeración ejemplificativa, los *«dibujos, fotografías, croquis, planos, mapas»*. Es un artículo que parece referirse a objetos susceptibles de percepción visual inmediata pero que no incorporan predominantemente la escritura[57]. Normalmente una fotografía o un dibujo no contienen declaraciones (no son documentos declarativos) sino representaciones (son documentos representativos). Este precepto respalda la postura que sostiene que la LEC sigue la teoría de la representación respecto de la prueba documental.

Si la propia LEC se refiere expresamente a los documentos que no incorporen predominantemente textos escritos, mencionando como ejemplo las fotografías, parece que estas últimas tendrán la naturaleza de prueba documental.

Sin embargo, aun cuando se atribuya a las fotografías la condición de prueba documental a efectos revisores suplicacionales, el problema siempre ha radicado en su literosuficiencia. Si la revisión fáctica se tiene que basar en el documento por sí mismo, normalmente no consta que la fotografía invocada a efectos revisores se corresponda efectivamente con el objeto de litigio. Por ejemplo, la

57. MONTERO AROCA, J.: *La prueba en el proceso civil*, 3.ª edición, Civitas Madrid, 2002, págs. 203 y 204.

STSJ de Extremadura de 26 de abril de 1995, recurso 114/1995, niega eficacia revisora a una fotografía, aportada en un pleito derivado de un accidente de trabajo, porque *«no consta que corresponda efectivamente al lugar del accidente»*.

Con carácter general, los objetos que incorporan información no escrita pero que son susceptibles de percepción visual inmediata (dibujos, fotografías, croquis, planos, mapas..., art. 333 LEC), constituyen prueba documental. Si su naturaleza es esa, no parece que deba rechazarse de plano su eficacia revisora en suplicación.

En algunas ocasiones estos documentos incorporan alguna información escrita sucinta. Así, pruebas médicas como las radiografías, tomografías axiales computerizadas, resonancias magnéticas, ecografías, electromiografías, etc., como quiera que se llevan a cabo empleando ordenadores, suelen incorporar una información escrita (normalmente el nombre del paciente al que se le ha practicado esta prueba médica y la fecha) pero ello no supone que deban dejar de considerarse documentos no escritos, porque lo relevante, la información esencial que incorporan, no está recogida en el texto escrito, que cumple una función adjetiva, sino que está expresada en forma no escrita. Estas menciones escritas suelen cumplir una función secundaria, de identificación del paciente y de la fecha de la prueba.

En el orden social es frecuente que se aporten documentos médicos no escritos, que recogen el resultado de pruebas de diagnóstico (como una radiografía). El primer problema que plantean dimana del hecho de que normalmente su interpretación (que implica extraer la información contenida en los mismos) exige unos conocimientos científicos que los tribunales no tienen, por lo que estas pruebas médicas suelen ser complementarias o accesorias de otras pruebas periciales o documentales médicas escritas, en las que se explica la información recogida en estas pruebas, en cuyo caso la revisión fáctica deberá fundarse no en el documento médico no escrito (que cumple una función accesoria de refuerzo argumental de la pericia o documento escrito, apoyando la certeza de los datos mencionados en él), sino en el informe pericial del que forma parte, o en el informe médico que la interpreta.

Sin embargo, puede ocurrir que estos documentos no se presenten como accesorios de otras pruebas, sino como documentos independientes. Ha habido autorizadas opiniones que han negado que puedan ser examinados por el juez, pues en tal caso *«a la hora de recurrir en suplicación, no se sabe bien con qué medios de crítica cuenta la parte agraviada»* [58]; o bien han sostenido que una radiografía, un electroencefalograma o un cardiograma necesitan de conocimientos técnicos para ser apreciados y por tanto no pueden tener acceso al

58. En este sentido se ha pronunciado RÍOS SALMERÓN, B.: «Pruebas de confesión, testimonio y pericia. Otros medios», en *La prueba en el proceso laboral*, Consejo General del Poder Judicial (Cuadernos de Derecho Judicial, XXIII), Madrid, 1998, págs. 98 y 99.

proceso por la actividad de documentos, sino que serán el objeto sobre el que deberá evacuarse la prueba pericial[59].

Ello plantea el problema del conocimiento privado de máximas de experiencia científicas por parte del órgano judicial. En muchos pleitos del orden social (señaladamente, en materia de incapacidades permanentes), el órgano judicial está aplicando máximas de experiencia médicas de las que tiene conocimiento personal, pues no se han aportado en el litigio. Así, en estos pleitos se manejan reiteradamente conceptos como «artrosis», «artritis», «discopatía», etc., sin que las partes ni sus peritos desciendan a explicar su significado, en la convicción de que el juez lo conoce, o bien como consecuencia de su experiencia profesional anterior o, si no es así, mediante un conocimiento privado de estas máximas de experiencia.

Ello no tiene por qué suponer una deficiente motivación de la sentencia si el juez explica las razones por las que ha llegado a su conclusión probatoria y por las que ha atribuido o negado virtualidad incapacitante a cada secuela. En consecuencia, si el juez puede aplicar las máximas de experiencia médicas de las que tiene conocimiento personal para interpretar un informe médico escrito, no parece que haya razón alguna para negar que las aplique, razonadamente, en la interpretación de una radiografía. En esencia, la situación no es muy distinta de la existente en relación con los documentos escritos o dictámenes periciales de índole científica, cuya interpretación exige unos conocimientos científicos especializados, sin que ello exima al órgano judicial de valorarlos, lo que le obliga a proveerse de las máximas de experiencia necesarias para su valoración.

No cabe desconocer la dificultad que conlleva la interpretación de estos documentos médicos no escritos por parte de los integrantes de los órganos jurisdiccionales, pero es importante no olvidar que se trata de pruebas que pueden estar dotadas de una objetividad mayor que las simples opiniones personales de un facultativo. La apreciación probatoria de un informe médico exige valorar si la credibilidad subjetiva del facultativo permite acoger como ciertas sus conclusiones, lo que exige un esfuerzo valorativo subjetivo y siempre discutible. En cambio, estas pruebas médicas presentan la garantía de una cierta objetividad de sus resultados. Ello constituye una importante razón para no descartar apriorísticamente la eventual eficacia revisora de estos documentos.

Así, si se aportan al proceso unas radiografías y de su mero examen es posible apreciar algún extremo fáctico, no hay ninguna razón para negarles eficacia revisora en suplicación. Partiendo de esta línea argumental, un sector de la doctrina científica se ha pronunciado a favor de reconocer que los objetos no escritos

59. MONTERO AROCA, J.: «Particularidades de la prueba en el proceso laboral. Procedimiento, objeto y medios. Especial referencia a la prueba documental», en AGUSTÍ JULIÁ, J. (director): *La prueba en el proceso laboral*, Consejo General del Poder Judicial, Madrid (Cuadernos de Derecho Judicial, XXIII), 1998, pág. 220.

deben considerarse prueba documental, argumentando que son los que documentan con una mayor fidelidad, mayor incluso que el escrito mismo, debiendo valorarse conforme al sistema de libre valoración de la prueba[60].

j) Copias reprográficas (fotocopias)

Los arts. 504 y 602 de la LEC de 1881 exigían la aportación de los documentos originales. Debido a ello, algunos pronunciamientos de la Sala Social del TS negaron eficacia revisora casacional a las fotocopias no reconocidas ni adveradas[61].

Esta cuestión debe entenderse resuelta por lo dispuesto en el art. 334 de la LEC de 2000, que regula el valor probatorio de las copias reprográficas y su cotejo. Se trata de un precepto situado dentro de la sección 4.ª del capítulo VI del título I del libro II de la LEC, relativo a las disposiciones comunes a los documentos públicos y privados (al margen de la sección correspondiente a los medios de reproducción de la imagen), lo que demuestra la intención del legislador de asimilarlas a la prueba documental.

En el citado art. 334 LEC se emplea la expresión: *«documento presentado por copia reprográfica»*, de la que se deduce que la LEC le atribuye el valor de prueba documental. Este precepto evidencia que lo esencial es el documento original. Lo que ocurre es que la LEC de 2000, a diferencia de la LEC de 1881 (que exigía la presentación de documentos originales), admite que el documento se presente tanto en original como en copia reprográfica. Ello facilita la actividad probatoria de las partes, aunque puede plantear problemas cuando se impugne su correspondencia con el original. Ahora bien, si se concluye que la copia se corresponde con el original (porque la exactitud de la copia no ha sido impugnada o porque, pese a haber sido impugnada por la parte a quien perjudica, ha sido adverada), en tal caso la copia tendrá exactamente la misma eficacia probatoria y revisora suplicacional que el original.

En cuanto a la fuerza probatoria de las copias reprográficas impugnadas, el art. 334 de la LEC prevé que, si el perjudicado por el documento presentado por copia impugnare la exactitud de la reproducción, se cotejará con el original si es posible, y si no es posible *«se determinará su valor probatorio según las reglas de la sana crítica, teniendo en cuenta el resultado de las demás pruebas»*. Ello supone que en cada pleito hay que ponderar su fuerza probatoria teniendo en cuenta el conjunto de medios de prueba evacuados, que pueden confirmar o desvirtuar su virtualidad probatoria. La *voluntas legis* de la LEC no ha sido la de negar eficacia probatoria a estas copias reprográficas. Pero si una fotocopia ha sido impugnada por la parte a quien perjudica, sin que se haya autenticado, y el Juzgado de lo

60. NAVARRO HERNÁN, M.: *El documento auténtico y la casación civil y penal*, Montecorvo, Madrid, 1977, pág. 78.
61. STS de 21 diciembre 1989, RJ 1989\9070 y 2 noviembre 1990, RJ 1990\8543.

Social, valorando el conjunto de las pruebas (art. 334 LEC), le ha negado eficacia probatoria, en tal caso, no será posible fundamentar la revisión fáctica suplicacional en esa fotocopia, porque por sí misma (autosuficiencia) no demostrará el error probatorio de instancia.

k) Instructas

En algunas ocasiones la revisión fáctica suplicacional no se sustenta en un documento sino en una instructa: un abogado prepara el juicio redactando un escrito que contiene argumentos, listados de personas o cosas, o cálculos numéricos y lo aporta al juicio oral junto con la prueba documental.

Por ejemplo, en un pleito de reclamación de horas extras el actor aporta al juicio un folio en el que aparecen las horas trabajadas cada día, el cálculo del exceso de jornada y de la retribución que le corresponde percibir al trabajador. Si esta parte procesal solicita la revisión fáctica suplicacional con base en dicho folio, el motivo no puede prosperar porque no se trata de prueba documental, por lo que no puede sustentar una pretensión revisora al amparo del art. 193.b) LRJS. Además, no puede acreditar a favor suyo la certeza de dichas afirmaciones.

Si es la contraparte quien pretende la revisión fáctica con base en dicha instructa, no nos encontramos ante una revisión fáctica basada en prueba documental porque la instructa no tiene dicha naturaleza, sino que se tratará de una problemática relativa al reconocimiento de hechos: dicha instructa podrá tener virtualidad en perjuicio de quien la ha redactado, pero no como una prueba documental apta para sustentar la revisión fáctica suplicacional, sino en la medida que suponga un reconocimiento de hechos de la parte procesal que la redactó y aportó al juicio.

Por ejemplo, si la empresa aporta unos cálculos del exceso de jornada en los que reconoce la realización de 100 horas extras y una deuda salarial por este concepto de 1.000 euros, como mínimo el trabajador tendrá derecho a percibir esta cantidad. Pero no porque se haya aportado un documento sino como un reconocimiento de un hecho.

l) Expediente disciplinario

La doctrina jurisprudencial ha negado eficacia revisora casacional al expediente disciplinario, explicando que se trata de un *«compendio de diligencias, de diversa índole, practicadas por una de las partes contendientes en la litis, en averiguación de los hechos presuntamente indisciplinarios (que) no puede esgrimirse como instrumento probatorio incontrastable que demuestre el error padecido por el Juez a quo, toda vez que la convicción sancionatoria obtenida en aquél constituye, en definitiva, un juicio o valoración subjetivos de parte interesada en el proceso que, obviamente, no puede superponerse al criterio valorativo, más objetivo y completo, conseguido por el Juzgador de instancia, a través de toda la prueba practicada en juicio»* (STS de 5 de diciembre de 1990).

Por consiguiente, las conclusiones probatorias del instructor del expediente disciplinario no tienen eficacia revisora casacional, ni suplicacional. Pero el expediente disciplinario sí que tendría eficacia revisora suplicacional para acreditar su existencia misma, por ejemplo, a efectos de evitar la prescripción de la infracción.

D) PRUEBA PERICIAL

El dictamen pericial no es una prueba documental. Se trata de un medio probatorio distinto que, tal y como dispone el art. 348 LEC, se valora según las reglas de la sana crítica. La doctrina jurisprudencial ha afirmado reiteradamente el carácter no vinculante de los dictámenes periciales, sosteniendo que el Juez es perito de peritos[62], hasta el punto de que los jueces pueden prescindir, al resolver el litigio, de las pruebas periciales[63]. En definitiva, se trata de un medio de prueba caracterizado por no ser vinculante para el Juez, que puede resolver en sentido contrario o distinto del dictamen del perito. Ahora bien, esta libertad judicial en la apreciación de este medio probatorio no supone que no esté sujeta a reglas, ni que pueda admitirse una apreciación contraria a la razón o a la lógica.

El principal problema que plantea la valoración de la prueba pericial radica en la dificultad de valorar su veracidad por parte del juez. Si se refiere a campos reservados del saber humano, ajenos al conocimiento del juzgador, resulta complicado que pueda valorar un material que por su naturaleza le es desconocido.

En realidad, la valoración de la prueba pericial se lleva a cabo de forma indirecta[64]. El órgano judicial no puede competir con el perito en cuanto al conocimiento de la materia sobre la que versa su dictamen, pero sí que puede pronunciarse acerca de si sus conclusiones son creíbles por la vía de valorar su credibilidad subjetiva y objetiva. En definitiva, se trata de valorar indirectamente el resultado de la pericia, ponderando su consistencia. Es importante sistema-

62. STS (Civil) 495/2006, de 23 mayo; TS (Penal) de 14 de mayo de 2008, recurso 1415/2007; TS (Contencioso-administrativo) de 7 de abril de 2009, recurso 3792/2007. Esta frase se emplea con el significado de que el juez no está vinculado por la prueba pericial, valorándola libremente. Es evidente que el juez no es un perito, y que cuando valora libremente la prueba pericial no está practicando una prueba pericial.
63. STS de 10 de febrero de 1994, RJ 848, la cual sostiene que el Juez puede prescindir totalmente del dictamen pericial y, en el caso de que haya varios peritos, aceptar el resultado de alguno y desechar el de los demás y del TS de 19 de febrero de 1996, cit. por FONT SERRA, E.: «El dictamen de peritos en la nueva Ley de Enjuiciamiento Civil», en VV.AA.: *La prueba*, Consejo General del Poder Judicial, Madrid (Cuadernos de Derecho Judicial, VII), 2000, pág. 102.
64. Cfr. CORTÉS DOMÍNGUEZ, V., en CORTÉS DOMÍNGUEZ, V., GIMENO SENDRA, V. y MORENO CATENA, V.: *Derecho Procesal Civil. Parte General*, 5.ª edición, Colex, Madrid, 2003, pág. 304.

tizar estos criterios de valoración, teniendo en cuenta que la credibilidad subjetiva y la objetiva no son compartimentos estancos.

a) Factores de valoración atinentes a la prueba pericial en sí misma (con independencia de los restantes medios de prueba)

i. Credibilidad subjetiva

Es la que depende de los factores subjetivos, relativos al autor del dictamen pericial: a la propia persona del perito. Desde una perspectiva lógica, el desempeño de la función pericial se puede escindir en dos fases.

1) En primer lugar, en cumplimiento de la función que le ha sido encomendada, el perito tiene que aprehender la realidad.

2) En segundo lugar, tiene que plasmar su versión de la realidad en su dictamen pericial.

En la primera fase el acierto de la prueba pericial depende de la aptitud del perito: de su cualificación científica o profesional. En la segunda, depende de su imparcialidad y objetividad.

Desde el punto de vista de los factores subjetivos la prueba pericial puede errar debido a dos motivos distintos.

1) Puede ocurrir que el perito carezca de la cualificación o preparación suficiente como para llegar a aprehender correctamente la realidad, en cuyo caso el problema es de discordancia entre la realidad y la versión a la que ha llegado el perito. Es un perito sincero pero falto de cualificación.

2) También puede suceder que el perito haya percibido adecuadamente la realidad pero que mienta o exagere al emitir su informe, en cuyo caso no coinciden la versión subjetiva del perito y la recogida en el dictamen. Es un perito cualificado pero insincero.

En el primero de los casos el perito fracasa porque es ineficaz, en el segundo caso porque es deshonesto. Por tanto, la búsqueda del perito ideal tiene que hacer hincapié en su cualificación profesional respecto del objeto de la pericia y en su honradez.

En realidad, desde una perspectiva lógica, en toda prueba pericial cabría distinguir tres verdades distintas:

1) La verdad «objetiva», que hace referencia a la realidad de las cosas. Es la que debe ser buscada en el proceso. Si se está discutiendo en un litigo

cuál es la agudeza visual de una persona y tiene una agudeza visual de 1/10, ésta sería la verdad «objetiva».

2) La verdad «subjetiva interna» del perito, relativa a aquello que considera cierto: la convicción personal del perito respecto de la cuestión controvertida. En el caso anterior, si un perito (un oftalmólogo) examina al paciente y constata que su agudeza visual es de 1/10, ésta será su verdad subjetiva.

3) La verdad «subjetiva exteriorizada» por el perito, que es la plasmada en el dictamen pericial: lo que el perito declara en su dictamen. Esta verdad exteriorizada coincidirá plenamente con la verdad subjetiva interna cuando el perito haya sido sincero. Continuando con el ejemplo anterior, si el oftalmólogo es sincero hará constar en su dictamen que la agudeza visual es de 1/10.

Es importante tener en cuenta que los criterios para valorar la concordancia entre la verdad subjetiva interna y la verdad objetiva son distintos que los criterios para determinar la coincidencia entre la verdad subjetiva interna y la verdad exteriorizada en el dictamen. La coincidencia entre la verdad subjetiva interna (aquello que el autor considera cierto) y la verdad recogida en el dictamen exige valorar la sinceridad del autor del documento (ponderando su imparcialidad, su falta de interés en el litigio), mientras que la coincidencia entre la verdad subjetiva interna y la verdad objetiva requiere valorar la aptitud, la capacidad del perito (ponderando su cualificación).

Así, si existen dos pruebas periciales contradictorias a cargo de un médico forense no especialista y de un médico especialista en psiquiatría y el objeto de la pericia versa acerca de las dolencias psiquiátricas de una persona, la verdad subjetiva interna del psiquiatra goza de una mayor credibilidad que la del médico forense (por su superior cualificación profesional). Sin embargo, la *praxis* forense evidencia que en ocasiones se atribuye mayor credibilidad a este último[65]. Ello supone que el juez ha atribuido mayor importancia a su imparcialidad (a la convicción de que el médico forense garantiza que la verdad externa expuesta en el informe coincide con la verdad interna del perito) que a la cualificación del perito. Examinemos cada uno de estos factores.

— Aptitud del perito

Un primer criterio de valoración del dictamen pericial radica en la aptitud de su autor: su potencialidad de aprehender correctamente la realidad por tener una elevada capacidad técnica o científica. Para ponderar su aptitud se suele atender a la cualificación del experto (lo que incluye tanto su titulación —art.

65. REQUERO IBÁÑEZ, J. L.: «La prueba pericial en el proceso contencioso-administrativo», *La Ley* 2000-2, pág. 1612, explica que los tribunales no son muy proclives a darle un valor determinante a la pericia de parte.

340.1 LEC— como su experiencia profesional) y a que esta coincida con el objeto de la pericia. Así, si la pericia versa sobre una enfermedad ocular, en principio tendrá una mayor cualificación un médico especialista en oftalmología que otro facultativo no especialista, pues el acervo de conocimientos sobre la materia del primero normalmente es superior. Entre dos oftalmólogos, si uno demuestra una trayectoria profesional mayor y más fecunda, debería concluirse que su cualificación es superior.

Se ha alertado acerca del peligro de utilizar como criterio de valoración las diferencias de grado facultativo y académico, defendiendo que el criterio de valoración esencial tiene que ser el de la consistencia de los argumentos y no el de la cualificación del perito[66]. El criterio decisivo no debe radicar, como regla general, en la superior titulación de un perito, pero ello no implica que el juez no pueda apoyarse también en este criterio, en la medida en que la titulación superior de un perito respecto de otro indique una mejor preparación en relación con la materia objeto de la pericia, en cuyo caso no puede considerarse que la utilización de este criterio de valoración sea irracional.

Se ha sostenido que, si han intervenido varios peritos emitiendo dictámenes sobre la misma materia, un criterio de apreciación probatoria consiste en aceptar las conclusiones conformes o las mayoritarias de los peritos intervinientes, y si el juez discrepa de ellas, deberá justificar su decisión contraria[67]. A nuestro juicio hay que diferenciar los supuestos en los que hay conclusiones conformes de todos los peritos de aquellos otros en los que existen dictámenes contradictorios, aun cuando sea mayoritaria una postura. En este último supuesto, aplicar sin más la regla de la mayoría supondría introducir un criterio cuantitativo, en la medida en que, en principio, se acepten como ciertas las conclusiones mayoritarias de los peritos, desechando las que se encuentren en minoría. Este criterio debe ser manejado con mucha prudencia puesto que, aun cuando resulta muy fácil reducir una controversia fáctica a una cuestión de mayorías en la emisión de dictámenes periciales, en la valoración de la prueba deben manejarse criterios cualitativos y no meramente cuantitativos.

— Imparcialidad del perito

Este factor hace hincapié en el alejamiento del perito de intereses o influencias espurias que puedan afectar al contenido de su dictamen. Si el perito ha sido objeto de tacha, el juzgador deberá examinar la tacha formulada a la hora de

66. DÖHRING, E.: *La investigación del estado de los hechos en el proceso. La prueba, su práctica y apreciación*, (traduc. de T. A. Banzhaf), Ediciones Jurídicas Europa-América, Buenos Aires, 1972, pág. 257, alerta acerca del peligro de que el prestigio del perito lleve a que sus dictámenes sean aceptados casi sin más examen. Por ello, a su juicio el criterio de valoración esencial tiene que ser el de la solidez de los argumentos expuestos.

67. FONT SERRA, E.: *El dictamen de peritos y el reconocimiento judicial en el proceso civil,* La Ley, Madrid, 2000, pág. 193, citando al respecto a las STS de 4 de diciembre de 1989, AC, 290/1990 y de la Audiencia Provincial de Córdoba de 14 de enero de 1999, AC, 366/1999.

apreciar este medio de prueba, en cuanto puede condicionar su credibilidad subjetiva. La experiencia forense demuestra que los jueces le atribuyen una gran importancia a la imparcialidad del perito. Así, la imparcialidad que normalmente se atribuye al médico forense hace que, en ocasiones, se le atribuya una credibilidad mayor que a otros profesionales de la medicina que intervienen como peritos a instancia de parte, aun cuando éstos tengan una cualificación mayor.

ii. Credibilidad objetiva

Es la que depende de los factores objetivos, atinentes al dictamen y a las explicaciones verbales que ofrece el perito en el juicio oral. Está en función de la coherencia lógica del contenido del dictamen, que debe valorarse conforme a las máximas de experiencia. Se trata de una cuestión claramente distinguible de la credibilidad subjetiva: hay que diferenciar entre la credibilidad del perito y la del propio dictamen. Un dictamen pericial redactado por una persona dotada de credibilidad subjetiva (por su cualificación e imparcialidad) puede sin embargo carecer de credibilidad objetiva en la medida en que, pese a ello, el contenido del dictamen sea incoherente, absurdo o inverosímil. Un perito puede tener una importante cualificación y, pese a ello, su dictamen ser incompleto y viceversa.

No todos los criterios de valoración de la prueba pericial tienen el mismo valor. El más importante debe ser el de la credibilidad objetiva. Como explica el TS, la fuerza probatoria de los dictámenes periciales no reside esencialmente en la condición, categoría o número de sus autores sino en su fundamentación, razón de ciencia y explicación racional[68], siendo auxiliares los criterios centrados en la credibilidad subjetiva de sus autores.

Dentro de estos factores objetivos, a su vez hay que distinguir entre aquéllos atinentes al dictamen pericial y a las explicaciones del perito en su comparecencia (en el caso de que haya tenido lugar).

— **Dictamen pericial**

Se trata de precisar el grado de convicción del propio dictamen pericial que se presenta ante el órgano jurisdiccional. Hay que diferenciar entre las operaciones efectuadas por el perito para poder emitir su informe y la argumentación contenida en el dictamen pericial.

1) Operaciones llevadas a cabo por el perito para emitir su dictamen

68. STS (Contencioso-administrativo) de 19 de enero de 2015, recurso 1418/2013; 27 de abril de 2015, recurso 3777/2012 y 29 de junio de 2015, recurso 3826/2014.

En relación con esta cuestión se ha sostenido que deben tenerse en cuenta los factores siguientes[69]:

— La fiabilidad, actualidad y suficiencia de los datos en los que se ha basado para elaborar su informe.

— La inmediación del perito al recabar los datos.

En el caso de que se trate de una prueba pericial médica dirigida a determinar el cuadro secuelar de una persona, un criterio de valoración de esta prueba consiste en atribuir mayor credibilidad al facultativo que ha examinado personalmente al paciente que al que se ha limitado a examinar la documentación médica existente respecto de él[70].

— La procedencia procesal o extraprocesal de los datos.

— La forma en que se han llevado a cabo las operaciones periciales (el modo de proceder del perito y la idoneidad de los medios técnicos e instrumentos materiales empleados).

2) Argumentación contenida en el dictamen

El rigor del perito en la realización de las operaciones precisas para la emisión del dictamen es muy importante. Pero no lo es menos la inclusión en el dictamen pericial de todas las explicaciones necesarias para entenderlo.

a) En primer lugar, hay que comprobar si el perito ha cumplido o no su encargo, pronunciando su dictamen sobre los extremos que le han sido sometidos, evitando tanto incurrir en extralimitación como emitir un dictamen incompleto, que no da respuesta a todas las cuestiones.

b) En segundo lugar, hay que examinar la lógica del hilo argumental del dictamen. La doctrina jurisprudencial ha hecho hincapié en que lo esencial no son las conclusiones sino la línea argumental que a ellas conduce. La fundamentación del dictamen pericial es la que proporciona la fuerza de convicción al informe. Como factores a tener en cuenta se han mencionado la fuerza y motivación de las deducciones, su claridad,

---

69. Seguimos en esta materia a GARCIANDÍA GONZÁLEZ, P. M.: *La peritación como medio de prueba en el proceso civil español*, Aranzadi, Pamplona, 1999, págs. 263 a 265, y a CORDÓN MORENO, F.; ARMENTA DEU, T.; MUERZA ESPARZA, J. J. y TAPIA FERNÁNDEZ, I. (coordinadores): *Comentarios a la Ley de Enjuiciamiento Civil*, Aranzadi, Pamplona, 2001, pág. 1199.

70. Así lo estableció el TS en relación con la casación social, sosteniendo que el dictamen pericial formulado sin una inspección directa cede ante los que se hayan elaborado sobre la base de dicha inspección directa: STS de 8 de febrero de 1964, RJ 909, cit. por FAIRÉN GUILLÉN, V.: «El control de los hechos en la casación (civil y laboral) española», *Revista de Derecho Procesal*, 1967, IV, octubre-diciembre, pág. 114.

precisión, firmeza, coherencia, ausencia de contradicciones, suficiencia e influencia en el pleito[71].

— **Explicaciones verbales del perito**

Lo normal es que el perito intervenga en el juicio oral, explicando su dictamen y respondiendo a las preguntas de las partes y del juzgador. Su comportamiento en este trance puede ser importante para valorar la pericia. La claridad, coherencia y consistencia de las respuestas del perito a las preguntas que le formulan refuerza su dictamen pericial. Por el contrario, las contradicciones y la oscuridad de estas explicaciones verbales debilitan su virtualidad probatoria.

b) Factores de valoración que exigen poner la pericia en relación con los restantes medios de prueba

Los anteriores criterios hacen referencia a la prueba pericial por sí sola. Ahora bien, lo normal es que la pericia no sea la única prueba del proceso, por lo que su virtualidad probatoria puede depender de las restantes pruebas evacuadas, en la medida en que la contradigan o coincidan con ella. En efecto, hay pruebas que, examinadas aisladamente, no resultan concluyentes, pero que se transforman en decisivas cuando se acercan y se enlazan[72].

Por consiguiente, el mismo órgano judicial que considera que una prueba pericial carece de poder de convicción en un pleito, puede reconocérselo en otro en el que, a diferencia de aquel, esté arropada por otros medios probatorios que refuercen su credibilidad. Y al revés, un juez puede atribuir eficacia probatoria a una pericia debido a que no aparece en el litigio ningún otro medio probatorio que la contradiga y en cambio negársela a un dictamen pericial análogo en otro pleito en el que se ha practicado otra prueba dotada de una importante credibilidad que afirme lo contrario, privándole de poder de convicción.

Por eso, otro criterio importante de valoración de la prueba pericial es el relativo a su concordancia con los restantes medios probatorios[73]. En la medida en que el contenido del dictamen se cohoneste con los restantes medios de prueba o al menos con aquéllos que ofrezcan una mayor credibilidad, de ello cabrá inferir la credibilidad de la pericia. Si por el contrario el dictamen pericial contradice otros medios probatorios rigurosos, ello disminuye su virtualidad

71. GARCIANDÍA GONZÁLEZ, P. M.: *La peritación como medio...*, ob. cit., pág. 265 y CORDÓN MORENO, F.; ARMENTA DEU, T.; MUERZA ESPARZA, J. J. y TAPIA FERNÁNDEZ, I. (coordinadores): *Comentarios a la Ley...*, ob. cit., pág. 1199.

72. GORPHE, F.: *Las resoluciones judiciales*, Ediciones Jurídicas Europa-América, Buenos Aires, 1953, pág. 118.

73. MITTERMAIER, C. J. A.: *Tratado de la prueba en materia criminal*, 9.ª edición, Instituto Editorial Reus, Madrid, 1959, pág. 242, hace hincapié en la necesidad de discutir atentamente las contradicciones entre el dicho de los peritos y las declaraciones de los testigos o las confesiones del acusado.

probatoria, debiendo establecer una jerarquía probatoria y explicar qué pruebas gozan de una mayor credibilidad y por qué deben prevalecer sobre las restantes.

E) REQUISITOS DE LA REVISIÓN FÁCTICA SUPLICACIONAL

En la revisión fáctica casacional, que sirve de modelo para la suplicacional, se han enumerado los requisitos siguientes:

«1. Que se señale con claridad y precisión el hecho cuestionado (lo que ha de adicionarse, rectificarse o suprimirse).

2. Bajo esta delimitación conceptual fáctica no pueden incluirse normas de Derecho o su exégesis. La modificación o adición que se pretende no debe comportar valoraciones jurídicas. Las calificaciones jurídicas que sean determinantes del fallo tienen exclusiva —y adecuada— ubicación en la fundamentación jurídica.

3. Que la parte no se limite a manifestar su discrepancia con la sentencia recurrida o el conjunto de los hechos probados, sino que se delimite con exactitud en qué discrepa.

4. Que su errónea apreciación derive de forma clara, directa y patente de documentos obrantes en autos (indicándose cuál o cuáles de ellos así lo evidencian), sin necesidad de argumentaciones o conjeturas [no es suficiente una genérica remisión a la prueba documental practicada].

5. Que no se base la modificación fáctica en prueba testifical ni pericial. La variación del relato de hechos únicamente puede basarse en prueba documental obrante en autos y que demuestre la equivocación del juzgador. En algunos supuestos sí cabe que ese tipo de prueba se examine si ofrece un índice de comprensión sobre el propio contenido de los documentos en los que la parte» encuentra fundamento para las modificaciones propuestas

6. Que se ofrezca el texto concreto conteniendo la narración fáctica en los términos que se consideren acertados, enmendando la que se tilda de equivocada, bien sustituyendo o suprimiendo alguno de sus puntos, bien complementándolos.

7. Que se trate de elementos fácticos trascendentes para modificar el fallo de instancia, aunque puede admitirse si refuerza argumentalmente el sentido del fallo.

8. Que quien invoque el motivo precise los términos en que deben quedar redactados los hechos probados y su influencia en la variación del signo del pronunciamiento.

9. Que no se limite el recurrente a instar la inclusión de datos convenientes a su postura procesal, pues lo que contempla es el presunto error cometido en instancia y que sea trascendente para el fallo. Cuando refuerza argumentalmente el sentido del fallo no puede decirse que sea irrelevante a los efectos resolutorios, y esta circunstancia proporciona justificación para incorporarla al relato de hechos, cumplido —eso sí— el requisito de tener indubitado soporte documental.

D) De acuerdo con todo ello, aun invocándose prueba documental, la revisión de hechos sólo puede ser acogida si el documento o dictamen de que se trate tiene «una eficacia radicalmente excluyente, contundente e incuestionable, de tal forma que el error denunciado emane por sí mismo de los elementos probatorios invocados, de forma clara, directa y patente, y en todo caso sin necesidad de argumentos, deducciones, conjeturas o interpretaciones valorativas.

No puede pretender el recurrente, de nuevo, la valoración total de las pruebas practicadas o una valoración distinta de una prueba que el juzgador "a quo" ya tuvo presente e interpretó de una determinada manera, evitando todo subjetivismo parcial e interesado en detrimento del criterio judicial, más objetivo, imparcial y desinteresado. Por ello, la jurisprudencia excluye que la revisión fáctica pueda fundarse "salvo en supuestos de error palmario... en el mismo documento en que se ha basado la sentencia impugnada para sentar sus conclusiones, pues como la valoración de la prueba corresponde al Juzgador y no a las partes, no es posible sustituir el criterio objetivo de aquél por el subjetivo juicio de evaluación personal de la recurrente"» [STS 348/2018, de 22 de marzo (rec. 41/2017)].

Los citados requisitos han sido adaptados al recurso de suplicación por los TSJ. Es necesario sistematizar los requisitos de la revisión fáctica suplicacional. Todos ellos giran en torno a los elementos esenciales siguientes:

1) El hecho probado impugnado.

2) La prueba documental o pericial en que se funda la revisión.

3) El error probatorio de instancia.

4) La trascendencia del error.

1. Hecho probado impugnado

1.1. Se debe indicar, con precisión y claridad, el hecho que debe ser revisado; concretar el sentido de la revisión (adicionar, suprimir o modificar el hecho); y, en su caso, ofrecer el texto alternativo

1.2. La revisión afecta a los hechos probados materiales, no a los formales

A) Es posible modificar las afirmaciones con valor fáctico incluidas en los fundamentos de derecho

B) No cabe sustituir los conceptos jurídicos incluidos en los hechos probados por otras valoraciones jurídicas

1.3. No se pueden introducir cuestiones fácticas nuevas

2. Prueba documental y pericial

2.1 Genuina prueba documental o pericial

A) **No es admisible invocar prueba que no sea documental ni pericial**

B) **No cabe pretender una revisión que no se sustente en medios de prueba**

C) **No basta alegar la ausencia de prueba**

2.2. Prueba concreta

A) **No puede pretenderse una valoración total de las pruebas**

B) **No cabe una cita genérica e indiscriminada de una pluralidad de pruebas documentales o periciales**

2.3. Prueba lícita

2.4. Prueba obrante en autos

2.5. Prueba no valorada en la instancia: el documento o pericia en que se basa no debe haber sido apreciado por el Juez de lo Social

3. Relativos a la confrontación entre el documento o pericia invocado y el razonamiento fáctico de instancia

3.1. Error probatorio

A) **Error de hecho**

B) **Error evidente**

3.2. El documento o pericia no debe haber sido contradicho por otros medios de prueba obrantes en autos

4. Trascendencia de la modificación

1. Requisitos relativos al hecho probado impugnado

1.1. Indicar, con precisión y claridad, el hecho que debe ser revisado; concretar el sentido de la revisión (adicionar, suprimir o modificar el hecho) y, en su caso, ofrecer el texto alternativo

Se trata de tres requisitos distintos:

1) Identificar el hecho combatido

En aras a la claridad del recurso, la exigencia de que se concrete con precisión el hecho o hechos objeto de revisión no puede considerarse excesiva o injustificada, siempre que, aunque no se identifique expresamente el concreto ordinal combatido, si del tenor del recurso se infiere claramente cuál es el hecho probado impugnado, se entienda cumplido el requisito y se entre en el examen del correspondiente motivo de suplicación.

2) Precisar si se solicita su supresión, modificación o adición

a) Supresión

La pretensión de que se suprima una afirmación fáctica ha sido negada por algunos TSJ, los cuales sostienen *«la inviabilidad de las revisiones fácticas negativas, esto es las dirigidas a la supresión de un hecho declarado probado, dado que, para verificar si la afirmación contenida en un hecho declarado probado está suficientemente acreditado, se debería examinar la totalidad del material probatorio y de las alegaciones realizadas por las partes litigantes, lo que excede de los términos estrictos de una revisión fáctica dentro del recurso extraordinario de suplicación»* [74].

Esta doctrina suplicacional que considera inviables las revisiones fácticas dirigidas a la supresión de un hecho probado, debe entenderse en el sentido de que no cabe que la parte recurrente sustente su pretensión revisora en la denominada prueba negativa, que examinamos más adelante.

Sin embargo, sí que es posible que se acredite que un hecho probado no es cierto y se solicite su supresión. Imaginemos un hecho probado en el que se manifiesta: *«el trabajador puede hacer pinza, puño y garra con la mano derecha»*. En la instancia se evacuó prueba documental o pericial que demuestra que no puede hacer esos movimientos. En tal caso, la parte recurrente puede solicitar que se sustituya ese hecho probado positivo por otro negativo: *«el trabajador no puede hacer pinza, puño y garra con la mano derecha»*. Pero también puede solicitar la supresión de ese hecho probado positivo. Por ello, a nuestro juicio la concreta prueba documental o pericial obrante en las actuaciones puede demostrar la incerteza de una afirmación fáctica, lo que permitiría su supresión.

Lo mismo sucede con un hecho negativo: *«El trabajador no es titular del permiso de conducir B»*. Si un documento de la Jefatura Provincial de Tráfico demuestra que ello no es cierto, el recurrente puede solicitar que se sustituya por un hecho positivo: *«El trabajador es titular del permiso de conducir B»* o solicitar su supresión.

En aras al éxito del recurso de suplicación, parece conveniente sustituir dicho hecho probado por otro en sentido contrario que deje claro que el trabajador no puede hacer esos movimientos de pinza, puño y garra o que sí es titular

74. STSJ de Galicia de 20 de abril de 2018, recurso 5159/2017; 10 de septiembre de 2018, recurso 1538/2018; 24 de octubre de 2018, recurso 1554/2018. En el mismo sentido se pronunciado la STSJ de Cataluña de 4 de diciembre de 2017, recurso 5955/2017.

del carnet de conducir. En caso contrario, se trataría de un supuesto de falta de prueba de un hecho, por lo que entrarían en juego las reglas de la carga de la prueba: del *onus probandi*.

b) Adición

La parte procesal no puede proponer una adición consistente en una valoración jurídica controvertida predeterminante del fallo. Un supuesto real de solicitud de adición fáctica suplicacional consistía en el texto siguiente: *«Quedando acreditado que la empresa demandada adeuda al actor las diferencias salariales reclamadas en la demanda y cuya cuantía asciende a 5.648 euros, así como 632 euros de vacaciones no disfrutadas»*.

En tal caso, la parte recurrente no está solicitando la adición de un hecho probado sino de una valoración jurídica predeterminante del fallo, que no puede prosperar. El éxito de la citada pretensión revisora hubiera exigido que la parte recurrente incorporase un texto en el que constasen las afirmaciones de hecho que sustentaban la reclamación salarial, por ejemplo, la jornada realmente trabajada (que justifica la reclamación por exceso de jornada), el desempeño de trabajos de categoría superior...

3) Proponer una redacción alternativa del hecho

En el recurso de suplicación, la parte que esté disconforme con los hechos probados de la sentencia de instancia tiene la carga de alegar los extremos fácticos con los que no esté de acuerdo, proponiendo la correspondiente revisión fáctica, sin que el TSJ pueda traer al recurso hechos sustantivos distintos de los recogidos en la sentencia de instancia o de los alegados por las partes en el recurso (salvo que se trate de una materia que afecte al orden público procesal) so pena de ocasionar indefensión a la contraparte, sorprendida por la introducción en el debate procesal de unos hechos que no ha podido combatir.

1.2. La revisión afecta a los hechos probados materiales, no a los formales

1) Las sentencias del orden social deben tener un apartado intitulado: «Hechos probados». Sin embargo, en él se suelen incluir afirmaciones que no se ciñen al plano fáctico (como conceptos jurídicos no controvertidos o afirmaciones relativas al Derecho extranjero o consuetudinario aplicable). La expresión: «hechos probados formales» hace referencia al contenido del apartado relativo a los hechos probados de las sentencias.

2) En cambio, denominamos «hechos probados materiales» a las afirmaciones fácticas que han quedado acreditadas como consecuencia de la prueba evacuada en el juicio, o se han fijado sobre la base de la conformidad de las partes o de la notoriedad del propio hecho, y que el juez reseña en su resolución, con

independencia de que estén incluidos en el apartado propio y específico de la resolución judicial destinado a recoger sus hechos probados. Se trata del sustrato fáctico de la resolución judicial.

Los hechos probados materiales pueden encontrarse tanto en el apartado de la sentencia denominado: «hechos probados» como en sus fundamentos de derecho (que frecuentemente contienen afirmaciones con valor fáctico), mientras que en los hechos probados formales (el apartado de las sentencias intitulado: hechos probados) frecuentemente se incluyen también afirmaciones ajenas a los hechos probados materiales: auténticas valoraciones jurídico-sustantivas.

Ello obliga a delimitar adecuadamente el objeto de la revisión histórica. Como regla general, la revisión fáctica del art. 193.b) LRJS se dirige contra los hechos probados materiales de la resolución, estén donde estén. La única excepción la constituyen las afirmaciones relativas al Derecho extranjero y la costumbre aplicable, que se incluyen en los hechos probados formales y pueden dar lugar a su modificación por la vía del apartado b) del art. 193 LRJS.

A) Modificación de las afirmaciones con valor fáctico incluidas en los fundamentos de derecho

Reiterada doctrina de la Sala Social del TS ha atribuido eficacia a los hechos probados aun cuando se recojan en los fundamentos de derecho de la sentencia, debido a que su colocación inadecuada no altera su naturaleza (STS de 27 de julio de 1992, recurso 1762/1991; 14 de diciembre de 1998, recurso 2984/1997 y 23 de febrero de 1999, recurso 2636/1998). La consecuencia de esta doctrina es la admisibilidad de la revisión histórica suplicacional de las afirmaciones fácticas incluidas en los fundamentos de derecho de la sentencia recurrida[75].

Aun cuando sería deseable una correcta redacción de las sentencias, evitando incluir hechos probados materiales en sus fundamentos jurídicos, lo cierto es que, en principio, esta irregularidad no ocasiona indefensión a las partes, que pueden combatir *ex art.* 193.b) LRJS las afirmaciones fácticas reseñadas en sus fundamentos de derecho en los mismos términos que si estuvieran incluidas en los hechos probados formales, atendiendo a lo que verdaderamente son (hechos probados en sentido material), pese a su errónea colocación. Por ello, este defecto procesal no justifica la anulación de la sentencia de instancia, cuyo acierto puede ser controlado en suplicación, depurando los errores de hecho en los que pueda haber incurrido.

En muchas ocasiones la parte recurrente se centra en el apartado de la sentencia denominado «hechos probados», sin percatarse de que un hecho esencial para la resolución del pleito está incluido en el apartado relativo a los «funda-

75. Así, la STS de 27 de julio de 1992, recurso 1762/1991, admite en su fundamento de derecho primero que las afirmaciones fácticas incluidas en los hechos probados de la sentencia de instancia puedan ser revisadas al amparo del art. 191.b) de la LPL.

mentos de derecho». Esta doctrina jurisprudencial que valida los hechos incluidos en la fundamentación jurídica obliga a las partes procesales a extremar las precauciones para identificar cuáles son y dónde se encuentran los hechos probados esenciales.

No cabe revisar los fundamentos jurídicos de la sentencia de instancia, a fin de sustituirlos por los propuestos por la parte recurrente: no cabe proponer una nueva redacción de la fundamentación jurídica en la que el Juez de lo Social basa su decisión, sin perjuicio de que la infracción de las normas sustantivas o de la jurisprudencia se ponga de manifiesto por la vía del apartado c) del artículo 193 LRJS (STSJ de la Comunidad Valenciana de 21 de febrero de 2017, recurso 917/2016).

B) No cabe sustituir los conceptos jurídicos incluidos en los hechos probados por otras valoraciones jurídicas

En algunas ocasiones sucede lo contrario de lo anterior: no se incluyen afirmaciones fácticas en los fundamentos de derecho de la sentencia, sino valoraciones jurídicas —expresadas mediante conceptos jurídicos controvertidos— en los hechos probados formales de la resolución. Es una cuestión particularmente delicada porque en ocasiones el error de la sentencia de instancia arrastra a la parte recurrente.

Es el supuesto en el que se discute el importe de la base reguladora de una pensión de incapacidad permanente. Si las partes están conformes en que la base reguladora de la pensión de incapacidad permanente total asciende a 1.000 euros mensuales, no hay ningún inconveniente en incluir este hecho jurídico no controvertido en los hechos probados.

El problema se suscita cuando el INSS sostiene que la base reguladora es de 1.000 euros mensuales y la parte demandante afirma que es de 1.400 euros mensuales. En tal caso, los hechos probados deben reseñar los extremos fácticos necesarios para su cálculo, explicando en los fundamentos de derecho como se ha llegado a su determinación. Sin embargo, a veces la sentencia de instancia, aun cuando las partes procesales discuten su importe, erróneamente incluye en sus hechos probados la mención la concreta cuantía de la base reguladora de la prestación[76]. En tal caso, el recurrente no puede sustituir el concepto jurídico controvertido predeterminante del fallo incluido en los hechos probados de la sentencia recurrida consistente en la frase: *«el importe de la base reguladora de la prestación por incapacidad permanente asciende a 1.000 euros mensuales»*, por otra mención análoga con un importe distinto: *«el importe de la base reguladora de la prestación por incapacidad permanente asciende a 1.400 euros mensuales»*.

76. La STS de 17 de octubre de 1988, RJ 7839, advirtió en contra de esta práctica, argumentando: *«no siendo viable fijar la base reguladora en el relato fáctico cuando su determinación es precisamente el tema debatido ya que ello supondría incluir en el mismo un concepto jurídico predeterminante del fallo»*.

Si erróneamente se incluye una valoración jurídico-sustantiva controvertida en el apartado de la sentencia correspondiente a sus hechos probados, debe tenerse por no puesta. Si una parte está en desacuerdo con ella, no puede pretender sustituir una valoración jurídica por otra distinta, porque tan incorrecto sería la inclusión de esta como lo fue la de aquella. Deberá postular una revisión histórica amparada en el art. 193.b) LRJS dirigida a incluir en los hechos probados los extremos fácticos necesarios para, en un motivo posterior formulado al amparo del art. 193.c) LRJS, denunciar la infracción de las normas sustantivas o de la jurisprudencia que conducen al pronunciamiento jurídico-sustantivo correcto (en el ejemplo anterior: al cálculo correcto de la base reguladora de la prestación). Por ende, no se puede pretender introducir conceptos jurídicos controvertidos en el relato histórico.

Por último, no es admisible fundar una revisión fáctica en una norma jurídica. En ocasiones se pretende una modificación de hechos probados basada en un convenio colectivo estatutario obrante en las actuaciones, en alguna ordenanza laboral o en algún Decreto u Orden Ministerial cuya copia consta en la causa. Al respecto la mayoría de los pronunciamientos del TS (STS de 26 de octubre de 1982, RJ 6255; 28 de abril de 1990, RJ 3506; 12 de octubre de 1990, RJ 9779; 18 de septiembre de 1997, recurso 2614/1996; 13 de mayo de 1999, recurso 4555/1998 y 22 de noviembre de 1999, recurso 246/1999) y de los TSJ[77] se han pronunciado en contra de la eficacia revisora casacional y suplicacional, respectivamente, de las normas jurídicas. Se trata de una cuestión que conecta con la aplicación del principio-presunción *iura novit curia*.

1.3. Prohibición de introducir cuestiones nuevas

Reiterados pronunciamientos de diferentes TSJ[78] han prohibido la introducción de cuestiones nuevas en suplicación (cuestiones no alegadas en el Juzgado de lo Social que se aducen por primera vez en el escrito de interposición del

77. Han negado eficacia revisora en suplicación a los convenios colectivos las sentencias de los TSJ de Andalucía con sede en Granada de 19 de septiembre de 2000, AS 4689; TSJ de Canarias con sede en Santa Cruz de Tenerife de 27 de julio de 2001, AS 3359; TSJ de Cantabria de 21 de enero de 1997, AS 149; TSJ de Castilla-La Mancha de 13 de marzo de 2001, AS 2063; TSJ de Castilla y León con sede en Burgos de 26 de febrero de 1999, AS 5591; TSJ de Castilla y León con sede en Valladolid de 23 de marzo de 1993, AS 1227; TSJ de Cataluña de 24 de octubre de 1999, AS 3967; TSJ de Extremadura de 29 de junio de 1998, AS 2750;TSJ de Madrid, Sección 6.ª de 19 de octubre de 1999, AS 6962; TSJ de Navarra de 31 de julio de 2000, AS 4097 y TSJ del País Vasco de 21 de mayo de 1996, AS 3126.
Asimismo la STSJ del País Vasco de 20 de enero de 1998, AS 745, negó eficacia revisora a un Decreto Foral; la del TSJ de Canarias, con sede en Las Palmas, de 17 de octubre de 1997, AS 5024, negó tal eficacia a unas normas jurídicas, sin especificar que clase de normas eran; la del TSJ de Extremadura de 31 de octubre de 1997, AS 4197, negó que fueran idóneos a estos efectos una Orden y un Decreto de la Comunidad Autónoma; y la de Andalucía con sede en Granada de 6 de octubre de 1992 reputó ineficaz a estos fines una ordenanza laboral.

78. STSJ de Andalucía con sede en Granada de 1 de marzo de 2018, recurso 2160/2017; TSJ de Andalucía con sede en Sevilla de 14 de febrero de 2018, recurso 870/2017; TSJ de Cataluña

recurso de suplicación o de impugnación del mismo). Se incluyen tanto hechos nuevos como argumentos jurídicos novedosos.

Ello atentaría contra el principio de igualdad de las partes en el proceso, podría ocasionar indefensión y vulneraría la naturaleza extraordinaria del recurso de suplicación, cuyo objeto no consiste en reexaminar en su integridad la cuestión suscitada en primera instancia (la «cuestión de fondo») sino que el objeto del recurso es la sentencia de instancia, lo que supone que solo cabe entrar en el examen de los aspectos ya planteados en la instancia y resueltos en la sentencia recurrida, sin que sea admisible introducir cuestiones nuevas, las cuales pueden referirse tanto a hechos materiales nuevos como a cuestiones jurídicas nuevas[79].

La doctrina del TS también ha reiterado la regla general de prohibición de planteamiento de cuestiones nuevas en los recursos extraordinarios, salvo en temas de orden público, apreciables de oficio [STS 483/2024, de 19 de marzo (rec. 38/2022); 1023/2024, de 16 de julio (rec. 124/2022); y 1035/2024, de 17 de julio (rec. 83/2024)].

La STS de 4 octubre 2007 sostiene que esta doctrina se fundamenta en el principio dispositivo o de justicia rogada (art. 216 LEC), en virtud del cual el tribunal solo puede conocer de las pretensiones y cuestiones que las partes hayan planteado en el proceso. Esta regla se ha de aplicar desde los momentos iniciales del mismo, en los que tales pretensiones y cuestiones han de quedar ya configuradas y delimitadas, sin posibilidad de modificarlas sustancialmente ni de añadir ninguna otra cuestión distinta. Fuera de esos momentos iniciales, en los que ha de quedar delimitado el objeto del proceso, tanto en la que atañe a la pretensión del demandante, como al demandado, no es posible suscitar nuevos problemas o cuestiones, lo que evidencia que estas nuevas cuestiones no se pueden alegar válidamente por vez primera en vía de recurso.

A nuestro juicio, hay que distinguir dos supuestos:

1) La parte podía y debía haber alegado en la instancia una afirmación de hecho relevante. En tal caso no es admisible su aportación extemporánea en suplicación. La razón de esta prohibición radica en que nos encontramos ante un recurso extraordinario cuya finalidad es examinar la corrección jurídica de la sentencia de instancia, lo que impide el

---

de 10 de noviembre de 2017, recurso 4477/2017; TSJ de Baleares de 10 de junio de 2016, recurso 21/2016; TSJ de Canarias con sede en Santa Cruz de Tenerife de 18 de julio de 2017, recurso 776/2016; TSJ de Canarias con sede en Las Palmas de 22 de mayo de 2017, recurso 467/2017; TSJ de Castilla y León con sede en Burgos de 17 de diciembre de 2014, recurso 869/2014; TSJ de Galicia de 30 de junio de 2017, recurso 2958/2016; TSJ de Madrid de 4 de mayo de 2017, recurso 269/2017; TSJ de Madrid de 31 de octubre de 2014, recurso 550/2014.

79. En este sentido se ha pronunciado MOLINER TAMBORERO, G.: *El recurso laboral de suplicación*, ediciones Deusto, Bilbao, 1991, págs. 52 y 53.

planteamiento de cuestiones de hecho novedosas en suplicación, so pena de desnaturalizarlo, pues ello implicaría revocar la sentencia de instancia con base en un hecho del que no tuvo conocimiento el Juez de lo Social por causa imputable a la propia parte.

2) Puede ocurrir que, con posterioridad al momento procesal idóneo para alegar hechos, ocurra algún hecho o la parte tenga conocimiento de un hecho acaecido anteriormente que ignoraba. En tal caso, la no alegación del hecho en la instancia no es imputable a la parte, que no debe verse perjudicada (STSJ de Canarias con sede en Tenerife de 1 de febrero de 2016, recurso 729/2015).

La admisibilidad de estos hechos se evidencia por la posibilidad de aportar prueba documental en suplicación y en casación, la cual, a la luz de la doctrina constitucional que motivó la introducción del art. 231 en la LPL (la STC 158/1985, de 26 de noviembre, que otorgó el amparo por no haber admitido el TCT un documento relativo a un hecho posterior a la sentencia de instancia) permite excepcionalmente la introducción de hechos nuevos en suplicación.

Esta prohibición de introducir cuestiones nuevas se aplica también cuando en la instancia no se ha celebrado juicio oral. Normalmente se recurre en suplicación una sentencia, en cuyo caso se ha celebrado anteriormente un juicio oral en el que ambas partes han podido efectuar cuantas alegaciones quisieron. Pero puede suceder que el Juzgado de lo Social dicte un decreto o auto sin una previa comparecencia (por ejemplo, el auto del Juzgado de lo Social que declara la incompetencia *in limine litis, ex art.* 5 LRJS), se interponga recurso directo de revisión (contra el decreto del LAJ) o de reposición (contra el auto o la providencia) y, contra el auto resolviéndolo, se interponga recurso de suplicación.

El problema surge cuando el recurso de suplicación se interpone contra un auto del Juzgado de lo Social que ha estimado el recurso directo de revisión contra la diligencia del LAJ o contra el auto del juez. En tal caso, el recurso de suplicación lo interpone la parte procesal que no interpuso el recurso previo de revisión o de reposición. Por ejemplo:

1) El Juzgado de lo Social dicta un auto en ejecución de sentencia que estima una tercería de dominio.

2) La parte actora interpone recurso de reposición contra ese auto en el que argumenta que el bien embargado no es de un tercero sino del ejecutado y solicita que se deje sin efecto el auto y se prosiga la ejecución contra ese bien.

3) El Juzgado de lo Social concede un plazo de tres días a la parte contraria para que impugne el recurso de reposición. Al darse traslado del recurso a la parte contraria, esta debe tener en cuenta que existe la

posibilidad de que el Juzgado de lo Social estime el recurso de reposición, revocando el auto inicial. En tal caso, quien tendrá que interponer el recurso de suplicación es la parte procesal que impugnó el recurso de reposición. Si pretende articular argumentos subsidiarios en el recurso de suplicación, es necesario que los haya alegado en el escrito de impugnación del recurso de suplicación. En caso contrario, se tratará de cuestiones nuevas, que no podrá examinar el TSJ.

4) El Juzgado de lo Social estima el recurso de reposición y acuerda proseguir la ejecución contra ese bien.

5) El recurso de suplicación lo interpone el tercero, quien solicita al TSJ que se estime la tercería de dominio. Hemos explicado que, para evitar que sus argumentos suplicacionales se desestimen porque se trata de cuestiones nuevas suscitadas por primera vez en suplicación, es necesario que en el escrito de impugnación del recurso directo de revisión o de reposición desarrolle todos los argumentos favorables a su tesis que posteriormente pueda volver a formular al interponer su recurso de suplicación.

Por eso es muy importante la exhaustividad tanto en el escrito de interposición del recurso de reposición o directo de revisión como en el de impugnación de este recurso, alegando todos los argumentos en defensa del derecho de la parte. Si en la instancia las partes procesales no vierten todos los argumentos en defensa de su pretensión, no podrán alegarlos por primera vez en suplicación.

Como excepción, el TS admite el examen de oficio de materias de Derecho necesario que afectan de forma especialmente relevante al orden público del proceso, lo que obliga al Juez o Tribunal a velar específicamente por la observancia y cumplimiento del mismo, como la competencia material o funcional o el litisconsorcio pasivo necesario.

Tradicionalmente la doctrina jurisprudencial aplicaba la prohibición de planteamiento de cuestiones nuevas a la caducidad de la acción, negando que en el recurso extraordinario pudiera alegarse por primera vez la caducidad de la acción, por considerar que se trataba de una cuestión nueva que no podía examinarse por primera vez en dicho recurso (STS de 3 de mayo de 1990, recurso 2679/1989; 23 de mayo de 1990; y 18 enero 2006, recurso 22/2005).

Posteriormente, el TS se pronunció en sentido contrario (STS de 4 octubre 2007, recurso 5405/2005), argumentando que, si un determinado tema puede ser examinado de oficio por los tribunales, falta el fundamento esencial para poder apreciar la existencia de cuestión nueva porque:

1) El rechazo de la formulación de cuestiones nuevas en el recurso se funda en el principio de justicia rogada que conforma el proceso judicial español, el cual no se aplica a las cuestiones apreciables de oficio por los tribunales.

2) Si la cuestión podía ser examinada de oficio por el Juez de instancia, ello significa que debía haber procedido a su examen, por lo que no parece lógico sostener que la alegación de ese tema en el recuso constituya una cuestión nueva.

Ahora bien, el TS introduce la matización siguiente. Para que el tribunal pueda declarar de oficio la caducidad de la acción de despido, es obligado que en el proceso hayan quedado probados con claridad y certeza los hechos base de la misma, de forma tal que no exista duda alguna de que tal acción ha caducado por concurrir los requisitos necesarios para la apreciación de dicha caducidad. Si esos hechos, datos o elementos no han quedado debidamente acreditados o es dudosa su existencia, el tribunal no puede apreciar de oficio tal caducidad, pues no existe base para ello, y por consiguiente si lo hace se arriesga a adoptar una decisión equivocada y contraria a derecho, con manifiesta indefensión del trabajador demandante (STSJ de Asturias de 13 de febrero de 2015, recurso 64/2015).

Recientemente, han reiterado esa doctrina las STS 359/2021, de 6 de abril (rec. 49/2020); 926/2021, de 22 de septiembre (rec. 65/2021, Pleno); y 1204/2021, de 2 de diciembre (rec. 165/2021, Pleno), entre otras.

2. Requisitos relativos a la prueba documental y pericial

2.1. Es preciso que la revisión se base en genuina prueba documental o pericial

Este requisito positivo se ha formulado en sentido negativo, desestimando pretensiones revisoras por incurrir en los defectos siguientes:

A) No es admisible invocar prueba que no sea documental ni pericial

No cabe fundar la revisión fáctica suplicacional formulada al amparo del art. 193.b) LRJS en prueba testifical, de interrogatorio de las partes o de reconocimiento judicial, pues se trata de medios de prueba que no están incluidos en el citado precepto legal.

a) Declaraciones testificales en procesos penales

Algunos pronunciamientos del TS han negado eficacia revisora en casación:

1) A las declaraciones efectuadas anteriormente ante un Juzgado de Instrucción, pues el acta que las recoge *«si bien documenta unas declara-*

ciones no priva a éstas de su naturaleza testifical» (STS de 17 de diciembre de 1990, RJ 9803)[80].

2) A las declaraciones testificales efectuadas en un pleito anterior, cuyo testimonio se aportó a las actuaciones (STS de 1 de julio de 1988, RJ 5733).

3) A los atestados de la Guardia Civil porque *«contiene meras manifestaciones testificales expresadas por escrito»* (STS de 15 de junio de 1987, RJ 4369)[81].

La STS de 25 de mayo de 2009, procedimiento de revisión 5/2008, sostuvo que la declaración de un compañero de trabajo testigo del accidente en un juicio de faltas no constituía un «documento» porque el hecho de que estuviera plasmada en un soporte documental (el atestado) no desvirtuaba su propia naturaleza testifical.

Asimismo, en contra de la atribución de eficacia revisora a estas pruebas se han pronunciado algunos TSJ, argumentando que la declaración prestada en otro órgano judicial distinto es, materialmente, un testimonio, que carece del valor de la prueba documental[82]. Parte de la doctrina científica ha negado la eficacia revisora de los testimonios judiciales de declaraciones testificales o de confesión evacuadas en otros autos[83], atribuyendo prevalencia a la verdadera naturaleza del medio de prueba (testifical o de interrogatorio de las partes) sobre la forma en que ha sido aportada al pleito (como un documento público: un testimonio judicial).

B) No cabe pretender una revisión que no se sustente en medios de prueba

Existe un número muy elevado de sentencias que desestiman pretensiones revisoras casacionales o suplicacionales porque no se basan en un medio de

80. En el mismo sentido se pronunciaron las STS de 10 de diciembre de 1983, RJ 6190; 11 de mayo de 1985, RJ 2696 y 30 de octubre de 1985, RJ 5245.

81. En el mismo sentido, la STS de 23 de febrero de 1987, RJ 1095, sostuvo que las declaraciones que los atestados de la Benemérita contienen en los interrogatorios son manifestaciones testimoniales, no prueba documental.

82. STSJ de Baleares de 26 de octubre de 1993, AS 4454, la cual argumenta que la revisión de los hechos no se puede amparar en prueba testifical, que es la naturaleza que corresponde a las declaraciones de los policías locales ante el juez de instrucción y del TSJ de Asturias de 11 de diciembre de 1998, AS 4409, que afirma que la declaración prestada en otro órgano judicial es un testimonio que carece del valor de prueba documental a efectos de revisión fáctica suplicacional. La STSJ de Galicia de 23 de julio de 2002, recurso 3229-02, considera que una prueba videográfica que recogía la declaración de un testigo efectuada en un proceso civil anterior, constituye una prueba testifical documentada.

83. En este sentido se pronunciaron RODRIGUEZ SANTOS, B; CEBRIÁN BADÍA, F. J. y ÁVILA ROMERO, M.: *Comentarios a la Ley de Procedimiento Laboral*, tomo III, Lex Nova, Valladolid, 1991, pág. 466 y 467, quienes distinguen entre el concepto formal de documento y su contenido, de forma que, en estos casos, aunque el testimonio es un documento, su contenido refleja una prueba de confesión o testifical, que no es idónea a efectos revisores.

prueba sino en el propio escrito de demanda o en el acta del juicio oral. El escrito de demanda en cuya virtud se ha iniciado el proceso en el que se aporta, no es un medio de prueba y por ende no es idóneo a efectos revisorios. En este sentido se ha pronunciado el TS respecto del recurso de casación ordinario (STS de 7 de diciembre de 1988, RJ 9581; 7 de abril de 1990, RJ 3121 y 26 de noviembre de 1991, recurso 1350/1990). Asimismo, una pluralidad de TSJ ha negado eficacia revisora suplicacional al escrito de demanda[84] y al de aclaración de la demanda[85].

Para que pueda hablarse de medio de prueba documental no basta con que se trate de un documento en sentido jurídico-sustantivo (como el escrito de demanda), sino que es preciso que haya sido aportado al pleito como un medio de prueba documental. Así, el escrito de demanda en el mismo litigio en el que se ha formulado no es un medio de prueba documental y por ende no puede ser invocado en suplicación.

Las mismas razones obligan a negar que sea idónea a efectos de la revisión fáctica suplicacional al acta del juicio oral del mismo pleito en el que se formula el recurso, puesto que el acta del plenario documenta el juicio oral pero no altera la naturaleza de la prueba que recoge (*v. gr.* una testifical: STSJ de Cantabria de 29 de enero de 2001, recurso 577/1999) y no constituye prueba documental *ex art.* 193.b) LRJS. La Sala Social del TS ha negado reiteradamente eficacia revisora casacional a las actas del juicio oral (STS de 23 de diciembre de 1994, recurso 1492/1993; 11 de julio de 1995, recurso 2362/1994 y 30 de abril de 1999, recurso 4003/1998), doctrina que ha sido aplicada a la suplicación por una pluralidad de TSJ[86].

---

84. STSJ de Andalucía con sede en Málaga de 26 de junio de 1998, AS 3549; TSJ de Andalucía con sede en Granada de 29 de abril de 1998, AS 6033; TSJ de Aragón de 22 de marzo de 2000, AS 598; TSJ de Asturias de 9 de enero de 1998, AS 5067; TSJ de Cataluña de 13 de febrero de 2001, AS 1570; TSJ de Castilla-La Mancha de 19 de enero de 1998, AS 5119; TSJ de Castilla y León con sede en Burgos de 1 de junio de 1998, AS 6351; TSJ de Castilla y León con sede en Valladolid de 15 de mayo de 2000, AS 2614; TSJ de Extremadura de 6 de abril de 2001, AS 1269; TSJ de Galicia de 16 de julio de 2001, AS 1928; TSJ de La Rioja de 27 de julio de 2000, AS 3884; TSJ de Madrid, Sección 6.ª de 21 de octubre de 1999, AS 6964; y TSJ del País Vasco de 2 de junio de 1998, AS 6248.

85. STSJ de Aragón de 22 de marzo de 2000, AS 598 y TSJ de Cataluña de 23 de marzo de 1994, AS 1291 y 18 de diciembre de 1998, AS 6934.

86. STSJ de Andalucía con sede en Málaga de 24 de julio de 1998, AS 6366 y 11 de septiembre de 1998, AS 6845; TSJ de Andalucía con sede en Sevilla de 11 de febrero de 2000, AS 3302; TSJ de Aragón de 22 de enero de 1997, AS 187; TSJ de Canarias con sede en Santa Cruz de Tenerife de 18 de octubre de 1994, AS 3987; TSJ de Castilla y León con sede en Valladolid de 29 de febrero de 2000, AS 3026; TSJ de Cataluña de 12 de julio de 2001, AS 3538; TSJ de Comunidad Valenciana de 7 de marzo de 2001, AS 3346; TSJ de Extremadura de 8 de abril de 1999, AS 2059; TSJ de Galicia de 4 de octubre de 2001, AS 3366; TSJ de Madrid, Sección 2.ª de 1 de junio de 2000, AS 5751; TSJ de Murcia de 21 de enero de 2000, AS 5170 y TSJ del País Vasco de 8 de junio de 1999, AS 2631.

Tampoco goza de eficacia revisora la instructa unida al acto del juicio (STSJ de Andalucía, con sede en Sevilla, de 29 de septiembre de 1998, recurso 695/1998 y de Cataluña de 15 de marzo de 2001, recurso 7201/2000), la propia sentencia de instancia (las STS de 1 de febrero de 1988, RJ 543 y 18 de diciembre de 1990, RJ 9805, niegan eficacia revisora casacional a la propia sentencia de instancia), el escrito de formalización del mismo recurso de suplicación (STSJ de Extremadura de 29 de junio de 1998, recurso 423/1998), ni una cédula de citación del mismo pleito (STSJ de Extremadura de 17 de noviembre de 1997, recurso 592/1997).

Por el contrario, cuando una de las partes aporta a un litigio un testimonio de otro pleito distinto en el que aparece el escrito de demanda, el acta del juicio oral, el escrito de interposición del recurso de suplicación de una de las partes o cualquier otro trámite procesal, en tal caso se tratará de prueba documental, lo que supone que no cabe rechazar de plano la pretensión de revisión fáctica por no tener la condición de medio probatorio documental. También pueden tener eficacia revisora las sentencias firmes (STS de 5 de diciembre de 2007, recurso 1928/2004).

A título ejemplificativo si, a efectos interruptivos de la prescripción extintiva, se aporta un testimonio de la demanda que inició un litigio anterior (que acredita la interposición de la correspondiente reclamación judicial en una determinada fecha) ninguna duda habrá acerca de su idoneidad para acreditar el concreto extremo relativo a la formulación de la reclamación judicial. Es decir, este documento público judicial acredita el hecho de la interposición de la demanda en una determinada fecha. Cuestión distinta es la relativa a la eficacia probatoria de los hechos afirmados en ella. La veracidad de los asertos vertidos en una demanda anterior deberá ser ponderada a fin de constatar si puede atribuírseles eficacia revisora en el concreto recurso de suplicación de que se trate. Si una parte litigante formuló con anterioridad una demanda en la que efectuó afirmaciones que en el presente litigio niega, no es descartable que, salvo que explique adecuadamente esta contradicción, pueda en algunos supuestos otorgarse eficacia probatoria y revisora en suplicación a las afirmaciones contenidas en el citado escrito de demanda interpuesto en otro pleito.

C) No basta alegar la ausencia de prueba

Tanto la Sala Social del TS en relación con el recurso de casación [STS 226/2021, de 23 de febrero (rec. 112/2019); 159/2022, de 17 de febrero (rec. 123/2020, Pleno); y 417/2024, de 5 de marzo (rec. 34/2022), entre otras muchas] como los TSJ respecto de la suplicación [87], han sostenido que no cabe fundar la

87. STSJ de Aragón de 7 de mayo de 2001, AS 2192; TSJ de Asturias de 8 de junio de 2001, AS 1712; TSJ de Canarias con sede en Las Palmas de 28 de marzo de 2001, AS 2734; TSJ de Canarias con sede en Santa Cruz de Tenerife de 29 de mayo de 2001, AS 2430; TSJ de

revisión fáctica en la denominada prueba negativa[88] u obstrucción negativa[89]: en la inexistencia de pruebas demostrativas del hecho declarado como probado.

Este requisito supone rechazar de plano, sin mayores consideraciones, aquellas pretensiones de revisión fáctica suplicacional en las que la parte recurrente no indica los medios probatorios que evidencian el error, sino que se limita a alegar la inexistencia de medios de prueba en las actuaciones que sirvan de sustento a la declaración probatoria de instancia: la parte recurrente sostiene que no hay que ningún medio probatorio en el que se haya podido basar el Juzgado de lo Social para establecer ese hecho probado.

El art. 193.b) LRJS se limita a establecer un motivo consistente en *«revisar los hechos declarados probados, a la vista de las pruebas documentales y periciales practicadas»*. Si la parte recurrente no identifica la prueba documental o pericial que evidencie el error, sino que se limita a alegar la inexistencia de prueba que avale el relato histórico de instancia, para incluir esta pretensión en el citado motivo suplicacional habría que forzar su tenor literal, que nada tiene que ver con una pretensión de esta índole.

Los hechos probados de la sentencia de instancia no solo se sustentan en medios de prueba. También pueden fijarse:

1) Por conformidad de las partes.

2) Por notoriedad.

3) Por los mecanismos procesales de fijación de hechos, como la *ficta confessio* o la *ficta documentatio* (la omisión de la aportación de documentos).

La dificultad de estos motivos radica en que, debido a la excesiva carga de trabajo, hay sentencias dictadas por los Juzgados de lo Social que no explicitan pormenorizadamente su razonamiento probatorio, utilizando una argumentación genérica, lo que dificulta conocer si un concreto hecho probado realmente está huérfano de sustento alguno.

Cantabria de 30 de octubre de 2000, AS 4057; TSJ de Castilla-La Mancha de 20 de julio de 2001, AS 3103; TSJ de Castilla y León con sede en Valladolid de 26 de febrero de 2001, AS 1418; TSJ de Cataluña de 21 de enero de 2000, AS 5418; TSJ de Comunidad Valenciana de 21 de noviembre de 2000, AS 1007 y 5 de abril de 2001, AS 3669; TSJ de Galicia de 10 de mayo de 2001, AS 1159; TSJ de Madrid, Sección 1.ª de 17 de marzo de 1998, AS 1129 y Sección 6.ª, de 2 de febrero de 2001, AS 1246 y TSJ de Navarra de 24 de febrero de 2000, AS 5216.

88. STSJ de Andalucía con sede en Sevilla de 16 de noviembre de 2017, recurso 335/2017; TSJ de Andalucía con sede en Málaga de 7 de junio de 2017, recurso 711/2017; TSJ de Cantabria de 30 de julio de 2014, recurso 480/2014; TSJ de La Rioja de 10 de abril de 2014, recurso 54/2014.

89. La denominación de «obstrucción negativa» la emplea ESPINOSA CASARES, I.: *Técnica del recurso de suplicación*, Aranzadi, Pamplona, 1998, pág. 113.

Por tanto, un motivo de esta índole exigiría al TSJ examinar el escrito de demanda y la grabación del juicio oral, para cerciorarse de que no se trata de un hecho conforme, obligando al TSJ a examinar todos los medios de prueba y los mecanismos procesales de fijación de hechos de la sentencia recurrida, lo que sería incompatible con la naturaleza extraordinaria de la suplicación y su cognición limitada.

2.2. Prueba concreta

Este requisito lo exige expresamente la LRJS, cuyo art. 196.3 prevé que se señalen *«de manera suficiente para que sean identificados, el concreto documento o pericia en que se base cada motivo de revisión»*. La vigente LRJS ha reforzado la exigencia de que la revisión fáctica suplicacional se sustente en prueba concreta. El art. 194.3 de la LPL se limitaba a exigir: *«También habrán de señalarse de manera suficiente para que sean identificados, los documentos o pericias en que se base el motivo de la revisión de los hechos probados que se aduzca»*. La LRJS ha añadido la palabra *«concreto»*, que no existía en la LPL.

El TS ha exigido no solo que se cite pormenorizadamente el correspondiente documento, sino que se establezca en concreto el punto específico de cada documento que ponga de manifiesto el error denunciado (STS de 5 de julio de 1999, recurso 3924/1998; 20 de diciembre de 1999, recurso 1441/1999; 2 de febrero de 2000, recurso 245/1999; 3 de mayo de 2001, recurso 1434/2000; 12 de mayo de 2003, recurso 360/2001; 20 de julio de 2007, recurso 76/2006; 11 de noviembre de 2010, recurso 153/2009; y 17 de diciembre de 2013, recurso 90/2013). Respecto del recurso de suplicación, los TSJ exigen la cita concreta de la prueba documental o pericial que demuestre la equivocación del juzgador de instancia[90].

El TSJ de Castilla y León con sede en Valladolid rechazó de plano una pretensión revisora porque la parte recurrente identificaba los documentos por los números de folio y los autos se habían tramitado en formato digital, donde no hay foliado, sino archivos PDF, con la paginación automática del sistema PDF. El TSJ explica que no puede revisar uno a uno los 147 archivos PDF que componen el expediente electrónico de la instancia. El TSJ argumenta que la identificación insuficiente de los documentos invocados impide estimar el motivo (STSJ de Castilla y León con sede en Valladolid de 2 de julio de 2018, recurso 979/2018).

---

90. STSJ de Andalucía con sede en Málaga de 26 de enero de 2001, AS 1404 y 13 de julio de 2001, AS 3788; TSJ de Andalucía con sede en Granada de 27 de mayo de 1998, AS 6078; TSJ de Andalucía con sede en Sevilla de 19 de julio de 2001, AS 3298; TSJ de Canarias con sede en Santa Cruz de Tenerife de 17 de abril de 2001, AS 2239; TSJ de Cantabria de 3 de mayo de 2000, AS 2534 y 5 de febrero de 2001, AS 830; TSJ de la Comunidad Valenciana de 3 de febrero de 2000, AS 2182 y 22 de febrero de 2001, AS 3337; TSJ de Extremadura de 24 de julio de 2001, AS 3405; TSJ de Galicia de 11 de octubre de 1997, AS 3470 y 26 de enero de 1998, AS 10; TSJ de Madrid, Sección 1.ª de 21 de julio de 2000, AS 3887 y 8 de marzo de 2001, AS 1725; TSJ de Murcia de 24 de octubre de 1998, AS 7385 y 18 de octubre de 1999, AS 3396; TSJ de Navarra de 13 de junio de 2000, AS 2739 y TSJ del País Vasco de 11 de diciembre de 1996, AS 4134.

A nuestro juicio, la exigencia de que se identifiquen en el escrito de interposición del recurso de suplicación las concretas pruebas documentales o periciales en que se funde la pretensión revisora no puede reputarse injustificada porque incumbe al recurrente demostrar la existencia de error en la apreciación probatoria de instancia, lo que lleva implícita la concreción de los medios de prueba que evidencian este error. Lo que no puede admitirse es convertir esta exigencia razonable y justificada en un formalismo rigorista que sirva de excusa para aligerar de trabajo al tribunal por la vía de rechazar de plano motivos suplicacionales de revisión fáctica por la única razón de que no se ha citado el folio o el número del descriptor en el que obra la prueba documental en que se basa la revisión fáctica (o por un error en la cita del folio o del número del descriptor), cuando el documento está claramente identificado por la parte.

Este requisito positivo, relativo a la cita de una prueba determinada, se ha formulado en sentido negativo en reiteradas ocasiones, denegando concretos motivos de revisión fáctica por su incumplimiento, refiriéndose a los requisitos siguientes:

A) No puede pretenderse una valoración total de las pruebas

En relación con la casación ordinaria el TS ha afirmado que no es admisible la pretensión de que se efectúe una valoración total de la prueba practicada en la instancia [STS 1065/2017, de 21 de diciembre (rec. 276/2016); 61/2018, de 25 de enero (rec. 30/2017); y 1131/2021, de 17 de noviembre (rec. 142/2021, Pleno), entre otras], por ser una cuestión que no compete al tribunal de casación (STS de 13 de noviembre de 1985, RJ 5771; 23 de septiembre de 1986, RJ 5147 y 6 de mayo de 1991, RJ 4169). En el mismo sentido se han pronunciado una pluralidad de TSJ en relación con la suplicación, negando que se pueda postular en este recurso una valoración total o global de la prueba de instancia[91].

B) No cabe una cita genérica e indiscriminada de una pluralidad de pruebas documentales o periciales

La Sala Social del TS ha considerado ineficaz a efectos del error de hecho casacional tanto la alusión global a la prueba documental obrante en las actua-

91. STSJ de Aragón de 24 de septiembre de 2001, AS 3759; TSJ de Andalucía con sede en Málaga de 6 de abril de 2001, AS 2557 y 13 de julio de 2001, AS 3788; TSJ de Canarias con sede en Las Palmas de 28 de marzo de 2001, AS 2734; TSJ de Canarias con sede en Santa Cruz de Tenerife de 18 de enero de 2000, AS 209; TSJ de Cantabria de 23 de enero de 2001, AS 82; TSJ de Castilla-La Mancha de 8 de junio de 2001, AS 3613; TSJ de Cataluña de 11 de junio de 1998, AS 6394; TSJ de Comunidad Valenciana de 22 de marzo de 2001, AS 3018 y 11 de abril de 2001, AS 3678; TSJ de Galicia de 5 de octubre de 2001, AS 2847; TSJ de Madrid, Sección 1.ª de 10 de enero de 2001, AS 731 y 8 de marzo de 2001, AS 1725; TSJ de Murcia de 18 de octubre de 1999, AS 3396 y 15 de mayo de 2000, AS 1731 y TSJ del País Vasco de 26 de mayo de 1998, AS 5498 y 14 de noviembre de 2000, AS 3085.

ciones, sin precisar cuál es la que acredita el error fáctico (STS de 3 de febrero de 1987, RJ 773; 4 de octubre de 1988, RJ 7517 y 14 de noviembre de 1989, RJ 8059), como la cita genérica e indiscriminada de una pluralidad de documentos (STS de 7 de febrero de 1984, RJ 847; 26 de julio de 1995, recurso 2675/1994 y 15 de julio de 1995, recurso 3021/1994). Asimismo, varios TSJ ha rechazado motivos de revisión fáctica suplicacional por limitarse la parte recurrente a efectuar una cita genérica de diversos medios de prueba[92], o una cita genérica de documentos[93].

Es importante diferenciar este requisito del anterior. En aquel, la parte recurrente pretendía la valoración en suplicación de la totalidad de la prueba de instancia, mientras que en el que examinamos ahora el recurrente no postula un examen del conjunto de la prueba, pero tampoco se remite a unas concretas e individualizadas pruebas documentales o periciales, sino que menciona genéricamente una pluralidad de documentos o pericias, sin explicitar cómo evidencian el error fáctico de instancia. Varios TSJ, de acuerdo con la doctrina sentada por el TS respecto de la casación social, consideran que esta inconcreción obliga a rechazar de plano la pretensión revisora suplicacional.

Este requisito conecta con la obligación de la parte recurrente de explicar el error probatorio en que ha incurrido el juzgador *a quo*, lo que exige identificar la prueba documental o pericial evidenciadora del error. Si el recurrente no señalas concretas pruebas demostrativas del error sino que remite al TSJ a una pluralidad de documentos o pericias, sin explicitar cómo evidencian el error fáctico, en tal caso se está imponiendo al tribunal *ad quem* la búsqueda de las concretas pruebas, de entre todas las citadas genéricamente, demostrativas del error de hecho, así como indagar las razones por las cuales estas pruebas son susceptibles de desvirtuar la apreciación probatoria de instancia, lo que incumbe a la parte recurrente y no al TSJ, so pena de que se perjudique a la parte recurrida, que se encontraría con dificultades para defenderse de un motivo de revisión fáctica caracterizado por su vaguedad e inconcreción y que se vería sorprendida si el tribunal *ad quem* estimase una revisión fáctica decisiva sobre la base de un concreto documento, entre la pluralidad de los citados por la recurrente, que a su juicio demuestra el error.

92. STSJ de Andalucía con sede en Sevilla de 13 de octubre de 1999, AS 6842; TSJ de Cataluña de 4 de marzo de 1999, AS 1799 y TSJ de Comunidad Valenciana de 7 de noviembre de 2000, AS 1374.

93. STSJ de Andalucía con sede en Granada de 15 de noviembre de 2000, AS 534; TSJ de Aragón de 12 de junio de 1996, AS 1690; TSJ de Castilla y León con sede en Burgos de 21 de julio de 1997, AS 2473; TSJ de Castilla y León con sede en Valladolid de 7 de octubre de 1997, AS 3678; TSJ de Cataluña de 15 de julio de 1998, AS 6531 y 23 de febrero de 1999, AS 5767; TSJ de Comunidad Valenciana de 7 de septiembre de 1999, AS 7191; TSJ de Galicia de 30 de enero de 1998, AS 15; TSJ de La Rioja de 10 de enero de 1999, AS 9; TSJ de Madrid, Sección 6.ª de 5 de noviembre de 1998, AS 4123, que rechaza la idoneidad de la cita genérica de la documental obrante a los folios 128 a 142 y Sección 2.ª de 24 de junio de 1999, AS 2936 y TSJ de Murcia de 30 de julio de 1994, AS 3199.

El derecho de defensa del recurrido exige que se concreten los documentos o pericias que, a juicio del recurrente, evidencian el error probatorio de instancia, lo que permite al impugnante combatir la argumentación de la parte recurrente, no siendo admisible que se mencione genéricamente una pluralidad de documentos o pericias, dejando al albur del TSJ la indagación de cuál de ellos demuestra la equivocación probatoria de instancia.

A nuestro juicio, este requisito negativo es incuestionable en los casos extremos en los que la parte recurrente funda su pretensión revisora en la totalidad de la prueba documental, consistente en cientos de documentos de naturaleza distinta unos de otros, sin mayores especificaciones, puesto que esta remisión indiscriminada a una pluralidad de documentos obligaría al TSJ a ser él quien construyera el motivo del recurso, en perjuicio de la parte recurrida.

Fuera de esos supuestos, hay que determinar en cada recurso de suplicación si, aunque la parte se haya remitido genéricamente a varios documentos, sin especificar cómo cada uno de ellos evidencia el error fáctico de instancia, su examen permite deducir claramente cuáles son los medios de prueba evidenciadores del error probatorio, de suerte que la mención efectuada por la parte recurrente ni ha impedido defenderse a la contraria, al impugnar el recurso, ni impide que el TSJ constate cuales son los medios probatorios clave en los que se sustenta la pretensión revisora. En tal caso no deberá rechazarse el motivo.

Debe hacerse hincapié en que el concepto «cita genérica» no solo es cuantitativo sino también cualitativo, de forma que si la parte recurrente basa su pretensión revisora en una pluralidad de documentos homogéneos (como las nóminas de los trabajadores de la empresa) explicando el concreto dato que consta en todos ellos y que es relevante a efectos revisores, no puede considerarse que haya habido una cita genérica ineficaz.

2.3. Prueba lícita

La prueba en la que se basa la revisión fáctica suplicacional tiene que ser lícita. El problema se plantea al delimitar el alcance de la prueba ilícita. La CE reconoce el derecho fundamental a la prueba. El art. 24.2 CE instaura el derecho fundamental *«a utilizar los medios de prueba pertinentes para su defensa»*. Esta constitucionalización del derecho a la prueba obliga a mantener un concepto lo más restrictivo posible de prueba ilícita, con la finalidad de permitir su mayor eficacia, de forma que la prueba debe considerarse lícita cuando no exista infracción de derechos fundamentales ni en su obtención ni en su evacuación[94]. Conforme a esta postura doctrinal, el efecto anulatorio de la prueba se restringe a aquella que viola derechos o libertades fundamentales. El TC ha acogido ese

94. En ese sentido se ha pronunciado PICÓ I JUNOY, J.: «La prueba en la nueva Ley de Enjuiciamiento Civil», *Iuris*, n.º 36, 2000, pág. 39.

concepto restrictivo, que restringe el efecto anulatorio a la prueba que viola derechos o libertades fundamentales[95].

Los arts. 11.1 de la LOPJ, 287.1 de la LEC (intitulado: *«ilicitud de la prueba»*) y 90.2 LRJS se ocupan de las pruebas ilícitas, considerando como tales aquéllas que conculcan los derechos fundamentales sancionados por la CE. Las pruebas obtenidas ilícitamente (es decir, vulnerando derechos fundamentales) no podrán sustentar una revisión fáctica suplicacional.

2.4. Prueba obrante en autos

La prueba documental o pericial en que se funda la pretensión revisora, como regla general, debe obrar en el mismo procedimiento en el que se ha dictado la sentencia contra la que se recurre en suplicación. Ello se debe a que la admisión de las revisiones históricas fundadas en pruebas obrantes en otras causas diferentes puede afectar al derecho de defensa de la contraparte.

Si se han formulado diferentes demandas interrelacionadas entre sí, pero sin que los procesos se hayan acumulado, en principio es necesario incorporar a cada uno de ellos los correspondientes medios de prueba en los que, eventualmente, se pueda fundar una futura revisión fáctica suplicacional, pues no es dable admitir una revisión basada en una prueba que se encuentra en una causa distinta.

2.5. Prueba no valorada en la instancia: el documento o pericia en que se basa no debe haber sido apreciado por el Juez de lo Social

Un requisito que ha planteado problemas es el que niega la eficacia revisora a los documentos o pericias que ya habían sido apreciados por el juzgado de instancia. En relación con la casación social el TS ha denegado la eficacia revisora cuando *«la sentencia recurrida ya ha valorado los documentos en que se funda en relación con otros, sin que se aprecie el error que se denuncia en esa valoración de la prueba documental»* (STS de 28 de septiembre de 2012, recurso 171/2011). En el mismo sentido se han pronunciado en suplicación una pluralidad de TSJ[96] .

95. STC 114/1984, de 29-11, FF.DD. 4.º y 5.º; 64/1986, de 21-5, FD 2.º; 37/1989, de 15-2, FF.DD. 7.º y 8.º; 384/1993, de 21-12, FD 4.º y 85/1994, de 14-3, FD 4.º y auto del TS de 18 de junio de 1992, recurso 610/1990, cit. por PICÓ I JUNOY, J.: *El derecho a la prueba en el proceso civil*, Bosch, Barcelona, 1996, págs. 286 y 287, notas 13 y 14.

96. STSJ de Andalucía, con sede en Málaga, de 9 de enero de 1995, AS 181; 4 de julio de 1995, AS 2992; 22 de marzo de 1996, AS 522; 26 de julio de 1996, AS 2659; 27 de octubre de 1997, AS 4399; 30 de julio de 1999, AS 3457; TSJ de Andalucía, con sede en Sevilla, de 10 de julio de 1997, AS 5251; TSJ de Asturias de 7 de julio de 1995, AS 2776; 5 de noviembre de 1999, AS 6681; TSJ de Canarias, con sede en Las Palmas, de 22 de abril de 1997, AS 1486; 12 de febrero de 1999, AS 5475; TSJ de Canarias, con sede en Santa Cruz de Santa Cruz de Tenerife, de 30 de enero de 1996, AS 700 y 10 de octubre de 1997, AS 3665; TSJ de Cantabria de 11 de mayo de 1998, AS 2149; TSJ de Castilla y León, con sede en Valladolid, de 9 de noviembre de 1998, AS 7151; TSJ de Cataluña de 3 de mayo de 1994, AS 2030; TSJ de Extremadura de 27 de mayo de 1996, AS 1599; TSJ de Galicia de 15 de febrero de 1996, AS

A nuestro juicio, este requisito solo puede aceptarse en el sentido que le dio la STCT de 17 de septiembre de 1985[97]. El TCT, tras negar que pudiera revisarse el relato histórico de instancia con base en las mismas pruebas en que este se fundaba, a continuación, explicó que esa regla general se exceptuaba en los supuestos en los que existiese evidente error en su valoración. En efecto, el requisito negativo relativo a que el documento o pericia en el que se basa la pretensión revisora no debe haber sido valorado por el juez de instancia, debe entenderse en el sentido de que si la prueba en la que se funda la pretensión revisora ya ha sido mencionada en el razonamiento probatorio del juez *a quo*, el cual le atribuye o niega eficacia probatoria, y la parte recurrente lo único que pretende es una interpretación sesgada y parcial de este medio probatorio, en tal caso la pretensión revisora no debe prosperar, pues el juez de instancia ya ha llevado a cabo la adecuada valoración de este medio de prueba.

Ahora bien, puede ocurrir que la apreciación de este medio de prueba tenido en cuenta por el juez de instancia sea errónea. Ello puede suceder en la fase de interpretación de la prueba (que consiste en determinar cuál es el resultado que se desprende de cada medio de prueba) o en la de valoración de la prueba (que consiste en determinar el valor concreto que debe atribuirse a cada medio de prueba). Es decir, puede suceder que el juez se equivoque al determinar el sentido de un medio de prueba o al atribuirle valor probatorio (por ejemplo, negando valor probatorio a un medio de prueba que sí que lo tiene). En estos casos deberá estimarse la pretensión revisora, porque la atribución al juez de instancia de la función de apreciar los medios de prueba no impide que, si se acredita la existencia de un error en la valoración probatoria, evidenciado por medio de prueba documental o pericial, esta equivocación pueda ser corregida en suplicación, aun cuando la sentencia de instancia haya tenido en cuenta este medio de prueba.

3. Requisitos relativos a la confrontación entre el documento o pericia invocado y el razonamiento fáctico de instancia

3.1. Error probatorio

Debe tratarse de un error de hecho que sea evidente.

927; TSJ de Madrid de 15 de marzo de 1996, AS 1228; TSJ de Madrid, Sección 1.ª, de 13 de junio de 1997, AS 2131; 10 de junio de 1997, AS 2369; 23 de septiembre de 1998, AS 3327; 30 de septiembre de 1998, AS 3339; TSJ de Madrid, Sección 2.ª, de 10 de febrero de 1998, AS 490; TSJ de Madrid, sección 4.ª, de 21 de abril de 1998, AS 1347; TSJ de Madrid, Sección 5.ª, de 2 de abril de 1998, AS 1376; TSJ de Madrid, Sección 6.ª, de 12 de mayo de 1997, AS 1735; 1 de octubre de 1998, AS 3759; 21 de diciembre de 1998, AS 4399; TSJ de Murcia de 24 de noviembre de 1998, AS 7384 y TSJ de Navarra de 10 de junio de 1997, AS 2279.

97. RTCT 5179, que argumentó que *«no cabe pedir la revisión de la relación fáctica basándose en las mismas pruebas en que aquélla se fundaba, salvo que exista evidente error en la valoración de esto»*.

A) Error de hecho

En realidad, todo error en la apreciación de una prueba es un error de derecho, porque se produce al aplicar unas normas jurídicas: los preceptos procesales relativos a la apreciación probatoria. Sin embargo, la expresión: «error de hecho» resulta ilustrativa de que la equivocación judicial afecta, en principio, a los hechos probados de la sentencia, y en concreto a los hechos probados materiales, y no a la aplicación de normas sustantivas.

La única excepción radica en el Derecho extranjero y consuetudinario, los cuales quedan extramuros del principio-presunción *iura novit curia*, debiendo ser acreditados, por lo que, aun tratándose de normas jurídicas, cabe solicitar, al amparo del art. 193.b) LRJS, la revisión de las afirmaciones relativas a la existencia, vigencia e interpretación del Derecho extranjero aplicable, así como a la costumbre en vigor.

La razón última es que, cuando los hechos probados de una sentencia explican, por ejemplo, cuál es el régimen legal del despido en el Derecho alemán y en el fundamento de derecho primero de esa sentencia, que debe contener el razonamiento probatorio, se explica que el contenido del Derecho germánico lo considera acreditado con base en la certificación diplomática obrante en las actuaciones, no está aplicando ninguna norma sustantiva. Está aplicando las normas procesales reguladoras de los medios de prueba. Por eso, si la parte recurrente pretende dejar sin efecto ese hecho probado de la sentencia recurrida que afirma cuál es el Derecho extranjero, deberá articular su pretensión al amparo del art. 193.b) LRJS.

El error en la valoración de la prueba podría definirse como la discordancia entre las afirmaciones de hecho reseñadas en la sentencia de instancia (en relación con los extremos fácticos controvertidos) y las afirmaciones fácticas que efectivamente se infieren de las pruebas practicadas. Pero a la revisión fáctica suplicacional amparada en el art. 193.b) LRJS no le interesa todo error probatorio. Únicamente le interesa el error probatorio susceptible de ser evidenciado con prueba documental o pericial. Ello supone que, si el Juez de lo Social ha incurrido en un error grave en la valoración de la prueba testifical, por ejemplo porque no ha comprendido lo que el testigo ha dicho y con base en su testimonio ha declarado probado lo contrario de lo que declaró, en tal caso hay incuestionablemente un error probatorio, pero no hay un error suplicacional denunciable al amparo del art. 193.b) LRJS, porque el control de la valoración de la prueba testifical queda al margen de este concreto motivo del recurso.

B) Error evidente

Este requisito de evidencia del error carece de sustento literal en la LRJS. Sin embargo, tradicionalmente la Sala Social del TS ha sostenido que el error de hecho casacional solo será viable si la prueba documental o pericial lo acredita *«de manera clara, evidente, directa y patente, sin necesidad de tener que acudir a conjeturas, suposiciones ni argumentaciones más o menos lógicas, naturales y razonables»* (STS de 2 de octubre de 1986, RJ 5370; 13 de noviembre de 1987, RJ 7872; 27 de septiembre de 1988, RJ 7124; y 3 de mayo de 1990, RJ 3940). Esta doctrina ha sido literalmente reiterada por una pluralidad de TSJ[98].

Si se examina esta doctrina jurisprudencial se constata que incluye una nota positiva y otra negativa. La nota positiva hace referencia a que la prueba invocada acredite el error *«de manera clara, evidente, directa y patente»*. Y la nota negativa excluye que se acuda a *«conjeturas, suposiciones ni argumentaciones más o menos lógicas, naturales y razonables»*. Por tanto, se acumulan cuatro adjetivos: claro, evidente, directo y patente, en buena medida sinónimos; y tres sustantivos: conjetura, suposición y argumentación[99], para hacer hincapié en la relación inmediata que debe existir entre el documento o pericia invocado a efectos revisores y el error fáctico.

En el mismo sentido, la Sala Social del TS, en relación con la revisión fáctica casacional, tradicionalmente ha exigido que el documento invocado ostente un decisivo valor probatorio y tenga un poder de convicción concluyente por su eficacia, suficiencia, fehaciencia o idoneidad, así como que su contenido no esté contradicho por otros elementos probatorios (STS de 31 de octubre de 1988, RJ 8189; 2 de abril de 1987, RJ 2324 y 20 de enero de 1988, RJ 22). Varios TSJ han aplicado a la suplicación la citada fórmula del TS[100], y alguno de ellos no la limita exclusivamente a la prueba documental, sino que la ha extendido a la pericial[101].

En lo que concierne al recurso de suplicación, el TC ha sostenido que, cuando existan documentos contradictorios, en la medida que de los mismos puedan extraerse conclusiones contradictorias e incompatibles, debe prevalecer

98. STSJ de Andalucía con sede en Málaga de 14 de enero de 1998, AS 5129; TSJ de Canarias con sede en Santa Cruz de Tenerife de 31 de diciembre de 1992, AS 6068; TSJ de Cantabria de 8 de enero de 1996, AS 136; TSJ de Castilla-La Mancha de 15 de octubre de 2001, AS 3745; TSJ de Castilla y León con sede en Burgos de 12 de junio de 2001, AS 2253; TSJ de Cataluña de 25 de julio de 2001, AS 3652; TSJ de Comunidad Valenciana de 3 de febrero de 2000, AS 2185; TSJ de Extremadura de 14 de abril de 1998, AS 5937; TSJ de La Rioja de 17 de noviembre de 1998, AS 7601; TSJ de Madrid, Sección 2.ª de 3 de abril de 2001, AS 2159; TSJ de Murcia de 20 de abril de 1999, AS 5673 y TSJ de Navarra de 29 de febrero de 2000, AS 275.

99. Los TSJ de la Comunidad Valenciana, en sentencias de 9 de diciembre de 1998, AS 4663 y 19 de enero de 1999, AS 197 y TSJ de Cataluña de 17 de enero de 1997, AS 846, exigen que el error se evidencie sin necesidad de acudir a razonamientos o elucubraciones.

100. STSJ de Andalucía con sede en Málaga de 22 de diciembre de 1995, AS 4664; TSJ de Asturias de 25 de febrero de 2000, AS 5183; TSJ de Castilla y León con sede en Burgos de 12 de junio de 2001, AS 2253; TSJ de Cataluña de 25 de julio de 2001, AS 3652; TSJ de Extremadura de 5 de octubre de 1993, AS 4369 y TSJ de Navarra de 30 de abril de 2001, AS 1878.

101. STSJ de Asturias de 20 de mayo de 1993, AS 2221; 23 de noviembre de 1993, AS 4713 y 6 de mayo de 1994, AS 1884.

la solución fáctica de instancia, al ser el órgano judicial *a quo* el órgano jurisdiccional soberano para la valoración de la prueba (STC n.º 444/1989, de 20 de febrero y n.º 24/1990, de 15 de febrero). El TS ha reiterado este criterio, con la salvedad de que la apreciación de instancia tiene que ser razonable (STS de 11 de junio de 1986, RJ 3527)[102].

Recientemente, el TS ha insistido en que la revisión fáctica casacional solo procederá cuando haya un error evidente [STS 492/2024, de 20 de marzo (rec. 48/2022); 1053/2024, de 11 de septiembre (rec. 141/2022); y 1304/2024, de 27 de noviembre (rec. 15/2023), entre otras muchas].

En los citados pronunciamientos subyace un principio de respeto de la valoración probatoria de instancia, salvo que se acredite cumplidamente (evidentemente) la existencia de error, de forma que, cuando existen dos medios de prueba contradictorios con un valor probatorio semejante, si el juez de instancia ha otorgado credibilidad a uno de ellos y la parte que recurre invoca el otro, el TSJ respeta la valoración probatoria de instancia.

3.2. El documento o pericia no debe haber sido contradicho por otros medios de prueba obrantes en autos

Íntimamente relacionado con el requisito anterior se encuentra este, relativo a que el documento o pericia invocado por el recurrente no haya sido contradicho por otros medios de prueba. Este requisito no puede interpretarse en el sentido de que basta con la existencia en autos de otro medio de prueba, cualquiera que sea su eficacia probatoria (su «calidad» probatoria), que contradiga al invocado por el recurrente, para que el TSJ desestime la pretensión revisora. Para ello sería preciso que el medio probatorio contradictorio tuviese una virtualidad probatoria (una credibilidad) superior al invocado por el recurrente, pues en tal caso, si el órgano judicial *a quo* le ha atribuido credibilidad a aquel, no es posible estimar la pretensión revisora con base en un medio probatorio de eficacia probatoria semejante o inferior. Ello obliga a valorar la eficacia probatoria que en el caso concreto tienen uno y otro medio de prueba.

Por último, debe tenerse en cuenta que un documento o pericia invocado en suplicación puede carecer de eficacia revisora suplicacional aunque no haya otros medios de prueba que lo contradigan. Puede ocurrir que el hecho probado combatido en suplicación haya quedado fijado por conformidad de las partes, por la *ficta documentatio* o por la *ficta confessio* (arts. 94.2 y 91.2 LRJS). Se trataría de supuestos en los que no constan en las actuaciones medios de prueba que desvirtúen la eficacia probatoria del documento o pericia invocado por el recu-

102. La STS de 11 de junio de 1986, RJ 3527, estableció que: *«ante la presencia de elementos probatorios cualificados aunque sean de escasa cuantía, no le es dable a este Tribunal ejercitar una labor revisoria de la prueba, rectificando la valoración realizada por el Magistrado, cual de si una segunda instancia se tratara, al pertenecer tal apreciación privativamente al Tribunal sentenciador»*.

rrente, pero la sentencia de instancia argumenta cumplidamente por qué ha atribuido virtualidad probatoria a la omisión injustificada de la aportación documental o a la negativa a responder a algunas preguntas del confesante, o bien explica la fijación de un hecho por conformidad de las partes, que exime de prueba, lo que justificaría el *factum* de instancia e impediría estimar la pretensión revisora.

4. Trascendencia de la modificación

La doctrina jurisprudencial rechaza las revisiones fácticas casacionales que son intranscendentes para el sentido del fallo [STS 964/2024, de 27 de junio (rec. 186/2022); 1041/2024, de 10 de septiembre (rec. 192/2022); y 1338/2024, de 11 de diciembre (rec. 272/2022), entre otras].

Pero respecto del recurso de suplicación, el TS se ha referido a la obligación de los TSJ de resolver los motivos fácticos suplicacionales aun cuando no sean trascendentes para el pronunciamiento que haga el tribunal de suplicación: *«la suplicación, al no ser último grado de jurisdicción, debe resolver en todo caso sobre motivos con dicha finalidad, dejando ya definitivamente configurada la versión judicial de los hechos, sin que pueda excluirse tal respuesta por considerar que los aducidos son intranscendentes para el pronunciamiento que haga»* (STS de 26 de diciembre de 1995, recurso 1854/1995; 22 de mayo de 1996, recurso 3602/1995; 19 de enero de 1998, recurso 1662/1997; y 12 de julio de 2001, recurso 4722/2000).

El TS impuso a los TSJ la obligación de incluir en el *factum* no solo los hechos que el TSJ necesita para resolver el recurso de suplicación, sino los que pueda necesitar el propio TS para resolver el recurso de casación para unificación de doctrina que eventualmente se pueda interponer.

El TS no ha privado al tribunal de suplicación de la posibilidad de valorar si la revisión fáctica solicitada por la parte recurrente o impugnante guarda relación con el objeto litigioso. De ser así, el TSJ debería renunciar a su facultad de valorar la relevancia de los hechos que deben incluirse en el *factum* de la sentencia, lo que en casos extremos podría llevar al absurdo de incluir hechos irrelevantes, absolutamente ajenos a la cuestión litigiosa o adiciones fácticas insidiosas. El sentido de la doctrina del TS antecitada consiste en que se deben incluir en la instancia o en suplicación no solo los hechos necesarios para que el juez o tribunal pueda dictar su sentencia, sino todos los necesarios para el examen de la cuestión litigiosa, aun cuando la solución a la que se llegue sea distinta. Así, respecto del recurso de suplicación, el TSJ debe proporcionar los elementos fácticos necesarios para la resolución no solo del recurso de suplicación que enjuicia, sino de un eventual ulterior recurso de casación para unificación de doctrina. Pero ello no implica que forzosamente tengan que introducirse en el *factum* absolutamente todos los extremos fácticos que solicite el recurrente, incluso aquéllos palmariamente ajenos a la cuestión litigiosa.

Algunos TSJ rechazan las denominadas «revisiones fácticas inconexas»: *«aquellas que pretenden introducir un hecho no cuestionado por las partes o, en todo caso, intrascendente a efectos resolutorios, a costa de suprimir otro que no se contradice con aquel y que, en todo caso, es trascendente a efectos resolutorios, pues esta forma de plantear una revisión fáctica suplicacional no pretende tanto introducir un hecho como eliminar otro, y esto último no encuentra amparo en el ámbito de la revisión fáctica suplicacional porque obliga a una revisión de la totalidad de la prueba practicada en las actuaciones relativa a tal hecho concreto»* (STSJ de Galicia de 17 de septiembre de 2014, recurso 1590/2012 y 17 de abril de 2015, recurso 5265/2014).

F) ORDEN PÚBLICO PROCESAL

Existen algunas materias, como la competencia internacional, material, objetiva, territorial o funcional[103], la acumulación de acciones, la adecuación de procedimiento[104], la incongruencia interna, la incongruencia «por error»[105], la falta de depósito o consignación o el litisconsorcio pasivo necesario[106], que por su trascendencia se sustraen a las facultades dispositivas de las partes procesales y a las propias reglas que rigen el recurso, de forma que el TSJ puede y debe entrar en su examen aun cuando no hayan sido invocadas por las partes, y en la búsqueda de la verdad el órgano judicial no está vinculado por los motivos alegados por las partes ni por los hechos probados de instancia, lo que supone que el TSJ debe examinar en su integridad las actuaciones, valorando en su caso las pruebas evacuadas.

La razón se encuentra en que se trata de materias indisponibles y que afectan a cuestiones esenciales del proceso. Es decir, el tribunal tiene que velar por el cumplimiento de las normas esenciales del procedimiento, que quedan fuera de

103. STS 1238/2024, de 12 de noviembre (rcud 4275/2023).

104. MARÍN CORREA, J. M.: «Medios de impugnación en el proceso laboral (excepto el Recurso de Casación para unificación de doctrina)», en RAMÍREZ, J. M. y SALA FRANCO, T. (Coordinadores): *Unificación de doctrina del Tribunal Supremo en materia laboral y procesal laboral. Estudios en homenaje al profesor Doctor Efrén Borrajo Dacruz*, Tirant lo Blanch, Valencia, 1999, págs. 562 y 563, incluye dentro del orden público procesal la adecuación del procedimiento, la competencia por razón de la materia y la competencia funcional, diferenciando entre faltas esenciales de procedimiento «privadas» (el entrecomillado es del citado autor) y las faltas esenciales de procedimiento referidas a las tres categorías antes citadas, que no exigen ningún requisito previo para su examen en suplicación.

105. La STS de 26 de mayo de 1999, RJ 4994, con cita de la de 23 de diciembre de 1993, RJ 10002, sostiene que la incongruencia interna y la incongruencia «por error» son cuestiones de derecho necesario que afectan al orden público del proceso y por lo tanto tienen que ser examinadas de oficio por el Tribunal.

106. IGLESIAS CABERO, M.: «Los recursos laborales en la Ley de Procedimiento Laboral de 27 de abril de 1990», *RL*, 1990-1, pág. 383.

las facultades dispositivas de las partes. La *cognitio* plena del TSJ en estos casos supone que la suplicación no se constriñe a los estrechos límites propios de un recurso extraordinario, sino que viene a actuar como una segunda instancia. Incluso va más allá que el propio recurso de apelación, porque el TSJ no está vinculado por las alegaciones de las partes, sino que tiene competencia para examinar estas cuestiones de oficio.

4. MOTIVO SUPLICACIONAL DEL ART. 193.C) LRJS: INFRACCIONES SUSTANTIVAS

El art. 193.c) LRJS se refiere a este motivo en los términos siguientes: *«Examinar las infracciones de normas sustantivas o de la jurisprudencia»*. El art. 196.2 LRJS añade estas exigencias: *«se expresarán, con suficiente precisión y claridad, el motivo o los motivos en que se ampare, citándose las normas del ordenamiento jurídico o la jurisprudencia que se consideren infringidas. En todo caso se razonará la pertinencia y fundamentación de los motivos»*. Los requisitos son los siguientes:

A) DENUNCIAR LA INFRACCIÓN DE NORMAS JURÍDICAS O DE LA JURISPRUDENCIA

El TS ha afirmado que no cabe resolver un recurso de casación aplicando un precepto legal que no ha sido denunciado por la parte recurrente porque no pueden plantearse de oficio otras cuestiones sin violar el principio de igualdad de partes (STS de 28 de septiembre de 2012, recurso 171/2011).

La regulación legal del recurso extraordinario de suplicación también exige la fundamentación del motivo (art. 196.2 LRJS). Por ello, algunos TSJ rechazan estos motivos del art. 193.c) LRJS si no se denuncia la infracción de la concreta norma jurídica esencial para resolver la controversia litigiosa[107], mientras que otros realizan interpretaciones menos formalistas de este requisito[108].

Se pueden denunciar al amparo de este motivo las normas jurídicas y sentencias siguientes:

1) Las normas de la Unión Europea: tratados, reglamentos y directivas (art. 4 bis LOPJ) y los tratados internacionales (art. 1.5 del Código Civil).

107. STSJ de Asturias de 29 de mayo de 2018, recurso 985/2018; TSJ de Castilla y León con sede en Burgos de 30 de junio de 2017, recurso 420/2017; TSJ de la Comunidad Valenciana de 21 de febrero de 2017, recurso 917/2016; Extremadura de 11 de diciembre de 2018, recurso 681/2018; TSJ de Madrid de 8 de mayo de 2017, recurso 243/2017; STSJ de Castilla y León con sede en Valladolid n.º 1188/2007, de 13 julio; Cataluña n.º 5855/2007, de 7 septiembre.

108. STSJ de Madrid de 10 de noviembre de 2017, recurso 815/2017 y del TSJ de Galicia de 22 de abril de 2014, recurso 1683/2012.

2) También puede denunciarse la vulneración de Derecho extranjero y de la costumbre. Pero ambos deben ser acreditados en el juicio.

Por consiguiente, se podrá solicitar la revisión del apartado de la sentencia de instancia intitulado «Hechos probados» formulando un motivo al amparo del apartado b) del art. 193 LRJS en el que se solicite la incorporación del Derecho extranjero o de la costumbre aplicable. A continuación, la parte recurrente debe formular un motivo amparado en la letra c) del art. 193 LRJS en el que denuncie la vulneración de Derecho extranjero o consuetudinario. El primero de esos motivos se refiere a la prueba del Derecho extranjero y de la costumbre y el segundo a su aplicación en cuanto norma jurídica.

3) No tienen la consideración de norma jurídica y por lo tanto no pueden fundamentar estos motivos, los convenios colectivos extraestaturarios (STSJ de Islas Canarias con sede en Santa Cruz de Tenerife de 18 de julio de 2017, recurso 776/2016), los contratos (STSJ de la Comunidad Valencia, de 19 de julio de 2005, recurso 4175/2004)[109], las circulares o resoluciones administrativas (STSJ de Galicia de 14 de mayo de 2014, recurso 2345/2012), las circulares o reglamentos de régimen interior de las empresas (STSJ de Andalucía con sede en Málaga de 5 de mayo de 2016, recurso 418/2016 y TSJ de Asturias, de 17 de julio de 2015), los estatutos de los sindicatos o sus normas internas [STS 1050/2017, de 20 de diciembre (rec. 270/2016)]; las instrucciones o circulares de las Administraciones públicas, la Norma Internacional SA8000 (STSJ de Andalucía con sede en Málaga de 5 de mayo de 2016, recurso 418/2016)[110], los expedientes de regulación de empleo, ni los acuerdos suscritos en ellos (STSJ de Asturias de 28 de marzo de 2014, recursos 554/2014, 555/2014, 556/2014, 560/2014, 561/2014 y 563/2014; y 12 de diciembre de 2014, recurso 2191/2014).

La STS 1050/2017, de 20 de diciembre (rec. 270/2016) explica que no pueden sustentar motivos casacionales de infracción de normas jurídicas las *«"cláusulas de pactos o acuerdos entre partes" [STS 08/05/06 —rco 179/04—; y 16/06/10 —rco 68/09—]; un Acuerdo Marco [STS 10/05/04 —rcud 4686/03—]; un Acuerdo entre la empresa y los representantes de los trabajadores [STS 05/04/06 —rco 73/05—]; un Acuerdo empresa-sindicatos [STS 10/04/06 —rco 198/04—]; "los acuerdos de empresa que no tengan la condición de convenios estatutarios por no haberse negociado conforme a establecido en el Título III y/o no haber sido objeto de publicación" [STS 13/05/13 —rco 84/12—; y 11/02/14 —rco 27/13—]; un pacto que no tiene naturaleza de convenio colectivo [STS 19/02/01 —rco 2964/00—]; las resoluciones, circulares o instrucciones de un*

109. La STSJ de la Comunidad Valencia, de 19 de julio de 2005, niega que puedan denunciarse al amparo del art. 193.c) LRJS las normas contractuales de la propia empresa que regulan la figura del mando intermedio y sus garantías.

110. La STSJ de Andalucía con sede en Málaga de 5 de mayo de 2016, recurso 418/2016, niega que tenga la condición de norma sustantiva, a los efectos del recurso de suplicación, la Norma Internacional SA8000.

organismo público o entidad privada [STS 21/09/99 —rcud 5014/97— Art. 7755, para Circular de una entidad bancaria; 13/12/01 —rcud 4255/00—; 11/06/08 —rco 17/08—, para Circular de AENA; 30/04/12 —rco 49/11—, para la ONCE]; incluso un convenio colectivo extraestatutario, aunque con la posible salvedad de que hubieran sido publicados en un periódico oficial [STS 14/01/08 —rco 91/06—]; un Pacto de Fusión suscrito durante la agrupación de dos entidades bancarias [STS 24/05/10 —rco 143/09—];un convenio colectivo declarado nulo por sentencia firme [STS 18/10/07 —rco 110/06—]; la llamada "normativa laboral" de grandes empresas [para la Compañía Telefónica, STS 07/05/92 —rco 1755/91—; 24/06/92 —rco 2010/91—; y 17/07/93 —rco 171/92—; y para "La Caixa", STS 08/05/06 —rco 179/04—; 25/05/10 —rco 69/09—; 16/06/10 —rco 68/09—; y 30/09/10 —rco 186/09—]».

Si la parte recurrente alega que se ha vulnerado lo previsto en un contrato o un pacto extraestatutario, en tal caso deberá denunciar la infracción de las normas que regulan la aplicación de los contratos (art. 1255 y concordantes del Código Civil) o la interpretación de los contratos (arts. 1281 y siguientes del Código Civil) o bien de la norma sustantiva relacionada con la controversia litigiosa: por ejemplo, si versa sobre las pagas extras, el art. 31 ET o los preceptos del convenio colectivo estatutario aplicable que las regulan.

Lo mismo sucede cuando la controversia litigiosa versa circulares o resoluciones administrativas, circulares o reglamentos de régimen interior de las empresas o estatutos sindicales. La parte recurrente deberá denunciar la vulneración de las normas jurídicas reguladoras de la materia litigiosa.

4) La denuncia de la infracción de «jurisprudencia» se interpreta en el sentido del art. 1.6 del Código Civil: la establecida por el TS. Por tanto, el recurso de suplicación que pretenda fundamentarse en la infracción de la jurisprudencia, no puede limitarse a citar sentencias de los TSJ (STSJ de Cataluña de 9 de julio de 2013, recurso 2049/2013)[111], de la Audiencia Nacional o del extinto TCT (STSJ de Aragón de 11 de mayo de 2000, recurso 242/1999), que no tienen la condición de jurisprudencia *ex art.* 1.6 del Código Civil.

Si lo que pretende la parte recurrente es invocar la doctrina establecida en la resolución de un TSJ, no debe limitarse a denunciar la infracción de la sentencia del TSJ, sino que deberá articular este motivo del recurso denunciando la infracción de la norma sustantiva que dicho TSJ interpreta y aplica.

111. La STSJ de Cataluña de 9 de julio de 2013, recurso 2049/2013, explica que la mención de sentencias de Tribunal Superiores de Justicia de diferentes Comunidades Autónomas, no constituyen jurisprudencia de conformidad con el art. 1.6 del Código Civil, que establece que la jurisprudencia complementará el ordenamiento jurídico con la doctrina que de modo reiterado establezca en TS al interpretar la ley, la costumbre y los principios generales del derecho.

5) El recurso de suplicación puede fundamentarse en las sentencias del TC, TEDH y TJUE.

Las sentencias del TC, TEDH y TJUE no tienen la condición de jurisprudencia en el sentido del art. 1.6 del Código Civil, que se limita al TS. Pero el art. 219.2 LRJS establece: *«Podrá alegarse como doctrina de contradicción la establecida en las sentencias dictadas por el TC y los órganos jurisdiccionales instituidos en los Tratados y Acuerdos internacionales en materia de derechos humanos y libertades fundamentales ratificados por España»*. Si las STC y del TEDH pueden invocarse a efectos del recurso de casación para la unificación de doctrina, con mayor razón aún podrán sustentar el recurso de suplicación. Su función constitucional supone que se puede fundamentar el recurso de suplicación citando las citadas sentencias.

El art. 4 bis LOPJ tiene el siguiente contenido: *«Los Jueces y Tribunales aplicarán el Derecho de la Unión Europea de conformidad con la jurisprudencia del TJUE»*. Si la sentencia del Juzgado de lo Social vulnera la jurisprudencia del TJUE, la parte procesal podrá fundamentar su recurso de suplicación en una sentencia del TJUE, en aras a garantizar el cumplimiento del citado art. 4 bis LOPJ.

No deben identificarse las sentencias de los tribunales únicamente con su fecha porque puede haber una pluralidad de sentencias del TS, de un TSJ o de la Audiencia Nacional con la misma fecha. La identificación de una sentencia solamente con su fecha es incompleta. Debe individualizarse con el número de sentencia o del recurso, o con ambos.

Sin embargo, la defectuosa identificación de la sentencia únicamente con su fecha no debe impedir que el TSJ conozca el motivo suplicacional porque normalmente es posible discernir a cuál de las sentencias dictadas con la misma fecha se refiere la parte recurrente (por ejemplo, porque se trata de una doctrina jurisprudencial relativa al despido objetivo y de las 15 sentencias de la Sala Social de ese TS con idéntica fecha solo una versa sobre esa materia). Aunque no impida el examen del motivo suplicacional, la correcta identificación de las sentencias facilita el trabajo del TSJ.

B) RAZONAR LA PERTINENCIA Y FUNDAMENTACIÓN DE LOS MOTIVOS

La doctrina jurisprudencial fija el alcance del requisito de admisibilidad del recurso de casación para la unificación de doctrina previsto en el art. 224.1.d) LRJS consistente en *«la fundamentación de la infracción legal cometida»:*

«El requisito no se cumple con sólo indicar los preceptos que se consideren aplicables, sino que además, al estar en juego opciones interpretativas diversas que han dado lugar a los diferentes pronunciamientos judiciales, es requisito ineludible

razonar de forma expresa y clara sobre la pertinencia y fundamentación del recurso en relación con la infracción o infracciones que son objeto de denuncia [...] se trata, en definitiva, de que el escrito de recurso contenga una exposición suficiente, no solo de la norma infringida, sino también de los motivos y razonamientos jurídicos en los que se fundamenta la alegada infracción, de tal forma que la Sala no se vea en la necesidad de construir de oficio los argumentos que puedan conducir a su estimación, lo que sería tanto como asumir funciones de parte para suplir la inactividad de la recurrente» (STS de 12 de diciembre de 2017, recurso 2351/2016).

El art. 196.2 LRJS exige que se razone la pertinencia y fundamentación de los motivos de suplicación. Por consiguiente, no basta con invocar el precepto jurídico o la doctrina jurisprudencial vulnerados, sino que es necesario explicitar por qué la resolución recurrida ha vulnerado el ordenamiento jurídico.

C) SUJECIÓN A LOS HECHOS PROBADOS

Los motivos suplicacionales amparados en la letra c) del art. 193 LRJS deben resolverse con sujeción a los hechos probados de la sentencia de instancia, con las revisiones fácticas estimadas al amparo de los motivos sustentados en la letra b) del art. 193 LRJS.

Es decir, cuando se formula un motivo suplicacional al amparo del art. 193.c) LRJS no puede sustentarse en el conjunto de la prueba evacuada: no cabe invocar documentos o pericias obrantes en las actuaciones, porque no se está resolviendo un recurso ordinario de apelación sino uno extraordinario de suplicación, sujeto al relato histórico de autos.

La sentencia del TSJ no se construye sobre la base de la prueba evacuada sino con base en los hechos probados de instancia, con las revisiones fácticas suplicacionales que se hayan estimado.

Frecuentemente, las partes recurrentes en suplicación desarrollan motivos amparados en el art. 193.c) LRJS que no construyen su argumentación sobre la base de los hechos probados de instancia más las adiciones fácticas postuladas al amparo del art. 193.b) LRJS, sino que la parte recurrente menciona los concretos medios de prueba obrantes en las actuaciones que apoyan su pretensión, como se si tratase de un recurso de apelación civil.

Sustentar un motivo de denuncia jurídico-sustantiva en unos hechos distintos de los reseñados por la sentencia de instancia supone lo que el TS denomina *«rechazable vicio procesal de la llamada "petición de principio" o "hacer supuesto de la cuestión", que se produce cuando se parte de premisas fácticas distintas a las de la resolución recurrida»* [STS 1157/2024, de 24 de septiembre (rec. 199/2022); 1199/2024, de 16 de octubre (rec. 211/2022); y 1246/2024, de 14 de noviembre (rec. 227/2022, Pleno)].

Por ejemplo, si la sentencia de instancia declara probado que el actor padece una cardiopatía con capacidad funcional de 7 METS, la parte recurrente no puede formular un motivo suplicacional amparado en el art. 193.c) LRJS en el que mencione un informe médico que afirme que el demandante tiene una capacidad funcional de solamente 5 METS. Si lo hiciera, su recurso fracasaría porque el TSJ debe fallar con base en el relato fáctico de autos y no sobre las pruebas obrantes en las actuaciones, que fueron valoradas por el Juez de lo Social, lo que le está vedado al TSJ.

Por eso, si la parte recurrente no está de acuerdo con la capacidad funcional de 7 METS, debe intentar revisar ese hecho probado mediante un motivo amparado en el art. 193.b) LRJS, indicando la concreta prueba documental o pericial que demuestra el error probatorio de instancia.

Si se trata de un motivo del art. 193.c) LRJS cuya estimación está subordinada al éxito de la revisión fáctica suplicacional, el fracaso de la pretensión revisora arrastra la desestimación del motivo de infracción jurídica, puesto que este se apoya en premisas distintas de las que sustentan la sentencia recurrida.

La parte recurrente, al redactar el escrito de interposición del recurso de suplicación, formula primero sus motivos amparados en el apartado b) del art. 193 LRJS y después los sustentados en el apartado c) del art. 193 LRJS. Al redactar estos últimos, el recurrente desconoce si el TSJ va a admitir los motivos de revisión fáctica suplicacional.

En el ejemplo anterior, un trabajador reclama la pensión de incapacidad permanente total por padecer una cardiopatía. La sentencia de instancia desestima la demanda, declarando probado que su capacidad funcional es de 7 METS. En el escrito de interposición del recurso de suplicación:

1) El trabajador debe postular la revisión del relato fáctico de instancia a fin de que se sustituya la mención relativa a que su capacidad funcional es de 7 METS por la de 5 METS.

Para ello, en primer lugar, debe identificar el concreto medio de prueba o mecanismo procesal de fijación de hechos que ha servido al Juzgado de lo Social para fijar su capacidad funcional en 7 METS: debe precisar a qué medio de prueba ha atribuido credibilidad del Juez de instancia para fijar ese hecho como probado.

A continuación, la parte recurrente debe identificar el concreto documento o pericia que acredita que la verdadera capacidad funcional es de 5 METS.

El éxito de este motivo requiere que la parte recurrente argumente por qué el documento o pericia que afirma que tiene 5 METS tiene una credibilidad superior que el que sostiene que tiene 7 METS. Si se trata de dos medios de prueba con credibilidad semejante, el TSJ confirmará la apreciación probatoria de instancia. La finalidad de este motivo es convencer al TSJ de que el Juzgado de lo Social se ha equivocado al declarar probado que la capacidad funcional es de 7 METS.

2) A continuación, el recurrente debe formular un motivo suplicacional amparado en el art. 193.c) LRJS en el que denuncie la vulneración de las normas de la LGSS que regulan la pensión de incapacidad permanente total solicitada.

Al redactar este motivo, la parte recurrente desconoce si el TSJ va a estimar o no la pretensión de que se declare que la capacidad funcional es de 5 METS. Por ello, la parte recurrente debe argumentar su pretensión de que se reconozca una pensión de incapacidad permanente sobre la base de los hechos probados revisados: al tener una capacidad funcional de 5 METS, está impedido profesionalmente.

Pero, por si el TSJ rechaza la revisión fáctica suplicacional, también deberá desarrollar una argumentación subsidiaria explicando que, aun cuando la capacidad funcional sea de 7 METS, el trabajador también está inhabilitado profesionalmente.

En caso contrario, si se construye el motivo suplicacional amparado en el art. 193.c) LRJS supeditándolo al éxito de la revisión fáctica suplicacional amparada en el art. 193.b) LRJS, el fracaso de este arrastraría a aquel.

D) OTROS MECANISMOS DE REVISIÓN FÁCTICA

El art. 97.2 LRJS establece que, en la sentencia, el Juez Social *«apreciando los elementos de convicción, declarará expresamente los hechos que estime probados»* (art. 218.2 LEC). La referencia a los *«elementos de convicción»* remite a un concepto más amplio que el de los *«medios de prueba»*. Por consiguiente, la ausencia de prueba directa respecto de la afirmación contenida en un hecho probado de la sentencia de instancia no supone necesariamente que se infrinjan las normas del razonamiento probatorio porque puede tratarse:

1) De un hecho exento de prueba, por ser conforme o notorio.

2) De un hecho declarado probado sobre la base de la conducta de una de las partes (por ejemplo, porque se negó injustificadamente a aportar un documento esencial: la *ficta documentatio*).

El apartado b) del art. 193 LRJS en relación con el art. 196.3 LRJS, conforme a su tenor literal, regula un motivo de suplicación que permite la revisión de los hechos probados basada en prueba documental o pericial que demuestre el error probatorio de instancia. Cualquier otra pretensión de modificación de los hechos probados distinta de esa, no debería articularse al amparo de ese apartado b) del art. 193 LRJS.

En efecto, la revisión fáctica prevista en el art. 193.b) LRJS se refiere, en principio, a los hechos probados en sentido estricto. Como regla general es ajena a los hechos conformes y notorios, puesto que el mentado precepto lo que permite es que el recurrente indique la presencia en autos de prueba documental o pericial que acredite el error en la valoración de la prueba de instancia, y si se trata de un hecho conforme o notorio, no se habrá establecido sobre la base de la valoración de una prueba efectuada por el Juez de lo Social sino sobre la base de consideraciones ajenas a la prueba de instancia, dirigida exclusivamente a acreditar los hechos controvertidos, no los hechos exentos de prueba. Lo mismo sucede con los hechos fijados con base en la *ficta confessio* y la *ficta documentatio*.

Tradicionalmente, en el recurso de casación civil regulado en la LEC de 1881, en su redacción original, se distinguía entre error de hecho y error de derecho en la valoración de la prueba. La redacción original del art. 1692.7.º LEC de 1881 diferenciaba entre el error derivado de documento o acto auténtico, considerado como error de hecho, y el error de derecho en la apreciación de los restantes medios de prueba. Con base en este precepto se distinguía entre las normas de valoración de la prueba documental, que gravitaban sobre el campo del error de hecho, y las normas de valoración de los restantes medios de prueba tasada, que gravitaban sobre el campo del error de derecho[112]. Esa concepción específica del error de hecho casacional basado en el documento auténtico, que se encuentra en el origen de la revisión fáctica suplicacional (desde 1941 hasta 1949 el TCT aplicó al recurso de suplicación la doctrina jurisprudencial sobre el documento auténtico), subyace en el art. 193.b) de la vigente LRJS, que se limita al error de hecho acreditado por la prueba documental y pericial.

En cuanto al apartado del art. 193 LRJS al amparo del cual deben formularse estos motivos, a mi juicio, como los motivos suplicacionales del apartado a) del art. 193 LRJS se refieren a las infracciones procedimentales causantes de indefensión, cuando se denuncie la infracción de otras normas que regulan la fijación de los hechos probados (como la notoriedad o la conformidad de las partes), deberá articularse al amparo del apartado c) del art. 193 LRJS.

Es cierto que el art. 193.c) LRJS menciona las normas sustantivas y en estos supuestos se trata de normas procesales. Pero cuando se denuncia la infracción de otras normas procesales atinentes al juicio lógico de la sentencia, como la caducidad de la acción, la carga de la prueba o la cosa juzgada, estos motivos se articulan al amparo del apartado c) del art. 193 LRJS porque pretenden la revocación de la sentencia de instancia, no la anulación de las actuaciones.

---

112. *Vide* NÚÑEZ LAGOS, R.: «Documento auténtico en la casación civil», *Revista de Derecho Procesal Iberoamericana y filipina*, n.º 4, 1959, pág. 529.

Por ello, aunque el art. 193.c) LRJS menciona la infracción de normas sustantivas, deben incluirse las normas procesales relativas al enjuiciamiento. En cualquier caso, el error de la parte recurrente al formular estos motivos al amparo del apartado a), b) o c) del art. 193 LRJS, o incluso la omisión de la cita del apartado del art. 193 LRJS que ampara el motivo, no debe impedir que se entre en su examen, en aras al derecho a la tutela judicial efectiva del art. 24 CE, que obliga a evitar los formalismos rigurosos.

Si se formula un motivo al amparo del apartado c) del art. 193 LRJS en el que se postula la modificación de los hechos probados de instancia, por ejemplo porque considera conforme un hecho cuando no ha habido conformidad de las partes procesales, en el orden de los motivos, ese motivo deberá formularse antes que los motivos sustentados en el art. 193.c) LRJS en los que se denuncie la infracción de una norma sustantiva porque aquel motivo sirve para fijar los hechos probados con base en los cuales se aplican las normas jurídico-sustantivas: en primer lugar debe fijarse el relato histórico y a continuación aplicar las normas sustantivas.

La operatividad práctica de estas pretensiones revisoras es muy escasa. Desde el punto de vista de la dogmática procesal no ofrece duda que la parte perjudicada por una sentencia debe tener la posibilidad de denunciar el error del Juez de lo Social si, por ejemplo, ha considerado conforme un hecho cuando claramente dicha conformidad no se ha producido. Pero la *praxis* de los Tribunales de suplicación revela que estos están centrados en las revisiones fácticas articuladas al amparo del apartado b) del art. 193 LRJS. El éxito de otras vías de modificación fáctica es muy pequeño.

Por ello, resulta crucial que la parte procesal que postula esta modificación fáctica argumente claramente que se ha producido un error de hecho. Por ejemplo, si la sentencia de instancia afirma erróneamente que el trabajador despedido era delegado de personal, por considerarlo equivocadamente un hecho conforme, la parte recurrente debe indicar el folio del escrito de demanda o el minuto de la grabación del juicio oral en el que la parte demandante se opuso a ese hecho, lo que posibilita que el TSJ pueda constatar el error en la fijación de dicho hecho sin necesidad de un examen exhaustivo de todas las actuaciones que resultaría incompatible con este recurso extraordinario.

a) Hechos conformes

Los hechos admitidos o conformes son aquellos que son alegados por una de las partes en el proceso y son aceptados como ciertos por la contraria, los cuales no son objeto de prueba, ya que la afirmación fáctica de las partes vincula al juez (arts. 87.1 LRJS y 281.3 LEC). La razón de esta vinculación del juzgador, aun cuando le conste que los hechos fijados de consuno no son ciertos, radica en el carácter dispositivo del proceso. La única excepción la prevé el art. 281.3

LEC al excluir los casos en que la materia objeto del proceso esté fuera del poder de disposición de los litigantes.

La mayoría de los hechos que aparecen en el apartado de las sentencias sociales denominado «hechos probados» son hechos conformes. Así, en un pleito por despido los hechos probados de la sentencia deben incluir todos los extremos previstos en el art. 107 LRJS: antigüedad, categoría profesional, salario, lugar de trabajo, jornada, fecha y forma del despido... Normalmente no se discuten la mayoría de esos hechos: las partes procesales están de acuerdo en cuál fue la fecha inicial de prestación de servicios, la categoría profesional del trabajador despedido, su salario...

A pesar de la conformidad de las partes procesales, son hechos necesarios para el silogismo judicial: para el razonamiento judicial. Por ejemplo, la antigüedad y salario permiten calcular y explicar cómo se ha calculado la indemnización por despido.

La doctrina jurisprudencial ha sostenido que *«[e]l hecho conforme no solamente está exento de prueba [...] sino que ni siquiera está necesitado de ser incluido en el relato fáctico, pese a lo cual la Sala puede tenerlo en cuenta sin acceder a la correspondiente revisión fáctica, que se hace innecesaria»* (STS de 26 de mayo de 2009, recurso 108/2008; 30 de septiembre de 2010, recurso 186/2009 y 21 de abril de 2015, recurso 296/2014).

Algunos TSJ excluyen de los términos de la redacción fáctica solicitada en suplicación tanto los hechos notorios como los conformes (STSJ de Castilla y León con sede en Burgos de 25 de junio de 2018, recurso 331/2018; TSJ de Galicia de 10 de abril de 2014, recurso 376/2014; TSJ de La Rioja de 23 de febrero de 2017, recurso 67/2017; y TSJ de Madrid de 25 de mayo de 2018, recurso 1446/2017).

Es cierto que el motivo suplicacional regulado en el art. 193.b) LRJS se limita a la impugnación de hechos controvertidos que se han declarado probados con base en prueba documental o pericial, no de los hechos conformes, ni notorios. El motivo «cerrado» del art. 193.b) LRJS no es apto para combatir hechos conformes ni notorios porque están exentos de prueba. Pero si la sentencia de instancia considera que un hecho es conforme, incluyéndolo en su relato histórico, la parte que no está de acuerdo deberá instar su modificación suplicacional.

Respecto de la relevancia suplicacional de los hechos conformes hay que diferenciar:

1) Error negativo: en el apartado de la sentencia de instancia denominado «hechos probados» se omite un hecho conforme.

Se trata del caso en que hubo aquiescencia de las partes respecto de un concreto extremo fáctico, pese a lo cual la sentencia de instancia no lo recogió. La omisión de un hecho conforme puede ser apreciada por el TSJ para completar el relato fáctico.

Desde el punto de vista de la parte recurrente, si considera que un hecho conforme se ha omitido, sería recomendable que, para asegurar que el TSJ tenga en cuenta dicho hecho, formule un motivo suplicacional en el que identifique las actuaciones de instancia que demuestran la conformidad de las partes, lo que supone indicar la concreta parte de la demanda en la que se afirma el hecho y el minuto de la grabación del juicio oral en el que la parte demandada muestra su conformidad con él.

A nuestro juicio, ese motivo no se articulará al amparo del art. 193.b) LRJS porque no se invoca un documento o pericia evidenciador del error sino al amparo del art. 193.c) LRJS, denunciando la infracción de las normas jurídicas que regulan los hechos conformes (arts. 87.1 LRJS y 281.3 LEC).

2) Error positivo: en el apartado de la sentencia de instancia denominado «hechos probados» se incluye una afirmación relativa a un hecho conforme.

La sentencia de instancia declara que un hecho es conforme, aunque en realidad no hubo aquiescencia de las partes. Si la sentencia ha incluido una afirmación relativa a dicho hecho conforme, la operatividad práctica requiere articular un motivo de suplicación con esta finalidad.

En efecto, el TSJ dicta su sentencia con base en el relato fáctico de instancia más las revisiones amparadas en el art. 193.b) LRJS. Si la sentencia del Juzgado de lo Social contiene una afirmación de hecho, deberá resolver el recurso de suplicación conforme a ella salvo que se proceda a su revisión fáctica.

Nos encontramos fuera del motivo previsto en el apartado b) del art. 193 LRJS (que se ciñe al error fáctico evidenciado por prueba documental o pericial). Por ello, deberá formularse un motivo amparado en el apartado c) del art. 193 LRJS en el que debe denunciarse la infracción de un precepto jurídico (el art. 281.3 LEC y el art. 87.1 LRJS en relación con el art. 24 CE) o de la doctrina jurisprudencial atinente a la conformidad en la fijación de los hechos.

En tal caso, la parte procesal deberá indicar las concretas actuaciones de instancia que revelan el error de la sentencia recurrida respecto del conforme. Es decir, debe identificar la concreta parte de la demanda y de la contestación que evidencie que no hubo acuerdo de las partes acerca de este extremo. En tal caso el Tribunal deberá examinar la demanda y la grabación del juicio oral para constatar si hubo o no conformidad de las partes en cuanto a este extremo fáctico.

No es admisible que la parte recurrente se limite a afirmar que un hecho carece de sustento en las actuaciones procesales. Frecuentemente el razonamiento probatorio de la sentencia de instancia no ha especificado si ese concreto hecho probado se ha fijado por conformidad de las partes o como consecuencia de la prueba practicada. En tal caso, la parte recurrente suele formular un motivo suplicacional al amparo del apartado b) del art. 193 LRJS en el que afirma que no existe ningún medio de prueba que sustente dicho motivo.

Al examinar los requisitos de la revisión fáctica suplicacional hemos explicado que tanto el TS (respecto de la casación ordinaria) como los TSJ (respecto de la suplicación) han sostenido que no cabe fundar la revisión fáctica en la denominada prueba negativa u obstrucción negativa: en la inexistencia de pruebas demostrativas del hecho declarado como probado.

El apartado b) del art. 193 LRJS, que se limita a regular un motivo suplicacional de revisión fáctica basada en dos medios de prueba (documental y pericial), no es apto para una pretensión de este tipo.

La parte recurrente no puede pretender que el TSJ examine el escrito de demanda y la grabación del juicio oral para determinar si el hecho combatido es conforme y a continuación que examine todos los medios de prueba evacuados para determinar si dicho hecho probado tiene sustento o no. Ese examen del conjunto de la prueba excede los límites del recurso extraordinario de suplicación. Ello ilustra acerca de la dificultad de estas concretas pretensiones revisoras.

Un supuesto distinto se produce cuando la parte recurrente combate un hecho conforme invocando prueba documental o pericial, al amparo del art. 193.b) LRJS. Es decir, sostiene que un hecho fijado por conformidad entre las partes no es cierto, como lo acredita la prueba documental o pericial que cita.

Como regla general las partes son dueñas de los hechos, de forma que su conformidad sobre ellos prevalece sobre las pruebas obrantes en autos (salvo en materias indisponibles).

Si verdaderamente hubo conformidad de las partes procesales sobre un hecho y, pese a ello, una de las partes pretende la revisión suplicacional con base en una prueba obrante en la causa contradictoria con el hecho conforme, se tratará de una cuestión nueva suscitada por primera vez en suplicación, no pudiendo estimarse el motivo.

Por ello, si la sentencia afirma que un hecho está fijado por conformidad de las partes, no bastará con que obre en la causa algún medio de prueba que evidencie su incerteza. Para dejar sin efecto la declaración fáctica de instancia relativa a este hecho es preciso que la parte recurrente demuestre que el Juez de lo Social yerra al afirmar que se trata de un hecho conforme. Para ello, debe indicar las actuaciones de instancia relativas a la fijación de los hechos por las partes (normalmente el escrito de demanda y aquella parte de la grabación del juicio oral que contenga la contestación a la demanda) que evidencien que las partes procesales no se mostraron conformes en cuanto al citado hecho. Y también deberá formular un motivo de revisión fáctica suplicacional basado en el documento o pericia que acreditan la veracidad del hecho controvertido cuya adición solicita.

b) Hechos notorios

El art. 281.4 LEC dispone: *«No será necesario probar los hechos que gocen de notoriedad absoluta y general»*. El error del Juzgado de lo Social respecto de los hechos notorios, ya sea positivo o negativo, no puede quedar al margen del recurso de suplicación. Si el Juez de lo Social incluye en los hechos probados de su sentencia una afirmación de hecho por considerar que es notoria y no es así (error positivo), la parte disconforme podrá articular un motivo suplicacional al amparo del art. 193.c) LRJS en el que denuncie la infracción del art. 281.4 LEC o de la doctrina jurisprudencial relativa a los hechos notorios, explicando por qué esa afirmación fáctica no es notoria.

Si la sentencia de instancia omite una afirmación fáctica y la parte procesal considera que es notoria (error negativo), podrá formular un motivo con el mismo amparo procesal solicitando su inclusión en el relato de hechos probados.

La importancia de la notoriedad en la fijación de hechos en las sentencias sociales es mucho menor que la conformidad, con la única salvedad de materias específicas, como la afectación general del art. 191.3.b) de la LRJS, que permite el acceso a suplicación.

c) Ficta confessio y ficta documentatio

La *ficta confessio* está regulada en el art. 91.2 LRJS y en el art. 304 LEC. El art. 91.2 LRJS dispone:

> *«Si el llamado al interrogatorio no compareciese sin justa causa a la primera citación, rehusase declarar o persistiese en no responder afirmativa o negativamente, a pesar del apercibimiento que se le haya hecho, podrán considerarse reconocidos como ciertos en la sentencia los hechos a que se refieran las preguntas, siempre que el interrogado hubiese intervenido en ellos personalmente y su fijación como ciertos le resultare perjudicial en todo o en parte».*

La *ficta documentatio* está regulada en el art. 94.2 LRJS y en el art. 329.1 LEC. El art. 94.2 LRJS regula eficacia fáctica de la omisión de aportación de prueba documental:

> *«Los documentos y otros medios de obtener certeza sobre hechos relevantes que se encuentren en poder de las partes deberán aportarse al proceso si hubieran sido pro-*

> *puestos como medio de prueba por la parte contraria y admitida ésta por el juez o tribunal o cuando éste haya requerido su aportación. Si no se presentaren sin causa justificada, podrán estimarse probadas las alegaciones hechas por la contraria en relación con la prueba acordada».*

El art. 90.7 LRJS dispone:

> *«En caso de negativa injustificada de la persona afectada a la realización de las actuaciones acordadas por el órgano jurisdiccional [...] pudiendo igualmente valorarse en la sentencia dicha conducta para tener por probados los hechos que se pretendía acreditar a través de la práctica de dichas pruebas».*

La STS 801/2018, de 19 de julio (rec. 169/2017) interpreta el art. 94.2 LRJS en el sentido de que *«es potestativo del juez o tribunal el estimar probadas las alegaciones hechas por la parte solicitante de la prueba, no que, siempre que no se aporte la prueba que ha sido admitida y, requerida la parte para su aportación, hayan de tenerse como probados los hechos alegados en relación con la prueba acordada. El que la Sala no haya tenido por probados las alegaciones hechas por la parte actora en relación con la prueba solicitada, admitida y, no aportada por la empresa [...] no supone, por las razones anteriormente consignadas, vulneración del derecho de defensa ni del derecho a utilizar los medios de prueba pertinentes».*

La STS de 21 de abril de 2015, recurso 296/2014, añade que el art. 91.2 LRJS *«otorga al Juez o Tribunal sentenciador una facultad [...] que podrá utilizar en todo o en parte [...] en especial siempre que tales hechos sean verdaderos datos fácticos concretos y precisos, pero no cuando consistan en interpretaciones jurídicas o aparezcan desvirtuados por otros hechos o cuando sea racionalmente exigible una mayor actividad probatoria para "probar la certeza de los hechos de los que ordinariamente se desprenda, según las normas jurídicas a ellos aplicables, el efecto jurídico correspondiente a las pretensiones..." (arg. ex art. 217.2 LEC), lo que deberá motivarse, en uno u otro sentido, en la sentencia que se dicte».*

La STS de 12 de mayo de 2009, recurso 4/2008, explica que *«[l]a falta de aportación de la prueba solicitada constituye un defecto procesal que puede determinar la nulidad si se reitera su práctica en el acto de juicio haciendo constar la protesta en el acta; pero de no ser así, queda al arbitrio judicial —por ser facultativo— la valoración de la conducta de la parte incumplidora a los efectos de que se tengan por probados o no los hechos correspondientes; es decir, el precepto faculta al juzgador, pero no le obliga a una afirmación por ficta documentatio».*

Las STS de 8 de noviembre de 1990, (RJ 1990, 8563) y 30 de enero de 1991, (RJ 1991, 197), argumentaban que, al ser potestativo el tener por confesados los hechos, si el Juez, valorando el conjunto de la prueba, no aplica la *ficta confessio*, *«difícilmente se puede invocar con éxito, en vía casacional, un error jurídico de la sentencia recurrida».*

La Sala Civil del TS sostiene que la *ficta confessio* es una facultad del tribunal y las facultades discrecionales solo son controlables en casos de arbitrariedad o manifiesta irrazonabilidad (sentencias de la Sala Civil del TS de 11 de enero de 2011, recurso 1308/2010; y autos de la Sala Civil del TS de 6 de mayo de 2014, recurso 13/2013 y 12 de diciembre de 2018, recurso 3377/2016).

Existe división entre los TSJ acerca de si es posible controlar en suplicación el acierto del Juez de lo Social en relación con la *ficta confessio*. Algunos TSJ sostienen que, al ser una facultad discrecional del Juez de instancia no cabe su denuncia en suplicación (STSJ de La Rioja de 18 de noviembre de 2011, recurso 427/2011), mientras que otros admiten su acceso al recurso (STSJ del País Vasco de 19 de enero de 2016, recurso 2443/2015 y TSJ de Madrid de 16 de julio de 2018, recurso 295/2018)[113], aunque, en la práctica, su eficacia revisora es muy escasa.

Varios TSJ explican que la apreciación de la *ficta confessio* es potestad del juez de instancia, pero no puede ejercerla con arbitrariedad (STSJ de Andalucía con sede en Málaga de 24 de enero de 2013, recurso 1791/2012; TSJ de Cataluña de 6 de julio de 2018, recurso 3051/2018; TSJ de Castilla-La Mancha de 5 de mayo de 2015, recurso 32/2015; TSJ de Galicia de 11 de octubre de 2018, recurso 1991/2018; TSJ de Madrid de 7 de octubre de 2016, recurso 590/2016).

A nuestro juicio, el error patente en la aplicación o no de estas instituciones procesales no debe excluirse de plano del control suplicacional. Pero como la apreciación de la *ficta confessio* y de la *ficta documentatio* es potestad del juez de instancia y requiere el examen del conjunto de la prueba para valorar si la conducta omisiva de la parte procesal justifica que se consideren acreditados esos hechos, lo que resulta ajeno al recurso extraordinario de suplicación, solamente en los casos de arbitrariedad o manifiesta irracionalidad al aplicar estas instituciones, podrá estimarse un motivo suplicacional en el que se denuncie la infracción de la *ficta confessio* o de la *ficta documentatio* (STSJ de Aragón de 7 de mayo de 2019, recurso 203/2019).

Por ello, si la parte recurrente está disconforme con la aplicación de la *ficta confessio* o de la *ficta documentatio*, puede formular un motivo de suplicación en el que denuncie la infracción de las normas procesales y de la jurisprudencia que

113. La STSJ del País Vasco de 19 de enero de 2016, recurso 2443/2015, explica que la *ficta confessio* no es un efecto que opere automáticamente, sino que está concebido como una potestad judicial, a usar según las circunstancias del caso, como se deduce de la propia redacción de precepto. En el enjuiciado, la sentencia recurrida explica por qué no aplicó dicha institución, argumentando que dos testificales y una muy variada y abigarrada prueba documental evidenciaron que el demandante tenía poderes generales de la empresa e hizo uso reiterado de los mismos. Por ello, quedándole constatado lo anterior por tales medios probatorios, es lógico que no diese por confesa a la empresa en base a tal falta de aportación de aquellos libros, pues ya se le había acreditado el tenor de la actividad del demandante en la empresa.

regulan esta institución, a fin de que el TSJ pueda revisar el relato fáctico de instancia. Pero deberá argumentar por qué el Juzgado de lo Social ha incurrido en arbitrariedad o manifiesta irracionalidad.

V

Escrito de impugnación del recurso de suplicación

SUMARIO: 1. REQUISITOS FORMALES.

El TC ha declarado la nulidad de las actuaciones cuando no se dio al recurrido la posibilidad de impugnar el recurso de suplicación (STC 227/2002), lo que evidencia la importancia de este trámite procesal.

La LRJS consagra un principio de asimetría entre el recurrente en suplicación y el impugnante del recurso. El recurrente dispone de un plazo de diez días para presentar el escrito de interposición del recurso. En cambio, el impugnante tiene un plazo de únicamente cinco días para impugnarlo.

No cabe la adhesión al recurso de suplicación. Aunque el término: «adhesión a la apelación» ha desaparecido en la LEC de 2000, se mantiene en su art. 461 la posibilidad de que las partes inicialmente apeladas puedan, en el trámite de traslado del escrito de interposición del recurso del apelante, impugnar la resolución apelada en lo que les resulte desfavorable. A título de ejemplo:

1) El actor reclama 1.000 euros.

2) La sentencia dictada por el Juzgado de Primera Instancia civil estima en parte la demanda y condena al demandado a abonar al demandante 600 euros.

3) El demandante no recurre en apelación. La estimación parcial de su pretensión hace que decida no interponer el recurso devolutivo.

4) Pero si el demandado formula un recurso de apelación (en el que solicita la desestimación íntegra de la demanda), el actor puede interponer su propio recurso de apelación en el trámite de traslado del recurso de la parte contraria, en el que solicitará la estimación íntegra de la demanda.

Por tanto, en el orden civil el escrito de impugnación del recurso de apelación permite solicitar la revocación de la sentencia de primera instancia a favor del recurrido.

La finalidad es disminuir el número de recursos de apelación porque la parte que ha obtenido una satisfacción parcial de su pretensión puede esperar a ver si la parte contraria interpone o no recurso de apelación. Ello es posible porque la apelación es un recurso devolutivo ordinario. Históricamente, la adhesión al recurso nunca se ha permitido en ningún recurso devolutivo extraordinario, como la casación o la suplicación.

En efecto, el TS sostiene que, en el escrito de impugnación del recurso de suplicación solamente se puede solicitar la inadmisión del recurso de suplicación o la confirmación de la sentencia recurrida: no cabe postular su nulidad, ni su revocación total o parcial porque la naturaleza de este escrito no es la del recurso de suplicación. No es posible plantear en impugnación del recurso de suplicación lo que hubiera podido ser objeto de un recurso de suplicación (STS de 15 de octubre de 2013, recurso 1195/2013; 18 de febrero de 2014, recurso 42/2013; 16 de diciembre de 2014, recurso 263/2013). No cabe la *reformatio in peius* por la sola circunstancia de haberse formulado una impugnación eventual a cargo de la parte recurrida (STS de 20 de abril de 2015, recurso 354/2014).

Continuando con el ejemplo anterior. En el orden social:

1) El actor reclama 1.000 euros.

2) La sentencia de instancia estima en parte la demanda y condena al demandado a abonarle 600 euros.

3) El demandado recurre en suplicación solicitando la desestimación íntegra de la demanda.

4) El demandante, en el trámite de impugnación del recurso de suplicación, no puede reclamar los 1.000 euros, sino que solamente puede solicitar la confirmación de la sentencia de instancia.

El citado art. 461 de la LEC no es aplicable supletoriamente a la suplicación porque este es un recurso extraordinario (una característica de los recursos extraordinarios es la inexistencia de adhesión al recurso), a diferencia de la apelación, que es un recurso ordinario. En el mismo sentido se han pronunciado, en relación con el recurso de casación para la unificación de doctrina, las STS de 22 de diciembre de 2000, recurso 4069/1999 y 27 de diciembre de 2010, recurso 229/2009. Se trata de una doctrina jurisprudencial aplicable al recurso extraordinario de suplicación.

1. REQUISITOS FORMALES

El escrito de impugnación del recurso de suplicación debe estar suscrito por letrado o graduado social colegiado y su contenido esencial debe ser el siguiente:

1) Encabezamiento

En el encabezamiento debe constar el órgano judicial al que se dirige, la resolución recurrida, las partes procesales y el letrado o graduado social impugnante.

2) Cuerpo del escrito

El art. 197.1 LRJS explica que el escrito de impugnación del recurso de suplicación debe contener los *«motivos de inadmisibilidad del recurso, así como eventuales rectificaciones de hecho o causas de oposición subsidiarias aunque no hubieran sido estimadas en la sentencia, con análogos requisitos a los indicados en el artículo anterior».*

El cuerpo del escrito tiene el contenido siguiente:

A) En primer lugar, en su caso, las argumentaciones contrarias a la admisión del recurso de suplicación, por no ser recurrible en suplicación la resolución recurrida o por haberse incumplido cualquiera de los requisitos (falta de consignación, interposición fuera de plazo...). El TS ha declarado la nulidad de la sentencia de suplicación por no pronunciarse sobre las causas de inadmisión del recurso de suplicación alegadas en el escrito de impugnación [STS 253/2017, de 23 de marzo (rcud 2663/2015). La congruencia externa de la sentencia obliga a pronunciarse sobre las causas de inadmisión.

B) La STC 4/2006 sostuvo que en el escrito de impugnación del recurso de suplicación se puede solicitar la revisión del relato fáctico de instancia. La citada doctrina constitucional ha sido recogida en la LRJS, lo que supone que la parte recurrida puede instar la revisión fáctica en idénticos términos que la parte recurrente, con sujeción a los mismos requisitos formales, exigidos por el art. 196.3 LRJS y por la doctrina de suplicación que los desarrolla.

Aun cuando esta parte procesal haya obtenido una sentencia conforme a sus pretensiones en la instancia, puede ocurrir que la sentencia impugnada incurra en algún error de hecho que podría llevar a la estimación del recurso de suplicación interpuesto por la parte contraria, en cuyo caso el recurrido puede instar la revisión histórica.

C) Alegar «causas de oposición subsidiarias» que fueron desestimadas en la instancia.

Debemos diferenciar entre el recurso de suplicación y el recurso de casación ordinario:

a) En el recurso de suplicación, el art. 197.1 LRJS permite alegar *«eventuales rectificaciones de hecho o causas de oposición subsidiarias aunque no hubieran sido estimadas en la Sentencia»*. El escrito de impugnación del recurso de suplicación permite alegar «causas de oposición subsidiarias».

b) En el recurso de casación ordinario, el art. 211.1 permite incluir *«otros motivos subsidiarios de fundamentación del fallo de la sentencia recurrida o eventuales rectificaciones de hechos que, con independencia de los fundamentos aplicados por esta, pudieran igualmente sustentar la estimación de las pretensiones de la parte impugnante»*. El escrito de impugnación del recurso de casación ordinario no permite alegar «causas de oposición subsidiarias» sino solamente «motivos subsidiarios de fundamentación del fallo». La STS 119/2025, de 19 de febrero (rec. 183/2024) explica que el TS ha negado que en el escrito de impugnación del recurso de casación ordinario se pueda solicitar: la apreciación de la caducidad que había sido rechazada en instancia, la declaración de la inadecuación de procedimiento que había sido desestimada en la sentencia recurrida, la estimación de la excepción de falta de acción que había sido desestimada en la instancia, la declaración de falta de competencia objetiva, la prescripción que había sido desestimada y la falta de legitimación activa o pasiva que habían sido desestimadas en la instancia.

Por consiguiente, en el recurso de casación ordinario, la parte procesal que haya alegado causas de oposición que fueron desestimadas en la instancia, en caso de que el fallo de la sentencia de instancia sea favorable a sus intereses, si quiere que el TS entre a conocer de dichas causas de oposición, deberá formular su propio recurso de casación al amparo del art. 17.5 LRJS, que permite el recurso *«para prevenir los eventuales efectos del recurso de la parte contraria»*. Si finalmente la parte contraria no recurre o desiste de su recurso de casación, esta parte procesal deberá desistir también de su recurso «preventivo».

En relación con el escrito de impugnación del recurso de suplicación, el TS sostiene que *«la naturaleza del escrito de impugnación no es similar a la del recurso, por lo que no cabe plantear por esta vía lo que hubiera podido ser objeto de un recurso específico. Por ello, la impugnación eventual no puede sustituir al propio recurso ni puede agravar por sí misma la condena inicial, y en consecuencia no es posible la "reformatio in peius" por la sola circunstancia de haberse formulado una impugnación eventual a cargo de la parte recurrida»* [STS 1002/2023, de 28 de noviembre (rcud 2316/2020)].

En el escrito de impugnación del recurso de suplicación no se puede solicitar la agravación de la condena inicial a favor del impugnante, pero sí que puede solicitarse que se estime una excepción que fue alegada en la instancia y fue desestimada por el Juzgado de lo Social.

A título ejemplificativo, si la sentencia del Juzgado de lo Social desestimó la caducidad de la acción de despido, entrando a conocer del fondo del asunto y desestimando la demanda, en caso de que el trabajador recurra en suplicación, la empresa, como parte recurrida, puede tener interés en alegar, en el escrito de impugnación del recurso, la caducidad de la acción de despido por si el TSJ entra a conocer del fondo del asunto y considera que el despido es improcedente. En tal caso, la estimación por el TSJ de esta causa de oposición: la caducidad del despido supondría la confirmación de la sentencia desestimatoria de instancia por otras argumentaciones distintas de las de la sentencia recurrida.

D) Por último, la parte impugnante debe combatir los argumentos vertidos por la recurrente, siguiendo un orden correlativo a los motivos de ésta.

En cada uno de los apartados del escrito de impugnación del recurso de suplicación, que debe ser correlativo a cada motivo del recurso de suplicación, la parte recurrida debe denunciar, en su caso, los defectos formales del escrito de interposición del recurso respecto de este motivo suplicacional que impiden entrar en su examen, y explicar por qué los argumentos de la recurrente no pueden ser acogidos.

a) Art. 193.a) LRJS: infracciones procedimentales

Cuando se impugnan motivos del art. 193.a) LRJS (infracciones procedimentales), la parte recurrida debe alegar, en su caso, el incumplimiento de los requisitos de estos motivos. Es decir, que no concurre el requisito consistente en que se haya causado indefensión a la parte recurrente, o que esta no ha formulado protesta, lo que excluiría de plano el recurso.

En aras a facilitar el ejercicio de la función judicial, la parte recurrida debería identificar el descriptor o el minuto de la grabación del juicio oral en que aparece la infracción procesal, a fin de que el TSJ pueda constatar cómo se produjo y si se efectuó la preceptiva protesta.

b) Art. 193.b) LRJS: revisiones fácticas

Una práctica reiterada de los escritos de impugnación del recurso de suplicación consiste en incluir resúmenes de sentencias del TS o del TSJ que sistematizan los requisitos generales de la revisión fáctica.

Se trata de menciones intranscendentes: el TSJ ya conoce cuáles son los requisitos de la revisión fáctica suplicacional. Al parecer, las partes procesales incluyen dichas menciones tanto en los escritos de interposición de los recursos de suplicación como en los escritos de impugnación de los recursos, porque las sentencias dictadas resolviendo recursos de suplicación frecuentemente también los incluyen.

Pero se trata de supuestos distintos. Las sentencias de los TSJ se dirigen a los abogados o graduados sociales de las partes procesales. Pero también se dirigen a los ciudadanos que intervienen como demandantes y demandados, así como a los Tribunales que conozcan de otros grados del proceso y a cualquiera que lea dicha sentencia en el futuro, puesto que se publican en las bases de datos de jurisprudencia. Por ello, su motivación debe ser exhaustiva. En cuanto a las pretensiones de revisión fáctica suplicacional, las sentencias frecuentemente explican cuáles son los requisitos de la revisión y a continuación los aplican a ese motivo concreto, estimándolo o desestimándolo.

Por el contrario, los escritos de interposición del recurso de suplicación y de impugnación del recurso de suplicación solamente se dirigen al juez, que es un técnico del derecho. La finalidad de esos escritos es exclusivamente persuasiva: convencer al juez de la bondad de sus argumentos y ganar el pleito. Y el magistrado del TSJ que resuelve el recurso conoce muy bien dichos requisitos. Se trata de menciones innecesarias que aumentan la extensión de estos escritos de parte, sin cumplir función alguna.

Sí que es importante que en el escrito de impugnación del recurso de suplicación se identifiquen los concretos medios probatorios que sustentan los hechos probados combatidos y se argumente por qué esos medios de prueba gozan de eficacia probatoria mayor que la prueba documental o pericial invocada por la parte recurrente a efectos revisores.

Resulta incomprensible que muchos escritos de impugnación de recursos de suplicación incluyan prolijas menciones a los requisitos de la revisión fáctica suplicacional, palmariamente intranscendentes, y sin embargo omitan cualquier mención a los medios de prueba que sustentan los hechos probados combatidos por la parte recurrente.

Hemos explicado que el Reglamento del CGPJ de retribuciones variables por objetivos de los miembros de la Carrera Judicial, atribuye un tiempo de solamente cinco horas y 30 minutos para resolver cada recurso de suplicación que verse sobre un despido. En la práctica, cada magistrado de una Sala Social de un TSJ debe redactar, como ponente, entre 7 y 10 sentencias o autos finales cada semana, lo que limita el conocimiento judicial de la prolija prueba evacuada.

Por el contrario, las partes procesales tienen un conocimiento minucioso de los entresijos de la prueba de esos pleitos que les permite indicar qué medios de prueba o mecanismos procesales de fijación de hechos sustentan el relato histórico combatido y por qué tienen virtualidad probatoria.

Además, la elevada carga de trabajo que tienen que afrontar los Jueces de lo Social hace que en muchas sentencias de instancia se omita el razonamiento probatorio exigido por el art. 97.2 LRJS.

En toda sentencia de instancia se debería explicar minuciosamente el medio probatorio o el mecanismo procesal de fijación de hechos que ha servido para declarar cada hecho como probado. Sin embargo, en la práctica muchas sentencias contienen un razonamiento basado en un formulario, idéntico en todas las sentencias de ese Juzgado, del tipo: *«Los hechos se han declarado probados con base en el conjunto de la prueba practicada, documental, testifical y pericial, apreciada conforme a las reglas de la sana crítica»*.

Ello supone que el TSJ, al resolver el recurso de suplicación, no sabe en qué prueba se ha basado el Juez de lo Social para considerar acreditado el hecho probado cuya modificación solicita la parte recurrente. La consecuencia es que el TSJ se encuentra con un hecho probado impugnado. La parte recurrente invoca una prueba documental o pericial que lo contradice. Y el TSJ desconoce qué medio probatorio sustenta ese hecho probado combatido, para poder comparar la fuerza probatoria del medio probatorio invocado por la parte recurrente y el que ha tenido en cuenta el Juez de instancia para fijar ese hecho probado. También puede ocurrir que ese hecho probado sea un hecho conforme, lo que lo excluiría de la prueba.

Por ello, la parte recurrida, en el escrito de impugnación del recurso de suplicación, al tener un conocimiento minucioso de la prueba evacuada, debe identificar los concretos medios de prueba obrantes en las actuaciones que desvirtúan la prueba documental o pericial invocada por la recurrente en apoyo de su pretensión revisora. O bien, si se trata de un hecho conforme, debe explicar al TSJ que el hecho probado combatido por la parte contraria se ha fijado con base en la conformidad de las partes, indicando la concreta parte del escrito de demanda y de la grabación del juicio oral que evidencian la conformidad fáctica.

c) Art. 193.c): infracciones sustantivas y de la jurisprudencia

Cuando se impugnan motivos sustentados en el art. 193.c) LRJS resulta crucial que la parte recurrida explique cuáles son los argumentos jurídico-sustantivos que justifican la confirmación de la sentencia de instancia, evitando el riesgo de que el TSJ desconozca o soslaye algún pronunciamiento judicial que resulte decisivo para el litigio.

3) Suplico

La petición de que se confirme la sentencia o el auto recurrido en suplicación por la contraparte, así como, en su caso, que se impongan a la contraria las costas del recurso. Como hemos explicado, no cabe la adhesión al recurso: la parte recurrente no puede solicitar que se revoque la resolución de instancia.

4) Designación de domicilio y firma de letrado o graduado social colegiado

El art. 198 LRJS sigue exigiendo la designación de un domicilio en la sede de la Sala de lo Social del TSJ, si no lo han designado previamente. Además, el escrito de impugnación debe incluir la firma del letrado o graduado social colegiado. Si este no asume la representación de la parte procesal, asimismo deberá firmar el escrito la propia parte.

Puede suceder que la parte procesal que presenta el escrito de impugnación del recurso de suplicación haya interpuesto su propio recurso de suplicación contra la resolución de instancia. Si la sentencia de instancia estima en parte la demanda y recurren en suplicación tanto el actor como el demandado, el éxito de cada uno de estos recursos de suplicación puede estar condicionado al de la parte contraria. Si la contraparte formula una denuncia de la infracción de una norma procedimental o solicita una revisión fáctica relevante, la estimación de esos motivos puede conducir al fracaso del recurso de suplicación interpuesto por la parte procesal que está redactando el escrito de impugnación del recurso. Por ello, en estos supuestos resulta crucial que la parte procesal que presenta el escrito de impugnación del recurso de suplicación tenga en cuenta que, aunque formalmente está impugnando el recurso de la parte contraria, materialmente también está defendiendo su propio recurso de suplicación contra la resolución de instancia.

VI

Legitimación y gravamen para recurrir

SUMARIO: 1. LEGITIMACIÓN. 2. GRAVAMEN. *A) Excepción procesal. B) Revisión de hecho probado.* a) Resolución judicial que contiene un hecho probado que, si es firme, perjudicaría a una de las partes. b) Resolución judicial que contiene un hecho probado que puede determinar su posterior revocación suplicacional. *C) Recursos «preventivos». D) Eficacia de la cosa juzgada en procesos posteriores. E) Doctrina judicial en relación con el gravamen.*

Para poder recurrir en suplicación tienen que concurrir los requisitos siguientes:

1) Legitimación: como regla general, haber sido parte en el proceso.

2) Gravamen: que la resolución judicial afecte desfavorablemente al recurrente (art. 448.1 LEC).

Hay que diferenciar entre la legitimación para recurrir, que corresponde a las partes procesales, y el gravamen, que constituye un requisito añadido a la legitimación, sin cuya concurrencia la parte, aun cuando esté legitimada para recurrir, no tiene interés en el recurso, que debe rechazarse. El gravamen significa que la resolución causa un perjuicio a la parte, la cual tiene interés en impugnar.

1. LEGITIMACIÓN

En principio, están legitimados para interponer el recurso de suplicación las partes procesales. Excepcionalmente es posible que recurra en suplicación alguien que no fue parte en la instancia, en los supuestos de sucesión procesal por causa de muerte (art. 16 LEC) y cuando anuncie el recurso de suplicación quien tenga interés directo y legítimo en el resultado del pleito pero que originariamente no era demandante, ni demandado (art. 13 LEC).

El auto del TS de 5 de noviembre de 2001, recurso 511/2001, admitió como parte en un recurso de casación para la unificación de doctrina a una entidad que no había sido parte en la instancia, ni en el recurso de suplicación, concediéndole un plazo de diez días para formular alegaciones, antes de continuar el trámite del recurso de casación para la unificación de doctrina, sin suspensión del curso del procedimiento y sin retrotraer las actuaciones. La misma doctrina es aplicable al recurso de suplicación.

El coadyuvante en un proceso de tutela de derechos fundamentales carece de legitimación para interponer el recurso de suplicación cuando se ha aquietado la parte principal. El art. 177.2 LRJS establece que los sindicatos que intervengan en un litigio en el que se diriman pretensiones de tutela de derechos fundamentales, como coadyuvantes del trabajador que ha sufrido la lesión, *«no podrán personarse, recurrir ni continuar el proceso contra la voluntad del trabajador perjudicado»*. Lo mismo sucede en los supuestos de discriminación, respecto de las entidades públicas o privadas entre cuyos fines se encuentre la promoción y defensa de los intereses legítimos afectados.

2. GRAVAMEN

La doctrina científica y los tribunales están divididos acerca de si debe incluirse el gravamen dentro de la legitimación[1]. A nuestro juicio, la legitimación y el gravamen son dos requisitos distintos, aunque interrelacionados: el gravamen constituye un requisito añadido a la legitimación, sin cuya concurrencia debe concluirse que la parte, aun cuando esté legitimada para recurrir, no tiene interés en el recurso, que debe rechazarse.

Tradicionalmente la jurisprudencia mayoritaria sostenía que el recurso se da contra el fallo, no contra la fundamentación jurídica de la sentencia[2]. Posteriormente, el TS ha defendido un concepto más amplio de «interés» —directo o indirecto— derivado del pronunciamiento [STS 3 de octubre de 2007, recurso 104/2006; 10 de octubre de 2011, recurso 4312/2010; 19 de julio de 2012, recurso. 2454/201; y 799/2018, de 19 de julio (rec. 158/2017)].

Resulta ilustrativa la STSJ de Navarra de 5 de febrero de 1999, recurso 291/1998. El litigio versaba sobre una acción de rescisión del contrato de trabajo *ex art.* 50 del ET fundada en el acoso sexual llevado a cabo por un socio y admi-

1. Las diferentes posiciones de la doctrina científica y de los Tribunales en relación con el gravamen para recurrir se mencionan en MOLINS GARCÍA-ATANCE, J.: *«El gravamen para recurrir en suplicación»*, Revista Española de Derecho del Trabajo n.º 125, 2.005, págs. 928 y ss.
2. STS de 25 de marzo de 1974, RJ 1169; 30 de diciembre de 1974, RJ 5129; 17 de diciembre de 1975, RJ 5059; 22 de enero de 1979, RJ 216; 30 de septiembre de 1986, RJ 5211; 21 de mayo de 1987, RJ 3765; 7 de diciembre de 1987, RJ 8843; 21 de marzo de 1988, RJ 2330; 22 de noviembre de 1989, RJ 8233; 24 de abril de 1991, RJ 3384; 1 de marzo de 1999, RJ 2744; 8 de junio de 1999, RJ 5783 y 20 de noviembre de 2001, RJ 356/2002.

nistrador de la empresa demandada, que acostumbraba a dirigir expresiones libidinosas a la trabajadora accionante. Se demandó tanto a la persona jurídica que tenía la condición de empresario como al citado socio[3]. En la instancia se dictó sentencia estimatoria de la demanda, en la que se declaraba probado que este comportamiento sexual ofensivo había tenido lugar, se condenaba a la mercantil (en su condición de empleador) y se absolvía al mentado socio y administrador (que no tenía la condición de empresario). Esta persona física, pese a haber sido absuelta en la instancia, interpuso recurso de suplicación. El TSJ se planteó la existencia de gravamen en cuanto a este codemandado. El tribunal consideró que sí que concurría.

En el mismo sentido, en un pleito por acoso moral, en el que se condenó al empleador pero se absolvió al trabajador acosador (porque no tenía la condición de empresario del demandante), el TSJ de Madrid reconoció el gravamen para recurrir del trabajador acosador absuelto en la instancia, argumentando que su conducta con la trabajadora demandante se había calificado como constitutiva de acoso laboral, de lo que podrían derivarse graves consecuencias para el recurrente (STSJ de Madrid n.º 217/2008, de 31 de marzo).

La LRJS se ha hecho eco de ese concepto amplio de gravamen. Su art. 17.5 LRJS dispone: «*Contra las resoluciones que les afecten desfavorablemente las partes podrán interponer los recursos establecidos en esta Ley por haber visto desestimadas cualquiera de sus pretensiones o excepciones, por resultar de ellas directamente gravamen o perjuicio, para revisar errores de hecho o prevenir los eventuales efectos del recurso de la parte contraria o por la posible eficacia de cosa juzgada del pronunciamiento sobre otros procesos ulteriores*».

Esta norma legal permite el recurso:

1) Cuando se haya desestimado una excepción procesal.

2) Para revisar un hecho probado erróneo que cause perjuicio a la parte recurrente.

3) Con una finalidad «preventiva»: para evitar los eventuales efectos del recurso de la contraparte.

4) Para evitar la virtualidad de la cosa juzgada material.

3. ESCUDERO MORATALLA, J. F. y POYATOS MATAS, G.: «Acoso laboral: diversas posibilidades procesales para ejercitar la acción», *AL*, 47-48, 2003, págs. 808 y 809, examinan las diversas acciones que puede interponer el trabajador que ha sido víctima de un acoso laboral, incluida la acción de resolución del contrato *ex art.* 50 del ET, y sostienen que, con carácter general, al menos cautelarmente, siempre hay que codemandar al acosador cuando no coincida con la figura del empleador.

A) EXCEPCIÓN PROCESAL

El TS ha admitido el interés para recurrir de la parte demandada absuelta, pero a la que se ha desestimado una excepción que está interesada en sostener [STS 15 de noviembre de 2005, recurso 182/2005; 12 de noviembre de 2006, recurso 138/2005; 15 de octubre de 2013, recurso 1195/2013; y 799/2018, de 19 de julio (rec. 158/2017)].

Un caso específico es el de la parte demandada que alega la incompetencia material y la sentencia de instancia la desestima, entra a conocer del fondo del asunto y desestima la demanda. Si en un pleito de reclamación de cantidad el demandado opone la incompetencia material porque niega que hubiera una relación laboral con el actor, y la sentencia declara probada la existencia de una relación laboral, pese a lo cual desestima la demanda porque el demandante no ha probado que el demandado le esté en adeudar salario alguno, en tal caso la sentencia absolutoria le ocasiona un gravamen al demandado[4]. Si la resolución llega a ser firme el demandado puede enfrentarse a unas consecuencias mucho más onerosas que el mero abono del salario reclamado en el pleito, puesto que, con base en esta sentencia, de cuyos hechos probados dimana la existencia de una relación laboral, afirmada en su fundamentación jurídica, la TGSS procederá a cursar el alta de oficio del trabajador en la Seguridad Social, con la correspondiente responsabilidad del demandado como empleador. Aunque el demandado impugne posteriormente en vía judicial esta alta, así como su obligación de abonar las correspondientes cuotas y sanciones, los hechos probados de la sentencia inicial van a tener un importante peso en los procesos ulteriores, lo que patentiza el interés del demandado en recurrir y el importante perjuicio que le ocasiona la sentencia absolutoria de instancia[5].

En definitiva, una sentencia absolutoria del demandado pero que desestima la incompetencia material alegada por él, declarando la existencia de una relación laboral entre las partes, no agota sus efectos en el propio litigio de que se trata. Esta resolución tiene importantes consecuencias para el empresario demandado, porque con base en ella se van a producir una pluralidad de actuaciones administrativas, relativas al alta en la Seguridad Social del trabajador, con perniciosas consecuencias para el empleador, lo que evidencia la existencia de un gravamen que le permite recurrir en suplicación.

---

4. El supuesto lo plantea JIMÉNEZ SÁNCHEZ, J. J.: «Sobre la admisibilidad de los recursos de suplicación», *Revista Técnico Laboral*, año 1994, volumen XVI, n.º 60, pág. 303.
5. En este sentido, la STS de 28 de mayo de 1992, RJ 3613, ha argumentado que, aun cuando el absuelto por la sentencia, en principio, carece de interés para recurrir, sin embargo, atendiendo a que junto a la relación laboral aparece paralela una relación de Seguridad Social, cuya obligación acompaña a aquélla mientras se siga trabajando al servicio de la empresa, dado que los efectos de una sentencia firme no se limitan a los propios de la cosa juzgada material o formal, aparece el interés para recurrir en quien alega que no concurren, en la relación objeto de debate, los elementos configuradores de la de trabajo, por tratarse de otra extraña a dicho campo.

B) REVISIÓN DE HECHO PROBADO

La doctrina mayoritaria de la Sala Social del TS era contraria a admitir los recursos dirigidos exclusivamente a revisar el relato fáctico de instancia[6]. Esa doctrina jurisprudencial ha sido dejada sin efecto por la vigente LRJS, cuyo art. 17.5 LRJS menciona expresamente los recursos contra las resoluciones *«para revisar errores de hecho»*.

Hay que diferenciar dos supuestos distintos:

1) La resolución judicial contiene un hecho probado que, en caso de que la sentencia alcance firmeza, perjudicaría a una de las partes. El perjuicio es ajeno al hecho de que la contraparte interponga o no recurso de suplicación.

2) La resolución judicial contiene un hecho probado que, aunque no perjudicaría a una de las partes si la resolución adquiriese firmeza, puede determinar su posterior revocación suplicacional. El perjuicio radica en el peligro de que ese hecho probado pueda servir de base para el éxito del recurso interpuesto por la contraparte.

Examinemos cada uno de estos supuestos.

a) Resolución judicial que contiene un hecho probado que, si es firme, perjudicaría a una de las partes

Puede ocurrir que la parte procesal que ha obtenido en la instancia una resolución cuya parte dispositiva ha acogido íntegramente sus pretensiones, considere que contiene un hecho probado erróneo que, si la sentencia adquiere firmeza, le ocasionaría un perjuicio. Es el caso de la sentencia cuyos hechos probados incluyen una antigüedad del trabajador en la empresa superior a la reconocida por el empresario, pese a lo cual se desestima la demanda. Esta resolución, si adquiere firmeza, puede dar lugar a una actuación de las Administraciones públicas, con la correspondiente responsabilidad del empresario en el ámbito de la Seguridad Social.

A título ejemplificativo, un trabajador interpone una demanda contra su empresario afirmando que está prestando servicios laborales en la empresa desde el 1 de enero de 2021 y que el empresario le adeuda 4.000 euros en concepto de horas extras. El alta en la Seguridad Social de ese trabajador se efectuó el 1 de enero de 2025, por lo que el empleador, además de negar que le adeude cantidad alguna, rechaza que el actor estuviera prestando servicios laborales para él desde el 1 de enero de 2021. La sentencia de instancia desestima la demanda de reclamación de cantidad, pero en sus hechos probados sostiene que

6. *Vide* MOLINS GARCÍA-ATANCE, J.: *«El gravamen para recurrir en suplicación»*, Revista Española de Derecho del Trabajo n.º 125, 2.005, págs. 954 y ss.

la prestación de servicios laborales se inició el 1 de enero de 2021. Si esa sentencia adquiere firmeza, el trabajador se dirigirá a la Inspección de Trabajo y Seguridad Social quien, vinculada por los hechos probados de una sentencia firme, extenderá la correspondiente acta de liquidación por incumplimiento de la obligación de cursar el alta en la Seguridad Social.

En este supuesto hay un perjuicio objetivo del demandado que constituye el gravamen que permite la interposición del recurso, dirigido a modificar este hecho probado perjudicial. De ello se deduce que es dable formular un recurso de suplicación dirigido exclusivamente a la modificación del relato histórico de instancia, aunque la parte dispositiva de la resolución haya acogido la pretensión de la parte, siempre que exista un interés para recurrir consistente en el perjuicio ocasionado por los hechos probados de la resolución judicial.

Además, las sentencias pueden desplegar efectos probatorios en procesos posteriores, en los que se aporte una copia de aquéllas como prueba documental. Es cierto que el TC ha aceptado la posibilidad de que el órgano judicial se separe razonadamente de lo declarado en otra resolución judicial previa (STC 158/1985, de 26 de noviembre)[7]. Por su parte, el TS ha sostenido que la vinculación a los hechos probados de una sentencia precedente tiene como límite la existencia de un error en la valoración de la prueba en el proceso anterior[8]. Pero ello no debe impedir que se recurra en suplicación la sentencia de instancia con la finalidad de corregir el hecho probado erróneo, pues no parece razonable remitir a las partes a un proceso ulterior cuando se trata de una cuestión que puede quedar resuelta en el mismo proceso. Si una de las partes de este primer proceso constata la existencia de prueba documental o pericial que por sí sola evidencia el error, lo que constituye el requisito para el éxito de la revisión fáctica en suplicación, aun cuando en el ulterior litigio podría asimismo aportar e invocar esta misma prueba, no parece que deba impedírsele corregir en este mismo proceso, mediante el recurso de suplicación, el error fáctico de instancia, siempre que explique su interés en recurrir la sentencia con la única finalidad de modificar su *factum*: incumbe al recurrente explicar el interés que le asiste para instar esta modificación. El TS sostiene que no debe equipararse la absolución con la falta de interés para recurrir *«pero debiendo acreditarlo quién no habiendo sido objeto de condena y no viendo alterada su situación pretende formalizar un recurso»* (STS de 3 de octubre de 2007, recurso 104/2006).

7. Por su parte, las STC 151/2001, de 2-7 y 34/2003, de 25-2, sentaron la doctrina siguiente: *«afirmada la existencia de los hechos por los propios Tribunales de Justicia no es posible separarse luego de ellos sin acreditar razones ni fundamentos que justifiquen tal apartamiento»*. *Contrario sensu*, si se aportan estas razones sí que será dable separarse de estos hechos probados de una sentencia anterior.
8. Las STS de 14 de septiembre de 2001 y 17 de enero de 2002, han establecido que *«la vinculación en los hechos probados no es absoluta, porque éstos pueden asumirse o no, justificando en el segundo caso la divergencia, que obviamente estará en función del resultado de las pruebas practicadas en cada proceso»*.

Como regla general, los motivos suplicacionales formulados al amparo del apartado b) del art. 193 LRJS tienen una naturaleza meramente instrumental en relación con los motivos sustentados en el art. 193.c) LRJS. En este caso concreto se trata de una excepción a dicha regla general porque se trata de un recurso de suplicación dirigido exclusivamente a revisar los hechos probados de instancia.

b) Resolución judicial que contiene un hecho probado que puede determinar su posterior revocación suplicacional

En el caso anterior existía un gravamen vinculado a los efectos que produce la resolución judicial firme. Si esta adquiría firmeza, un hecho probado incluido en ella causaría un perjuicio a la parte. En el presente epígrafe abordamos un supuesto distinto, que concurre cuando la sentencia cuyo fallo es conforme con la pretensión de la parte, tiene un hecho probado que, aunque no le ocasionaría ningún perjuicio a este litigante en caso de que la resolución adquiriese firmeza, sí que contiene la semilla de su ulterior revocación en caso de que la contraparte la recurra en suplicación. Es decir, si la parte contraria, vencida en la instancia, formula recurso de suplicación, puede ocurrir que el TSJ revoque la sentencia con base en ese hecho probado erróneo. La finalidad de la pretensión revisora es evitar el éxito del recurso de suplicación formulado por la contraparte.

A diferencia de la derogada LPL, la vigente LRJS permite que la parte recurrida pueda solicitar la revisión de hechos probados en el escrito de impugnación del recurso de suplicación, al amparo del art. 197.1 LRJS: *«En los escritos de impugnación [...] podrán alegarse [...] eventuales rectificaciones de hecho»*.

La citada norma impide que puedan interponerse recursos de suplicación con la única finalidad de modificar un hecho probado para evitar el éxito del recurso de la contraparte. Si la contraparte recurre en suplicación, entonces esta parte procesal podrá instar la modificación histórica en el mismo recurso, lo que hace innecesario que interponga su propio recurso de suplicación.

C) RECURSOS «PREVENTIVOS»

El art. 17.5 LRJS permite el recurso de suplicación *«para [...] prevenir los eventuales efectos del recurso de la parte contraria»*. Este precepto normativiza la doctrina jurisprudencial que aceptaba el recurso de la parte procesal que había obtenido el pronunciamiento favorable, pero que, ante el recurso de las partes contrarias, recurría para modificar la sentencia con la finalidad de fortalecer su posición ante ese recurso, explicando que puede existir un interés legítimo en el recurso en atención a las probabilidades de éxito del recurso contrario (STS de 27 de enero de 2003, recurso 1292/2001).

La STSJ de Madrid de 30 de marzo de 2015, recurso 1029/2014, admite el recurso de suplicación interpuesto por una empresa contra una sentencia que declaraba el despido procedente pero que había declarado prescritas algunas de las faltas imputadas al trabajador. El empleador postulaba que el TSJ declarase que esas faltas no estaban prescritas.

Paradójicamente, la LRJS ha normativizado la doctrina jurisprudencial que admitía los recursos de suplicación preventivos a la vez que amplía el objeto del escrito de impugnación del recurso de suplicación, que permite solicitar rectificaciones de hecho y alegar causas de oposición subsidiarias que no hubieran sido estimadas en la sentencia. Por consiguiente, el derecho de defensa de la parte vencedora en la instancia puede ejercitarse en el mismo recurso de suplicación interpuesto por la parte vencida en la instancia (alegando la causa de oposición subsidiaria en el escrito de impugnación), por lo que no parece que la parte procesal que ha conseguido una sentencia estimando su pretensión, tenga interés en formular su propio recurso de suplicación para prevenir los efectos del recurso interpuesto por la parte vencida.

Sin embargo, como quiera que el art. 17.5 LRJS permite los recursos de suplicación para prevenir los eventuales efectos del recurso interpuesto por la contraparte, los TSJ admiten estos recursos.

D) EFICACIA DE LA COSA JUZGADA EN PROCESOS POSTERIORES

La STS 294/2020, de 7 de mayo (rcud 4233/2017) explicó que, aunque la sentencia de instancia había apreciado la caducidad de la acción de despido y había absuelto a las empresas demandadas, la empresa recurrente tenía un interés jurídicamente protegible al impugnar en suplicación la sentencia de instancia porque había apreciado la existencia de sucesión empresarial. Ello suponía que había impuesto a la parte recurrente en suplicación un gravamen con repercusión de futuro y sobre otras reclamaciones que pudieran tener como elemento determinante aquella situación jurídica apreciada en la instancia y a la que se opuso la recurrente: *«el resultado de la sentencia de instancia, aunque formalmente absolutorio es materialmente desestimatorio de la pretensión sostenida por las codemandadas en la instancia, con los eventuales efectos de cosa juzgada, directos o reflejos, que tal resolución lleva implícitos, suficientes por sí mismos para considerarse perjudicada por dicha resolución»*.

Un supuesto paradigmático es el que hemos explicado antes, relativo a la incidencia en las relaciones de Seguridad Social de las sentencias dictadas en procesos en los que se ventilan cuestiones de Derecho del trabajo. Imaginemos un pleito de reclamación de cantidad resuelto por una sentencia que declara una antigüedad del trabajador en la empresa superior a la reconocida por el empresario, pero que desestima la demanda porque no se ha acreditado que el empleador adeude salarios no prescritos al trabajador. Aun cuando se trate de una sentencia desestimatoria, si el trabajador acude a la Administración de la Seguridad Social con una sentencia firme que declara una antigüedad en la empresa anterior al alta del trabajador en la Seguridad Social, se procederá a cursar el alta de oficio, conforme a la fecha de la resolución judicial, reclamando al empresario las cuotas adeudadas no prescritas, con el recargo e intereses. Aunque el trabajador no acuda a la Administración de la Seguridad Social inmediatamente, en cualquier momento futuro, en aras a devengar una prestación de la Seguridad Social (por ejemplo, cuando se jubile) podrá aportar esta resolución judicial acreditativa de esta prestación laboral no cotizada, lo que tendrá las correspondientes consecuencias en orden al reconocimiento de la prestación y, en su caso, a la responsabilidad del empleador.

El problema deriva de la existencia de litigios en los que, si se compara el suplico de la demanda (o la pretensión del demandado) y la parte dispositiva de la resolución judicial, existe una coincidencia, pese a lo cual esta parte litigante ha resultado objetivamente perjudicada por la misma, por lo que existe un gravamen. Esta cuestión conecta con los efectos de las sentencias firmes: los hechos probados de la sentencia firme pueden llevar a la intervención de las Administraciones públicas, con importantes consecuencias para los litigantes. Se trata de los denominados efectos colaterales o reflejos de resolución judicial.

La *praxis* judicial evidencia que hay diferentes supuestos en los que una parte procesal que aparentemente ha visto satisfechas sus pretensiones en la instancia, pese a ello formula el correspondiente recurso de suplicación, lo que ilustra acerca de las limitaciones de la noción clásica de gravamen.

Así ocurre con el Fondo de Garantía Salarial, cuya especial intervención en los procesos de los que se pueda derivar posteriormente una responsabilidad de abono de salarios o de indemnizaciones a los trabajadores, *ex art.* 23 LRJS, conlleva que el Fondo puede recurrir sentencias en las que no ha sido condenado. Esta cuestión conecta con la imposibilidad de efectuar en el litigio posterior (dirigido contra el Fondo) las alegaciones que el Fondo pudo efectuar en el pleito anterior. Si afirmamos que el Fondo de Garantía Salarial tiene la carga procesal de alegar en el pleito inicial aquellos medios de defensa que a su derecho convengan y que esté en condiciones de invocar (como la prescripción) y si no lo hace, ha precluido la posibilidad de oponerlos en el pleito que a continuación se sigue directamente contra él, de ello se deduce que el Fondo debe tener en el primer pleito el derecho a recurrir en suplicación (y en casación para unificación de doctrina) con la finalidad de que se acojan estos medios de defensa, si no fueron estimados en la instancia, aun cuando la sentencia *a quo* no le condene, so pena de ocasionarle indefensión, pues se estaría negando la existencia del gravamen que permite recurrir la sentencia que rechaza sus medios de defensa y tampoco se le permitiría alegarlos de nuevo en el litigio posterior.

E) DOCTRINA JUDICIAL EN RELACIÓN CON EL GRAVAMEN

Los tribunales han aceptado la existencia de gravamen para interponer el recurso de suplicación o de casación en los supuestos siguientes:

1) El actor solicita la condena solidaria de varios codemandados y la sentencia de instancia solo condena a uno. El interés en recurrir del demandante deriva del hecho de que el condenado en la instancia puede ser insolvente (STS de 16 de octubre de 2006, recurso 3484/2005)[9].

2) La parte demandada ha sido absuelta, pero se le ha desestimado una excepción que esa parte procesal está interesada en sostener en el recurso (STS de 26 de abril de 1999, recurso 3313/1998 y 10 de abril de 2000, recurso 2646/1999).

3) La sentencia desestima la demanda, pero declara ilícita una prueba aportada por la empresa demandada. La empresa recurre en casación para que se declare la licitud de esa prueba (una auditoría). Las STS 119/2018, de 8 de febrero (rcud 1121/2015) y 194/2022, de 8 de marzo (rcud 130/2019) explican que el TS conecta la idea de «gravamen» con la más amplia de «interés» (directo o indirecto) derivado del pronunciamiento. Ese concepto amplio se consagra en el art. 448.1 LEC y en el Preámbulo de la LRJS, cuando sostiene que una de las novedades de la ley viene constituida por *«el reconocimiento de legitimación para recurrir también a la parte favorecida aparentemente por el fallo, de acuerdo con los criterios constitucionales sobre la afectación real o gravamen causado por el pronunciamiento»*.

El TS explica que en esos recursos no solo están juego la amplitud de los poderes empresariales de control, sino de manera especial y principal, la posible exigencia de responsabilidades de todo orden por una actuación de la empresa que la sentencia recurrida ha calificado atentatoria a derechos fundamentales del trabajador.

4) Reiterados pronunciamientos de la Sala Civil del TS sostienen que el codemandado condenado carece de interés para pedir la condena del codemandado absuelto. Solamente puede solicitar su absolución o la disminución de su condena (sentencias de la Sala Civil del TS de 4 de octubre de 2011, recurso 351/2007; 16 de mayo de 2013, recurso 1892/2010; 14 de octubre de 2013, recurso 1195/2010 y 16 de diciembre de 2014, recurso 2679/2012).

Sin embargo, si recurre en suplicación el codemandado condenado y se le absuelve, el hecho de que el actor no recurriera la sentencia de instancia en modo alguno excluye que se pueda condenar en suplicación al codemandado que

9. En el mismo sentido se ha pronunciado la STSJ de Asturias de 27 de julio de 2017, recurso 1740/2017.

en la instancia había sido absuelto, para evitar la desprotección del demandante (STS de 24 de marzo de 2003, recurso 3516/2001).

5) En un pleito en el que se impugnaba un despido disciplinario, en el que se había estimado la demanda y se había declarado el despido improcedente, un TSJ reconoció el interés del trabajador en recurrir en suplicación contra la sentencia de instancia, articulando un único motivo dirigido a la revisión de los hechos declarados probados en el que solicitaba la supresión de un texto en el que constaba que este trabajador *«durante el período 15 de abril de 2005 a 20 de marzo de 2006 [...] ha dejado de ingresar en la cuenta de la empresa la cantidad de 3.479,87 € correspondiente a ventas realizadas [...]»*, sin interesar ninguna modificación de la parte dispositiva de la sentencia. El tribunal sostuvo que la parte actora tenía interés para recurrir porque la redacción de hechos probados de la sentencia dictada podía desplegar determinados efectos respecto al demandante, existiendo un interés directo y legítimo consistente en evitar ciertas repercusiones que la redacción de hechos probados puede desplegar (STSJ de Andalucía con sede en Málaga n.º 2163/2007, de 4 de octubre).

6) La empresa tiene interés en recurrir en suplicación contra la sentencia de instancia que declara la responsabilidad de la Entidad Gestora en el abono de la prestación de incapacidad permanente absoluta derivada de enfermedad profesional reconocida a su trabajador. La empresa había sido codemandada pero no había sido condenada por el Juzgado de lo Social. El TS explica que la llamada de la empresa al proceso responde a que la cobertura de estas contingencias profesionales a través de las prestaciones de la Seguridad Social se produce como consecuencia de una responsabilidad del empresario cuya cobertura asume la Entidad Gestora o colaboradora. Por ello, en la condena a la aseguradora en estos procesos ha de entenderse implícita una condena al empresario responsable de la contingencia profesional. Ello comporta el reconocimiento judicial de la concurrencia de unas circunstancias en el desarrollo de la actividad laboral en el seno de la empresa que, sin duda alguna, afectan al interés empresarial en la materia que se enjuicia, con inferencia, sin la menor duda, en las medidas de prevención y aseguramiento de riesgos laborales en el ámbito de la empleadora (STS de 19 de mayo de 2015, recurso 1455/2013).

7) Hemos explicado que el TS ha reconocido interés para recurrir de una empresa absuelta de una demanda por despido pero que, en la sentencia recurrida, se afirmaba que la empresa afectada era sucesora de la empresa anterior y tenía que hacerse cargo del trabajador demandante, con lo que ello supone de desestimación de uno de los medios de oposición a la demanda que había desarrollado la empresa y la condena implícita al mantenimiento de una relación laboral por ella negada. Por ello, el resultado de la sentencia, aunque formalmente absolutorio, era materialmente desestimatorio de la pretensión sostenida por la recurrente, con los eventuales efectos de cosa juzgada, directos o reflejos, que tal resolución lleva implícitos, suficientes por sí mismos para considerarse

perjudicada por dicha resolución (STS de 19 de julio de 2012, recurso 2454/2011).

8) El TSJ de Madrid ha reconocido interés para recurrir en suplicación a un trabajador que había obtenido en la instancia una sentencia declarando la nulidad de su despido y que recurrió para que se declarase que su relación laboral era de duración indefinida. El Tribunal argumentó que el demandante podía recurrir *«para contrarrestar los efectos de la suplicación entablada por el CSIC y, sobre todo, en orden a fijar el alcance de la cosa juzgada material de la sentencia de instancia si gana firmeza, la trabajadora está legitimada para combatir tal resolución judicial y obtener, así, una declaración como la que pretende que permita conocer las condiciones laborales exactas en que ha de efectuarse su readmisión»* (STSJ de Madrid de 10 de febrero de 2017, recurso 1068/2016).

9) El SEPE tiene interés en recurrir una sentencia desestimatoria de la reclamación del subsidio por incapacidad efectuada por un beneficiario que había percibido la prestación por desempleo. Un trabajador que estaba cobrando la prestación por desempleo, reclamó el subsidio por incapacidad temporal. El SEPE revisó de oficio la prestación por desempleo porque el beneficiario tenía derecho a una prestación económica de la Seguridad Social incompatible con las prestaciones por desempleo. La sentencia de instancia desestimó la demanda. El TSJ entró a conocer del recurso de suplicación interpuesto por el SEPE porque la sentencia recurrida *«modificando el objeto del proceso entra a conocer y valida las prestaciones de desempleo, que luego han sido revocadas, y que es el motivo real y último para negar el abono del subsidio de IT que se reclama, ya que de mantenerse tal pronunciamiento y argumentación la gestora resulta agraviada y perjudicada por la sentencia [...] en cuanto al efecto prejudicial positivo de esa afirmación en la reclamación que pueda efectuar la actora sobre denegación sobrevenida de prestación de desempleo y reintegro de prestaciones»* (STSJ de Andalucía con sede en Granada de 13 de septiembre de 2018, recurso 44/2018).

Por el contrario, se ha rechazado la existencia de gravamen cuando la mujer del fallecido, beneficiaria de la pensión de viudedad, recurre en suplicación contra la sentencia que reconoce el derecho de la ex-mujer del causante a percibir una pensión de viudedad, siendo la única finalidad del recurso la de reducir su importe (a fin de que no exceda de la pensión compensatoria), sin que ello en modo alguno afecte a la cuantía de la pensión de viudedad reconocida a la recurrente. Es decir, la viuda no recurre en suplicación para incrementar el importe de su pensión sino únicamente para disminuir el importe de la pensión de viudedad de la ex-mujer (STSJ de Cataluña de 24 de noviembre de 2015, recurso 3297/2015).

VII

Resoluciones recurribles en suplicación

SUMARIO: 1. SENTENCIAS DICTADAS POR JUZGADOS DE LO SOCIAL. *A) Regla general. B) Sentencias no recurribles en suplicación.* a) Impugnación de sanciones laborales. b) Fecha de disfrute de vacaciones. c) Materia electoral, salvo que verse sobre la certificación de la representatividad sindical. d) Clasificación profesional. i. Clasificación profesional y diferencias retributivas. ii. Reclamación de un ascenso conforme a lo previsto en una norma reglamentaria o convencional. e) Movilidad geográfica, modificaciones sustanciales de condiciones de trabajo, movilidad funcional, suspensiones y reducciones de jornada. i. No es necesario que el empresario haya seguido los trámites de los arts. 40, 41 y 47 ET. ii. Sentencias recurribles. iii. Acumulación de acción de la reclamación de una indemnización cuya cuantía es superior a los 3.000 euros. iv. Demandas que no se tramitan conforme a la modalidad de movilidad geográfica. f) Conciliación de la vida personal, familiar y laboral. g) Impugnación de alta médica. h) Reclamaciones cuya cuantía litigiosa no exceda de 3.000 euros. *C) Sentencias recurribles.* a) Supuestos en los que cabe el recurso de suplicación con independencia de la materia. i. Afectación general. ii. Extensión de efectos. iii. Subsanación de una falta esencial del procedimiento. iv. Omisión de la conciliación o mediación previa. v. Invocación de la vulneración de derechos fundamentales. vi. Incompetencia. b) Modalidades procesales que permiten el acceso a suplicación. i. Despido o extinción del contrato de trabajo. ii. Prestaciones de Seguridad Social. iii. Conflictos colectivos, impugnación de convenios colectivos, impugnación de los estatutos de los sindicatos, procedimientos de oficio y tutela de derechos fundamentales. iv. Impugnación de actos administrativos en materia laboral de cuantía indeterminada o cuando exceda de 18.000 euros. *D) Sanciones administrativas en materia de Seguridad Social.* a) Diferente tratamiento de la extinción de las prestaciones por un acto de gestión y por una sanción administrativa. b) Extinción del subsidio de desempleo que excede de la mera reclamación de cantidad. c) Impugnación de actos administrativos en materia de Seguridad Social: cuantía litigiosa de 3.000 euros. *E) Determinación de la cuantía litigiosa.* a) Acciones declarativas: cuantificación económica de la reclamación. b) Acumulación subjetiva de acciones. c) Acumulación objetiva de acciones. i. Doctrina jurisprudencial. ii. Acciones declarativas autónomas y acciones declarativas con traducción económica. d) Interés actual y real. e) Allanamiento parcial. f) Pago parcial. g) Cuantía fijada en conclusiones. h) Cuantía litigiosa de instancia, no de suplicación. i) Sin intereses ni recargos moratorios. j) «Anualización» de la reclamación de prestaciones de la Seguridad Social. k) Impugnación de actos administrativos en materia laboral y de Seguridad Social. 2. AUTOS DICTADOS POR JUZGADOS DE LO SOCIAL. *A) Falta de jurisdicción y de competencia internacional, material, objetiva, territorial o funcional. B) Terminación anticipada del proceso.* a) Satisfacción extraprocesal o pérdida sobrevenida de objeto. b) Falta de subsanación de los defectos advertidos en la demanda. c) Incomparecencia al juicio oral. *C) Ejecución de sentencia u otros títulos.* a) El título ejecutado debe tener acceso a suplicación. b) Recurso de reposición o revisión previo. c) Autos recurribles. i. Autos denegando el despacho de ejecución. ii. Autos resolviendo puntos sustanciales no controvertidos en el pleito, no decididos en la sentencia o que contradigan lo ejecutoriado. iii. Autos resolviendo procedimientos incidentales en la ejecución. iv. Autos dictados en ejecución provisional. 3. AUTOS DICTADOS POR JUZGADOS DE LO MERCANTIL. *A) Autos recurribles.* a) Autos del art. 551 LC. b) Autos que inadmiten la demanda incidental que impugna la inclusión en la extinción colectiva. *B) Legitimación. C) Tramitación.* 4. SENTENCIAS DICTADAS POR JUZGADOS DE LO MERCANTIL. *A) Sentencias dictadas en el incidente concursal en materia laboral promovido por el trabajador individual. B) Sentencias dictadas en el incidente concursal en materia laboral promovido por el personal de alta dirección.*

Hemos explicado que el acceso al recurso de suplicación no es neutral desde el punto de vista de los trabajadores. Además, es importante reparar en que el recurso de suplicación es necesario para que una materia pueda acceder posteriormente al TS mediante el recurso de casación para la unificación de doctrina. Si se excluye la suplicación, se impide la intervención unificadora del TS.

1. SENTENCIAS DICTADAS POR JUZGADOS DE LO SOCIAL

A) REGLA GENERAL

Hay que diferenciar:

1) Sentencias: la regla general es que las sentencias dictadas por los Juzgados de lo Social son recurribles en suplicación salvo que la LRJS las excluya.

2) Autos: sucede lo contrario. La regla general es que los autos dictados por los Juzgados de lo Social no son recurribles en suplicación, salvo que estén incluidos en los supuestos previstos en la LRJS.

En efecto, respecto de las sentencias, el art. 191.1 LRJS dispone: «*Son recurribles en suplicación las sentencias que dicten los Juzgados de lo Social en los procesos que ante ellos se tramiten, cualquiera que sea la naturaleza del asunto, salvo cuando la presente Ley disponga lo contrario*».

Por el contrario, respecto de los autos, el art. 194.4 LRJS establece: «*Podrá interponerse recurso de suplicación contra las siguientes resoluciones: a) Los autos que resuelvan el recurso de reposición [...]*».

Para determinar si la acción ejercitada en un pleito permite el acceso a suplicación, lo importante no es la denominación que las partes hayan usado sino la verdadera naturaleza de la acción ejercitada: *«las cosas son lo que son, no lo que las partes dicen que son»* (STS de 6 de noviembre de 2007, recurso 2809/2006 y 20 de febrero de 2008, recurso 4560/2006).

Así, aunque el demandante afirme que ejercita una acción de clasificación profesional, si en realidad se trata de un procedimiento ordinario, la sentencia dictada por el Juzgado de lo Social no estará excluida del recurso de suplicación al amparo de los arts. 137.3 y 191.2.d) LRJS (que excluyen la suplicación en materia de clasificación profesional).

La competencia funcional forma parte del denominado «orden público procesal», lo que supone que el tribunal puede y debe entrar en su examen aun cuando no haya sido invocada por las partes. Por ende, cuando un TSJ resuelve un recurso de suplicación, en primer lugar, debe examinar de oficio su propia competencia funcional: debe precisar si la sentencia (o el auto) de instancia efectivamente es recurrible en suplicación. Es irrelevante que las partes procesales susciten o no esta cuestión porque se trata de una materia que debe examinarse *ex officio*. Normalmente la parte recurrida, en el escrito de impugnación del recurso de suplicación, alega que la sentencia de instancia no era susceptible de ser recurrida en suplicación, solicitando que se declare su firmeza. Aunque no lo haga, el TSJ debe examinar de oficio esta cuestión. Por su parte, cuando el TS conoce un recurso de casación para la unificación de doctrina, asimismo debe examinar de oficio si la sentencia dictada por el Juzgado de lo Social era recurrible en suplicación, con independencia de si concurre contradicción con la sentencia de contraste. Si la sentencia dictada por el TSJ no era recurrible en suplicación, el TS declara la nulidad de las actuaciones, decretando la firmeza de la sentencia dictada por el Juzgado de lo Social.

La STS 564/2024, de 17 de abril (rcud 2523/2021) diferencia los siguientes supuestos:

1) La sentencia del TSJ recurrida en casación unificadora declara su propia competencia funcional.

   En tal caso, el TS examina de oficio si la sentencia del Juzgado de lo Social era recurrible en suplicación porque la recurribilidad de la sentencia de instancia es presupuesto previo de la propia competencia funcional del TS. No se exige el presupuesto procesal de contradicción.

2) La sentencia del TSJ recurrida en casación unificadora declara expresamente que la resolución de instancia no era recurrible en suplicación.

   En este supuesto, el recurrente en casación unificadora pretende que el TS declare que la doctrina de la sentencia recurrida es contraria a derecho. El TS explica que eso obliga a la parte recurrente a invocar necesariamente una sentencia de contraste que contenga doctrina contraria.

B) SENTENCIAS NO RECURRIBLES EN SUPLICACIÓN

La regla general de admisión del recurso de suplicación tiene varias excepciones que niegan el recurso.

a) Impugnación de sanciones laborales

Esta exclusión se refiere a las sanciones impuestas por un empresario a su trabajador, por ejemplo: una sanción de suspensión de empleo y sueldo de cinco días por la falta grave de impuntualidad en el trabajo. No afecta a las sanciones administrativas tipificadas en la LISOS. Tampoco se refiere a la máxima sanción disciplinaria: el despido. Todas las sentencias de despido son recurribles en suplicación.

Normalmente los convenios colectivos regulan la responsabilidad disciplinaria de los trabajadores diferenciando entre faltas leves, graves y muy graves [STS 879/2022, de 2 de noviembre (rcud 2089/2019)]:

1) Si la sanción se ha impuesto por una falta leve o grave, se excluye el recurso de suplicación en todo caso.

2) Si la sanción se ha impuesto por una falta muy grave, el trabajador puede recurrir en suplicación contra la sentencia de instancia, pero no el empresario: si la sentencia dictada por el Juzgado de lo Social confirma la sanción, se permite el recurso (en cuyo caso el único que tiene interés para recurrir es el trabajador). En cambio, si la sentencia del Juzgado de lo Social deja sin efecto la sanción, se excluye el recurso.

Se trata de una desigualdad procesal porque solo pueden recurrir estas sentencias los trabajadores, no los empresarios. La STC n.º 125/1995 consideró que no vulneraba la CE, argumentando que existe una desigualdad jurídica y material de las partes del contrato de trabajo que se intenta compensar con esta diferencia de trato procesal.

La citada STS 879/2022, de 2 de noviembre (rcud 2089/2019) explica que, en estos procedimientos sí que se admite el recurso de suplicación en los siguientes supuestos:

1) Cuando el trabajador denuncia que la medida disciplinaria vulnera sus derechos fundamentales [STS 648/2018 de 19 junio (rcud 596/2017)].

2) Cuando la sentencia de instancia mantiene la calificación de falta muy grave de la infracción y, sin embargo, autoriza al empresario a imponer una sanción diferente a la por él decidida.

La STS 178/2021, de 10 de febrero (rcud 1329/2018) declaró que era recurrible en suplicación la sentencia del Juzgado de lo Social que había mantenido la calificación de falta muy grave efectuada por el empresario y le había autorizado a imponer una sanción diferente adecuada a la gravedad de la falta. El TS argumentó que la STS 27 abril 2004 (rcud 2830/2003) admite, de forma implícita, que el empresario puede recurrir en suplicación y, en su caso, en casación para la unificación de doctrina, la sentencia que confirma la sanción por falta muy grave cuando, *«aun siendo favorable al empresario el signo de la sentencia, exista un gravamen que le legitima para recurrir, como puede suceder si en los hechos probados la empresa entiende que existe un error en cuanto a las circunstancias personales del trabajador —antigüedad, categoría, salario...— o respecto al Convenio Colectivo aplicable, o respecto a las circunstancias de la empresa —se aprecia sucesión de empresa o grupo de empresa— o cualquier otra cuestión»*.

b) Fecha de disfrute de vacaciones

Esta exclusión del recurso se limita a la modalidad procesal de los arts. 125 y 126 LRJS: la fijación individual o plural de las fechas de disfrute de las vacaciones. Es el supuesto en que el empresario y el trabajador no discuten el derecho a disfrutar las vacaciones del empleado, ni su duración. El debate litigioso se ciñe a determinar cuáles deben ser las concretas fechas de disfrute de vacaciones.

La necesidad de una respuesta judicial inmediata, so pena de que el proceso quede privado de sentido, por haber transcurrido el año de disfrute de las vacaciones cuando el procedimiento se resuelva, así como, en principio, su escasa trascendencia, justifican la exclusión del recurso.

Quedan fuera de esta modalidad procesal especial los procesos relativos a vacaciones en los que no se discute la fecha de disfrute, sino que su objeto es distinto, en cuyo caso la tramitación se realiza conforme al procedimiento ordinario y la sentencia será recurrible o no en función de su cuantía.

Así, se tramitan por el procedimiento ordinario los pleitos en los que se discute si el trabajador tiene o no derecho a vacaciones, el número de días de éstas o la cuantía de la retribución de las vacaciones. Existen reiterados pronunciamientos del TS (STS de 5 de junio de 2007, recurso 1958/2006; 1 de abril de 2009, recurso 1492/2008; 8 de abril de 2009, recurso 1486/2008; y 6 de mayo de 2009, recurso 1408/08) que deniegan el recurso de suplicación en supuestos en los que se reclamaban varios días de vacaciones no disfrutadas, con el argumento de que la retribución correspondiente a esos días no alcanzaba los 1.800

euros que entonces delimitaban el acceso a suplicación. El TS argumentaba que el art. 189 de la derogada LPL no se refería a las pretensiones meramente declarativas o a las de condena no dineraria, habiendo suplido el TS esta laguna precisando que, cuando se trata de acciones declarativas o de acciones de condena que no tienen un contenido dinerario directo, hay que estimar el valor económico del litigio a efectos de la aplicación del citado límite cuantitativo. El TS rechaza que se trate de una pretensión de cuantía indeterminada, calculando la retribución que le correspondería percibir al trabajador por las vacaciones no disfrutadas y considerando que su importe determina la cuantía litigiosa, lo que supone que el acceso al recurso depende de que la cuantía del litigio exceda de 1.800 euros, salvo cuando concurra la afectación general que permite el acceso a suplicación, como sucede cuando se reclama el disfrute de las vacaciones que no se pudieron disfrutar por coincidir un proceso de incapacidad temporal con el período de vacaciones previamente fijado (STS de 24 de junio de 2009, recurso 1542/2008).

Es decir, cuando se discute si el trabajador tiene derecho a las vacaciones negadas por la empresa o si reclama unos días de vacaciones más de los que le ha reconocido el empleador, se trata de un pleito que rebasa la modalidad procesal de vacaciones, porque ésta se limita a la fijación de la fecha de disfrute de vacaciones. Por tanto, se tramita conforme al procedimiento ordinario y se aplican las reglas generales de acceso a suplicación, en función de la cuantía litigiosa, calculada con base en la retribución de los días de vacaciones controvertidos.

El TS ha monetizado estos pleitos, negando que sean de cuantía indeterminada. La cuantía litigiosa se calcula sobre la base de la retribución del trabajador correspondiente a los días de vacaciones que se discuten y determina el acceso a suplicación. Así, si una empresa reconoce a un trabajador unas vacaciones de 20 días y el empleado reclama 25 días, la cuantía litigiosa será el resultado de multiplicar los 5 días debatidos por el salario diario bruto del trabajador.

c) Materia electoral, salvo que verse sobre la certificación de la representatividad sindical

Esta excepción se remite a las modalidades procesales reguladas en los arts. 127 a 135 LRJS relativas a las siguientes materias:

1) Impugnación de laudos arbitrales previstos en el art. 76 del ET.

2) Impugnación de resoluciones administrativas que denieguen el registro de las actas relativas a las elecciones de delegados de personal y miembros de comités de empresa.

Antes de la entrada en vigor de la LRJS la doctrina jurisprudencial realizaba una interpretación restrictiva del objeto de la modalidad procesal de materia electoral (STS de 4 de mayo de 2006, recurso 2782/2004). El art. 127.2 de la vigente LRJS ha dejado sin efecto esa doctrina puesto que explica que se someten al arbitraje electoral *«todas las impugnaciones relativas al proceso electoral desde la promoción de las elecciones, incluida la validez de la comunicación a la oficina pública del propósito de celebrar las mismas, así como todas las actuaciones electorales previas y posteriores a la constitución de la Mesa Electoral y las decisiones de ésta, y la atribución de los resultados, hasta la entrada de las actas en la oficina pública dependiente de la autoridad administrativa o laboral»*.

En consecuencia, el arbitraje electoral incluye las impugnaciones del proceso electoral, desde el principio (la promoción de las elecciones) hasta la entrada de las actas en la oficina pública correspondiente. La sentencia resolutoria de esta modalidad procesal está excluida del recurso de suplicación.

Sí que cabe el recurso de suplicación cuando el procedimiento verse sobre la certificación de la representatividad sindical: cuando se impugna judicialmente la certificación de la autoridad laboral sobre la capacidad representativa de los sindicatos o los resultados electorales (art. 136 LRJS).

d) Clasificación profesional

i. Clasificación profesional y diferencias retributivas

Si se ejercita una acción de reconocimiento de una clasificación profesional superior al amparo del art. 39.2 ET, la sentencia de instancia no es recurrible en suplicación. Es decir, si el trabajador afirma que realiza tareas correspondientes a una categoría superior a la que tiene reconocida, por lo que le corresponde un ascenso al amparo del art. 39.2 ET (*«En el caso de encomienda de funciones superiores a las del grupo profesional por un período superior a seis meses durante un año u ocho durante dos años, el trabajador podrá reclamar el ascenso»*), se tramitará conforme a la modalidad procesal de clasificación profesional del art. 137 LRJS, que está excluida del recurso de suplicación, con independencia de que la falta de correspondencia entre una y otra se produzca en la clasificación inicial (art. 22.4 ET) o en el ulterior desarrollo de la relación laboral (art. 39.4 ET. Por todas, STS de 7 de junio de 2007, recurso 784/2006 y 3 de abril de 2009, recurso 1106/2008).

La STS 739/2022, de 14 de septiembre (rcud 210/2020)] expone la doctrina jurisprudencial sobre esta modalidad procesal:

A) La STS 19 noviembre 2012 (rcud 3871/2011), establece las siguientes reglas generales:

a) El acto determinante de la elección de la modalidad procesal idónea, es el de presentación de la demanda. La pretensión ejercitada en ella condiciona el cauce procesal a seguir, independientemente de la procedencia o improcedencia de la cuestión de fondo discutida, y de la denominación que el actor le haya dado.

b) Solo cabe utilizar la modalidad procesal de clasificación profesional cuando se trata de reclamar categoría superior a la reconocida, *«en la que son determinantes y se cuestionan los hechos y circunstancias del trabajo efectivamente desarrollado»*, pero no cuando la clave de la decisión se encuentra en la interpretación de preceptos.

c) No cabe esta vía procesal cuando el problema encierra *«cuestiones más complejas que afectan a la propia interpretación de la normativa reguladora de la clasificación»*. Se han de encauzar por la vía del proceso ordinario las reclamaciones en las que la clave de la decisión jurisdiccional se encuentra en la interpretación de preceptos, es decir, en consideraciones «de derecho» y no «de hecho».

d) En los pleitos de clasificación también se resuelve un problema jurídico. Sin embargo, cuando el problema trasciende de dichos posibles desajustes ya no puede ser objeto del indicado proceso.

La STS 503/2021 de 6 mayo (rcud 2614/2019) sostiene que cabe recurso frente a la sentencia del Juzgado de lo Social cuando se debate *«si, el desempeño de un puesto de trabajo (ocupación) de nivel superior durante un período superior a seis meses, comporta el acceso definitivo a dicha ocupación o, por el contrario, debe seguirse necesariamente el procedimiento de provisión previsto en el convenio colectivo de la empresa, para asegurar los principios de igualdad, mérito y capacidad, propios de las sociedades estatales públicas»*.

La STS 1057/2021 de 26 octubre (rcud 4628/2018) admite la suplicación cuando se discute *«si cabe la consolidación de una superior categoría profesional por el solo desempeño, aún prolongado, de las funciones correspondientes, existiendo una norma convencional que contiene previsión específica sobre el modo de acceso a una categoría superior»*.

Si se acumula la pretensión de reconocimiento de una clasificación superior con la reclamación de las diferencias económicas entre una y otra, el acceso a suplicación dependerá de si la cuantía litigiosa excede de 3.000 euros [art. 137.3 LRJS: STS de 21 de enero de 2015, recurso 570/2014; 3 de febrero de 2016, recurso 2279/2014; y STS 804/2021, de 20 julio (rcud 3468/2018)].

ii. Reclamación de un ascenso conforme a lo previsto en una norma reglamentaria o convencional

Con una finalidad *pro actione* el TS (por todas, STS de 29 de junio de 2004, recurso 5017/2003; 3 de mayo de 2006, recurso 1684/2005; 26 de septiembre de 2006, recurso 4642/2005 y 3 de abril de 2009, recurso 1106/2008) ha diferenciado:

1) Los procedimientos en los que se parte de una situación de divergencia entre la categoría profesional que tiene reconocida el trabajador y la correspondiente a las funciones que efectivamente realiza, solicitando el reconocimiento de esta última. El TS sostiene que la modalidad procesal de clasificación profesional debe utilizarse exclusivamente cuando la reclamación de categoría profesional esté fundada en el desempeño de actividades de categoría superior en la que son determinantes los hechos y circunstancias del trabajo efectivamente desarrollado, pero no cuando la clave de la decisión jurisdiccional se encuentra en la interpretación de preceptos.

En el primer supuesto la controversia es eminentemente probatoria, lo que supone que el control suplicacional del acierto de instancia, en principio (al estar el TSJ privado de la inmediación del Juez de lo Social), está limitado, lo que justifica la exclusión del recurso. Por tanto, lo decisivo es que el art. 191.2.d) LRJS, que excluye el recurso de suplicación, se remite a la modalidad procesal especial de clasificación profesional, regulada sucintamente en el art. 137 LRJS, que a su vez se remite a los arts. 22, 24 y 39 del ET. Si nos encontramos dentro del ámbito de estos preceptos, que regulan la clasificación profesional, no cabrá interponer recurso de suplicación.

2) Los procedimientos en los que el núcleo del conflicto es ajeno a esos preceptos se tramitan por el procedimiento ordinario, aunque se reclame un cambio en la clasificación profesional del trabajador, y en consecuencia cabrá la interposición del recurso de suplicación. Así ocurre cuando se reclama un ascenso conforme a lo previsto en una norma reglamentaria o convencional, o en virtud de la entrada en vigor de un convenio colectivo nuevo que modifica las categorías profesionales preexistentes.

Se tramita conforme al procedimiento ordinario y, al ser de cuantía indeterminada, la sentencia será recurrible en suplicación, si se produce un cambio normativo que afecta a las categorías profesionales (como ocurrió cuando se aprobó el Convenio Colectivo Único para el personal laboral de la Administración del Estado) y lo que se discute es la sucesión entre convenios colectivos y el encuadramiento de la anterior categoría que tenía el trabajador en su anterior convenio colectivo, en las nuevas categorías del nuevo convenio.

La STS de 25 de enero de 2005, recurso 5515/2003, declaró la procedencia del recurso de suplicación en un pleito en que se discutía si los trabajadores con una concreta categoría y nivel económico del antiguo Convenio del MOPU, al integrarse en el nuevo Convenio Colectivo Único para el personal laboral de la Administración del Estado, que los integró en el grupo profesional 5, debían integrarse en el grupo profesional 4.

La STS 1066/2021, de 27 de octubre (rcud 4913/2018) declaró que era recurrible en suplicación una sentencia que había resuelto una demanda en la que se reclamaba el reconocimiento de la categoría de analista de sistemas, que la actora tenía reconocida antes y que, en virtud de un acuerdo colectivo, se había cambiado por la de analista. El TS explica que el debate no está en el contenido de los servicios prestados por la actora sino en qué manera puede una norma colectiva alterar la categoría profesional que venía ostentando el trabajador. Ese debate no es el propio del proceso de clasificación profesional cuyo ámbito de conocimiento está restringido.

Tradicionalmente el TS ha considerado prácticamente imposible que en materia de clasificación profesional concurra el acceso al recurso de suplicación por la afectación general de la cuestión debatida porque esta clase de reclamaciones goza de una individualización y peculiaridad no generalizable (STS de 20 de junio de 1995, recurso 3654/1994 y auto del TS de 21 de octubre de 2010, recurso 489/2010).

Sin embargo, el examen sistemático del art. 191 LRJS, cuyo apartado 3.b) permite el recurso de suplicación «en todo caso» cuando concurre afectación general, supone que, en el supuesto de que un gran número de trabajadores realizasen funciones idénticas y solicitasen su clasificación profesional en las mismas condiciones, nada impediría el acceso a suplicación aplicando el art. 191.3.b) LRJS. En ese sentido parece pronunciarse la STS de 9 de junio de 1995, recurso 3006/1994. Han aceptado el recurso de suplicación por concurrir afectación general en pleitos de clasificación profesional las STSJ de Cataluña de 18 de octubre de 2002, recurso 496/2002 y 6 de noviembre de 2002, recurso 7625/2001[1].

e) Movilidad geográfica, modificaciones sustanciales de condiciones de trabajo, movilidad funcional, suspensiones y reducciones de jornada

i. No es necesario que el empresario haya seguido los trámites de los arts. 40, 41 y 47 ET

Durante la vigencia de la derogada LPL, el TS sostenía que la modalidad procesal de movilidad geográfica y modificación sustancial de condiciones de trabajo (en adelante MSCT) solo se aplicaba cuando la movilidad o la MSCT se había llevado a cabo siguiendo los trámites previstos en los arts. 40 y 41 ET. Cuando no se cumplían por el empleador las exigencias formales de esos preceptos, el proceso ordinario era el adecuado para reclamar frente a la medida y la sentencia resolutoria del mismo era recurrible en suplicación[2] .

1. Las ponentes de ambas sentencias fueron D.ª Rosa Virolés y D.ª María Lourdes Arastey.
2. Respecto de la modificación sustancial de condiciones de trabajo se pronunciaron en dicho sentido las STS de 18 de septiembre de 2000, recurso 4566/1999 y 2 diciembre 2005,

La vigente LRJS ha dejado sin efecto esa doctrina. El art. 138.1 LRJS dispone: *«El proceso se iniciará por demanda de los trabajadores afectados por la decisión empresarial, aunque no se haya seguido el procedimiento de los artículos 40, 41 y 47 del ET»*. Por consiguiente, aun cuando el empleador incumpla los trámites formales, el procedimiento se tramitará conforme a esta modalidad procesal y la sentencia no será recurrible, salvo los supuestos exceptuados.

ii. Sentencias recurribles

Esta regla general de irrecurribilidad se exceptúa:

— Cuando la movilidad geográfica o la modificación sustancial tenga carácter colectivo

En la derogada LPL el acceso a suplicación se limitaba a los supuestos en los que se planteaba un conflicto colectivo. Por el contrario, el TS explica que la LRJS *«vincula la recurribilidad, no a la naturaleza colectiva del litigio, sino a la decisión empresarial. Así, siempre que ésta tenga carácter colectivo, cabrá acudir, en su caso, a la suplicación, tanto si la decisión se ataca por los trabajadores individualmente considerados, como si se combate por el cauce del conflicto colectivo por los sujetos legitimados a tal efecto»* (STS 22 de enero de 2014, recurso 690/2013).

Por tanto, aunque se trate de una demanda individual, si combate una MSCT colectiva (por el número de trabajadores afectados), la sentencia será recurrible en suplicación [STS 9 de abril de 2014, recurso 949/2013; 15 de junio de 2015, recurso 589/2014; 945/2016, de 11 de noviembre (rcud 3325/2014); 206/2018, de 26 de febrero (rcud 974/2016); y 991/2023, de 22 de noviembre (rcud 4644/2022)]. Lo mismo sucede con la movilidad geográfica.

— Cuando las suspensiones y reducciones de jornada superen el número de trabajadores previsto para el despido colectivo

Hay que diferenciar:

1) Cuando el empresario pretende la suspensión del contrato o la reducción de jornada por causas económicas, técnicas, organizativas o de producción o derivadas de fuerza mayor, debe tramitar el procedimiento del art. 47 ET, que exige un período de consultas. Ese procedimiento debe tramitarse con independencia del número de trabajadores afectados.

Eso significa que, si el empresario quiere suspender el contrato de un único trabajador por causas económicas, deberá cumplimentar el período de consultas. En efecto, el art. 47.1 ET dispone: *«El procedimiento, que será aplicable cual-*

---

recurso 4206/2004. Respecto de la movilidad geográfica, la STS de 18 diciembre 2007, recurso 148/2006.

quiera que sea el número de trabajadores de la empresa y del número de afectados por la suspensión [...]».

2) Por el contrario, a efectos del acceso a suplicación, la sentencia solo será recurrible si la suspensión o reducción de jornada afecta a un número de trabajadores igual al que determina la existencia de un despido colectivo (10 trabajadores, en las empresas que ocupen menos de 100 trabajadores; el 10% del número de trabajadores de la empresa en aquellas que ocupen entre 100 y 300 trabajadores; y 30 trabajadores en las empresas que ocupen más de 300 trabajadores).

En efecto, el art. 191.2.e) LRJS establece que no procederá recurso de suplicación: *«[...] en las suspensiones y reducciones de jornada previstas en el artículo 47 del Estatuto de los Trabajadores que afecten a un número de trabajadores inferior a los umbrales previstos en el apartado 1 del artículo 51 del ET»*.

— Cuando concurren los supuestos que permiten el acceso a suplicación en todo caso

La sentencia será recurrible:

1) Cuando se invoque la vulneración de derechos fundamentales [STS 587/2017, de 5 de julio (rcud 1477/2015); 817/2017, de 18 de octubre (rcud 2979/2015); y 155/2018, de 15 de febrero (rcud 1324/2016)].

La doctrina tradicional del TS sostenía que la empresa podía recurrir en suplicación para impugnar cuestiones de legalidad ordinaria en los procedimientos de MSCT de carácter individual en los que el trabajador había alegado la vulneración de derechos fundamentales. En esos procedimientos, la empresa interponía recurso de suplicación para solicitar que se calificase como justificada la MSCT. El debate suplicacional se limitaba a cuestiones de legalidad ordinaria, ajenas a la vulneración de derechos fundamentales.

La sentencia del Pleno de la Sala Social del TS 840/2022, de 19 de octubre (rcud 1363/2019) rectificó esa doctrina. En esos pleitos de MSCT de carácter individual, el TSJ tiene limitada la cognición a las cuestiones vinculadas a la vulneración de derechos fundamentales invocadas en la demanda, pero no puede en cambio entrar a resolver las de estricta legalidad ordinaria que pudiere suscitar la parte recurrente cuando no se encuentran indisociablemente ligadas con la alegada vulneración de derechos fundamentales:

— Las sentencias dictadas en procesos de MSCT de carácter individual en los que se invoca la vulneración de derechos fundamentales son recurribles en suplicación, excepto las situaciones excepcionales en las que pudiere apreciarse en esa invocación de derechos fundamentales la posible existencia de un manifiesto fraude procesal, de maniobras torticeras en abuso de derecho (sentencia del TS de 24 de mayo de 2002, recurso 2753/2001), cuando se trata de una invocación puramente artificiosa y carente del más mínimo acerbo probatorio con la que únicamente se pretenda conseguir.

— En tal caso, el ámbito y alcance de ese recurso de suplicación debe limitarse a las cuestiones vinculadas a la vulneración de derechos fundamentales. No puede extenderse a las que son estrictamente de legalidad ordinaria y resultan perfectamente separables de la tutela de tales derechos fundamentales.

— El legislador ha excluido expresamente de la suplicación todas aquellas modalidades procesales que enumera el art. 191.2 de la LRJS (impugnación de sanción por falta que no sea muy grave, así como por falta muy grave no confirmada judicialmente; disfrute de las vacaciones; materia electoral...). Ello se debe a que versan sobre cuestiones de legalidad ordinaria y a factores de menor trascendencia, relevancia jurídica o de la mayor agilidad y premura en la tramitación del proceso.

— Carecería de lógica que esas mismas materias de legalidad ordinaria, que no tienen acceso a la suplicación, puedan tenerlo por haberse planteado de manera conjunta con la invocada vulneración de derechos fundamentales, una vez ya resueltas las pretensiones relativas a tales derechos fundamentales y cuando no guardan la más mínima relación con las materias de legalidad ordinaria pendientes de resolución.

— Si el legislador ha dispuesto que esos aspectos de legalidad ordinaria queden firmes en la sentencia de instancia, no puede ofrecerse un distinto tratamiento jurídico en función de que hayan sido planteados aisladamente o de manera acumulada con la invocada vulneración de derechos fundamentales.

— El art. 191.3.d) y e) de la LRJS dispone que procede recurso de suplicación cuando el recurso tenga por objeto subsanar una falta esencial del procedimiento o la omisión del intento de conciliación o de mediación obligatoria previa, o bien se decida sobre la falta de jurisdicción por razón de la materia o de competencia territorial o funcional. El alcance del recurso se limita a esos concretos aspectos. Se trata de una clara manifestación de la voluntad del legislador de negar el acceso a la suplicación de aquellas materias que están expresamente excluidas del recurso, aun cuando la sentencia pudiere ser recurrible por otros motivos y razones diferentes, y tan solo para que pueda ser supervisada en esos concretos y únicos aspectos por el órgano judicial superior.

— Esto es lo que así sucede cuando se plantean de forma claramente diferenciada pretensiones vinculadas a la posible vulneración de derechos fundamentales y otras de mera legalidad ordinaria que no son recurribles. Cabrá entonces recurso para resolver sobre los aspectos relacionados con los derechos fundamentales que están en juego en el proceso, pero no así sobre las materias de legalidad ordinaria que no tienen acceso a suplicación.

— Solo pueden ser examinados por la sentencia de suplicación los aspectos en los que resulte indisociable el tema de legalidad ordinaria con la eventual existencia de la invocada vulneración de derechos fundamentales, sin que pueda limitarse en estos casos su cognición a los aspectos relativos a la posible infracción de derechos fundamentales, cuando la respuesta que haya de darse a esa cuestión condiciona de alguna manera el pronunciamiento sobre las materias de legalidad ordinaria.

Esa doctrina la han reiterado las sentencias del TS 540/2024, de 11 de abril (rcud 1015/2023); 690/2024, de 14 de mayo (rcud 3695/2021); 1045/2024, de 10 de septiembre (rcud 3404/2023); y 1232/2024, de 12 de noviembre (rcud 987/2022), entre otras.

2) Cuando se denuncia una infracción procesal causante de indefensión [art. 191.3.d) LRJS].

3) Cuando concurra afectación general.

Tradicionalmente el TS sostenía que la denegación del recurso de suplicación en los procedimientos de MSCT, no se veía afectada por la excepción que permite el recurso del art. 189.1.b) LPL: la afectación general (STS de 24 abril 2007, recurso 265/2006). Por consiguiente, la afectación general no se aplicaba a estos pleitos.

La Ley 13/2009 reformó la LPL, dejando sin efecto esta doctrina jurisprudencial porque la nueva redacción del art. 138.4 LPL establecía que esta sentencia no tendrá recurso *«salvo en el supuesto y con los requisitos contemplados en la letra b) del apartado 1 del art. 189»* de la LPL (que regulaba la afectación general). Por ende, la afectación general permitía el acceso a suplicación de las sentencias dictadas en la modalidad procesal de movilidad geográfica y MSCT.

La vigente LRJS ha modificado la regulación del art. 138, sin incluir la citada remisión expresa al precepto legal que regula el acceso a suplicación por afectación general. Pero la redacción del art. 191.3 LRJS: *«Procederá en todo caso la suplicación»*, incluyendo entre sus apartados la afectación general, obliga a concluir que la vigente ley procesal laboral no ha pretendido dejar sin efecto el acceso a suplicación de estas sentencias.

iii. Acumulación de acción de la reclamación de una indemnización cuya cuantía es superior a los 3.000 euros

En el pasado, las acciones de MSCT de carácter individual a las que se acumulaba una acción indemnizatoria en cuantía superior a los 3.000 euros tenían acceso a suplicación [por todas, sentencias del TS 19/2017, de 11 de enero (rcud 1626/2015); 1043/2016, de 7 de diciembre (rcud 1599/2015); y 585/2018, de 5 de junio (rcud 3337/2016)].

Esa doctrina se dejó sin efecto por la sentencia del Pleno de la Sala de lo Social del TS 556/2023, de 14 de septiembre (rcud 2589/2020), por las razones siguientes:

- El principio *pro actione* no opera con igual intensidad en el acceso al recurso que en el acceso a la jurisdicción (STC 37/1995) pues el acceso a los recursos sólo surge de las leyes procesales que regulan dichos medios de impugnación (STC 211/1996 y 258/2000).
- El art. 191.2.e) de la LRJS ha querido dejar fuera del acceso al segundo grado a los litigios sobre MSCT de alcance individual o plural. Su referencia a que también son recurribles las sentencias dictadas en asuntos *«cuando fuera posible acumular a estos otra acción susceptible de recurso de suplicación»* está solo referida a los litigios de cambio de puesto o movilidad funcional.

Posteriormente han reiterado esa doctrina las sentencias del TS 1274/2023, de 21 de diciembre (rcud 3641/2022); 42/2024, de 11 de enero (rcud 739/2021); 1174/2024, de 25 de septiembre (rcud 809/2022); y 1232/2024, de 12 de noviembre (rcud 987/2022); entre otras.

iv. Demandas que no se tramitan conforme a la modalidad de movilidad geográfica

No se tramitan conforme a la modalidad procesal de movilidad geográfica:

1) Los supuestos en los que no se impugna expresamente la decisión misma de traslado sino las consecuencias de ese traslado, solicitando la extinción indemnizada del contrato de trabajo al amparo del art. 40 ET. Por ello, debe tramitarse conforme a la modalidad del proceso ordinario y la sentencia es recurrible en suplicación (STSJ de Madrid de 11 de julio de 2016, recurso 400/2016).

2) Los traslados del trabajador que carezcan de entidad como para constituir la movilidad geográfica del art. 40 ET. Se trata de un supuesto de ejercicio de *ius variandi* del empresario que no es subsumible en el art. 40 ET.

La STS 467/2021, de 29 de abril (rcud 299/2019) admitió el recurso de suplicación contra una sentencia en la que se impugnaba el cambio de centro de trabajo que no había implicado el cambio de residencia del trabajador. Tampoco podía considerarse un supuesto de modificación sustancial de condiciones de trabajo. El TS explicó que no alcanzaba la calificación de movilidad geográfica que hubiera de tramitarse por la modalidad especial del art. 138 LRJS. En el mismo sentido se pronunciaron las STS 383/2020, de 21 de mayo (rcud 326/2018) y de 19 de diciembre de 2002, recurso 3369/2001. Esta última admitió el recurso de suplicación contra una sentencia que enjuiciaba el traslado efectuado por un banco a una trabajadora de una oficina de Villalba (Madrid) a otra sita en San Lorenzo del Escorial, distante menos de 25 kilómetros. Se discutía si el art. 30 del Convenio Colectivo de Banca era aplicable. El TS argumenta que existe un campo de actuación empresarial, incluido en el poder de organización y dirección, que escapa a las mutaciones geográficas contempladas en el art. 40 ET. Solamente la movilidad geográfica incluida en dicho precepto está excluida del recurso. Por ello, en el citado supuesto, ajeno al art. 40 ET, sí que cabe interponer recurso de suplicación contra la sentencia de instancia.

3) Las demandas en las que no se impugna una movilidad geográfica acordada por la empresa, sino que se combate la decisión del empleador (una Administración pública) de que la trabajadora deje de prestar servicios en una localidad en virtud de sucesivas órdenes de desplazamiento temporales, debiendo reincorporarse por necesidades del servicio a la plaza de la que era titular en todo momento. Dicha pretensión no tiene encaje en la modalidad procesal regulada en el art. 138 LRJS, debiendo seguirse los trámites de juicio ordinario y la sentencia es recurrible en suplicación (STS 26 de febrero de 2014, recurso 652/2013).

f) Conciliación de la vida personal, familiar y laboral

El art. 139.1.b) LRJS excluye el recurso contra estas sentencias salvo cuando se acumule una pretensión de resarcimiento de perjuicios que exceda de 3.000 euros. La doctrina jurisprudencial explica que cualquier discrepancia en materia de conciliación de la vida personal, familiar y laboral, con independencia de si los derechos invocados están reconocidos legal o convencionalmente, se ventila con el procedimiento establecido en el art. 139 LRJS [STS (Pleno) 25 de marzo de 2013, recurso 957/2012 y 16 de septiembre de 2013, recurso 2326/2012]. En aras a la celeridad, la sentencia no es recurrible salvo cuando el demandante reclama una indemnización de daños y perjuicios superior a 3.000 euros.

El procedimiento de conciliación de la vida personal, familiar y laboral es aplicable al ejercicio de los derechos de la trabajadora víctima de violencia de género, a la reducción de la jornada de trabajo con disminución proporcional del salario y a la reordenación del tiempo de trabajo, a través de la adaptación del horario, de la aplicación del horario flexible o de otras formas de ordenación del tiempo de trabajo que se utilicen en la empresa (art. 139.2 LRJS), por lo que la sentencia dictada en estos procesos tampoco será recurrible salvo en el caso antes citado.

g) Impugnación de alta médica

No son recurribles en suplicación las sentencias dictadas en procesos de impugnación de alta médica cualquiera que sea la cuantía de las prestaciones de incapacidad temporal que viniera percibiendo el trabajador [art. 191.2.g) LRJS].

Se trata de las sentencias dictadas en la modalidad procesal de impugnación de altas médicas (art. 140 LRJS), caracterizada por la celeridad. La STS de 10 de febrero de 2015, recurso 390/2014, explica que este proceso tiene un objeto que se circunscribe a las altas médicas, por lo que no se excluyen del recurso las sentencias resolutorias de las demandas interpuestas por mutuas que impugnan las bajas médicas acordadas por los servicios públicos de salud, argumentando que «*en el fondo lo que se controvierte es tanto determinar si es común o profesional la contingencia causante de la segunda baja, como la legitimación de la Mutua demandante para impugnarla y si la competencia para acordar la baja por enfermedad común que se impugna es de los servicios públicos de salud o sólo de la Mutua aseguradora de las contingencias comunes*».

h) Reclamaciones cuya cuantía litigiosa no exceda de 3.000 euros

Si el actor reclama exactamente 3.000 euros, conforme al tenor literal del art. 191.2.g) LRJS, como quiera que la cuantía no excede de 3.000 euros, la sentencia no será recurrible en suplicación. Las reglas del cálculo de la cuantía litigiosa se examinan en un epígrafe posterior.

C) SENTENCIAS RECURRIBLES

a) Supuestos en los que cabe el recurso de suplicación con independencia de la materia

i. Afectación general

— Concepto

La sentencia es recurrible en suplicación, con independencia de la cuantía litigiosa, cuando la cuestión debatida afecta a todos o un gran número de trabajadores o beneficiarios de la Seguridad Social [art. 191.3.b) LRJS].

A partir de las STS (Pleno) de 3 de octubre de 2003, recursos 1011/2003 y 1422/2003, el Alto Tribunal sostiene que la afectación general no es un hecho sino un concepto jurídico indeterminado, dotado de una base fáctica pero que la trasciende. Es decir, se trata de un hecho al que se le aplica una norma jurídica. El TS explica que supone la existencia de una situación de conflicto generalizada en la que se ponen en discusión los derechos de los trabajadores frente a la empresa o los de los beneficiarios de la Seguridad Social frente a ésta, sin que sea necesario que se hayan incoado muchos procesos judiciales a consecuencia de la cuestión que la produce, pues basta con la existencia de la situación de conflicto generalizado. Basta con que el empresario desconozca los derechos de sus trabajadores, o les prive de ellos o la interpretación que aquél y éstos hacen de una norma sea contraria, aun cuando no se hayan presentado todavía numerosas demandas.

La declaración judicial de que concurre la afectación general en una controversia litigiosa vincula en los pleitos futuros. En aras a la seguridad jurídica, para evitar pronunciamientos contradictorios, las STS 1005/2018, de 3 de diciembre (rcud 1231/2017); 1089/2018, de 19 de diciembre (rcud 1316/2017); 161/2020, de 19 de febrero (rcud 3820/2017); y 380/2025, de 5 de mayo (rcud 561/2023, Pleno) sostienen que, *«al ser la afectación múltiple un concepto jurídico, en aquellos casos en los que esta Sala ha declarado de modo reiterado que una determinada cuestión afecta a un gran número de trabajadores, tal declaración tiene el valor de doctrina jurisprudencial en relación con otros procesos en que se suscite idéntica cuestión»*.

— Litigiosidad o conflictividad

En principio, la afectación general podría depender de la concurrencia de alguna de las circunstancias siguientes:

1) La litigiosidad, es decir, que se hayan iniciado otros pleitos con el mismo objeto.

2) La conflictividad sobre la cuestión debatida, aunque no se hayan formulado otras demandas.

3) El campo de aplicación de la norma: todas las personas que potencialmente podrían verse afectadas por ella.

Ha habido dos doctrinas jurisprudenciales diferentes en relación con esta cuestión:

1) Algunas sentencias del TS definen la afectación general en función de la existencia de conflictividad, aunque no se hayan formulado otras demandas. Desde que se dictaron las citadas STS (Pleno) de 3 de octubre de 2003, recursos 1011/2003 y 1422/2003, muchas sentencias del TS han afirmado que, *«para apreciar la existencia de tal afectación no es necesario que se hayan incoado muchos procesos judiciales a consecuencia de la cuestión que la produce, sino que basta con la existencia de una situación de conflicto generalizado, lo que en este caso no se puede apreciar al carecer de elementos que la puedan sostener»* [STS

669/2022, de 13 de julio (rcud 2869/2021); 150/2023, de 21 de febrero (rcud 649/2022); 487/2023, de 5 de julio (rcud 4671/2022); 1.235/2023, de 21 de diciembre (rcud 3218/2021); 364/2024, de 23 de febrero (rcud 1074/2022); y 1179/2024, de 25 de septiembre (rcud 3269/2023), entre otras muchas].

2) Otras sentencias del TS exigen que haya litigiosidad. Múltiples sentencias del TS condicionan la existencia de afectación general a que exista *«litigiosidad real sobre la cuestión discutida»* [por todas, STS 974/2022, de 20 de diciembre (rcud 3241/2019); 342/2023, de 10 de mayo (rcud 4159/2020); 746/2023, de 17 de octubre (rcud 3003/2020); 80/2024, de 23 de enero (rcud 211/2021); y 301/2024, de 20 de febrero (rcud 1722/2021)]. Parece que esta línea jurisprudencial es mayoritaria.

La reciente STS (Pleno) 380/2025, de 5 de mayo (rcud 561/2023) se pronuncia acerca de si la afectación general exige litigiosidad real sobre la cuestión discutida o si es suficiente con que conste la existencia de conflictividad, aunque no se hayan formulado otras demandas. El TS explica que la seguridad jurídica en el acceso a los recursos devolutivos aconseja vincular el recurso de suplicación a un hecho objetivo y concreto: como criterio general, debe concurrir litigiosidad real y actual sobre la controversia litigiosa. El TS precisa que *«La litigiosidad existe desde que se formulan demandas o actuaciones previas al proceso (conciliación o mediación previas, agotamiento de la vía administrativa previa o reclamación administrativa previa) en las que se suscita el mismo debate, lo que puede acreditarse con cualquier medio de prueba. Se evita así que, en los conflictos que afectan a un gran número de trabajadores o beneficiarios, las primeras sentencias resolviendo una controversia que ha causado una importante litigiosidad, queden excluidas del recurso de suplicación porque, en el momento de dictarse, todavía no se haya dictado un número suficiente de sentencias resolviendo esos conflictos»*.

El TSJ no debe formular hipótesis acerca de si existe o no conflictividad acerca de una cuestión. La conflictividad es un hecho. Es necesario que conste un nivel de litigiosidad real, siendo insuficiente la concurrencia de un nivel de conflictividad potencial o futuro [STS 1130/2021, de 17 de noviembre (rcud 3105/2020)].

La STS 44/2024, de 11 de enero (rcud 19/2023) negó la afectación general en un caso en el que había 24 demandas en las que se suscitaba la misma controversia y la STS 1264/2024, de 20 de noviembre (rcud 3692/2023) en otro supuesto en el que había 18 demandas. La doctrina de suplicación ha negado la afectación cuando la controversia litigiosa afectaba a un total de 18 trabajadores de la empresa, cuya plantilla alcanza habitualmente los 200 trabajadores (STSJ de Galicia de 30 de mayo de 2017, recurso 5358/2016).

La afectación general tampoco debe confundirse con el campo de aplicación de la norma. Es preciso que gran número de trabajadores o beneficiarios estén realmente afectados por la cuestión debatida. Se exige una situación real de conflicto: la interpretación de la norma debe percibirse como controvertida por un grupo significativo de personas.

Las STS 666/2022, de 13 julio (rcud 1549/2021) y 746/2023, de 17 de octubre (rcud 3003/2020) explican que «*la afectación general no resulta apreciable por la posible proyección general de un litigio, sino que es preciso que esa proyección se traduzca en un nivel de litigiosidad relevante y actual sobre el problema que se debate, de forma que no cabe confundir el número de destinatarios potenciales de la norma aplicable con el nivel de litigiosidad sobre la misma, que es el que ha de tenerse en cuenta a efectos de la afectación general. A lo que hay que añadir que el hecho de que la LRJS otorgue al Ministerio Fiscal legitimación para interponer este recurso —de oficio o a instancia de entidades diversas— en los casos del art. 219.3 de dicha ley, obliga a realizar una interpretación más estricta de la afectación general*».

La STS 1005/2018, de 3 de diciembre (rcud 1231/2017) enjuició una reclamación de la pensión de jubilación de una persona que, después de haber prestado servicios durante mucho tiempo a jornada completa, trabajó a tiempo parcial durante un lapso temporal mucho más breve inmediatamente antes de su jubilación. Se discutía cómo debía calcularse la pensión de jubilación. El TS considera notoria la afectación general cuando «*estamos ante un criterio uniforme del organismo gestor que transciende el caso [...] debatido, por cuanto la interpretación que hace el INSS provoca que todos aquellos contratados a tiempo parcial van a verse afectados por una integración de lagunas con bases mínimas parciales por más breve que sea el período de tiempo de dicha contratación*»[3]. Conforme a esta doctrina jurisprudencial, bastaría con la existencia de un criterio uniforme de una Entidad Gestora o empresa que notoriamente afectase a muchos trabajadores o beneficiarios en la misma situación que el demandante.

Por el contrario, la STS de 31 de enero de 2017, recurso 2147/2015, explica que el hecho de que el Fogasa o las Entidades Gestoras tengan órganos centrales de decisión hace lógico y deseable que asuman la misma tesis ante los problemas interpretativos que surgen, por lo que podría pensarse que siempre que uno de sus criterios interpretativos fuera decisivo, la sentencia sería recurrible en suplicación. Pero el TS explica que no se trata de una realidad actual sino solamente de la vocación de generalidad común a todas las normas jurídicas. Por ello, el TS exige la constancia de la existencia de una litigiosidad abundante acerca del problema discutido. En el caso enjuiciado se produjo un criterio general de actuación, pero ello no significa que efectivamente exista litigiosidad masiva en relación con la cuestión controvertida.

3. En el mismo sentido se pronunciaron las STS de 9 de diciembre de 2003, recurso 87/2003; 28 de octubre de 2014, recurso 79/2014; y 18 de octubre de 2018, recurso 3899/2016.

La STS de 7 de junio de 2017, recurso 3039/2015, enjuició un pleito en el que se discutía si el FOGASA debe responder de las cantidades reclamadas por los trabajadores que no aparecen incluidos en la lista de acreedores del concurso, ni han sido tampoco reconocidas como deudas de la masa. El TS rechazó la afectación general porque *«no hay constancia de que la cuestión controvertida pudiere afectar a un gran número de beneficiarios de las prestaciones del FOGASA, ni ha sido tan siquiera invocada esa posibilidad»*.

En relación con el cálculo de la prestación por desempleo cuando la cotización se efectúa por días, la sentencia del TS de 4 de abril de 2017, recurso 378/2016, desestima la afectación general haciendo hincapié en la diferencia entre la norma aplicada: una norma de aplicación general en materia de prestaciones de desempleo con un número potencial de destinatarios enormemente elevado en todo el territorio nacional, y el número de asuntos de los que ha tenido conocimiento en casación unificadora el TS, sin que conste ningún dato estadístico que permita su cuantificación.

— **Orden público procesal**

La afectación general es una cuestión de orden público procesal (afecta a la competencia funcional), lo que supone que está fuera de las facultades dispositivas de las partes, debiendo velar el TSJ de oficio por el cumplimiento de las normas de acceso a la suplicación. Las partes procesales no pueden ponerse de acuerdo en que una sentencia sea recurrible en suplicación aun cuando no lo sea, porque el acceso a la suplicación afecta al orden público procesal y es indisponible. No hay un poder de disposición de las partes en esta concreta cuestión, puesto que las partes procesales no pueden imponer al tribunal un recurso inexistente.

Este hecho (la existencia al margen del pleito de una conflictividad de la que se deduce la concurrencia de afectación general) no afecta a la pretensión principal para cuya satisfacción se suscita el proceso, sino que exclusivamente incide en el acceso al recurso de suplicación, lo que supone que no puede hablarse de un interés privado prevalente. Al tratarse de hechos en los que no se basan las pretensiones de las partes y que solamente tienen relevancia procesal a efectos de la competencia funcional, de orden público, no puede haber una vinculación absoluta del TSJ a las partes.

Por eso, en esta concreta materia el TSJ conserva importantes facultades, pudiendo apreciar la existencia de una afectación general notoria, si al tribunal le consta, aun cuando las partes no la hayan alegado. Si el TSJ puede apreciar la existencia de afectación general notoria aun cuando los hechos probados de la sentencia de instancia no contengan ninguna mención al respecto, forzoso es concluir que la inclusión en el relato histórico de la sentencia recurrida de una mención relativa a la afectación general tampoco puede vincular irremisiblemente al TSJ. La circunstancia de que en los hechos probados de la sentencia de instancia se afirme o se niegue la existencia de conflictividad general en relación con la cuestión debatida en el pleito no puede vincular al TSJ.

El TS ha admitido la consulta de bases de datos de las resoluciones judiciales para constatar si la afectación general es notoria: sentencias del TS 123/2023, de 8 de febrero (rcud 251/2022); 150/2023, de 21 de febrero (rcud 649/2022); 487/2023, de 5 de julio (rcud 4671/2022); y 746/2023, de 17 de octubre (rcud 3003/2020), entre otras muchas.

— Ámbito subjetivo

La afectación general está regulada en el art. 191.3.b) LRJS, trasunto del art. 189.1.b) LPL. Dichos preceptos se refieren únicamente a trabajadores y beneficiarios de la Seguridad Social.

La LRJS amplió la competencia del orden social, el cual conoce de la prevención de riesgos laborales de funcionarios y personal estatutario [art. 2.e) LRJS]. También conoce de las impugnaciones de actos administrativos (como las sanciones administrativas). Debido a ello, añadió un apartado nuevo en la enumeración de las sentencias recurribles en suplicación: *«Contra las sentencias dictadas en procesos de impugnación de actos administrativos en materia laboral no comprendidos en los apartados anteriores, cuando no sean susceptibles de valoración económica o cuando la cuantía litigiosa exceda de 18.000 euros»* [art. 191.3.g) LRJS].

Aun cuando el art. 191.3.b) LRJS no mencione a los funcionarios ni al personal estatutario, si el pleito instado por ellos afecta a un gran número de estos empleados públicos, no ofrece duda que la sentencia será recurrible en suplicación.

La STS 709/2019, de 14 de octubre (rcud 877/2018) rechazó que fuera recurrible en suplicación una sentencia dictada en un pleito en el que se discutía quién era responsable del abono de la prestación por lesiones permanentes no invalidantes: la mutua o el INSS. La cuantía era inferior a 3.000 euros. El TS explicó que había un conflicto generalizado en la materia. Pero la afectación general del art. 191.3.b) LRJS se vincula a trabajadores o beneficiarios de la Seguridad Social. En el caso enjuiciado se trataba de un conflicto que no afectaba a beneficiarios de la Seguridad Social. Solo alcanzaba a las entidades implicadas en las prestaciones porque cualquier trabajador que se encontrase en la misma situación no habría visto desconocido su derecho, ni en su reconocimiento inicial ni en su cuantía, teniendo en todo caso satisfecho su acceso a la protección del sistema, aunque existiera aquel nivel de litigiosidad. El TS había negado el acceso al recurso partiendo de ese alcance subjetivo del conflicto: STS de 2 de junio de 1998 (rcud 4201/1996).

Respecto de los empresarios, si se impone una sanción administrativa a un empresario y este impugna la sanción, cabe plantearse si la sentencia de instancia es recurrible en suplicación cuando concurra afectación general, habida cuenta de que el art. 191.3.b) LRJS solo prevé la afectación general en relación con trabajadores y beneficiarios, no con empresarios.

— **Notoriedad, prueba y contenido claro e indiscutido de generalidad**

Hay tres vías de introducir la afectación general en el proceso:

1) Notoriedad

La doctrina jurisprudencial sostiene que no puede exigirse la *«notoriedad absoluta y general»* del art. 281.4 LEC, so pena de privar de virtualidad a esta vía de acceso a suplicación. Para su apreciación bastará con que, por la propia naturaleza de la cuestión debatida, por las circunstancias que en ella concurren, e incluso por la existencia de otros procesos con iguales pretensiones, la cuestión sea notoria para el Tribunal [STS de 25 enero 2011, recurso 1418/2010; 7 octubre 2011, recurso 3338/2009; 144/2017, de 21 febrero 2017 (rcud 1253/2015); 835/2017, de 24 octubre (rcud 734/2016); y 24/2019, de 15 de enero (rcud 3279/2016)].

2) Prueba

Las partes procesales tienen la carga de alegar y acreditar la afectación general mediante la prueba evacuada en el juicio. Si existe controversia litigiosa acerca de la existencia de afectación general, en el apartado de las sentencias intitulado «hechos probados» no deberá incluirse un concepto jurídico indeterminado del tipo: *«concurre la afectación general de la cuestión litigiosa»*, ni *«la cuestión controvertida afecta a un gran número de trabajadores»*. Por el contrario, deberán incluirse las afirmaciones de hecho probadas que permitan que, en los fundamentos de derecho, se argumente la concurrencia de afectación general.

La doctrina jurisprudencial sostiene que, si se incorpora al relato de hechos probados una afirmación de hecho relativa a la existencia de afectación general, la parte recurrente que no esté de acuerdo con ella deberá combatirla en el correspondiente recurso de suplicación, formulando un motivo de revisión fáctica suplicacional amparado en el art. 193.b) LRJS con esa finalidad (STS de 9 de septiembre de 2000, recurso 1747/1999).

3) Contenido claro e indiscutido de generalidad

La tercera vía por la que se manifiesta la afectación general es cuando esta *«posea claramente un contenido de generalidad no puesto en duda por ninguna de las partes»*.

Esta enigmática mención se refiere al supuesto en que las partes están de acuerdo con la existencia de afectación general, aunque ello no vincula a órgano judicial. El TS explica que la evidencia compartida no opera como algo que quede a la libre disposición de las partes, de forma que el acuerdo de estas pueda dotar de afectación general a una controversia que no lo tiene porque se trata de una cuestión de orden público, que no es disponible por las partes, y, en consecuencia, su acuerdo, conformidad o discrepancia no vincula a la Sala: no basta que las partes estén de acuerdo en la afectación general. Es necesario que ésta sea objetivamente evidente (STS de 7 de octubre de 2011, recurso 3388/2009).

— **Requisitos jurisprudenciales de la afectación general**

Reiterada doctrina jurisprudencial sistematiza estos requisitos [STS 1310/2023, de 26 de diciembre (rcud 2113/2021)]:

a) La apreciación de la afectación general depende de la existencia efectiva de litigiosidad en masa y también de las *«características intrínsecas»* de la cuestión objeto de debate, lo que supone la existencia de una situación de conflicto generalizada en la que se ponen en discusión los derechos de los trabajadores frente a su empresa, siempre que esta tenga una plantilla suficientemente extensa y tales derechos alcancen *«a todos o a un gran número»* de sus trabajadores.

b) La alegación y prueba de la afectación múltiple no es necesaria cuando se trate de «hechos notorios», ni cuando el asunto *«posea claramente un contenido de generalidad no puesto en duda por ninguna de las partes»*. Basta con que sea apreciada razonadamente por el Juzgado o Tribunal encargado del enjuiciamiento.

   En sentido contrario puede citarse la STS de 5 de julio de 2017, recurso 2210/2016, que rechaza la afectación general, a pesar de que las sentencias de instancia y suplicación habían considerado que concurría, en un pleito en el que se discutía si la base reguladora de la prestación de desempleo se calculaba conforme al promedio de las bases de cotización de los 180 días naturales anteriores al cese, cuando la cotización había sido efectuada por días. El TS explica que *«no hay constancia de que la cuestión controvertida pudiere afectar a un gran número de beneficiarios de las prestaciones de desempleo, no obstante señalar la sentencia de instancia que existe afectación general, y la sentencia recurrida que es notoria la afectación general, pues si bien los hechos notorios están exentos de prueba, no lo están de alegación, y en el caso, no consta invocada esa posibilidad»*. La falta de alegación de notoriedad de la afectación general fue determinante de la irrecurribilidad de la sentencia de instancia.

c) Fuera de esos supuestos, la afectación general requiera que haya sido alegada y probada en juicio.

d) Corresponde en primer lugar al Juez de lo Social analizar la concurrencia de la afectación general, pero las Salas de lo Social de los TSJ tienen la misma facultad al resolver el recurso de suplicación y el TS al examinar el recurso de casación para la unificación de doctrina. A pesar del carácter extraordinario de ambos recursos y de la naturaleza excepcional del segundo, la afectación general condiciona la competencia funcional y puede ser examinada de oficio por la Sala *ad quem* sin necesidad de cumplir las rigurosas exigencias propias de aquellos (STS de 28 de enero de 2009, recurso 1219/2008; 3 de mayo de 2011, recurso 2639/2010 y 6 de julio de 2015, recurso 1622/2014). El TS no está vinculado por la apreciación que en instancia y en sede de suplicación se haya podido efectuar acerca de la afectación general, debiendo proceder de oficio a verificar su propia competencia (STS de 22 de diciembre de 2010, recurso 52/2010 y 11 de marzo de 2011, recurso 3242/2010).

e) La vía de la afectación general, como medio de acceso al recurso de suplicación, no está concebida exclusivamente como un derecho de las partes, pues se configura también como un instrumento que tiene por objeto conseguir la unificación de doctrina en supuestos que son trascendentes en su conjunto y en los que la unidad de criterios aplicativos y hermenéuticos participa en buena medida de la condición de orden público.

f) La afectación general no puede confundirse con la posible proyección general de un litigio sobre la interpretación de una norma, sino que requiere que esa proyección se traduzca en un nivel de litigiosidad relevante y actual sobre el problema que se debate, de forma que no cabe confundir el número de destinatarios potenciales de la norma aplicable con el nivel de litigiosidad sobre la misma, que es el que ha de tenerse en cuenta a efectos de la afectación general [STS de 2 de junio de 2016, recurso 3820/2014; 499/2017, de 7 de junio (rcud 3039/2015); y 836/2017, de 24 de octubre (rcud 1160/2016)].

Las STS 26 mayo 2015, recurso 2915/2014; 79/2017, de 31 de enero (rcud 2147/2015); y 499/2017, de 7 de junio (rcud 3039/2015), añaden los siguientes requisitos:

1) La afectación general implica una relación cuantitativa, comparando el número de trabajadores o beneficiarios que potencialmente pudieran estar comprendidos en el conflicto y los que efectivamente están en esa situación litigiosa.

2) En principio opera en los pleitos de interpretación de normas y no cuando se trata de subsumir hechos individualizados en una norma.

3) No debe confundirse la notoriedad con el conocimiento privado u oficial que el órgano judicial pueda tener de la tramitación de litigios sobre una determinada cuestión. No basta para apreciar la afectación general la constancia de la existencia de varios procesos sobre la misma materia. Es necesario que se trate de un número significativo en orden al ámbito de referencia.

4) No cabe aplicar la denominada «prueba retroactiva»: la notoriedad ha de darse en el marco del conocimiento general existente en el momento en que se dictó la sentencia de instancia cuya recurribilidad se discute, y no en un momento posterior.

— Concepto más estricto de afectación general

A raíz de la entrada en vigor LRJS la interpretación jurisprudencial de la afectación general ha evolucionado hacia un concepto más estricto, debido a la novedosa legitimación que al Ministerio Fiscal le atribuye el art. 219 LRJS para interponer el recurso de casación para la unificación de doctrina *«en función de la defensa de la legalidad»,* de oficio o a instancia de entidades diversas, cuando no exista doctrina unificada en determinada materia y haya diversidad de pronunciamientos en los Tribunales Superiores, o cuando conste la dificultad de que la cuestión pueda acceder a la unificación de doctrina [STS de 23 de junio de 2015, recurso 2325/2014; 98/2017, de 2 de febrero (rcud 1325/2015); 174/2017, de 1 de marzo (rcud 2021/2015); 288/2017, de 4 de abril (rcud 378/2016); y 1047/2018, de 12 de diciembre (rcud 1608/2017)].

El Ministerio Fiscal puede interponer el recurso de casación para la unificación de doctrina sin necesidad de que concurra el requisito de contradicción entre la sentencia recurrida y la de contraste, lo que facilita que el TS pueda cumplir su función de defensa de la legalidad, resolviendo conflictos que anteriormente no tenían acceso al TS. Ello hace innecesario interpretar extensivamente la afectación general, que permite el acceso a suplicación y posteriormente al TS (si la sentencia de instancia no es recurrible en suplicación, el pleito no puede acceder al TS).

— Conflicto colectivo

Como regla general, la previa existencia de un conflicto colectivo del que traen causa las demandas individuales o plurales, acredita por sí misma la concurrencia de afectación general habilitante del recurso de suplicación [STS 17 de noviembre de 2009, recurso 309/2009; 25 de noviembre de 2009, recurso 267/2009; 10 de diciembre de 2009, recurso 305/2009; 23 de junio de 2015, recurso 1647/2014; 757/2016, de 20 de septiembre (rcud 3335/2013); y 391/2017, de 3 de mayo (rcud 3628/2015)].

Dicha regla se exceptúa cuando esa presunción de afectación general queda destruida en supuestos en que las circunstancias concurrentes evidencian que la reclamación carece de esa afectación general notoria que da acceso al recurso, al no constar ninguna otra reclamación individual (STS de 11 de febrero de 2013, recurso 376/2012). Un conflicto colectivo puede afectar a un grupo genérico de trabajadores integrado por cinco empleados de una empresa. En tal caso, pese a la existencia previa de un conflicto colectivo, no concurrirá la afectación general. En el mismo sentido se pronunció la STS 749/2019, de 5 de noviembre (rcud 964/2017).

ii. Extensión de efectos

El Real Decreto-ley 6/2023, de 19 de diciembre, introdujo la extensión de efectos en el proceso social (y el procedimiento testigo). El art. 247.bis LRJS dispone que los efectos de una sentencia firme que reconozca una situación jurídica individualizada pueden extenderse a otras personas, en ejecución de la sentencia, cuando concurran las circunstancias exigidas por ese precepto. Se trata de una institución procesal que se introdujo inicialmente en el orden contencioso-administrativo.

Los apartados a) y b) del art. 247 bis LRJS exigen los siguientes requisitos:

> *«a) Que los interesados se encuentren en idéntica situación jurídica que los favorecidos por el fallo.*
>
> *b) Que el juez, la jueza o el tribunal sentenciador fuera también competente, por razón del territorio, para conocer de sus pretensiones de reconocimiento de dicha situación individualizada».*

Ese Real Decreto-ley 6/2023 también añadió un supuesto nuevo que permite el recurso de suplicación en todo caso contra las sentencias dictadas por los juzgados de lo social *«cuando la sentencia de instancia fuera susceptible de extensión de efectos»* [art. 191.3.b) LRJS].

La extensión de efectos exige que la sentencia dictada por el Juzgado de lo Social sea firme. Por tanto, el acceso a suplicación no depende del hecho de que se haya solicitado la extensión de efectos de la sentencia recurrida (es imposible porque no es firme) sino de que, dentro del ámbito de competencia territorial del Juzgado de lo Social que ha dictado esa sentencia, haya otros trabajadores o beneficiarios de la Seguridad Social afectados por la misma controversia.

En definitiva, se debe valorar si potencialmente esa sentencia, en caso de que finalmente adquiera firmeza, podría dar lugar a su extensión de efectos. Solo pueden dar lugar a la extensión de efectos las sentencias condenatorias. No se puede solicitar la extensión de efectos de sentencias absolutorias.

Este supuesto que permite el acceso a suplicación:

1) Es más amplio que la afectación general respecto del requisito de litigiosidad o conflictividad. El acceso a suplicación de las sentencias susceptibles de extensión de efectos no exige que se acredite la existencia de litigiosidad, ni conflictividad.

2) Es más restrictivo que la afectación general respecto de su ámbito subjetivo porque se limita a las personas que, conforme a las reglas de competencia territorial de los Juzgados de lo Social del art. 10 LRJS, puedan reclamar la misma pretensión ante el mismo Juzgado de lo Social que ha dictado esa sentencia. En el caso de la afectación general, no se limita su alcance por la competencia territorial.

iii. Subsanación de una falta esencial del procedimiento

— Requisitos

El art. 191.3.d) LRJS permite el acceso a suplicación de los recursos interpuestos contra sentencias siempre que concurran los requisitos siguientes:

1) Se denuncie una falta esencial del procedimiento.

2) Se haya formulado protesta en tiempo y forma.

3) Se haya causado indefensión.

El examen de estos requisitos se efectúa en el epígrafe relativo al motivo de suplicación formulado al amparo del apartado a) del art. 193 LRJS.

Esta vía de acceso al recurso de suplicación, que permite el recurso contra todas las sentencias, con independencia de su cuantía o materia, pretende garantizar que las normas procesales no queden desvirtuadas en ningún procedimiento, con independencia de la materia o de su cuantía litigiosa. Conecta con el derecho a la tutela judicial efectiva del art. 24 CE, que debe quedar salvaguardado en todo caso.

— Sentencia no recurrible por razón de la materia o de la cuantía

El art. 191.3.d) LRJS *in fine* establece: «*Si el fondo del asunto no estuviera comprendido dentro de los límites de la suplicación, la sentencia resolverá sólo sobre el defecto procesal invocado*» [4].

4. Las STS de 10 de julio de 2002, recurso 230/2002; 28 mayo 2008, recurso 813/2007; y 15 de marzo de 2018, recurso 1295/2016, explicaban que este recurso de suplicación «*cabe en todo tipo de sentencias a tenor del art. 189.d) pero su objeto se constriñe al examen de la infracción de normas o garantías del proceso, sin que quepa aducir ni conocer otro tipo de motivos*».

Es decir, aunque la sentencia de instancia no sea recurrible por razón de la materia o de la cuantía litigiosa, se podrá interponer recurso de suplicación por este motivo procedimental. En tal caso (si la sentencia de instancia, en principio, no es recurrible en suplicación), el objeto de este recurso es subsanar el defecto procesal, lo que supone que la sentencia de suplicación debe limitarse a determinar si ha habido infracción procesal.

Frecuentemente se dicta en la instancia una sentencia que, por razón de la materia o de la cuantía, no es recurrible en suplicación. La parte vencida interpone recurso de suplicación, en el que formula tanto un motivo del apartado a) del art. 193 LRJS en el que denuncia la infracción de una norma procedimental causante de indefensión (por ejemplo, se denegó una prueba) como motivos amparados en los apartados b) y c) del art. 193 LRJS solicitando revisiones fácticas y alegando la infracción de normas jurídicas.

Lo que el art. 191.3.d) LRJS *in fine* quiere decir es que la formulación del motivo del apartado a) del art. 193 LRJS abre el acceso al recurso de suplicación. Pero ello no significa que la parte recurrente pueda aprovechar para formular motivos suplicacionales relativos al fondo del asunto. El TSJ solamente examinará el motivo procedimental y dejará imprejuzgados los restantes.

Si la sentencia de instancia, en principio, es irrecurrible (por ejemplo, se trata de una reclamación de cantidad inferior a 3.000 euros) pero la parte recurrente considera que se ha vulnerado el procedimiento (por ejemplo, por omisión absoluta de la motivación) el recurso de suplicación no podrá entrar en el examen la cuestión de fondo, debiendo limitarse a examinar si la sentencia de instancia incurre en falta de motivación que ha causado indefensión a la parte recurrente. Si se estima el recurso, deberán anularse las actuaciones para que se dicte nueva sentencia por el Juzgado de lo Social que subsane dicho defecto.

En realidad, la advertencia de recursos contenida en muchas sentencias relativa a que: *«Contra la presente sentencia no cabe interponer recurso alguno»*, es incorrecta porque, aun cuando se trate de una sentencia contra la que no quepa recurso por razón de la materia o de la cuantía y no se haya alegado la vulneración de derechos fundamentales, ni concurra afectación general (que son dos vías que permiten el recurso de suplicación contra todas las sentencias), el juez que dicta la sentencia, al momento de hacerlo, desconoce si la parte vencida va a formular algún motivo amparado en el art. 193.a) LRJS (por ejemplo, alegando que la sentencia incurre en falta de motivación), que abriría la vía del recurso.

Por eso, la advertencia de los recursos contra las sentencias que, en principio, no son recurribles, debería introducir la matización correspondiente a los supuestos en los que cabe interponer recurso de suplicación contra todas las sentencias.

— Normas procesales reguladoras de las sentencias

Las infracciones procesales pueden afectar a las exigencias legales de las sentencias. En tal caso, se suscita el problema de si cabe recurrir en suplicación al amparo del art. 191.3.d) LRJS cuando se denuncia la infracción de estas normas procesales.

La STS 306/2022, de 5 de abril (rcud 3431/2020) negó que fuera recurrible en suplicación una sentencia contra la que se había interpuesto un recurso con un motivo en el que se denunciaba que la sentencia de instancia había vulnerado la *ficta confessio* y se alegaba la infracción del derecho a la tutela judicial efectiva del art. 24 CE. El TS desarrolló los siguientes argumentos:

1) Existe una interconexión entre los preceptos siguientes:

A) El art. 191.3.d) LRJS otorga recurso de suplicación contra las sentencias *«en todo caso»* cuando se pretenda *«subsanar una falta esencial del procedimiento»* siempre que concurran protesta e indefensión.

B) El art. 193.a) LRJS regula un motivo suplicacional dirigido a la anulación de las actuaciones en caso de infracción procedimental generadora de indefensión.

C) El art. 202.1 de la LRJS prevé que, cuando se revoque la resolución de instancia por haber infringido normas o garantías del procedimiento generadoras de indefensión, el tribunal no entrará en el fondo del asunto, mandando reponer los autos al estado en que se encontraban en el momento de producirse la infracción.

Este último precepto diferencia:

a) Las infracciones procedimentales causantes de indefensión, que determinan la nulidad de las actuaciones de instancia (art. 202.1 LRJS).

b) Infracciones de las normas reguladoras de la sentencia (art. 202.2 LRJS). En este último supuesto, como regla general el tribunal resolverá el fondo del asunto. Solo en el caso de que fuera imposible hacerlo *«por ser insuficiente el relato de hechos probados de la resolución recurrida y por no poderse completar por el cauce procesal correspondiente»,* acordará la nulidad de la sentencia.

2) El TS explica que hay que distinguir:

A) Las infracciones del procedimiento ocurridas antes de que el Juzgado de lo Social dicte sentencia (v.gr. defectos en las citaciones o denegaciones de pruebas).

B) Las infracciones procesales imputadas a la propia sentencia. Dentro de estas últimas hay que discernir:

a) Infracciones de normas procesales reguladoras de la estructura de la sentencia. Por ejemplo, la omisión o insuficiencia de motivación. Estas infracciones:

— Son subsumibles en el art. 191.3.d) LRJS. Permiten el recurso de suplicación en todo caso.

— Deben denunciarse al amparo del apartado a) del art. 193 LRJS. En ellas se infringe una norma procesal (el art. 97.2 de la LRJS) y se causa indefensión a la parte recurrente, por lo que deben sustentarse en el art. 193.a) de la LRJS.

— La estimación de este motivo conlleva la aplicación del art. 202 LRJS. Puede llevar a la anulación de las actuaciones (en caso de insuficiencia fáctica insubsanable).

b) Infracción de normas procesales que afectan al fondo del asunto, a la actividad enjuiciadora. Por ejemplo, las relativas a la cosa juzgada, a la litispendencia o a la carga de la prueba.

El TS explica que la estimación de un motivo de suplicación en el que se denuncia la infracción de estas normas no conlleva la anulación de las actuaciones en ningún caso, sino que el tribunal deberá revocar la sentencia de instancia, resolviendo la cuestión litigiosa. Se trata de una infracción de una norma procesal pero que afecta al proceso lógico de enjuiciamiento, que requiere la aplicación tanto de normas sustantivas como procesales.

En ese sentido se había pronunciado la STS de 24 de enero de 2002, recurso 216/2000, la cual afirmó que la denuncia de la infracción del derogado art. 1252 del Código Civil en relación con el efecto positivo de la cosa juzgada, atañe a la cuestión de fondo y no al procedimiento, incluidas las normas procedimentales reguladoras de la sentencia, pero no a las que no tienen tal carácter y no dan lugar a la nulidad de la sentencia y a la reposición de las actuaciones al momento anterior a dictarla. Por ello, el TS negó que la denuncia de la infracción del mentado precepto debiera formularse al amparo del art. 191.a) de la LPL.

3) El TS sienta la doctrina siguiente: *«todas las sentencias dictadas por los Juzgados de lo Social son recurribles en suplicación al amparo del art. 191.3.d) de la LRJS cuando la parte recurrente denuncia infracciones procedimentales que afectan a la estructura de la sentencia, como la falta de motivación. Pero no es admisible el recurso de suplicación contra una sentencia que, por razón de la materia y de la cuantía litigiosa no es recurrible, cuando se denuncia la infracción de una norma procesal relativa al enjuiciamiento del fondo del asunto»*.

En esa STS 306/2022, de 5 de abril (rcud 3431/2020) la parte recurrente había denunciado la infracción de varios preceptos procesales relativos a un mecanismo procesal de fijación de hechos: la *ficta confessio*, la cual afecta al enjuiciamiento. Por eso, la estimación del recurso, en su caso, no conduciría a la anulación de las actuaciones sino al dictado de una sentencia estimatoria íntegra de la demanda.

El TS concluye que no se trata de un motivo de suplicación amparado en el art. 191.3.d) LRJS. Tampoco es admisible que la mera alegación *ex novo* en el recurso de suplicación de la vulneración del derecho fundamental a la tutela judicial efectiva determine que la sentencia sea recurrible, porque el acceso a suplicación exige que en la instancia se alegue la infracción de derechos fundamentales por la parte demandada.

En definitiva, se debe distinguir:

1) El juicio, es decir, el planteamiento y resolución del silogismo judicial.

2) La actividad: el proceder o formalidades seguidas en el proceso instruido hasta llegar al planteamiento y resolución de dicho silogismo.

Los errores *in iudicando* afectarían al primer grupo y los errores *in procedendo* al segundo:

1) El motivo establecido en el apartado a) del art. 193 LRJS se refiere a aquellas infracciones procedimentales que causan indefensión al recurrente, por lo que pueden dar lugar a la reposición de las actuaciones de instancia al estado en que se encontraban al momento de cometerse la infracción.

2) El motivo previsto en el apartado c) del art. 193 LRJS se refiere a las infracciones de normas sustantivas o de la jurisprudencia que no dan lugar a la reposición de las actuaciones de instancia, sino a un pronunciamiento del TSJ resolviendo la cuestión sustantiva suscitada.

Es cierto que el tenor literal del art. 193.c) LRJS se refiere a la infracción de normas sustantivas y cuando se alega la existencia de cosa juzgada, se está denunciando la infracción de una norma procesal. Ahora bien, con independencia del mayor o menor acierto de la redacción del art. 193 LRJS, cuando se denuncian estas infracciones de determinadas normas procesales se trata de una cuestión propia del error *in iudicando*: de la actividad lógica que lleva a cabo el juzgador al dictar la sentencia, afectando al propio silogismo judicial y en concreto a la parte de él relativa a la fijación de la premisa menor. Por ello, procede subsumirla en el apartado c) del art. 193 LRJS.

Habida cuenta de la vinculación entre el art. 193.a) y el art. 191.3.d) LRJS, forzoso es concluir que los citados errores *in iudicando* no son subsumibles en dichos preceptos y no permiten el acceso a suplicación al amparo del citado art. 191.3.d) LRJS.

iv. Omisión de la conciliación o mediación previa

El art. 191.3.d) LRJS menciona expresamente la omisión del intento de conciliación o mediación obligatoria previa pero no se refiere a la reclamación previa, que subsiste en materia de prestaciones de Seguridad Social y de reclamación de los salarios de tramitación al Estado. Sin embargo, la falta de reclamación previa podrá denunciarse al amparo del art. 193.a) LRJS si la parte recurrente ha formulado protesta y se le ha causado indefensión (STS de 15 de junio de 1999, recurso 3246/1998 y 6 de febrero de 2001, recurso 2849/2000)[5].

v. Invocación de la vulneración de derechos fundamentales

Aunque la sentencia verse sobre una modalidad procesal excluida del recurso por razón de la materia o la cuantía litigiosa no alcance los 3.000 euros, procede el recurso de suplicación cuando se invoca la violación de derechos fundamentales [STS 587/2017, de 5 de julio (rcud 1477/2015); 817/2017, de 18 de octubre (rcud 2979/2015) y 155/2018, de 15 de febrero (rcud 1324/2016)].

El origen de esta vía de acceso a la suplicación se encuentra en la STC n.º 149/2016, de 19 de septiembre, F 6.º, que argumentó: *«aunque no exista un mandato constitucional que asegure el acceso a los recursos en materia de derechos fundamentales, una vez que ha sido prevista la suplicación por la norma "en todo caso" contra sentencias dictadas en procedimientos de tutela de derechos fundamentales y libertades públicas [art. 191.3 f) LJS], no cabe interpretar que la remisión del legislador a las modalidades procesales correspondientes del conocimiento de las demandas que allí se citan, sin dar opción al demandante, en función de la materia en litigio y para una mejor atención del objeto del proceso, pueda dar como resultado una menor garantía jurisdiccional de un mismo derecho fundamental»* (STC n.º 149/2016, de 19 de septiembre, F 6.º).

Hemos explicado que la sentencia del Pleno de la Sala Social del TS 840/2022, de 19 de octubre (rcud 1363/2019) rectifica la doctrina anterior e introduce la precisión siguiente: si la sentencia dictada por el Juzgado de lo Social, en principio, está excluida del recurso de suplicación por razón de la materia o de la cuantía y se acumula una acción de tutela de derechos fundamentales, al resolver el recurso de suplicación el TSJ tiene limitada la cognición a las cuestiones vinculadas a la vulneración de derechos fundamentales invoca-

5. Las STS de 15 de junio de 1999, recurso 3246/1998 y 6 de febrero de 2001, recurso 2849/2000, permiten el acceso a suplicación de la falta de la reclamación previa, siempre que sea determinante de una indefensión.

das en la demanda, pero no puede en cambio entrar a resolver las de estricta legalidad ordinaria que pudiere suscitar la parte recurrente cuando no se encuentran indisociablemente ligadas con la alegada vulneración de derechos fundamentales.

El TS ha declarado la procedencia de la suplicación cuando a la reclamación sobre la fecha de disfrute de vacaciones se acumula la acción de tutela de derechos fundamentales [STS de 3 de noviembre de 2015, recurso 2753/2014; 10 de marzo de 2016, recurso 1887/2014; 555/2016, de 22 de junio (rcud 399/2015); 1074/2016, de 20 de diciembre (rcud 3194/2014); 19/2017, de 11 de enero (rcud 1626/2015); y 401/2017, de 9 de mayo (rcud 1666/2015)].

El TS también ha declarado la procedencia de la suplicación contra una sentencia dictada en un procedimiento de impugnación de una sanción administrativa laboral de cuantía inferior a 18.000 euros en la que se había alegado la vulneración del derecho a la presunción de inocencia [STS 987/2022, de 21 de diciembre (rcud 4317/2019)].

El TS ha admitido la suplicación contra una sentencia dictada en proceso de conciliación de la vida familiar con denuncia de vulneración de derechos fundamentales [STS 679/2022, de 20 de julio (rcud 454/2021)].

vi. Incompetencia

El art. 191.3.e) LRJS menciona la competencia material, territorial y funcional. También deben incluirse la competencia internacional y objetiva. En tal caso, si la sentencia no fuera recurrible por razón del fondo, el recurso de suplicación solo examinará la jurisdicción o competencia.

La competencia afecta al orden público procesal. Por ello, debe permitirse el acceso a suplicación con independencia de si la sentencia de instancia es recurrible por razón de la materia o de la cuantía litigiosa. Se trata de una cuestión que, por su trascendencia, se sustrae a las facultades dispositivas de las partes procesales, de forma que el tribunal *ad quem* puede y debe entrar en su examen aun cuando no haya sido invocada por las partes, y en la búsqueda de la verdad el órgano judicial no está vinculado a los motivos alegados por las partes ni a los hechos probados de instancia, lo que supone que, en principio, el TSJ debe examinar en su integridad las actuaciones, valorando la totalidad de la prueba evacuada.

Si la parte procesal recurre contra la sentencia de instancia al amparo del art. 191.3.e) LRJS, suscitando la cuestión relativa a la competencia internacional, material, objetiva, territorial o funcional, caben las posibilidades siguientes[6]:

1) La sentencia de instancia se declara competente y el TSJ concluye la falta de competencia. El TSJ deberá dejar sin efecto la sentencia del Juzgado de lo Social, remitiendo a las partes procesales al Tribunal que considere competente.

2) La sentencia de instancia se declara competente y el TSJ confirma su competencia. En tal caso, el TSJ se pronunciará sobre el fondo del asunto si la sentencia es recurrible por razón de la materia o de la cuantía. En caso contrario: si la sentencia no es recurrible, no podrá enjuiciar el fondo del asunto.

3) La sentencia de instancia se declara incompetente y el TSJ concluye la falta de competencia. El TSJ confirmará la sentencia de instancia, que remite a las partes al Tribunal competente.

4) La sentencia de instancia se declara incompetente y el TSJ considera que sí que es competente. A su vez, hay un doble escenario:

   a) Si la cuestión de fondo no es susceptible de acceder a suplicación, en cuyo caso se devuelven las actuaciones al Juzgado de lo Social para que dicte sentencia, que será irrecurrible.

   b) Si la cuestión de fondo permite el acceso al recurso de suplicación, por aplicación del art. 202.3 LRJS *«la Sala resolverá lo que corresponda con preferencia a la resolución del fondo del litigio»*. Para que ello sea posible, es necesario que el relato de hechos probados resulte suficiente. En caso contrario, deberán devolverse las actuaciones al Juzgado de lo Social para que resuelva el fondo del asunto.

b) Modalidades procesales que permiten el acceso a suplicación

i. Despido o extinción del contrato de trabajo

Las sentencias dictadas en pleitos en los que se combate el despido o la extinción del contrato de trabajo son recurribles en suplicación, salvo las sentencias dictadas en los procesos por despido colectivo impugnados por los representantes de los trabajadores o por la empresa (en cuyo caso, la sentencia de instancia la dicta un TSJ o la Audiencia Nacional y es recurrible en casación ordinaria, no en suplicación). El concepto jurídico «procesos por despido» se interpreta en sentido amplio, incluyendo todos los pleitos en los que se impugna

6. En esta materia seguimos a LLUCH CORELL, F. J. en BLASCO PELLICER, A. (director): *«El proceso laboral: Ley 36/2011, de 10 de octubre, reguladora de la Jurisdicción Social»*, Tirant lo Blanch, Valencia, 2013, págs. 1717 y 1718.

la extinción empresarial del contrato de trabajo: no se limita al despido disciplinario (STS de 14 de mayo de 2007, recurso 85/2006). La mención a «extinción del contrato» de trabajo incluye todos los supuestos del art. 49 ET.

El art. 191.3.a) LRJS solo excluye del recurso de suplicación *«los procesos por despido colectivo impugnados por los representantes de los trabajadores»*. Sin embargo, no ofrece duda que, cuando el despido colectivo lo insta el empresario (art. 124.3 LRJS), se tramita como un despido colectivo ante el TSJ o la Audiencia Nacional y la sentencia será recurrible en casación ordinaria.

La sentencia de despido es recurrible en suplicación incluso en los casos en que el debate litigioso se limite a diferencias económicas por importe inferior a 3.000 euros.

ii. Prestaciones de Seguridad Social

— Sentencias recurribles en suplicación con independencia de la cuantía litigiosa

Son recurribles en suplicación con independencia de la cuantía litigiosa las sentencias dictadas en procesos que versen sobre las siguientes materias:

1) El reconocimiento o denegación del derecho a obtener prestaciones de la Seguridad Social [art. 191.3.c) LRJS], sean o no económicas, incluidas las de desempleo y la asistencia sanitaria.

La STS 175/2022, de 22 de febrero (rcud 26/2019), explica que ni la suspensión, ni la extinción anticipada del subsidio de incapacidad temporal equivalen a su denegación.

2) El grado de incapacidad permanente aplicable [art. 191.3.c) LRJS y STS de 12 de marzo de 2013, recurso 2440/2011], incluyendo tanto el reconocimiento inicial como la revisión del grado.

La STS 514/2024, de 2 de abril (rcud 3992/2021), declaró que era recurrible en suplicación una sentencia que había resuelto dos demandas acumuladas:

a) La demanda del trabajador solicitando la pensión de incapacidad permanente absoluta (el INSS le había declarado afecto de incapacidad permanente total).

b) La demanda de la mutua impugnando la cuantía de la base reguladora establecida por el INSS, lo que suponía una diferencia que no alcanzaba la suma de 3.000 euros en cómputo anual.

El TS explicó que era un supuesto de acumulación subjetiva de acciones en el que una de ellas afectaba a una materia que admitía el recurso de suplicación, lo que determinaba la recurribilidad de la sentencia del Juzgado de lo Social que resolvía conjuntamente sobre ambas.

3) La incapacidad permanente total cualificada: cuando un trabajador al que se ha reconocido una pensión de incapacidad permanente total por importe del 55% de la base reguladora, solicita el incremento de pensión del 20%. La doctrina jurisprudencial admite el recurso de suplicación porque dicho incremento tiene una relativa autonomía, con problemas específicos que aproximan su régimen jurídico al que es propio de una prestación (STS de 4 de mayo de 2004, recurso 982/2003).

4) En cuanto a las lesiones permanentes no invalidantes (en adelante LPNI) las reglas son las siguientes:

a) La reclamación de una cantidad en concepto de LPNI, denegada en vía administrativa, constituye una prestación de la Seguridad Social y la sentencia de instancia es susceptible de recurso de suplicación (STS de 10 octubre 2007, recurso 2280/2006).

b) Si el INSS reconoce el derecho a percibir una indemnización por LPNI y el beneficiario reclama judicialmente otra indemnización distinta con fundamento separado en diversos apartados del baremo *«no cabe configurarlo como constituido por una pretensión dirigida a solicitar el reconocimiento o denegación de una única prestación de la Seguridad Social en la que fuera dable aplicar, sobre la suma de las distintas indemnizaciones pretendidas, las reglas generales sobre cuantía litigiosa a los efectos del acceso al recurso de suplicación. Por el contrario, podrá accederse a este recurso aunque se tenga reconocida una indemnización por un concreto apartado del baremo, si lo que se pide es otra indemnización con fundamento en apartado distinto del baremo al de la ya reconocida, por constituir, en definitiva, un proceso que versa "sobre el reconocimiento o denegación del derecho a obtener prestaciones de la Seguridad Social"»*. Se trata de una prestación distinta de la que se reconoció inicialmente (STS de 6 de abril de 2009, recurso 154/2008).

c) En cambio, si la reclamación de LPNI se centra en un apartado único del baremo, en el que la cuantía de la indemnización a tanto alzado puede oscilar entre una cifra mínima y una máxima, deberá estarse a la diferencia entre lo reconocido y lo pretendido para determinar si la cuantía litigiosa permite acceder al recurso de suplicación (STS de 22 de noviembre de 1994, recurso 1950/1993).

d) No cabe recurso de suplicación contra la sentencia de instancia cuando no se pretende obtener el reconocimiento de la prestación por LPNI, que no se cuestiona, sino que la solicitud se dirige únicamente a la determinación de la entidad responsable del abono indemnizatorio: si debe abonarla el INSS o la mutua [STS 1080/2018, de 18 de diciembre (rcud 4261/2017) y 128/2019, de 19 de febrero (rcud 4474/2017)].

5) Los complementos por mínimos en cuantía inferior a 3.000 euros tienen autonomía propia como un derecho a obtener prestaciones de la Seguridad Social, aunque subordinada a la existencia de otra prestación principal, como puede ser la de jubilación o viudedad, por lo que procede el acceso a suplicación [STS de 2 de abril de 2007, recurso 5355/2005; 13 de diciembre de 2011, recurso 702/2011; 980/2016, de 22 de noviembre (rcud 2561/2015); 137/2017, de 16 de febrero de 2017, recurso 2481/2015; y 268/2018, de 9 de marzo (rcud 1042/2016)].

6) El reintegro de gastos médicos por la asistencia sanitaria prestada por servicios ajenos al Sistema de la Seguridad Social.

Reiterada doctrina jurisprudencial argumenta que la asistencia sanitaria es la primera prestación enumerada dentro de la acción protectora de la Seguridad Social [art. 42.1.a) LGSS] y el reintegro de gastos por asistencia sanitaria está encuadrado dentro de las disposiciones generales que regulan esta prestación, lo que abona su consideración de prestación. Esta consideración se confirma atendiendo a su intrínseca naturaleza, por lo que se debe concluir que el proceso de reintegro de gastos por asistencia sanitaria es un proceso que versa necesariamente de modo indirecto, pero necesario, sobre el reconocimiento o denegación del derecho a una prestación de la Seguridad Social [STS de 17 de julio de 2000, recurso 1969/1999; 20 de marzo de 2001, recurso 2282/2000; 22 de diciembre de 2004, recurso 4769/2003; 27 de enero de 2015, recurso 138/2014; y 702/2020, de 22 de julio (rcud 1757/2018)].

La citada STS 702/2020, de 22 de julio (rcud 1757/2018) diferencia:

1) Cuando se reclama el derecho al reintegro de los gastos médicos, la sentencia será recurrible en suplicación.

2) Por el contrario, no cabe el recurso cuando el conflicto no se refiere al reconocimiento del derecho sino a la cuantía de la prestación (inferior a 3.000 euros) porque la resolución administrativa expresamente autorizó el reembolso reclamado y la *«discrepancia entre las partes litigantes se encuentra en el sistema de cálculo del importe de la misma; de suerte que, mientras el demandante considera que ha de ser reintegrado en la suma exacta desembolsada y acreditada, el INSS entiende que el hecho de que los servicios sanitarios se obtuvieran en un Estado miembro de la Unión Europea comporta la aplicación de los Reglamentos de Seguridad Social transfronteriza y acude a ellos, efectuando una interpretación que le conduce a delimitar el importe».*

El TS sostiene que, cuando la controversia litigiosa se ciñe a determinar si la actora tiene derecho, en concepto de prestación complementaria de asistencia sanitaria, al reintegro de los gastos originados por diversos desplazamientos en taxi desde su domicilio hasta el correspondiente Centro Sanitario a fin de recibir el tratamiento rehabilitador médico que se le había prescrito, como quiera que la citada prestación complementaria de asistencia sanitaria es una prestación ya reconocida a la actora, el objeto del litigio no radica en si la actora tenía o no derecho a dicha prestación, que estaba ya reconocida, sino que se trata de una reclamación de cantidad, de modo que el acceso a suplicación ha de determinarse en función de la cantidad efectivamente reclamada (STS de 9 de febrero de 2005, recurso 5047/2003).

7) El recargo de prestaciones económicas de la Seguridad Social.

El TS sostiene que el recargo prestacional no es una prestación de la Seguridad Social, sino que constituye un incremento a cargo del empresario, que no se incluye en la acción protectora de la Seguridad Social, aunque tome como módulo de cálculo el importe de la prestación. Aunque este recargo es autónomo e independiente de la prestación de Seguridad Social, como quiera que expande o proyecta unos efectos indeterminados, más allá de la pretensión de reclamación de cantidad ejercitada en el procedimiento del que dimana el presente recurso, produce el efecto positivo de la cosa juzgada, actuando en posibles futuros procesos como elemento condicionante o prejudicial, lo que determina su naturaleza de pretensión de cuantía indeterminada, a la que ha de concederse recurso de suplicación (STS de 20 marzo 2007, recurso 609/2006).

Sin embargo, la STSJ del País Vasco de 23 de mayo de 2016, recurso 1295/2015, requirió a la TGSS para que fijara el capital coste que debía ingresar un empresario persona física que había sido condenado al abono de un recargo del 50% de todas las prestaciones derivadas de un accidente de trabajo. La TGSS calculó el importe del capital coste, aunque finalmente se eximió de su pago al recurrente porque se le había reconocido el derecho a la asistencia jurídica gratuita. Por consiguiente, como regla general el recargo prestacional puede proyectarse en una pluralidad de prestaciones, por lo que el pleito sería de cuantía indeterminada. Pero también puede suceder que el recargo tenga una cuantía perfectamente concretada y precisada. Por ejemplo, si a consecuencia de un accidente el trabajador estuvo 20 días de baja y se reconoció su derecho a percibir una concreta cantidad en concepto de lesiones permanentes no invalidantes, que no se discuten. En tal caso sí que se tratará de un pleito con una cuantía litigiosa concreta.

8) La calificación del grado de discapacidad, por tratarse de pleitos de cuantía indeterminada (STS de 13 de mayo de 2002, recurso 3306/2001; 31 de octubre de 2002, recurso 3385/2001 y 29 de noviembre de 2002, recurso 1030/2002).

9) La Seguridad Social voluntaria.

Las mejoras voluntarias forman parte de la acción protectora de la Seguridad Social. La STS de 20 de enero de 1999, recurso 4308/1998, examinó un pleito en el que un trabajador jubilado reclamaba a un banco el complemento de la pensión de jubilación en la cuantía del 100% de sus retribuciones en vez del 95% abonado por la entidad bancaria. El TS argumentó que *«la controversia no versa sobre el reconocimiento o denegación del derecho a obtener prestaciones de la Seguridad Social, sino que, partiendo de la prestación ya reconocida, cuestiona únicamente su importe»*.

En dicha sentencia, el TS denomina «prestación» al citado complemento. El Alto Tribunal equipara la mejora voluntaria de la Seguridad Social con una prestación de la Seguridad Social a efectos del acceso a suplicación al amparo del art. 188.1.c) de la derogada LPL de 1990: *«En los procesos que versen sobre reconocimiento o denegación del derecho a obtener prestaciones de la Seguridad Social [...]»*, del cual es trasunto el art. 191.3.c) de la vigente LRJS. Sin embargo, rechaza el acceso a suplicación porque el banco sí que había reconocido el derecho al complemento de la pensión, limitándose la controversia litigiosa a la concreta cantidad que debía pagarle por este concepto, inferior a 300.000 pesetas.

En definitiva, las mejoras voluntarias se integran en la Seguridad Social (art. 43 LGSS), complementando las prestaciones de la Seguridad Social pero con una autonomía que obliga a aplicar el art. 191.3.c) LRJS, por lo que, si se debate el reconocimiento de la mejora voluntaria, la sentencia será recurrible en suplicación con independencia de su cuantía.

10) Cuando se discute la etiología común o profesional de una prestación de incapacidad temporal, como la controversia afecta a la prestación farmacológica (que es gratuita cuando deriva de accidente de trabajo o de enfermedad profesional) y puede tener consecuencias respecto de la prestación por desempleo (que no se consume si la incapacidad temporal es de origen profesional) o al recargo prestacional, se tratará de pleitos de cuantía indeterminada, por lo que la sentencia será recurrible en suplicación en todo caso.

— Sentencias cuyo acceso a suplicación depende de la cuantía litigiosa

Por el contrario, si lo que se discute es la cuantía de la prestación de Seguridad Social ya reconocida: el importe de la base reguladora, los efectos económicos, etc., como no se discute el reconocimiento ni la denegación de la prestación, no será aplicable el art. 191.3.c) LRJS y el acceso a suplicación dependerá de la cuantía litigiosa. La STS de 26 de junio de 2007, recurso 1104/2006, explica que, cuando se reclama una cuantía superior a la fijada para una pensión de jubilación, la sentencia de instancia debe tener el mismo tratamiento, a efectos de recurso, que una reclamación de cantidad en forma de prestación periódica, y habrá de atenderse al importe anual de las diferencias.

Cuando un trabajador solicita una prestación de la Seguridad Social a una Entidad Gestora o Colaboradora y esta se la deniega, el objeto del pleito consiste en determinar si el beneficiario tiene derecho a percibir la prestación o no. En tal caso, la sentencia dictada por el Juzgado de lo Social es recurrible en suplicación en todo caso, con independencia de su cuantía litigiosa.

En cambio, si la Entidad Gestora o Colaboradora ya ha reconocido el derecho a percibir la prestación de la Seguridad Social y el beneficiario discute su concreta cuantía, la controversia litigiosa no radica en dilucidar si el actor tiene derecho a la prestación sino a cuánta prestación tiene derecho. En tal caso, el acceso a suplicación dependerá de la cuantía litigiosa: solo cabrá recurso de suplicación si excede de 3.000 euros.

A título ejemplificativo, la STS 595/2017, de 5 de julio (rcud 2210/2016) denegó el recurso de suplicación en un pleito en el que el SEPE había reconocido el derecho a percibir la prestación por desempleo calculada sobre una base reguladora de 106,94 euros y la parte actora solicitaba el reconocimiento de una base reguladora para la prestación de desempleo de 108,75 euros[7]. No se discutía el derecho a la prestación de la Seguridad Social sino únicamente su cuantía y como esta no alcanzaba los 3.000 euros, la sentencia no era recurrible (lo que suponía que el TSJ no tenía competencia funcional).

En definitiva, si el INSS reconoce el derecho al percibo de una pensión de incapacidad permanente, jubilación o viudedad y el beneficiario interpone demanda solicitando que el importe de la pensión sea superior al reconocido por la Entidad Gestora, no es aplicable el art. 191.3.c) LRJS, que admite el recurso de suplicación en todo caso, porque la pensión ya se ha reconocido y la controversia litigiosa no versa sobre su reconocimiento sino sobre su cuantía. En tal caso, si reclama una cantidad para el futuro, deberá calcularse la diferencia anual entre la pensión reconocida por el INSS y la reclamada en el litigio. La procedencia del recurso dependerá de que exceda de 3.000 euros.

La misma doctrina se aplica a las prestaciones en especie. Si el beneficiario reclama el reintegro de gastos por una prestación sanitaria especial (prestación ortoprotrésica) y el Servicio Público de Salud le ha abonado parte de su coste, reclamando judicialmente el resto, el acceso a suplicación dependerá de la cuantía litigiosa o de la concurrencia de afectación general (STS de 4 de noviembre de 2003, recurso 4885/2002).

---

7. En el mismo sentido se pronunciaron las STS de 25 de octubre de 2016, recurso 3690/2015; 10 de enero de 2017, recurso 3900/2015; 24 de enero de 2017, recurso 2948/2015; 31 de enero de 2017, recurso 2147/2015; 1 de marzo 2017, recurso 2021/2015; y 4 de abril de 2017, recurso 378/2016.

El TSJ de Castilla y León con sede en Burgos inadmitió un recurso de suplicación por razón de la cuantía litigiosa. El actor había reclamado 406 euros en concepto de solicitud de ayudas para gastos de desplazamiento, manutención y alojamiento previstos en la orden de esa Comunidad Autónoma que regulaba las ayudas por desplazamiento, manutención y alojamiento para los usuarios de la sanidad de Castilla y León que se desplacen con fines asistenciales. El TSJ argumentó:

1) No se trata de ninguna prestación de Seguridad Social, pues no está entre las enunciadas como tales en el artículo 42 de la LGSS.

2) No es el supuesto de reintegro de gastos médicos previstos en el Real Decreto 1030/2006.

3) Tampoco es una prestación sanitaria pues no está incluido en las prestaciones de este orden establecidas por el Real Decreto 1030/2006 de 15 de septiembre y normas concordantes. La citada Orden San/1622/2003, en su Exposición de Motivos, explica que «*el abono de estas ayudas no constituye una prestación de la sanidad pública en sentido estricto [...] sino que la asunción y mejora de las ayudas es una medida que expresa el interés de la Sanidad de Castilla y León por realizar una gestión eficaz de los recursos disponibles y por garantizar una mejor accesibilidad a la asistencia sanitaria*» (STSJ de Castilla y León con sede en Burgos de 2 de marzo de 2017, recurso 103/2017).

El TSJ de Madrid inadmitió el recurso de suplicación contra una sentencia dictada en un pleito en el que se reclamaba que la pensión de orfandad del hijo de la actora se declarase derivada de accidente de trabajo y no de enfermedad común, lo que conllevaba un aumento de la cuantía de la pensión que no alcanzaba los 3.000 euros anuales. El TSJ sostuvo la improcedencia del recurso por razón de la cuantía. Argumentó que la diferencia de la contingencia: si la pensión derivaba de accidente de trabajo o enfermedad común, no daba lugar a una prestación distinta, sino exclusivamente a unas diferencias económicas por razón de la distinta base reguladora (STSJ de Madrid de 29 de mayo de 2017, recurso 322/2017).

El acceso al recurso de suplicación también depende de la cuantía litigiosa cuando una mutua reclama a una Entidad Gestora o a la TGSS el reintegro de las prestaciones de la Seguridad Social abonadas por esa mutua (STS de 19 de mayo de 1997, recurso 2453/1995).

— Sentencias que no son recurribles en suplicación

No son recurribles en suplicación las sentencias dictadas en procesos de impugnación de alta médica cualquiera que sea la cuantía de las prestaciones de incapacidad temporal que viniere percibiendo el trabajador [art. 191.2.g) LRJS].

Nos remitimos al epígrafe donde examinamos las sentencias excluidas del recurso de suplicación.

— Equiparación de la extinción de la prestación por un acto de gestión con la denegación de la prestación

A efectos del acceso a suplicación, el TS ha equiparado:

1) La resolución de la Entidad Gestora que acuerda la extinción de la prestación de la Seguridad Social: la prestación de Seguridad Social que había sido reconocida anteriormente, se extingue (por ejemplo, la extinción de una pensión de viudedad porque el beneficiario contrae un nuevo matrimonio).

2) Con la denegación de la prestación de Seguridad Social. En este supuesto, la prestación no llega a nacer porque se deniega *ab initio* (por ejemplo, cuando fallece el causante, se deniega la pensión de viudedad porque se trataba de una pareja de hecho que no reunía los requisitos legales).

El TS ha permitido el acceso al recurso de suplicación en ambos casos. La STS de 11 de febrero de 2013, recurso 1151/2012, examinó un pleito en el que un trabajador percibía la pensión de jubilación parcial y prestaba servicios laborales a tiempo parcial. El trabajador solicitó la prestación de desempleo. El INSS revisó de oficio la pensión de jubilación parcial por haber cesado en la empresa, sin percibir la prestación de desempleo durante dos meses. El TS explica que, *«[p]ara determinar si en el presente caso procede o no recurso de suplicación contra la sentencia de instancia recaída en materia de prestaciones de Seguridad Social debe analizarse si se está ante un supuesto de acceso necesario al recurso por tratarse de un proceso que verse sobre reconocimiento o denegación del derecho a obtener prestaciones de Seguridad Social»*. El TS concluyó la improcedencia del recurso porque en ese caso concreto *«en la resolución administrativa jurisdiccionalmente impugnada no se procede a extinguir la prestación de jubilación parcial en fecha 12 de diciembre de 2009 y a reconocerla de nuevo con efectos desde el día 03-02-2012, sino que partiendo de la existencia del derecho a la prestación de jubilación parcial [...] se reclama al jubilado parcial una concreta cantidad [...] por alegado percibo de prestaciones indebidas durante un período en el que se indica que no compatibilizó la pensión de jubilación con la percepción de la prestación por desempleo»*.

Es decir, el TS inadmite el recurso de suplicación porque el INSS no había extinguido la prestación de jubilación parcial, sino que, partiendo de la existencia del derecho a la prestación de jubilación parcial, se limitó a reclamar al jubilado parcial una concreta cantidad que no alcanzaba los 3.000 euros. Si se hubiera extinguido el derecho a la pensión de jubilación, la sentencia hubiera sido recurrible en suplicación con independencia de su cuantía litigiosa. En esta sentencia el TS equipara, a efectos del acceso a suplicación, la extinción de una prestación por un acto de gestión y la denegación de dicha prestación.

El art. 191.3.c) LRJS utiliza los verbos «reconocer» y «denegar». Esta última expresión significa *«No conceder lo que se pide o solicita»* [8]. Si la Entidad Gestora acuerda la extinción de la prestación de la Seguridad Social y el beneficiario impugna dicha resolución solicitando que se reconozca su derecho a continuar percibiéndola, el proceso versa materialmente sobre la denegación de la prestación. Desde el punto de vista del acceso a suplicación es irrelevante que en el proceso se solicite una prestación *ex novo* (que el trabajador no percibía antes) o que se impugne una resolución administrativa que extingue una prestación preexistente porque en ambos casos se está privando al actor de una prestación de la Seguridad Social: se está discutiendo la existencia del derecho en sí mismo, no su concreto alcance. El debate litigioso no se ciñe a si el demandante tiene derecho a más o menos prestación de la Seguridad Social sino a si tiene derecho o no a la prestación en sí misma, por lo que parece razonable equiparar la extinción de la prestación a su denegación.

iii. Conflictos colectivos, impugnación de convenios colectivos, impugnación de los estatutos de los sindicatos, procedimientos de oficio y tutela de derechos fundamentales

Por su trascendencia, se declaran susceptibles de recurso de suplicación las sentencias resolutorias de estas materias. Esta norma se refiere a las modalidades procesales siguientes:

1) El procedimiento de conflicto colectivo regulado en los arts. 153 a 162 LRJS.

2) La impugnación de convenios colectivos de los arts. 163 a 166 LRJS.

3) La impugnación de los estatutos de los sindicatos de los arts. 173 a 175 LRJS.

4) Los procedimientos de oficio de los arts. 148 a 150 LRJS.

5) La tutela de los derechos de libertad sindical y los demás derechos fundamentales de los arts. 177 a 184 LRJS, con independencia de la cuantía litigiosa.

iv. Impugnación de actos administrativos en materia laboral de cuantía indeterminada o cuando exceda de 18.000 euros

Las sentencias dictadas en los procedimientos impugnando actos administrativos en materia laboral tienen acceso a suplicación cuando su cuantía no se

8. Diccionario de la Real Academia Española de la Lengua.

pueda estimar y cuando exceda de 18.000 euros [STS 309/2024, de 21 de febrero (rcud 2683/2021)].

— **Pretensiones de cuantía indeterminada**

No todas las pretensiones pueden cuantificarse económicamente. El art. 253.3 LEC, relativo a la expresión de la cuantía en la demanda, establece: «*Cuando el actor no pueda determinar la cuantía ni siquiera en forma relativa, por carecer el objeto de interés económico, por no poderse calcular dicho interés conforme a ninguna de las reglas legales de determinación de la cuantía, o porque, aun existiendo regla de cálculo aplicable, no se pudiera determinar aquélla al momento de interponer la demanda, ésta se sustanciará conforme a los cauces del juicio ordinario*».

La LRJCA, de aplicación supletoria a los procedimientos de impugnación de actos administrativos en materia laboral y de Seguridad Social excluidos los prestacionales (art. 151.1 LRJS), define la cuantía indeterminada a efectos del acceso al recurso. Su art. 42.2 tiene el contenido siguiente: «*Se reputarán de cuantía indeterminada los recursos [...] en los que junto a pretensiones valuables económicamente se acumulen otras no susceptibles de tal valoración*». La cuantía será indeterminada cuando la pretensión procesal no sea susceptible de valoración económica.

— **Reclamación de antigüedad**

La STS de 15 de julio de 2009 (rcud 1198/2008) argumentó:

1) El ejercicio de una acción declarativa, como la del reconocimiento de mayor antigüedad, no supone siempre que se conceda recurso de suplicación contra la sentencia de la instancia.

2) Cuando se trata de acciones declarativas o de acciones de condena que no tienen un contenido dinerario directo, para determinar la procedencia o no del recurso hay que estimar el valor económico del litigio.

3) Cuando se ejercitan acciones sin contenido dinerario directo e inmediato para fijar su valor cuantitativo ha de estarse a «*los efectos económicos normales del agente generador, o dicho de otra manera, a los efectos económicos que puede alcanzar el cumplimiento de la declaración*».

4) En el supuesto enjuiciado, la diferencia salarial anual que derivaba del reconocimiento de la antigüedad reclamada era inferior al tope legal.

La STS de 31 de mayo de 2013 (rcud 1546/2012) deniega el acceso al recurso de suplicación cuando la acción declarativa es insuficiente por sí misma para tutelar al interés del actor y se ejercita conjuntamente con la de condena. En tal caso, «*el elemento determinante a efectos de recurso no es la previa declaración que se pide y que constituye fundamento inescindible de la petición de condena, sino la cuantía efectiva que se reclama; pues todo pronunciamiento de condena conlleva uno o varios previos, aunque en ocasiones sean implícitos o no se incorporen al fallo, sobre la procedencia del derecho; y ello aun en los casos en que esa previa declaración no sea objeto de una pretensión expresa e independiente de la de cantidad».* El TS explica que, en caso contrario, tendrían acceso al recurso como acciones meramente declarativas todas las que versaran sobre derechos económicos (litigios sobre salarios u otras obligaciones dinerarias). En ese supuesto, el interés tutelable se centraba en la reclamación económica correspondiente a la antigüedad.

La STS 297/2022, de 5 de abril (rcud 4204/2018) considera de cuantía indeterminada una demanda en la que se solicitaba el reconocimiento, a todos los efectos, de una determinada antigüedad. El TS diferencia:

1) Cuando la reclamación de antigüedad se concreta en la solicitud de condena al pago de las diferencias salariales derivadas de esa mayor antigüedad. Es el único efecto que se podía alcanzar.

2) Por el contrario, en el supuesto enjuiciado, la demanda no decía nada de una posible reclamación de cantidad por diferencias salariales vinculada al reconocimiento de la mayor antigüedad postulada.

La pretensión se sustentaba en varios acuerdos colectivos en los que se había pactado el reconocimiento a los trabajadores de la antigüedad que pudieren acreditar en las anteriores empresas concesionarias de los servicios de transporte público en los que se enmarcaba la relación laboral, con la incidencia que el factor antigüedad desplegaba en las bolsas que daban acceso a determinados puestos de trabajo. Era esencial el efecto de la antigüedad para determinar la posición del actor en aquellas bolsas de trabajo a los efectos que resulten oportunos.

El TS explica que no es una acción declarativa instrumental de una reclamación de cantidad por diferencias salariales vinculadas a la mayor o menor antigüedad del trabajador, sino que tiene directa y esencial incidencia en otros aspectos fundamentales de la relación laboral. El TS diferencia:

1) Cuando la acción declarativa está destinada a generar unos determinados efectos económicos, habrá de estarse a su cuantificación anual para establecer la cuantía del proceso.

2) Pero si la acción declarativa no guarda relación con derechos de contenido económico, o va más allá de ellos, para extender sus efectos jurídicos a otros diferentes ámbitos de la relación laboral, no hay razón para negar el acceso a suplicación.

— La cuantía litigiosa de 18.000 euros solo opera cuando la actuación de la Administración pública se produce en el ejercicio de sus potestades públicas

La LRJS amplió la competencia del orden jurisdiccional social respecto de la impugnación de resoluciones administrativas [art. 2.n) y s) LRJS] incluyendo la potestad sancionadora en materia laboral y sindical.

La competencia para el conocimiento de estas materias estaba atribuida al orden contencioso-administrativo antes de la entrada en vigor LRJS. La cuantía litigiosa que permite el acceso al recurso devolutivo (apelación) en la LRJCA es muy elevada: 30.000 euros [art. 81.1.a) LRJCA]. Al atribuir al orden social estas controversias litigiosas se fijó para ellas una cuantía de acceso al recurso devolutivo que, sin alcanzar un importe tan elevado como el del orden contencioso-administrativo, es muy superior a la establecida con carácter general en el art. 191.2.g) LRJS (3.000 euros).

El art. 191.3.g) LRJS establece esa norma especial de acceso a suplicación exigiendo una cuantía litigiosa de 18.000 euros, se refiere los *«actos administrativos en materia laboral no comprendidos en los apartados anteriores»*. Esa norma debe ponerse en relación:

1) Con el art. 2 n), ñ) y s) LRJS, que regula el ámbito del orden jurisdiccional social.

2) Con los arts. 6, 7, 8 y 9 LRJS, relativos a la competencia objetiva.

3) Con los arts. 151 y 152 LRJS, que desarrollan la modalidad procesal de impugnación de actos administrativos en materia laboral y de Seguridad Social excluidos los prestacionales.

El examen conjunto de estos preceptos evidencia que la nueva cuantía litigiosa de 18.000 euros solo opera cuando la actuación de la Administración pública se produce en el ejercicio de sus potestades públicas: haciendo uso de la facultad del *imperium*, no como un mero empleador. Por ejemplo, cuando ejercita una potestad sancionadora.

Este aumento de competencias del orden social no ha supuesto una limitación del acceso a suplicación en los pleitos que ya tenía atribuido este orden jurisdiccional antes, que siguen rigiéndose por la cuantía litigiosa general de 3.000 euros.

Cuando la Administración pública actúa como empleador, en tal caso opera la regla general establecida en el art. 191.2.g) LRJS y el límite determinante del acceso a suplicación será de 3.000 euros. La tesis contraria supondría una limitación en el acceso a suplicación no querida por la LRJS, que no pretendía restringir el acceso a suplicación por esta vía sino únicamente ampliar las competencias del orden social [STSJ Aragón de 17 de julio de 2014 (tres), recursos 363/2014, 379/2014 y 381/2014].

D) SANCIONES ADMINISTRATIVAS EN MATERIA DE SEGURIDAD SOCIAL

a) Diferente tratamiento de la extinción de las prestaciones por un acto de gestión y por una sanción administrativa

La extinción de una prestación se puede deber a un acto de gestión (por ejemplo, por el transcurso del plazo máximo de la prestación de incapacidad temporal), en cuyo caso resulta aplicable el art. 191.3.c) LRJS y la sentencia será recurrible con independencia de su cuantía.

Pero su extinción también puede ser consecuencia de la imposición de la sanción de extinción de la prestación prevista en la LISOS. En la prestación de desempleo hay que distinguir entre la extinción de la prestación por un acto de gestión y por una sanción:

1) Por un acto de gestión. La LGSS recoge varias causas de extinción de la prestación por desempleo: el agotamiento del plazo máximo, la realización de trabajos por cuenta ajena o propia con una determinada duración... (art. 272.1 LGSS).

2) Por una sanción administrativa debida a la comisión de una infracción tipificada en la LISOS. La LISOS tipifica infracciones que pueden conllevar la sanción consistente en la extinción de la prestación por desempleo, como actuar fraudulentamente con el fin de obtener prestaciones indebidas, la simulación de la relación laboral, la omisión de declaraciones legalmente obligatorias u otros incumplimientos que puedan ocasionar percepciones fraudulentas... (art. 26 en relación con el art. 47 LISOS). Lo mismo sucede con la prestación de incapacidad temporal.

Si la extinción de la prestación se produce como consecuencia de la imposición de la sanción de extinción de la prestación prevista en la LISOS (por ejemplo, porque el beneficiario de la prestación por desempleo ha actuado fraudulentamente para obtener una prestación indebida), el acceso al recurso de suplicación depende de la cuantía litigiosa: en los procedimientos de impugnación de una sanción de pérdida de la prestación por desempleo por aplicación de la LISOS, el acceso al recurso depende de si el importe de la prestación perdida alcanza el límite legal [STS de 5 de mayo de 2004, recurso 3871/2002; 392/2017, de 4 de mayo (rcud 3209/2015); 857/2017, de 2 de noviembre (rcud 66/2016, Pleno); 507/2018, de 11 de mayo (rcud 1800/2016, Pleno); y 43/2019, de 23 de enero (rcud 417/2017)].

La citada STS 392/2017, de 4 de mayo (rcud 3209/2015), declaró que era recurrible en suplicación por su cuantía litigiosa una sentencia dictada en un proceso en el que se impugnaba la extinción de una prestación de desempleo por sanción y el reintegro de cantidades indebidamente percibidas acordados por el SEPE, negando que fuera aplicable la regla de la anualización. El TS interpreta el art. 192.4 LRJS en el sentido de que *«el cómputo anual al que se refiere en segundo lugar y que tiene, en principio, carácter principal conforme al número precedente (3) de este mismo precepto, adquiere, en estos supuestos, un valor subsidiario ("en su caso") en defecto del "contenido económico de la prestación", al que se alude primero y que, en esa específica formulación, como en las demás que le siguen en ese mismo precepto, permite tener en cuenta el completo alcance prestacional, que en este caso era de dos años y sobre una base reguladora de 58,72 € diarios, conforme al hecho primero del relato de la sentencia de instancia, lo que supone la superación de cualquier límite económico para recurrir»*. Por consiguiente, esta sentencia interpreta el art. 192.4 LRJS en el sentido de que, cuando se impugna un acto administrativo extintivo de una prestación de Seguridad Social y consta cuál es el concreto contenido económico de la prestación, no debe aplicarse la «anualización» sino el completo alcance prestacional. Eso significa que, si se impugna la extinción del subsidio por desempleo para mayores de 52 años, como quiera que su duración se prolonga hasta que el beneficiario alcance la edad ordinaria exigida para tener derecho a la pensión contributiva de jubilación, se calculará la cuantía litigiosa sumando el importe total del subsidio por desempleo que hubiera percibido si no se hubiera extinguido.

A nuestro juicio, si la extinción de una prestación de Seguridad Social por un acto de gestión permite el acceso a suplicación con independencia de su cuantía litigiosa, debemos preguntarnos por qué la extinción de una prestación de Seguridad Social por una sanción administrativa no tiene acceso a suplicación en todo caso, sino que debe depender de la cuantía litigiosa. En ambos casos el beneficiario se queda privado de su prestación.

La razón por la que se ha negado el acceso a suplicación es porque se ha partido de la distinción entre procedimientos prestacionales (cuyo objeto consiste en reconocer o denegar prestaciones) y sancionadores (cuyo objeto es una sanción administrativa), considerando que el art. 191.3.c) LRJS solo se aplica a los primeros. Esta distinción hace énfasis en por qué se extingue la prestación. Si se trata de un acto de gestión se aplicaría el art. 191.3.c) LRJS y si es una sanción administrativa no.

El art. 191.3 LRJS especifica los supuestos concretos en los que, por la trascendencia subjetiva u objetiva de la materia objeto del litigio, procede la suplicación en todo caso: despido, afectación general, infracciones procedimentales esenciales... Uno de ellos es el relativo al reconocimiento o denegación del derecho a obtener prestaciones de Seguridad Social. La razón es porque el beneficiario queda fuera del ámbito protector de la Seguridad Social. Pues bien, el beneficiario queda igualmente privado de su prestación (y excluido de la protección de la Seguridad Social) cuando se produce la denegación por un acto de gestión que cuando se extingue como consecuencia de una sanción administrativa, por lo que, a nuestro juicio, este supuesto no debería estar excluido del recurso.

Es cierto que el acceso a suplicación en estos procesos se ha facilitado por la doctrina jurisprudencial establecida por la sentencia STS 857/2017, de 2 de noviembre (rcud 66/2016, Pleno), que fija la cuantía suplicacional en 3.000 euros y no en 18.000 euros cuando se impugna una sanción administrativa en materia de Seguridad Social; y por la STS 392/2017, de 4 de mayo (rcud 3209/2015), que soslaya la «anualización» y permite tener en cuenta el completo alcance prestacional. Pero si todos los supuestos de denegación de una prestación de la Seguridad Social por un acto de gestión tienen acceso a suplicación, también deberían acceder las extinciones por sanciones.

b) Extinción del subsidio de desempleo que excede de la mera reclamación de cantidad

Existe una evolución jurisprudencial respecto del acceso a suplicación de las sentencias dictadas en procedimientos de impugnación de una sanción de pérdida de la prestación de desempleo durante un mes por incomparecencia ante el INEM/SEPE. Inicialmente las sentencias del TS de 5 de abril de 2000, recurso 1457/1999; 14 de abril de 2000, recurso 1938/1999 y 26 de septiembre de 2000, recurso 4725/1998, admitieron el recurso, argumentando que la suspensión y consiguiente pérdida de la prestación no solo causaba al interesado el perjuicio consistente en la pérdida de una mensualidad del subsidio, sino otros añadidos, como la pérdida de la inscripción como desempleados, con la consiguiente pérdida de derechos que como demandantes de empleo tuvieran reconocidos.

Posteriormente el TS superó esta doctrina (sentencias del TS de 3 de febrero de 2003, recurso 1465/2002, constituido en Pleno; 5 de mayo de 2004, recurso 3871/2002 y 27 de febrero de 2007, recurso 3306/2005). El TS argumentó que, en estos supuestos, aunque estos «perjuicios colaterales» han de aceptarse como posibles, no se ha probado en modo alguno que se hayan concretado en perjuicio efectivo para el demandante, y por lo tanto no existe motivo alguno para valorarlos a efectos de conceder el recurso, haciendo hincapié en que la pretensión de la demandante iba exclusivamente encaminada a la anulación de la sanción y a la obtención del montante económico correspondiente a ese mes de subsidio. El TS se centra en el interés prevalente del demandante, que es pecuniario, soslayando lo que denomina «perjuicios colaterales» y concluyendo que éstos no suponen que se trate de pleitos de cuantía indeterminada.

Por consiguiente, la valoración de la cuantía litigiosa a efectos del recurso debe tener en cuenta el interés actual y real del accionante, siendo irrelevantes los perjuicios hipotéticos o colaterales que puedan existir.

Ulteriormente, la STS de 23 de junio de 2015, recurso 1940/2014, consideró recurrible en suplicación una sentencia confirmando una sanción de extinción de la prestación de desempleo por falta grave, con independencia de la cuantía litigiosa, argumentando que se trataba de una pretensión que excedía de una mera reclamación de cantidad. El SEPE había reconocido el derecho de la actora a percibir el subsidio por desempleo con una duración de 30 meses por ser mayor de 45 años y tener responsabilidades familiares. Se le impuso la sanción de extinción de la prestación por haber superado el límite de rentas, con un cobro indebido de 1.659,68 euros. El TS argumentó que la parte demandante no se limitaba a combatir la reclamación de cantidad en concepto de cobro indebido durante determinado período, sino que pretendía la declaración de no ajustada a derecho de la resolución extintiva del subsidio de desempleo por sanción grave *«que sin duda afecta más allá de la posible cuantía a reintegrar como prestación indebida, puesto que ello impedirá a la actora [...] en su caso, acceder a prestación o subsidio que pudiera corresponderle por el agotamiento del derecho extinguido»*. El TS declaró la competencia funcional del TSJ para conocer de este recurso de suplicación.

Uno de los requisitos del subsidio de desempleo para mayores de 52 años consiste en haber agotado un subsidio por desempleo. La sanción administrativa de extinción del subsidio para mayores de 45 años podía impedir a esta beneficiaria acceder al subsidio por desempleo para mayores de 52 años por agotamiento de aquél, por lo que el TS concluyó que la sentencia de instancia era recurrible en suplicación. Como consecuencia de esta sentencia del TS, el TSJ de la Comunidad Valenciana dictó nueva sentencia en el mismo procedimiento el 24 de noviembre de 2015, recurso 1742/2013, entrando a conocer del recurso de suplicación, estimando el recurso de esta beneficiaria y reconociendo su derecho a percibir la prestación por desempleo.

c) Impugnación de actos administrativos en materia de Seguridad Social: cuantía litigiosa de 3.000 euros

La STS 857/2017, de 2 de noviembre (rcud 66/2016, Pleno)[9], enjuició un pleito en el que el SEPE había impuesto al demandante una sanción por infracción muy grave debido a que había compatibilizado la percepción de la prestación por desempleo con la actividad por cuenta propia como agente de una aseguradora. La sanción consistió en la extinción de la prestación contributiva por desempleo que se le había reconocido. La sentencia del TS explica que, cuando

9. En el mismo sentido se han pronunciado las STS de 28 de febrero de 2018, recurso 1554/2016; 11 de mayo de 2018, recurso 1800/2016; y 12 de julio de 2018, recurso 883/2017.

el beneficiario de prestaciones de Seguridad Social impugna el acto administrativo sancionador que impone la extinción de aquellas, el acceso al recurso de suplicación vendrá determinado por la regla del art. 191.2.g) LRJS, por lo que el contenido económico de la propia sanción debe superar los 3.000 euros previstos en esa norma general. El TS no aplica el límite de 18.000 euros establecido en el art. 191.3.g) LRJS que, conforme a su tenor literal, solo se aplica a la *«impugnación de actos administrativos en materia laboral»*, no en materia de Seguridad Social. En el mismo sentido se ha pronunciado la STS 82/2024, de 23 de enero (rcud 2297/2021).

Si la empresa impugna un acto administrativo sancionador en materia de prevención de riesgos laborales, la cuantía litigiosa que determina el acceso a suplicación sí que es la de 18.000 euros (STSJ de Castilla-La Mancha de 18 de enero de 2018, recurso 27/2017 y Andalucía con sede en Sevilla de 19 de diciembre de 2016, recurso 73/2016).

E) DETERMINACIÓN DE LA CUANTÍA LITIGIOSA

Como regla general, si la pretensión no excede de 3.000 euros la sentencia no es recurrible en suplicación. La STS 1173/2021, de 30 de noviembre (rcud 1793/2019) explica que, si la reclamación principal es inferior a 3.000 euros, lo que excluye el recurso de suplicación, no cabe admitir el recurso contra la imposición de una sanción por temeridad de 200 euros debida a la conducta procesal de la recurrente durante el proceso principal porque esa sanción carece de autonomía respecto del litigio principal y no existen razones para conceder suplicación frente a un pronunciamiento secundario, cuya naturaleza es accesoria a la reclamación principal, de la cual depende, cuando no cabe recurso contra la misma.

Las reglas de determinación de la cuantía litigiosa son las siguientes:

a) Acciones declarativas: cuantificación económica de la reclamación

A efectos del acceso a suplicación, las acciones con contenido económico deben cuantificarse pecuniariamente, a fin de determinar si superan el límite de 3.000 euros que permite el recurso de suplicación. La doctrina jurisprudencial enfatiza la necesidad de cuantificar la pretensión, si ello es posible. El TS sostiene que las reclamaciones *«deberían ser siempre cuantificadas a los efectos del recurso [...] De todo ello solo hemos excepcionado las pretensiones claramente indeterminables en cuanto a su valoración económica»* (STS de 18 de enero de 2007, recurso 4439/2005; y 30 de octubre de 2012, recurso 2827/2011).

El art. 191.2.g) LRJS, al establecer las reglas de exclusión del recurso de suplicación, no se refiere a las reclamaciones de cantidad cuya cuantía no exceda de 3.000 euros sino a las *«reclamaciones cuya cuantía litigiosa no exceda de 3.000 euros»*. Esta regla excluyente no se circunscribe a las reclamaciones de cantidad. En cualquier reclamación, aun cuando no se concrete su cuantía en la demanda ni en la fase de conclusiones, si lo que subyace en ella es un interés económico, deberá cuantificarse este y, si no alcanza los 3.000 euros, la sentencia de instancia no será recurrible en suplicación.

Así, reiterados pronunciamientos del TS han denegado el recurso de suplicación en supuestos en los que se reclamaban varios días de vacaciones no disfrutadas, con el argumento de que la retribución correspondiente a esos días no alcanzaba los 3.000 euros (STS de 12 de noviembre de 2014, recurso 2400/2013).

En definitiva, si un trabajador reclama el derecho a percibir un complemento salarial, aunque no cuantifique su importe en la demanda ni en el juicio oral, el tribunal debe examinar las actuaciones para precisar su cuantía anual y, si no supera los 3.000 euros, la sentencia no será recurrible en suplicación.

No todas las pretensiones pueden cuantificarse económicamente. Aunque ni la LRJS ni la LEC regulan esta cuestión, la cuantía será indeterminada cuando la pretensión procesal no sea susceptible de valoración económica. En tal caso, no será aplicable la regla de exclusión del recurso de suplicación del art. 191.2.g) LRJS porque no se tratará de una pretensión con una cuantía litigiosa inferior a 3.000 euros (la cuantía será indeterminada), y en consecuencia se podrá interponer recurso de suplicación. El TS ha considerado de cuantía indeterminada una demanda de cesión ilegal a la que se acumula antigüedad derivada de ella [STS 546/2018, de 17 de mayo (rcud 4153/2016)].

b) Acumulación subjetiva de acciones

Si hay varios demandantes o un demandado formula reconvención (en cuyo caso, tiene asimismo la condición de actor), la cuantía litigiosa la determina la reclamación de mayor cantidad sin intereses, ni recargos por mora. Si ésta excede de 3.000 euros, la sentencia será recurrible en suplicación (art. 192.1 LRJS) y el recurso podrá versar sobre cualquiera de las citadas acciones acumuladas: en el caso de que uno de los conceptos reclamados exceda de 3.000 euros y los demás no, el recurso de suplicación podrá versar sobre cualquiera de ellos, sin limitarse a la reclamación superior a 3.000 euros (STS de 20 de noviembre de 2006, recurso 4153/2005 y 3 julio 2007, recurso 2943/2006).

La STS 1105/2021, de 10 de noviembre (rcud 281/2020) negó que fuera recurrible en suplicación, por razón de la cuantía, una sentencia que resolvía la reclamación de una diferencia de base reguladora en las pensiones de viudedad y orfandad. La viuda reclamaba su pensión de viudedad y también la de orfandad, en representación de su hijo menor. Aunque la base reguladora era la misma, se trataba de dos pensiones diferentes, cada una de ellas con un distinto titular y con su propio régimen jurídico. El TS argumenta que se trata de una acumulación subjetiva de dos pensiones. Ninguna de ellas alcanzaba la cuantía mínima que permitía el acceso a suplicación.

c) Acumulación objetiva de acciones

El art. 192 LRJS, intitulado: *«Determinación de la cuantía del proceso»*, regula la concreción de la cuantía litigiosa, que es esencial para determinar si la sentencia es recurrible en suplicación.

La acumulación objetiva de acciones está regulada en el art. 192.2 LRJS, que establece:

> *«Si el actor formulase varias pretensiones y reclamare cantidad por cada una de ellas, se sumarán todas para establecer la cuantía.*
>
> *Cuando en un mismo proceso se ejerciten una o más acciones acumuladas de las que solamente alguna sea recurrible en suplicación, procederá igualmente dicho recurso, salvo expresa disposición en contrario».*

En su primer párrafo utiliza el concepto jurídico «pretensiones». Regula la acumulación objetiva de acciones de reclamación de cantidad. En tal caso, se suma su cuantía. Es decir, si un trabajador reclama 1.000 euros en concepto de plus de nocturnidad, 1.000 euros en concepto de horas extras y 1.000 euros en concepto de pagas extraordinarias, se sumarán las tres acciones de reclamación de cantidad: la cuantía litigiosa será de 3.000 euros.

En su segundo párrafo usa el concepto jurídico «acciones». Se ocupa de la acumulación objetiva de acciones cuando al menos una de ellas es de cuantía indeterminada. Por ejemplo, si se acumula una acción de despido y otra de reclamación de los salarios adeudados. Basta con que una de las acciones permita el acceso a suplicación para que la sentencia sea recurrible.

i. Doctrina jurisprudencial

Las STS de 31 de mayo de 2016, recurso 3180/2014; 374/2017, de 27 de abril (rcud 1903/2014); y 546/2018, de 17 de mayo (rcud 4153/2016) enjuiciaron sendas reclamaciones de derechos y de cantidad derivada de ellos. El TS explica que se acumulan el reconocimiento del derecho y la reclamación de las cantidades ya devengadas, concluyendo que la sentencia de instancia es recurrible cuando el derecho que se reclama, en su traducción económica anual, supera los 3.000 euros sin que a ello se oponga la reclamación de cantidad que se acumula. Por tanto, considera que se trata de dos pretensiones (reclamación del derecho y su traducción económica) y basta con que una de las dos alcance los 3.000 euros para el acceso a suplicación.

La STS 546/2018, de 17 de mayo (rcud 4153/2016) compendia la doctrina jurisprudencial sobre esta materia:

a) Si se reclama el reconocimiento de un derecho laboral —trienios, un plus, vacaciones, etc.—, el recurso depende de sus consecuencias económicas.

b) Cuando la acción declarativa es insuficiente por sí misma para tutelar al interés del actor y se ejercita conjuntamente con la de condena, el elemento determinante a efectos de recurso no es la previa declaración que se pide y que constituye fundamento inescindible de la petición de condena, sino la cuantía efectiva que se reclama.

c) Es indiferente que el accionante deduzca demanda en que instrumente una acción declarativa autónoma o aislada, es decir, encaminada únicamente a la declaración de su derecho, pues la misma habría de ser cuantificada; o que reclame solamente la cifra dineraria en que ese derecho se traduce; o que aúne formalmente ambas peticiones; o que incluso agregue, a modo de condena para el futuro, que se imponga la prosecución del pago.

d) Cuando se ejerciten acciones sin contenido dinerario directo e inmediato, para fijar su valor cuantitativo ha de estarse a los efectos económicos normales del agente generador o, dicho de otra manera, a los efectos económicos que puede alcanzar el cumplimiento de la declaración, recurriendo cuando fuera precisa a la técnica de la «anualización» de ese importe.

e) Esas reglas se excepcionan cuando se trata de *«pretensiones de las cuales cabe predicar un valor indeterminado o indeterminable»*.

La STS 1007/2018, de 4 de diciembre (rcud 611/2016, Pleno), examina el acceso a suplicación de las sentencias que enjuician pretensiones en las que se formulan reclamaciones de derecho y reclamaciones de cantidad. El TS considera que se trata de un supuesto de acumulación objetiva de acciones. En dicho pleito varios trabajadores reclamaban, entre otras pretensiones:

1) Su derecho a seguir percibiendo las nóminas en la misma cuantía que hubieran percibido en octubre de 2012, sin disminución alguna, hasta que esta cantidad sea igual o inferior a la que establezcan las tablas convenio colectivo aplicable.

2) La condena a la empresa a abonarles las diferencias existentes por no haber mantenido la nómina tal cual se percibía hasta octubre de 2012.

El TS considera que son acciones distintas: una declarativa y otra de condena, por lo que deben cuantificarse ambas. La declarativa en su cuantía anual y la de condena en la cantidad concreta reclamada. Si una sola de ambas alcanza los 3.000 euros, la sentencia será recurrible en suplicación:

> *«1.- Las reclamaciones de derecho, con traducción económica, tienen acceso al recurso de suplicación, en cómputo anual, cuando superen el importe de 3.000 euros.*
>
> *2.- Las reclamaciones en las que se pretende un derecho superior al reconocido, por existir diferencias en el alcance económico otorgado, tienen acceso al recurso de suplicación cuando la diferencia entre el derecho reclamado y el reconocido, en cómputo anual, supere los 3.000 euros,*
>
> *3.- Si se reclama un derecho —en su totalidad o la parte del mismo que no ha sido reconocido— cuya traducción económica, en uno u otro caso, es superior a 3.000 euros, en cómputo anual, aunque la reclamación de cantidad que se acumule tenga un importe inferior a 3.000 euros, la sentencia de instancia tendrá acceso al recurso.*
>
> *3.- Si la reclamación del derecho —en su totalidad o la parte del mismo que no ha sido reconocido—, en su traducción económica —en uno y otro caso—, es inferior a 3.000 euros, en cómputo anual, pero la reclamación de cantidad acumulada supera esa cuantía, la sentencia de instancia tiene acceso al recurso.*
>
> *4.- Si la reclamación de derecho —en su totalidad o la parte del mismo que no ha sido reconocido—, no supera los 3.000 euros, en cómputo anual, y la reclamación de cantidad tampoco, la sentencia de instancia no tiene acceso al recurso.*
>
> *5.- Si ambas acciones —reclamación de derecho, total o la parte del mismo que no se ha reconocido, y reclamación de cantidad— superan los 3.000 euros, la sentencia dictada por el Juzgado de lo Social tendrá acceso al recurso de suplicación».*

Esta STS 1007/2018, de 4 de diciembre (rcud 611/2016, Pleno), fundamenta su argumentación, entre otras, en la STS 522/2017, de 16 de junio (rcud 1825/2015). En ella se reclamaba el reconocimiento de antigüedad y trienios, junto con la reclamación de cantidades que no superaban los 3.000 euros. El TS explica que tanto la cuantificación anual del derecho como el importe concretamente reclamado no alcanzan el límite de acceso al recurso de suplicación, por lo que declara irrecurrible la sentencia de instancia.

En resumen, cuando se reclama un derecho (por ejemplo, un trienio) y cantidad (por ejemplo, la cuantía devengada por dicho concepto en los seis meses anteriores a la fecha de la demanda), se tiene que cuantificar económicamente la reclamación del derecho, siguiendo la regla de la anualización. Si cualquiera de ambas pretensiones (la reclamación del derecho anualizada o la concreta cantidad reclamada hasta el acto del juicio) supera los 3.000 euros, la sentencia será recurrible en suplicación [STS 149/2021 de 3 de febrero (rcud 3943/2018); 224/2021, 23 de febrero (rcud 4055/2018); 339/2021 de 24 marzo (rcud 1713/2018); 804/2021 de 20 julio (rcud 3468/2018), entre otras muchas.]

Así, si un trabajador reclama el derecho a cobrar un trienio, cuyo importe asciende a 150 euros mensuales, y la cantidad adeudada por antigüedad de los dos años anteriores (porque presentó una reclamación que interrumpió la prescripción), en tal caso hay que calcular la cuantía de cada pretensión. La declarativa tendrá una cuantía litigiosa de 2.100 euros (150 euros por 14 pagas anuales). La de condena de 3.150 euros (reclama el plus de antigüedad de año y medio). Como una de las pretensiones supera los 3.000 euros, la sentencia será recurrible en suplicación.

Si el trabajador reclama un plus de peligrosidad, cuya cuantía asciende a 300 euros mensuales) y la cantidad adeudada correspondiente a dos meses, la cuantía de la pretensión declarativa ascenderá a 3.600 euros (300 euros por 12 meses) y la cuantía de la pretensión de condena a 600 euros. Como quiera que una de las pretensiones ejercitadas supera los 3.000 euros, la sentencia será recurrible en suplicación.

ii. Acciones declarativas autónomas y acciones declarativas con traducción económica

El tenor literal del art. 192.2 LRJS, que menciona varias pretensiones y la reclamación de cantidad por cada una de ellas, obliga a diferenciar:

1) Acciones declarativas autónomas. En cada acción se reclama un derecho distinto. Es decir, no se trata de una acción declarativa unida a otra que reclama la traducción económica de aquélla. Por ejemplo, un trabajador reclama varios complementos salariales diferentes.

2) Acción declarativa y su traducción económica. Se reclama un derecho y su concreta traducción en dinero. Por ejemplo, un trabajador reclama un complemento salarial y la cantidad que el empresario le adeuda por este concepto.

— Acumulación de acciones declarativas autónomas

Es el caso en que un trabajador reclama a un empresario varios derechos distintos. Por ejemplo, el empleado reclama el derecho a percibir tres complementos salariales diferentes: un trienio, el plus de peligrosidad y el complemento de especial dedicación. En tal caso, se trata de tres acciones declarativas autónomas que se acumulan entre sí por coincidir el acreedor y el deudor (art. 25.1 LRJS). Se calcula la cuantía de cada una de las acciones acumuladas, anualizando su importe, y se suman todas para determinar la cuantía litigiosa.

Lo mismo sucede cuando el trabajador reclama al empresario 1.000 euros en concepto de horas extraordinarias, 1.200 euros en concepto de pagas extras impagadas y 700 euros por diferencias de convenio colectivo. Se suma la cuantía de todas ellas para determinar la cuantía litigiosa.

En definitiva, si el demandante es único y formula varias reclamaciones de cantidad o que tienen traducción económica, se suman todas ellas para determinar si alcanzan los 3.000 euros (art. 192.2, párrafo 1.º LRJS).

En el caso de que se trate de un único actor que reclama diferentes cantidades solidariamente contra varios codemandados, se sumarán todas las cantidades reclamadas [STS 340/2018, de 22 de marzo (rcud 3248/2015)].

También puede suceder que se acumulen varias acciones y solo alguna de ellas sea recurrible en suplicación, en cuyo caso procederá igualmente dicho recurso, salvo expresa disposición en contrario (art. 192.2, párrafo 2.º LRJS). Es lo que sucede cuando se ejercita una acción de conciliación de la vida personal, familiar y laboral y se acumula una reclamación de daños y perjuicios superior a 3.000 euros [art. 191.2.f) LRJS].

Las mismas reglas se aplican cuando quien formula varias acciones es el demandante reconvencional.

— Acción declarativa de derecho y su traducción económica

En el epígrafe anterior se trataba de acciones autónomas: en cada una se reclamaba un derecho distinto. En este examinamos un supuesto diferente: cuando se reclama un derecho y su traducción económica. Por ejemplo, el trabajador cumple un trienio el 1 de enero de 2024 y la empresa no se lo abona. El empleado interpone una demanda el 1 de junio de 2024 reclamando el derecho a percibir un trienio y las cantidades adeudadas por este concepto desde la fecha en que se devengó el trienio (el 1 de enero de 2024) y la fecha de la demanda (el 1 de junio de 2024).

El TS sostiene que las pretensiones de reconocimiento de un derecho y de reclamación de cantidad como consecuencia del mismo, tienen acceso a suplicación cuando la reclamación pecuniaria en cómputo anual o, alternativamente, en el total de lo reclamado hasta el acto de juicio, superen los 3.000 euros. Es la denominada técnica de «anualización» [por todas, STS de 337/2020, de 14 de mayo (rcud 3593/2017); 376/2020, de 21 de mayo de 2021 (rcud 2786/2017); 1248/2021, de 9 de diciembre (rcud 2154/2020); y 496/2022, de 31 de mayo (rcud 306/2021)].

Hay que distinguir:

1) Cuando se reclama un derecho con proyección hacia el pasado y su traducción económica

Por ejemplo, un trabajador afirma que en el último año ha realizado horas extras y no se le han abonado. Reclama su derecho a cobrar horas extras y la cantidad adeudada: el trabajador sostiene que en el año anterior ha realizado 80 horas extras, cada una de las cuales se retribuye a razón de 15 euros diarios, por lo que reclama 1.200 euros.

El hecho de que haya realizado horas extras en el pasado no significa que también vaya a realizarlas en el futuro. El trabajador solamente está reclamando una concreta cantidad en función de su prestación de servicios en el pasado, que será la que determinará si la sentencia es recurrible en suplicación.

2) Cuando se reclama un derecho con proyección futura y también las cantidades adeudadas en el pasado

Así sucede cuando un trabajador reclama su derecho a percibir un trienio y también las cantidades adeudadas por dicho concepto desde la fecha en que alcanzó la antigüedad requerida para ese trienio hasta la fecha de la demanda.

Por ejemplo, el trabajador alcanzó tres años de antigüedad en la empresa el 1 de enero de 2020 y la demanda la interpone el 1 de octubre de 2024, reclamando:

1) El derecho a percibir el trienio, con proyección futura (lo va a cobrar mientras subsista su relación laboral).
2) Los atrasos por el trienio no abonado desde el 1 de enero de 2024 hasta la fecha de la demanda, el 1 de octubre de 2024.

En tal caso, la doctrina jurisprudencial sostiene que se produce una acumulación objetiva de acciones:

a) Una acción declarativa *ad futurum* que se cuantifica anualizando el importe del complemento salarial: el importe anual del trienio reclamado.
b) Y otra acción de reclamación de cantidad que se cuantifica por el concreto importe reclamado.

Si cualquiera de ambas alcanza los 3.000 euros, la sentencia será recurrible en suplicación. No se suman las cuantías porque no se trata de una acumulación de acciones sino del ejercicio de una única acción y su traducción económica [STS 1007/2018, de 4 de diciembre (rcud 611/2016, Pleno)].

Por ende, solo se suman las cuantías de cada una de las pretensiones cuando el actor ejercita acciones autónomas y reclama cantidad por cada una de ellas. Así sucede cuando un trabajador reclama 1.000 euros en concepto de horas extraordinarias, 1.000 euros en concepto de trienios adeudados y 1.000 euros en concepto de plus de peligrosidad adeudado. La cuantía litigiosa será de 3.000 euros.

Pero si el demandante reclama el derecho a percibir un trienio (por importe de 100 euros mensuales, equivalentes a 1.400 euros anuales) y su traducción económica correspondiente al lapso temporal anterior a la demanda (1.000 euros), el TS niega que deban sumarse la cuantía anual de los trienios reclamados (1.400 euros) más los 1.000 euros reclamados como traducción económica. Se deben examinar aisladamente cada una de las pretensiones para cerciorarse si cada una de ellas individualmente alcanza los 3.000 euros.

Esta doctrina jurisprudencial sostiene que, cuando se reclama un derecho y su traducción económica, se trata de un supuesto distinto de la acumulación objetiva de acciones del art. 192.2 LRJS. Dicho precepto se aplica cuando el trabajador reclama varios complementos salariales distintos a su empleador, en cuyo caso se suman todos para determinar la cuantía litigiosa. Pero si se reclama un solo complemento salarial y su traducción económica, las cuantías de uno y otro no se suman, sino que se examina si cualquiera de ellas, aisladamente, alcanza los 3.000 euros.

La STS 496/2022, de 31 de mayo (rcud 306/2021) examinó un pleito en el que un trabajador reclama a su empresa:

1) El derecho a ser retribuido con el nivel 2.

2) Las diferencias retributivas derivadas del diferente nivel, que ascendían a 254,84 euros mensuales. En la fecha de la demanda la diferencia ascendía a 942,91 euros, correspondientes al período temporal desde la fecha de inicio de desempeño del nivel 2 (el 11 de enero de 2019) hasta el 31 de abril de 2019. En el acto del juicio (3 de octubre de 2019) se actualizaron las cantidades reclamadas hasta el 30 de septiembre de 2019, siendo el total de 2.471,95 euros.

Por consiguiente:

1) En la fecha del juicio oral no había transcurrido un año desde el 11 de enero de 2019 hasta la fecha del plenario, razón por la cual la cantidad a tanto alzado reclamada en conclusiones no alcanzaba los 3.000 euros.

2) Pero la diferencia salarial entre el nivel 3 y el 2, en cómputo anual, sí que superaba los 3.000 euros.

El TS explica que, al reclamarse un nivel salarial superior al reconocido, con proyección hacia el futuro, el cual conlleva una diferencia salarial cuya diferencia en cómputo anual supera los 3.000 euros (254,84 euros mensuales), la sentencia sí que es recurrible en suplicación porque se trata de la reclamación de un derecho con traducción económica cuya cuantía anual supera el citado umbral.

— Acumulación de acciones autónomas y de su traducción económica

Puede suceder que se acumulen acciones autónomas entre sí y también la traducción económica de algunas o todas ellas. Por ejemplo, el trabajador reclama:

1) Un trienio (20 euros mensuales) y la cantidad adeudada por la empresa por este concepto (10 meses a razón de 20 euros mensuales, en total, 200 euros).

2) El plus de peligrosidad (100 euros mensuales), así como la cantidad que se le debe por este complemento (16 meses, equivalentes a 1.600 euros, porque formuló una reclamación que interrumpió la prescripción).

En ese caso se han acumulado dos acciones autónomas (antigüedad y peligrosidad) y su traducción económica. Conforme a la doctrina jurisprudencial, la cuantía litigiosa se calculará:

1) Trienio:

   a) Anualizando el trienio: catorce pagas de 20 euros: 280 euros.

   b) Comparando esa cuantía con la cantidad reclamada en concepto de antigüedad: 200 euros.

   c) La cuantía más elevada de ambos es la de 280 euros, que determina la cuantía litigiosa de la acción reclamando antigüedad.

2) Plus de peligrosidad:

   a) Anualizando el plus de peligrosidad: 12 pagas de 100 euros: 1.200 euros.

   b) Comparando esa cuantía con la cantidad reclamada por peligrosidad: 1.600 euros.

   c) La cuantía más elevada de ambos es la de 1.600 euros, que determina la cuantía litigiosa de la acción reclamando peligrosidad.

3) Se suma la cuantía de las dos acciones acumuladas: 280 euros más 1.600 euros, por lo que la cuantía litigiosa ascenderá a 1.880 euros. La sentencia no será recurrible en suplicación.

d) Interés actual y real

La valoración económica de una pretensión procesal debe hacerse sobre la base del interés actual y real de la parte, y no de un eventual interés hipotético futuro. Si una persona reclama un incremento salarial, ello implicará un aumento de sus cotizaciones a la Seguridad Social, lo que puede hacer que en el futuro su pensión de jubilación o incapacidad permanente (o la de viudedad de su cónyuge supérstite) alcancen una cuantía superior. Pero ello no puede tenerse en cuenta a efectos de la determinación de la cuantía litigiosa del pleito de reclamación salarial porque se trata de una cuestión futura e incierta. Puede suceder que nunca se lleguen a devengar esas pensiones (el trabajador fallece antes y su cónyuge se ha divorciado sin pensión compensatoria).

Tradicionalmente el TS sostenía que, cuando se reclama una cantidad concreta y además una condena de futuro, esta no puede tomarse en consideración a efectos del acceso a suplicación porque *«la condena de futuro no pasaría de ser meramente condicional al depender de la continuidad en el tiempo de hechos tan absolutamente contingentes como son la permanencia de la relación laboral y la persistencia de la situación que permite reclamar la cantidad adeudada»* (STS de 15 de junio de 2004, recurso 3049/2003).

e) Allanamiento parcial

La doctrina jurisprudencial ha diferenciado entre el allanamiento parcial y el pago parcial en la STS 343/2020, de 14 de mayo (rcud 2976/2017). Si la parte demandada reconoce adeudar parte de la cantidad reclamada, la cuantía litigiosa sigue siendo la cantidad íntegra reclamada por el actor, puesto que la estimación de la demanda conllevaría la condena a la parte demandada a su abono íntegro, aunque haya habido un allanamiento parcial (STS de 18 junio 2002, recurso 3816/2001).

El TS explica que ha estarse a una concepción amplia del término cuantía «litigiosa», que no ha de venir asimilada a cuantía controvertida, y sí a cuantía reclamada, o sea, integrante del *petitum* de la demanda [STS de 22 de enero de 2002, recurso 620/2001; 25 de septiembre de 2002, recurso 93/2002; 859/2018, de 25 de septiembre (rcud 3666/2016); y 1007/2018, de 4 de diciembre (rcud 611/2016)].

f) Pago parcial

En cambio, la mentada STS 343/2020, de 14 de mayo (rcud 2976/2017) explica que, si la parte demandada acredita que ya ha abonado al actor parte de la cantidad que reclama, la cuantía litigiosa ascenderá a la diferencia entre una y otra, porque una eventual sentencia condenatoria únicamente alcanzaría a la diferencia.

En consecuencia, hay que distinguir:

1) Si el trabajador reclama 4.000 euros al empresario y en la contestación a la demanda este reconoce que le adeuda 2.000 euros (allanamiento

parcial) pero no se los abona, la cuantía controvertida es de 2.000 euros (la diferencia entre lo reclamado por el trabajador y lo reconocido por la empresa) pero la cuantía litigiosa sigue siendo de 4.000 euros porque si se estima íntegramente la demanda, se condenará a la empresa a abonar al trabajador 4.000 euros. Por ello, la sentencia es recurrible en suplicación.

2) Por el contrario, si el trabajador reclama 4.000 euros y la empresa le abona 2.000 euros (pago parcial), en tal caso la cuantía litigiosa es solamente de 2.000 euros porque si se estima íntegramente la demanda, se condenará a la empresa a abonar al trabajador 2.000 euros (el resto ya lo ha cobrado). Por eso, la sentencia no es recurrible en suplicación.

g) Cuantía fijada en conclusiones

La cuantía litigiosa que hay que tener en cuenta a estos efectos, es la formulada en el trámite de conclusiones. La demanda debe contener la súplica. Pero en el juicio oral, tras la práctica de la prueba, las partes deben formular oralmente sus conclusiones *«determinando [...] de manera líquida [...] las cantidades que por cualquier concepto sean objeto de petición de condena»* (art. 87.4 LRJS).

El TS argumenta que es en el trámite de conclusiones cuando de manera definitiva se materializa definitivamente la acción, concretando de manera irrevocable la cuantía litigiosa, a los efectos de determinar la procedencia del recurso de suplicación [STS de 25 de junio de 2002, recurso 3218/2001; 15 de junio de 2004, recurso 3049/2003; 10 de julio de 2007, recurso 2523/2006; 1007/2018, de 4 de diciembre (rcud 611/2016, Pleno); y 343/2020, de 14 de mayo (rcud 2976/2017)].

Por consiguiente, la cuantía inicial reclamada en la demanda puede incrementarse con las que se vayan generando o devengando a lo largo del proceso y hasta el acto de juicio, sin que ello suponga una modificación de la demanda inicial: si se amplía la demanda en el juicio oral, aumentando la cantidad reclamada, deberá tenerse en cuenta esta cantidad a efectos del acceso a suplicación [STS 1007/2018, de 4 de diciembre (rcud 611/2016, Pleno) y 526/2023, de 19 de julio (rcud 2649/2020)].

h) Cuantía litigiosa de instancia, no de suplicación

La cuantía litigiosa se determina con arreglo a la solicitada en la demanda (o en conclusiones) y no con arreglo a la reclamada en suplicación [STS de 25 de septiembre de 2002, recurso 93/2002; 8 de julio de 2008, recurso 1944/2007; 11 de noviembre de 2014, recurso 384/2014; y 1007/2018, de 4 de diciembre (rcud 611/2016, Pleno)].

Por ejemplo, en la demanda el trabajador reclama 4.000 euros al empresario. La sentencia de instancia estima en parte la demanda y condena al demandado a pagarle 2.000 euros y el demandante recurre en suplicación reclamando la diferencia hasta los 4.000 euros restantes. En tal caso, la cuantía litigiosa para determinar el acceso a suplicación no se calcula sobre la base de la *summa gravaminis* (el gravamen producido por la resolución recurrida: la diferencia entre lo solicitado y la condena de instancia), que ascendería a 2.000 euros, sino que se determina sobre la base de la cuantía litigiosa en la instancia, que en ese supuesto ascendería a 4.000 euros y permitiría el acceso a suplicación.

En el ámbito de las prestaciones de la Seguridad Social, la STS de 6 de marzo de 2013, recurso 1066/2012, explica que el TSJ *«acude a la regla de la cuantía utilizando como parámetro de medición lo reconocido en la sentencia de instancia. Sobre el importe de la prestación que el Juzgado reconoce, la Sala efectúa el cálculo de la diferencia con lo que la misma actora pretende con el recurso. Es ahí donde se produce el segundo de los errores, puesto que la fijación de la cuantía a efectos de recurso de suplicación debe hacerse en todo caso en atención al objeto del litigio, el cual queda fijado en la fase de alegaciones de la parte actora, esto es, en su demanda y posterior y eventual modificación en la vista oral»*.

La STS de 11 de noviembre de 2014, recurso 384/2014, declaró la competencia funcional del TSJ para conocer del recurso de suplicación contra una sentencia dictada en un proceso en cuya demanda se había solicitado el reconocimiento de una prestación de incapacidad permanente, denegada en vía administrativa. La sentencia de instancia reconoció la prestación, aunque con la base reguladora manifestada por el INSS, y en el trámite de suplicación la cuestión debatida quedó sólo reducida al análisis de la base reguladora, cuyas diferencias en cómputo anual entre la reconocida por la sentencia del Juzgado y la reclamada en suplicación no alcanzaba el umbral cuantitativo legalmente establecido entonces para el acceso a la suplicación. El TS declaró que la sentencia de instancia era recurrible en suplicación.

Ello conduce al absurdo de que es posible que se admitan a trámite recursos de suplicación en los que el interés de la parte recurrente es de solamente un euro. Sería el supuesto en que se reclaman 10.000 euros en la instancia. La sentencia estima en parte la demanda y condena al demandado a abonarle 9.999 euros y el actor recurre en suplicación reclamando la estimación íntegra de la demanda (percibir un euro más). Supuestos tan extremos no se producen en la *praxis* forense. Pero sí que es habitual que se recurra en suplicación contra sentencias de instancia cuando el gravamen sufrido por la parte recurrente es muy inferior a los 3.000 euros.

i) Sin intereses ni recargos moratorios

El art. 192.1 LRJS establece que la cuantía litigiosa a efectos del acceso a suplicación se determina por la reclamación cuantitativa mayor *«sin intereses ni recargos por mora»*. Si se reclama una cantidad más el 10 por 100 de intereses moratorios, no deben computarse dichos intereses a efectos de determinar el montante de la cuantía litigiosa del proceso porque se trata de una «petición genérica de intereses», sin haberse efectuado «su cuantificación en la propia demanda», ni haberse especificado en ella «claramente como vencidos» [STS de 30 junio 2008, recurso 4504/2005 y 575/2023, de 20 de septiembre (rcud 4134/2020)].

j) «Anualización» de la reclamación de prestaciones de la Seguridad Social

Antes de la entrada en vigor LRJS, cuando se reclamaban prestaciones periódicas de la Seguridad Social y además se demandaban los atrasos, si el importe total de la cantidad reclamada en concepto de atrasos excedía de 1.800 euros, la sentencia era recurrible en suplicación (STS de 29 de octubre de 2004, recurso 5896/2003). Es decir, si el beneficiario consideraba que la pensión de la Seguridad Social que le había sido reconocida estaba deficientemente calculada y reclamaba el importe que consideraba ajustado a derecho (con proyección futura) y los atrasos que se le adeudaban, la sentencia era recurrible en suplicación:

a) Cuando la cantidad reclamada correspondiente a un año (que cuantifica su reclamación de futuro) superaba los 1.800 euros.

b) Alternativamente, cuando los atrasos reclamados superaban dicha cantidad.

Por tanto, si el INSS reconocía una pensión de jubilación de 1.000 euros mensuales y el beneficiario reclamaba 1.100 euros mensuales así como los atrasos de cinco años, la «anualización» de la diferencia prestacional solo alcanzaba 1.400 euros (14 pagas mensuales por 100 euros), lo que excluía el recurso. Pero desde el momento en que también reclamaba los atrasos de cinco años: la cuantía litigiosa de 7.000 euros sí que determinaba el acceso a suplicación.

La LRJS ha dejado sin efecto esta doctrina jurisprudencial. La STS 678/2016, de 19 de julio (rcud 3900/2014)[10], enjuició un pleito en que el actor había sido declarado por el INSS en situación de incapacidad permanente total derivada de enfermedad profesional con efectos económicos de 24 de enero de 1990, con derecho a percibir una pensión vitalicia en la cuantía del 55% de una base reguladora de 711,65 euros mensuales. Posteriormente pasó a percibir el incre-

10. Ponente D. Fernando Salinas Molina.

mento del 20% por razón de la edad. En el año 2012 interpuso demanda reclamando una pensión de 956 euros mensuales. La diferencia anual en doce pagas era de 2.932 euros. El TS explica que en la demanda reclamaba los atrasos económicos de cinco años.

Por consiguiente, conforme a la regla de la «anualización», la cantidad reclamada no alcanzaba los 3.000 euros. Pero si se calculaba la cuantía del litigio por los atrasos reclamados, como reclamaba cinco años de pensión, los atrasos reclamados sí que superaban los 3.000 euros.

El TS rechaza que la sentencia de instancia sea recurrible en suplicación explicando que, tras la entrada en vigor LRJS, la cual regula en su art. 192 la *«Determinación de la cuantía del proceso»*, debe matizarse la doctrina jurisprudencial preexistente:

> *«a) Ya no es dable atribuir a la reclamación de cantidad derivada de los posibles atrasos la naturaleza de pretensión separada acumulada a la principal con reglas distintas para determinar su cuantía litigiosa al existir una regla unificada que fija los exclusivos conceptos a tener en cuenta a dicho exclusivo fin de acceso al recurso, y*
>
> *b) Debe entenderse con carácter general [...] que existe una única pretensión a los fines de determinar la cuantía del proceso "computándose exclusivamente a estos fines las diferencias reclamadas sobre el importe reconocido previamente en vía administrativa" (arg. ex art. 192.4 in fine) y como la real reclamación versa "sobre prestaciones económicas periódicas de cualquier naturaleza o diferencias sobre ellas, la cuantía litigiosa a efectos de recurso vendrá determinada por el importe de la prestación básica o de las diferencias reclamadas" (en este caso, prestaciones de Seguridad Social valorables económicamente), "ambas en cómputo anual, sin tener en cuenta las actualizaciones o mejoras que pudieran serle aplicables, ni los intereses o recargos por mora" (arg. ex art. 192.3 LRJS), excluyéndose, por tanto, a los fines de la determinación de la cuantía del proceso a los concretos fines del acceso al recurso, cualquiera otras diferencias económicas que no resultaran de la exclusiva diferencia entre "el importe reconocido previamente en vía administrativa" y lo reclamado en la demanda, como las resultantes tanto de las actualizaciones o mejoras que pudieran serle aplicables a tales diferencias anuales, ni los intereses o recargos por mora, ni, en consecuencia, los posibles atrasos que normalmente incluirían conceptos como los de actualizaciones o mejoras y/o intereses o recargos por mora»* [11] (en el mismo sentido se pronuncia la STS de 9 de marzo de 2016, recurso 3559/2014).

Por consiguiente, cuando se reclama un aumento de una pensión de la Seguridad Social, la cuantía litigiosa se determina calculando la diferencia, en cómputo anual, entre la prestación reclamada en el litigio y la reconocida en la vía administrativa [art. 192.4 *in fine* LRJS, STS 150/2018, de 14 de febrero (rcud 784/2016) y 1007/2018, de 4 de diciembre (rcud 611/2016, Pleno)]. Si se reclaman atrasos de la pensión reconocida, esta reclamación es irrelevante a efectos

11. En el mismo sentido se pronuncia la STS de 31 de mayo de 2016, recurso 3180/2014.

del acceso a suplicación: se excluye la reclamación de atrasos por prestaciones de Seguridad Social para calcular la cuantía litigiosa de estos pleitos.

Por ejemplo, el INSS reconoce el derecho a percibir una pensión de jubilación de 1.200 euros mensuales desde el 1 de enero de 2015. El beneficiario reclama que la cuantía de la pensión se aumente a 1.400 euros. Como la demanda la interpone el 1 de enero de 2019, reclama también los atrasos desde el 1 de enero de 2015. En tal caso, la cuantía litigiosa a efectos del acceso a suplicación se determina conforme a la regla de la «anualización» (por su importe anual calculado conforme a la diferencia entre la pensión reconocida y la reclamada: 200 euros por 14 pagas: 2.800 euros). Además, el beneficiario está reclamando atrasos de cuatro años, cuyo importe total asciende a 11.200 euros. Pero estos atrasos no conllevan que la sentencia sea recurrible en suplicación.

Por el contrario, cuando:

1) Se reclama el incremento de la cuantía de la pensión de la Seguridad Social.

2) También se impugna la fecha de efectos económicos de la prestación, se trata de una acumulación de pretensiones. Si cualquiera de ellas alcanza los 3.000 euros, la sentencia será recurrible en suplicación.

Por ejemplo, el INSS reconoce el derecho del beneficiario a percibir una pensión de jubilación de 1.200 euros mensuales desde el 1 de abril de 2018. El trabajador reclama:

1) Que la cuantía de la pensión se aumente a 1.400 euros.

2) Que la fecha de efectos económicos de la pensión de jubilación se adelante al 1 de enero de 2018.

Se trata de dos reclamaciones distintas:

1) La cuantía de la primera (el aumento de la pensión de 1.200 a 1.400 euros) se determina por su importe anual (200 euros por 14 pagas: 2.800 euros).

2) La cuantía de la segunda (el adelanto de la fecha de efectos tres meses) se calcula por la cantidad efectivamente reclamada: solicita que le abonen 1.400 euros mensuales desde el 1 de enero de 2018 al 1 de abril de 2018 porque el INSS solo le abona la pensión desde esta última fecha.

La cuantía de esta última reclamación (tres meses con una cuantía de 1.400 euros cada uno: 4.200 euros) sí que alcanza los 3.000 euros, por lo que la sentencia sí que será recurrible en suplicación.

La razón es porque, si un beneficiario de una pensión de la Seguridad Social solamente impugna la fecha de efectos económicos de la pensión, en tal caso la cuantía litigiosa se calculará conforme al contenido económico de la pretensión.

En el ejemplo anterior, si el beneficiario está conforme con la cuantía de la pensión de jubilación fijada por la Seguridad Social, de 1.200 euros mensuales, y solo reclama la fecha de efectos económicos de la pensión (solicita que se le abone desde tres meses antes que la fecha fijada por el INSS) en tal caso, la cuantía litigiosa será de tres mensualidades de pensión de 1.200 euros cada una (3.600 euros) y la sentencia será recurrible en suplicación.

Si además de reclamar estos tres meses de pensión, reclama un incremento de la pensión, la acumulación de pretensiones no puede dejar sin efecto la recurribilidad de la sentencia. Si una de ambas pretensiones: la derivada de la fecha de efectos o de la regla de la anualización, alcanza los 3.000 euros, la sentencia será recurrible en suplicación.

El TS ha explicado esta diferencia de criterio entre las reclamaciones laborales (para las que no rige la citada regla de exclusión de la reclamación de atrasos) y de prestaciones de Seguridad Social argumentando que *«[e]n materia de prestaciones de seguridad social, la resolución administrativa que se impugna judicialmente viene otorgando unos efectos económicos por medio de los cuales se está identificando el inicio del pago de la prestación reclamada, por lo que pueden ser retroactivos respecto de la fecha en que se emite la resolución objeto de la respectiva demanda. Por ello, cuando en dicha resolución administrativa se incluyen atrasos, tan solo se está indicando el día inicial del pago [...]Si realmente lo que se está impugnando en vía judicial es exclusivamente esa resolución administrativa no deja de ser una demanda de reconocimiento de derechos y, por ello, el criterio de la anualidad que se aplica para determinar la cuantía, sin más añadidos, lo es porque lo que se cuestiona es la resolución en todo su contenido»* [STS 1007/2018, de 4 de diciembre (rcud 611/2016, Pleno)][12].

k) Impugnación de actos administrativos en materia laboral y de Seguridad Social

Las reglas son las siguientes (art. 192.4 LRJS):

a) En la impugnación de actos administrativos en materia laboral y de Seguridad Social se atiende al contenido económico de la pretensión o del acto objeto del proceso y, en su caso, en cómputo anual.

---

12. Esta STS contiene un voto particular, suscrito por D. Antonio V. Sempere, en el que considera que el *«mandato anualizador no vale solo para prestaciones de Seguridad Social [...] sino que también abarca las "reclamaciones de reconocimiento de derechos, siempre que tengan traducción económica"».*

Hemos explicado que la STS 392/2017, de 4 de mayo (rcud 3209/2015), sostiene que la cuantía litigiosa de los procesos en los que se impugna la extinción de una prestación de desempleo por sanción no se calcula conforme a la regla de la anualización sino atendiendo al completo alcance prestacional. En el mismo sentido se han pronunciado las STS 507/2018, de 11 de mayo (rcud 1800/2016, Pleno); 956/2023, de 8 de noviembre (rcud 3553/2020); 588/2021, de 1 de junio (rcud 4275/2018); 52/2021, de 19 de enero (rcud 3478/2017); y 730/2024, de 23 de mayo (rcud 1599/2021).

Así, si se impugna la extinción del subsidio por desempleo para mayores de 52 años, como quiera que su duración se prolonga hasta que el beneficiario alcance la edad ordinaria exigida para tener derecho a la pensión contributiva de jubilación, se calculará la cuantía litigiosa sumando el importe total del subsidio por desempleo que hubiera percibido si no se hubiera extinguido.

b) Cuando se reclama un derecho, la cuantía se calcula por el valor económico de lo reclamado o por la diferencia respecto de lo reconocido en la vía administrativa, sin intereses ni recargos por mora.

c) Cuando se solicita la anulación de un acto se atiende a su contenido económico, sin intereses o recargos por mora.

La doctrina de los TSJ sostiene que, a efectos del recurso de suplicación contra sanciones administrativas, solamente debe tenerse en cuenta el importe pecuniario de la multa impuesta como sanción principal y no la cuantía de las consecuencias accesorias de la misma. Además de la multa, la infracción puede conllevar la pérdida de ayudas, bonificaciones y en general, beneficios asociados a los programas de empleo. Los TSJ argumentan que se trata de sanciones accesorias a la sanción principal, siendo esta, y no aquellas, la que determina el contenido principal a los efectos de delimitar el objeto del recurso para decidir su admisibilidad por dos razones:

1) El art. 191.3.g) LRJS contiene una dicción literal disyuntiva, esto es, cabe recurso de suplicación en procesos de impugnación de actos administrativos en materia laboral, «*cuando no sean susceptibles de valoración económica o cuando la cuantía litigiosa exceda de 18.000 euros*». Esto es, si se puede determinar económicamente, entonces el contenido de acto administrativo ya no es indeterminado.

2) El art. 192.4 LRJS, al regular la determinación de la cuantía en el proceso, establece: «*en impugnación de actos administrativos en materia laboral y de Seguridad Social se atenderá, a efectos de recurso, al contenido económico de la pretensión o del acto objeto del proceso cuando sea susceptible de tal valoración y, en su caso, en cómputo anual*».

El TSJ explica que esta norma no hace mención alguna al hecho de que, junto a la valoración económica del acto, en este caso la sanción, deban considerarse también los aspectos accesorios necesariamente vinculados. La tesis contraria conduciría a que todos los casos de sanciones administrativas que llevan aparejadas automáticamente consecuencias accesorias no evaluables, serían susceptibles de recurso, lo que no se deriva de la dicción literal, ni de la finalidad de la norma. Estas consecuencias sancionadoras accesorias pueden concretarse en la práctica de muy diversa forma, según que se hayan hechos efectivos o no los beneficios a los que se refiere. Es posible que, en un proceso de impugnación de sanción administrativa, se cuestione de manera autónoma ya no solo la principal, sino alguna de las sanciones accesorias, por su significación en el caso, y ello implique la necesidad de delimitar su objeto y significación económica de manera autónoma. Fuera de dichos supuestos, deberá atenderse a la cuantía de la sanción principal (STSJ de Castilla-La Mancha de 19 de abril de 2.018, recurso 470/2017 y 24 de julio de 2018, recurso 1022/2017)[13].

2. AUTOS DICTADOS POR JUZGADOS DE LO SOCIAL

A diferencia de las sentencias dictadas por los Juzgados de lo Social, respecto de las cuales el art. 191.1 LRJS establece que son recurribles en suplicación salvo las excepciones que a continuación enumera, con los autos sucede lo contrario. Los autos dictados por los Juzgados de lo Social únicamente son recurribles en suplicación en los supuestos taxativamente establecidos por la ley.

Por tanto, la regla general es que las sentencias dictadas por los Juzgados de lo Social son recurribles en suplicación, salvo que la LRJS disponga lo contrario. En cambio, los autos dictados por los Juzgados de lo Social solo son susceptibles de suplicación cuando así se dispone expresamente.

Por esa razón, el TSJ de Castilla-La Mancha inadmitió el recurso de suplicación contra un auto dictado por un Juzgado de lo Social acordando una medida cautelar. El SEPE había solicitado una medida cautelar consistente en la suspensión del derecho que tenía reconocido el demandado a percibir el subsidio por desempleo. El demandado recurrió contra el auto acordando dicha medida. El TSJ argumentó que la LRJS no contempla posibilidad de que la medida cautelar adoptada por el juzgador de instancia sea recurrible en suplicación, sin perjuicio de que la sentencia que se dicte en el procedimiento pueda ser recurrida. El Tribunal niega que lo dispuesto en relación con la ejecución provisional pueda ser aplicado analógicamente a las medidas cautelares, pues es clara la

13. Estas STSJ de Castilla-La Mancha de 19 de abril de 2.018, recurso 470/2017 y 24 de julio de 2018, recurso 1022/2017, citan la sentencia de la Sala Contencioso-administrativa del TS de 14 de marzo de 2013, recurso 5669/2009: «*la cuantía del recurso de casación viene determinada por el importe de la sanción pecuniaria y no resulta modificada por la imposición de una sanción de amonestación cuando esta última se acuerda como accesoria a la de multa pues siendo accesoria de una sanción principal no puede modificar las reglas de recurribilidad*».

sustancial diferente naturaleza de una y otra resolución, ya que la medida cautelar se establece para asegurar la efectividad de una posible sentencia que aún no se ha dictado, mientras que la ejecución provisional se dirige a dar cumplimiento a una resolución judicial ya dictada pero que ha sido objeto de recurso. En todo caso, tampoco respecto de la ejecución provisional cabe recurso de suplicación en cualquier supuesto, sino única y excepcionalmente cuando se hubieran excedido los límites materiales de la misma o se hubiera declarado la falta de jurisdicción o competencia del orden social (STSJ de Castilla-La Mancha de 24 de enero de 2018, recurso 4/2017)[14].

La estructura del recurso de suplicación interpuesto contra los autos debe ajustarse a los apartados a), b) y c) del art. 193 LRJS, combatiendo respectivamente las infracciones procesales, los errores de hecho y las infracciones sustantivas del auto impugnado. Debe examinarse la corrección procesal, fáctica y jurídico-sustantiva de la actuación del juez de instancia, lo que configura un recurso de suplicación contra los autos fundado en los mismos motivos que el recurso de suplicación contra las sentencias: en los tres únicos motivos de suplicación previstos en la LRJS.

La dificultad puede radicar en que, en principio, los autos no tienen un apartado específico intitulado: «hechos probados». Pero ello no excluye que los autos que no resuelvan controversias meramente procesales tengan hechos probados materiales, incluidos en un apartado específico o en sus fundamentos jurídicos, los cuales se deben impugnar con los motivos suplicacionales amparados en el apartado b) del art. 13 LRJS.

Lo mismo sucede con las sentencias del orden civil o contencioso-administrativo, que no tienen un apartado denominado «hechos probados» pero sí que contienen hechos probados materiales.

A) FALTA DE JURISDICCIÓN Y DE COMPETENCIA INTERNACIONAL, MATERIAL, OBJETIVA, TERRITORIAL O FUNCIONAL

El art. 5 LRJS, inspirado en razones de economía procesal, permite que el Juzgado de lo Social, acto seguido de la presentación de la demanda, dicte auto declarando la falta de jurisdicción o la incompetencia internacional, material, territorial o funcional, previa audiencia de las partes y del Ministerio Fiscal. Debe incluirse la falta de competencia objetiva.

Si el auto declara la incompetencia, cabe interponer recurso de reposición y, contra el auto resolutorio de este, se puede recurrir en suplicación. El recurso de suplicación únicamente se puede interponer contra el auto de declaración de incompetencia, pero no contra el que declare la competencia, porque esta decla-

14. En el mismo sentido se pronunció la STSJ de la Comunidad Valenciana de 29 de diciembre de 2014, recurso 1821/2014.

ración defiere hasta la sentencia el definitivo pronunciamiento que deba recaer (STS de 16 de diciembre de 1996, recurso 746/1996).

Es necesario que se interponga previo recurso de reposición. La STSJ de Castilla y León con sede en Burgos n.º 123/2007, de 22 febrero, declaró la nulidad de actuaciones de instancia por la omisión del recurso de reposición previa frente a un auto del Juzgado de lo Social declarándose incompetente por razón de la materia.

Puede suceder que este auto no se dicte inmediatamente después de presentarse la demanda sino en un momento posterior, antes del juicio oral pero después de que se hayan practicado algunas diligencias judiciales, en cuyo caso el recurso de suplicación es igualmente admisible.

El TS declaró la procedencia del recurso de suplicación contra un auto resolutorio de un recurso de reposición interpuesto en proceso especial de ejecución de jura de cuentas, argumentando que la decisión del Juzgado que denegó la admisión de la demanda de jura de cuentas se había apoyado principalmente en su falta de competencia objetiva al respecto, supuesto que permitía el acceso a suplicación al amparo del art. 189.4 LPL [su regulación se recoge en el art. 191.4.a) de la vigente LRJS][STS (Pleno) de 3 de noviembre de 2004, recursos 4522/03 y 3209/03; y 7 diciembre 2004, recurso 4520/2003].

B) TERMINACIÓN ANTICIPADA DEL PROCESO

La LPL no preveía el recurso de suplicación contra los autos que suponían la terminación anticipada del proceso. La única vía para dejar sin efecto dichos autos era el recurso de amparo ante el TC, con la demora que ello suponía y la sobrecarga de trabajo para el Alto Tribunal.

La LRJS, con mejor técnica jurídica, ha subsanado esta omisión. Cabe el recurso de suplicación contra los autos que resuelvan el recurso de reposición o revisión contra la resolución que disponga la terminación anticipada del proceso en los siguientes supuestos:

a) Satisfacción extraprocesal o pérdida sobrevenida de objeto

El art. 22 LEC, intitulado: *«Terminación del proceso por satisfacción extraprocesal o carencia sobrevenida de objeto [...]»*, dispone:

> *«1. Cuando, por circunstancias sobrevenidas a la demanda y a la reconvención, dejare de haber interés legítimo en obtener la tutela judicial pretendida, porque se hayan satisfecho, fuera del proceso, las pretensiones del actor y, en su caso, del demandado reconviniente o por cualquier otra causa, se pondrá de manifiesto esta circunstancia y, si hubiere acuerdo de las partes, se decretará por el Letrado de la Administración de Justicia la terminación del proceso, sin que proceda condena en costas».*

Las partes procesales comunican al Juzgado que ya no tienen interés legítimo en el litigio, por ejemplo, porque el actor ha visto satisfecha su pretensión. El LAJ dicta decreto acordando la terminación del proceso. Contra dicho decreto cabe interponer recurso directo de revisión y, contra el auto resolviendo este, se puede recurrir en suplicación.

b) Falta de subsanación de los defectos advertidos en la demanda

El art. 81 LRJS prevé un trámite de subsanación de la demanda. Si la parte actora no la subsana, el Juez dictará auto inadmitiendo la demanda. Contra dicho auto cabe interponer recurso de reposición y, contra el auto denegándolo, recurso de suplicación siempre que, por la caducidad de la acción o de la instancia o por otra causa legal, no fuera jurídicamente posible la reproducción ulterior de la acción. Esta última exigencia la examinamos en el siguiente epígrafe.

c) Incomparecencia al juicio oral

Al igual que en el anterior caso, el acceso a suplicación solo es posible cuando, por la caducidad de la acción o de la instancia o por otra causa legal, no fuera jurídicamente posible la reproducción ulterior de la acción.

La STS 277/2024, de 13 de febrero (rcud 2326/2022), negó el recurso de suplicación contra un auto que había tenido por desistido al trabajador por su incomparecencia al acto de conciliación y juicio. La razón era porque no había ninguna causa legal que impidiera la ulterior reproducción de la demanda. El TS explicó que el auto recurrido había condenado indebidamente al trabajador a abonar las costas de la parte contraria. Pero se trataba de un pronunciamiento accesorio que no altera la regla general que excluía el recurso.

Así, en una demanda de despido, si se dicta auto acordando la terminación anticipada del proceso por incomparecencia injustificada del actor al plenario, el trabajador no podrá reproducir la demanda en un nuevo proceso porque la acción de despido está sujeta al plazo de caducidad de 20 días. Por ello, ese auto tendrá acceso a suplicación, previo recurso de reposición.

Por el contrario, en una demanda de reclamación de cantidad, el trabajador sí que podrá reproducir la acción con una nueva demanda porque la primera reclamación judicial interrumpe el plazo de prescripción de la acción. En tal caso, no tiene sentido que la parte actora recurra en suplicación contra el auto de terminación del proceso, con la demora y el coste que supone dicho recurso extraordinario, cuando puede obtener la satisfacción de su interés legítimo interponiendo una nueva demanda con idéntico contenido. Por ello, se excluye el recurso de suplicación en este segundo supuesto.

El art. 237 LEC, intitulado: «*caducidad de la instancia*», dispone:

> «*1. Se tendrán por abandonadas las instancias y recursos en toda clase de pleitos si, pese al impulso de oficio de las actuaciones, no se produce actividad procesal alguna en el plazo de dos años, cuando el pleito se hallare en primera instancia [...]*».

La caducidad de la instancia se debe a la inactividad de las partes procesales. Su fundamento radica en que la litispendencia no puede prolongarse indefinidamente, so pena de perjudicar la seguridad jurídica. Afecta a todos los grados del proceso y despliega sus efectos sobre la fase procedimental en la que se encuentre, provocando la extinción del procedimiento.

Si debido a la caducidad de la instancia, no es posible reproducir la demanda en un nuevo proceso, el auto acordando la terminación anticipada del proceso se podrá recurrir en suplicación, previo recurso de reposición.

C) EJECUCIÓN DE SENTENCIA U OTROS TÍTULOS

La admisión del recurso de suplicación contra los autos dictados en ejecución de sentencia u otro título ejecutivo exige los siguientes requisitos:

a) El título ejecutado debe tener acceso a suplicación

Es preciso que se haya dictado sentencia que sea susceptible de recurso de suplicación o que la ejecución derive de otro título recaído en asunto en el que, de haber dado lugar a sentencia, la misma hubiere sido recurrible en suplicación.

Si la sentencia dictada en la fase de cognición no tiene acceso a suplicación, los autos dictados en la fase de ejecución tampoco (STS de 21 noviembre 2005, recurso 2648/2001 y 21 febrero 2008, recurso 1555/2007)[15].

También puede interponerse recurso de suplicación cuando el auto se haya dictado en ejecución de los títulos siguientes:

1) Lo acordado en conciliación o mediación preprocesal o judicial (art. 68.1 LRJS y STS de 16 de marzo de 1995, recurso 2969/1994 y 11 de julio de 1996, recurso 3719/1995).

15. Las STS de 21 noviembre 2005, recurso 2648/2001 y 21 febrero 2008, recurso 1555/2007, declararon la improcedencia de sendos recursos de suplicación contra autos dictados en ejecución de sentencia por no ser esta recurrible, puesto que se trataba de la modalidad procesal de modificación sustancial de las condiciones de trabajo.
Las STS 25 de febrero de 2016, recurso 3721/2014 y 10 de enero de 2017, recurso 2684/2015, no admitieron el recurso de suplicación contra autos dictados en ejecución de sentencia sobre impugnación de alta médica.

2) Los laudos arbitrales del art. 68.2 LRJS:

   a) Laudos arbitrales, individuales o colectivos, dictados por el órgano que pueda constituirse mediante los acuerdos interprofesionales y los convenios colectivos del art. 83 ET.

   b) Laudos arbitrales establecidos por acuerdos de interés profesional de los TRADE.

   c) Laudos arbitrales recaídos en materia electoral.

   d) Laudos arbitrales que pongan fin a la huelga o a conflictos colectivos.

   e) Laudos arbitrales cuyo conocimiento corresponda al orden social, exclusivamente en los concretos pronunciamientos de condena que por su naturaleza sean susceptibles de dicha ejecución y salvo los pronunciamientos que tengan eficacia normativa o interpretativa.

3) El auto dictado en el proceso monitorio [art. 101.g) LRJS].

4) La transacción judicial o el acuerdo alcanzado en el proceso (art. 518 LEC).

El recurso de suplicación contra el auto dictado en ejecución de estos títulos solo procede si, en caso de que hubiera habido un pleito que hubiera terminado por sentencia, esta resolución hubiera sido recurrible en suplicación.

Por ejemplo, si la cantidad reclamada por el trabajador es superior a 3.000 euros y se alcanza un acuerdo en conciliación judicial o extrajudicial, el auto dictado en ejecución de ese título será recurrible en suplicación.

Por el contrario, si la cantidad reclamada es inferior a 3.000 euros, el auto dictado en ejecución del acuerdo alcanzado en conciliación no será recurrible en suplicación.

Puede suceder que el trabajador reclame más de 3.000 euros pero en la conciliación o mediación se acuerde que el empresario le abone una cantidad inferior. Debe aplicarse la analogía con lo que sucede con las sentencias. Si el trabajador interpone demanda reclamando 4.000 euros y en la sentencia se condena al pago de una cantidad inferior, la sentencia será recurrible en suplicación, al igual que los autos ejecutándola.

En consecuencia, si el trabajador reclama al empresario 4.000 euros y en la conciliación o mediación se acuerda que el empresario le abone una cantidad inferior, en principio el auto dictado en ejecución de dicha conciliación o transacción sí que tendrá acceso a suplicación. Debemos diferenciar:

1) Acuerdo alcanzado en la conciliación procesal ante el LAJ: si el trabajador formula demanda reclamando 4.000 euros y en la conciliación judicial se pacta el abono de una cantidad inferior, como la cantidad que determina el acceso al recurso es la reclamada por el trabajador en la demanda, el auto dictado en ejecución de dicho título sí que tendría acceso a suplicación.

2) Acuerdo alcanzado en la conciliación o mediación preprocesal: debemos llegar a la misma solución en los casos en que el trabajador reclama 4.000 euros pero no llega a formular demanda porque se alcanza el acuerdo en un momento anterior: en la conciliación o mediación preprocesal.

b) Recurso de reposición o revisión previo

El recurso de suplicación no se interpone directamente contra el auto que ejecuta la sentencia sino contra el auto resolutorio del recurso de reposición interpuesto contra el mismo, o contra el auto que resuelve el recurso directo de revisión contra el decreto del LAJ.

La omisión del previo recurso de reposición es un defecto subsanable. El TS sostiene que, cuando no se ha ofrecido previo recurso de reposición contra el auto dictado en ejecución de sentencia, procede declarar la nulidad de las actuaciones de instancia, a fin de que se advierta a las partes que contra el citado auto procede recurso de reposición, por tratarse de una norma de orden público procesal [STS de 5 de marzo de 2008, recurso 369/2007; 17 de junio de 2010, recurso 3733/2009; y 1306/2023, de 26 de diciembre (rcud 156/202)].

En el mismo sentido se han pronunciado algunos TSJ, los cuales han acordado la reposición de las actuaciones de instancia por la omisión del recurso de reposición previa frente a un auto del Juzgado de lo Social dictado en ejecución de sentencia (STSJ de Castilla-La Mancha n.º 1124/2003, de 3 junio y de Asturias de 22 de marzo de 2016, recurso 2776/2015), mientras que otros han declarado la improcedencia de un recurso de suplicación contra un auto dictado en ejecución de sentencia porque no se había interpuesto previo recurso de reposición (STSJ de Castilla y León con sede en Valladolid de 9 de mayo de 2005, recurso 302/2005).

La STS de 21 de enero de 1999, recurso 3222/1998, admitió el recurso de suplicación contra el auto resolutorio de un recurso de reposición contra una providencia dictada en ejecución de sentencia que acordaba despachar ejecución para el cumplimiento íntegro de la cantidad a la que fue condenado. El TS explica que el recurso de suplicación procede en los supuestos en que hubiera debido dictarse un auto y se dictó erróneamente una providencia porque se debe atender al contenido material de la resolución y no a su forma. El TS invocó el art.

24 CE y la doctrina antiformalista del TC contenida en las sentencias n.º 103/1984, 124/1997, y 168/1998, relativas a decisiones de inadmisión de un recurso basadas exclusivamente en el *nomen iuris* del medio de impugnación utilizado o en interpretaciones judiciales excesivamente rigoristas, por formalista y desproporcionada.

c) Autos recurribles

Es preciso que concurra uno de los supuestos siguientes:

i. Autos denegando el despacho de ejecución

El TS ha admitido el recurso de suplicación contra un auto que resuelve un recurso de reposición confirmando el auto de un Juzgado de lo Social que, en trámite de ejecución, decide que la acción ejecutiva está prescrita, argumentando que deniega la ejecución (STS de 22 de septiembre de 2016, recurso 1119/2015).

ii. Autos resolviendo puntos sustanciales no controvertidos en el pleito, no decididos en la sentencia o que contradigan lo ejecutoriado

Son tres supuestos distintos:

1) El auto resuelve puntos sustanciales no controvertidos en el pleito.

2) El auto resuelve puntos sustanciales no decididos en la sentencia.

3) El auto contradice lo ejecutoriado.

Históricamente se consideró que se trataba de un recurso especial de ejecución de sentencia que protegía la intangibilidad del fallo que estaba en fase de realización efectiva, lo que conllevaba que este recurso tuviera un ámbito muy limitado. Es decir, el objeto de este recurso se limitaba a garantizar que el auto dictado en ejecución de sentencia se acomodaba a la sentencia que se estaba ejecutando (STS de 13 de febrero de 1990 y 20 de julio de 1990).

Posteriormente, el TS realizó una interpretación más amplia, considerando factible interponer recurso de suplicación contra los autos dictados en ejecución de sentencia cuando resuelvan cuestiones nuevas de carácter sustancial no decididas o contenidas en el título ejecutivo: cuando el juez ejecutor afronta y resuelve una cuestión que, en cuanto no debatida ni decidida en el título, es nueva en el apremio (STS de 11 de mayo de 2006, recurso 4158/2004 y 30 de abril de 2007, recurso 1002/2006).

El TS ha declarado que cabe interponer recurso de suplicación contra los autos dictados en ejecución de sentencias firmes de despido en los que se decide sobre las siguientes materias:

1) La tercería de dominio (STS 27 de diciembre de 1999, recurso 3724/1998; y 23 de abril de 2013, recurso 1783/2012) y la tercería de mejor derecho (STS de 7 de abril de 1998, recurso 1822/1997 y STSJ de Cataluña n.º 3998/2005, de 3 mayo).

Si la sentencia que se está ejecutando se limita a condenar a una empresa a abonar una cantidad al trabajador y en ejecución de la misma se embarga un inmueble de dicha empresa, formulándose una tercería de dominio por parte de un tercero que afirma ser propietario de dicho bien, el auto resolutorio de esta tercería no contradice la sentencia que se ejecuta, porque se trata de una cuestión novedosa, suscitada por primera vez en ejecución. Pero al tratarse de un «*punto sustancial no controvertido en el pleito*», dicho auto será recurrible en reposición y contra el auto resolutorio de la misma, cabrá interponer recurso de suplicación.

2) La liquidación de intereses: «*si la obligación de satisfacer intereses hasta la total ejecución de la sentencia, se integra por imperativo legal en el contenido del fallo, la impugnación fundada en el incumplimiento de la regla de los preceptos 4 y 5 del art. 921 de la anterior LEC (hoy artículo 576 de la vigente LEC), está, en principio, comprendido en uno de los motivos que [...] determina la recurribilidad en suplicación de las resoluciones dictadas en ejecución de sentencia, pues lo que se reprocha a la resolución de ejecución es el desconocimiento de un pronunciamiento que ha de entenderse implícito en el fallo y sobre el que se resuelve por primera vez en ejecución sin que se haya controvertido en el pleito principal*» [STS de 6 de noviembre de 1993; 17 de marzo de 1997, recurso 752/96; 22 de junio de 1998, recurso 3457/97; 10 de febrero de 1999, recurso 1360/98; 19 marzo 2007, recurso 3631/2005; y 1005/2023, de 28 de noviembre (rcud 2936/2022)].

3) El embargo de la subvención que una tercera entidad ajena al procedimiento habría de abonar al ejecutado [STS 740/2023, de 11 de octubre (rcud 1044/2021)].

El TSJ de Andalucía con sede en Málaga admitió el recurso de suplicación contra un auto que había desestimado el recurso interpuesto contra otra resolución anterior que había desestimado la solicitud de ampliación de ejecución realizada por los trabajadores ejecutantes de una sentencia de despido. El tribunal argumentó que el auto combatido se ajustaba a lo previsto en el art. 191.4.d) LRJS (STSJ de Andalucía con sede en Málaga de 1 de marzo de 2017, recurso 1492/2016).

Por el contrario, se ha inadmitido el recurso de suplicación en los supuestos siguientes:

1) Las cuestiones no sustanciales suscitadas en ejecución de sentencia, como los honorarios de abogado, no tienen acceso a suplicación [STS de 30 de mayo de 1996, recurso 3832/1995; 16 de marzo de 2004, recurso 3689/2003; 28 de febrero de 2008, recurso 1217/2007; 3 de junio de 2008, recurso 3051/2006; 3 de junio de 2008, recurso 3051/2006; 25 de junio de 2008, recurso 4190/2006; y 801/2024, de 30 de mayo (rcud 3574/2022)].

La STS de 3 junio 2008, recurso 3051/2006, argumenta que la cuestión relativa a los honorarios de letrado en la fase de ejecución de sentencia firme, es ajena a la fase de conocimiento y decisión del pleito, por ser exclusivo de aquella. No está comprendido en ninguno de los supuestos enumerados en el art. 189.2 LPL. Se trata de una cuestión que solo afecta a los derechos económicos de un profesional del Derecho, y a su retribución como consecuencia de la actividad profesional desarrollada, lo que es «accesorio» respecto del fondo litigioso, por lo que no afecta a «puntos sustanciales» del pleito.

2) El TS también inadmitió el recurso de suplicación contra un auto dictado en ejecución definitiva de una sentencia que acordaba el embargo de un plan de pensiones. El TS argumentó que no concurría ninguno de los supuestos en los que, conforme al artículo 191.4 de la LPL, procedía el recurso de suplicación contra los autos dictados en reposición en ejecución de sentencia, porque ni denegaba el despacho de la ejecución, ni resolvía puntos sustanciales no resueltos en el pleito, sino que se limitaba a ejecutar en sus propios términos lo acordado en la sentencia condenatoria que se ejecutaba ante el incumplimiento por el deudor de su obligación de pago, acordándose el embargo [STS 852/2018, de 20 de septiembre (rcud 4065/2016)].

3) El TS inadmitió el recurso de suplicación contra un auto que decidió despachar ejecución definitiva por el importe de la condena establecida en sentencia, acordando el fraccionamiento del pago de la deuda en un plazo de dos años [STS 227/2019, de 19 de marzo (rcud 2771/2017)]. La citada STS confirmó la STSJ de Andalucía con sede en Málaga que había inadmitido el recurso de suplicación contra el auto dictado en ejecución de sentencia acordando el aplazamiento de la ejecución. El TSJ había argumentado que el citado auto carecía de la relevancia y novedad imprescindibles para que puedan ser examinados en ese medio de impugnación (STSJ de Andalucía con sede en Málaga de 21 de junio de 2017, recurso 835/2017).

iii. Autos resolviendo procedimientos incidentales en la ejecución

Se trata de un supuesto que no estaba recogido en la LPL de 1995, lo que no impidió que los autos resolutorios de las cuestiones incidentales suscitadas en ejecución de sentencia tuvieran acceso a suplicación, por ejemplo, en materia de tercerías de dominio o de mejor derecho. El TS interpretó el art. 191.4.d).2.º LPL 1995, que permitía el recurso de suplicación contra los autos de ejecución *«[c]uando resuelvan puntos sustanciales no controvertidos en el pleito, no decididos en la sentencia o que contradigan lo ejecutoriado»*, en el sentido de que incluía las citadas cuestiones incidentales.

La LRJS ha incluido una mención expresa a dichos incidentes. Un supuesto típico es el incidente de no readmisión en la ejecución de los procesos por despido (arts. 280 y 281 LRJS). Contra el auto resolviendo el incidente de no readmisión cabe interponer recurso de reposición. Y contra el auto resolviendo el recurso de reposición cabe recurrir en suplicación.

iv. Autos dictados en ejecución provisional

La LRJS permite por primera vez el recurso de suplicación contra autos dictados en ejecución provisional de sentencia. Respecto del recurso de casación ordinario, el TS ha negado que pueda instarse la ejecución provisional de los restantes títulos ejecutivos distintos de la sentencia: *«La ejecución provisional está vinculada a la existencia de una sentencia recurrida [...] los restantes títulos ejecutivos que la LRJS regula, incluso los laudos arbitrales, no son susceptibles de ejecución provisional, pues, tras su constitución, de ser impugnados debe seguirse un proceso declarativo separado en el que, en su caso, podrán instarse medidas cautelares para garantizar la viabilidad futura de la sentencia que se dicte (art. 79 LRJS), pero no la ejecución provisional»* [STS 611/2016, de 5 de julio (rec. 177/2015)].

El art. 191.4.d).4.º LRJS regula el recurso de suplicación. El art. 304.3 LRJS regula las normas comunes a la ejecución provisional. Ambos preceptos limitan el recurso de suplicación contra los autos dictados en ejecución provisional a los siguientes supuestos: *«cuando en el auto se adopte materialmente una decisión comprendida fuera de los límites de la ejecución provisional o se declare la falta de jurisdicción o competencia del orden jurisdiccional social»*.

Es necesaria la previa interposición de recurso de reposición contra el auto dictado por el Juez de lo Social o de recurso directo de revisión contra el decreto del LAJ y solo cabe el recurso de suplicación en dos casos:

a) Si el Juzgado ha excedido materialmente los límites de la misma ejecución provisional.

b) Si declara la falta de jurisdicción o competencia del orden social.

La ejecución provisional en el recurso de casación ordinario [art. 206.4.c) LRJS] tiene una regulación idéntica a la del recurso de suplicación. Por ello, la doctrina jurisprudencial que admite el recurso de casación ordinario contra los autos de ejecución provisional dictados por los TSJ y la Audiencia Nacional, es aplicable a la ejecución provisional en el recurso extraordinario de suplicación.

El TS ha considerado recurrible en casación ordinaria el auto dictado en ejecución provisional de una sentencia de conflicto colectivo que condenaba a una Comunidad Autónoma a convocar y resolver el turno de ascenso de unos trabajadores. El Alto Tribunal explica que, como la parte recurrente cuestiona la competencia del orden jurisdiccional social para conocer de este proceso de ejecución provisional, el supuesto cabe encuadrarlo entre las excepciones en las que es dable acceder al recurso de casación ordinario: art. 304.3 LRJS en relación con el art. 206.4.c) LRJS [STS 611/2016, de 5 de julio (rec. 177/2015)].

El TS rechazó que pudiera interponerse recurso de casación ordinario contra un auto de ejecución provisional dictado por un TSJ en el que acordaba la readmisión de un trabajador que había sido objeto de un despido, argumentando que *«el auto de ejecución provisional no adoptó una decisión fuera de los límites de la ejecución provisional y, por lo tanto, contra el referido auto de reposición no cabía recurso de casación»* (STS de 10 de noviembre de 2015, recurso 337/2014).

La STS 1150/2023, de 12 de diciembre (rcud 75/2023) denegó el recurso de suplicación contra un auto dictado en el incidente de ejecución provisional de una sentencia que había declarado la improcedencia de despido. El auto declaró que se había producido la subrogación del demandante por una empresa y le requería a esta para que le repusiera en su puesto de trabajo y le abonase el salario. Caso de no hacerlo, se dictaría auto despachando ejecución. El TS argumentó que el auto dictado en ejecución provisional se movía dentro de los límites materiales de la ejecución provisional,

El TSJ de Cataluña ha inadmitido el recurso de suplicación contra el auto que resolvió el recurso de reposición contra el auto dictado por un Juzgado de lo Social excluyendo de la ejecución provisional a una empresa por hallarse en situación de concurso de acreedores, manteniendo la ejecución provisional frente al resto de las empresas condenadas. El TSJ argumenta que el art. 304.3 LRJS limita el acceso a suplicación en ejecución provisional a esos supuestos: cuando en el auto se adopte materialmente una decisión comprendida fuera de los términos de la ejecución provisional y cuando se declare la falta de jurisdicción o competencia del orden jurisdiccional social. El TSJ sostuvo que el auto combatido no estaba incluido en ninguno de los citados supuestos porque ni se había declarado *«la falta de jurisdicción o competencia del orden social»,* ni se habían excedido materialmente los límites de la ejecución. Ello significa que se rebase el campo de actuación de la ejecución provisional adoptando decisiones que no son propias de dicho procedimiento, lo que tampoco sucedió en el caso enjuiciado, en el que se había acordado la ejecución en los términos y límites previstos en el art. 289 LRJS con cargo a las cantidades consignadas (STSJ de Cataluña de 3 de noviembre de 2016, recurso 5301/2016).

3. AUTOS DICTADOS POR JUZGADOS DE LO MERCANTIL

A) AUTOS RECURRIBLES

El art. 191 LRJS establece cuáles son las resoluciones recurribles en suplicación, diferenciando:

1) Al referirse a los Juzgados de lo Social describe taxativamente qué sentencias y autos son recurribles en suplicación y cuáles no.

2) Por el contrario, respecto de los Juzgados de lo Mercantil, el art. 191.4.b) LRJS dispone que pueden recurrirse en suplicación «*[l]os autos y sentencias que se dicten por los Juzgados de lo Mercantil en el proceso concursal en cuestiones de carácter laboral. En dichas resoluciones deberán consignarse expresamente y por separado, los hechos que se estimen probados*».

Conforme al tenor literal de dicho precepto, todo auto o sentencia dictado por un Juzgado de lo Mercantil en materia laboral sería recurrible en suplicación, con independencia de su materia o cuantía, a diferencia de lo que sucede con los Juzgados de lo Social.

Sin embargo, el TSJ de la Comunidad Valenciana realizó una interpretación correctora de esa norma, argumentando que ello conduciría al absurdo de entender que incluso las resoluciones de trámite serían susceptibles de recurso de suplicación (STSJ de la Comunidad Valenciana de 3 de mayo de 2018, recurso 889/2018). En el caso enjuiciado, se recurría un auto de un Juzgado de lo Mercantil que acordaba admitir a trámite la solicitud de extinción colectiva de contratos de trabajo que había acordado la administración concursal al amparo del art. 64 de la derogada Ley 22/2003, de 9 de julio, Concursal. El TSJ argumentó que la suplicación es un recurso extraordinario cuya admisión está limitada respecto a concretas resoluciones. El tribunal invocó el art. 187.5 LRJS, que dispone: «*Contra el auto resolutorio del recurso de reposición no se dará nuevo recurso, salvo en los supuestos expresamente establecidos en la presente Ley [...]*». El TSJ acudió a la Ley Concursal de 2003, cuyo art. 64 solo regulaba el recurso de suplicación contra las resoluciones que autorizaban o denegaban estas medidas colectivas, no contra las resoluciones que admitían a trámite la solicitud de dichas medidas.

La Ley 22/2003, de 9 de julio, Concursal fue derogada por el Real Decreto Legislativo 1/2020, de 5 de mayo, por el que se aprueba el Texto Refundido de la Ley Concursal. Esta norma regula el recurso de suplicación en sus arts. 551.1 y 621.5.

a) Autos del art. 551 LC

El art. 75 de la LOPJ atribuye a las Salas de lo Social de los TSJ la competencia para conocer los recursos de suplicación *«contra las resoluciones de las Secciones de lo Mercantil de los Tribunales de Instancia de la comunidad autónoma en materia laboral, y las que resuelvan los incidentes concursales que versen sobre la misma materia»*.

El art. 551 de la vigente Ley Concursal dispone que se puede interponer recurso de suplicación:

1) Contra los autos del juez del concurso que decidan sobre la modificación sustancial de las condiciones de trabajo, el traslado, el despido, la suspensión de contratos o la reducción de jornada, por causas económicas, técnicas, organizativas o de producción que, conforme a la ley, tengan carácter colectivo.

2) Contra las sentencias que resuelvan incidentes concursales relativos a acciones sociales cuyo conocimiento corresponda al juez del concurso.

Estos procedimientos colectivos se resuelven por auto, contra el que cabe interponer recurso de suplicación.

b) Autos que inadmiten la demanda incidental que impugna la inclusión en la extinción colectiva

Durante la vigencia de la Ley Concursal de 2003, el TSJ de Cataluña admitió el recurso de suplicación contra el auto del Juzgado de lo Mercantil que había inadmitido la demanda incidental interpuesta un trabajador que impugnaba su inclusión en una extinción colectiva al amparo del art. 64 de la Ley Concursal de 2003 (Auto del TSJ de Cataluña de 14 de noviembre de 2016, recurso 50/2016). La razón es que no se trata de una resolución interlocutoria sino que impide definitivamente que se examine la pretensión del actor.

B) LEGITIMACIÓN

El recurso de suplicación contra los citados autos del art. 551.1 de la Ley Concursal solo pueden interponerlo los sujetos indicados en el apartado 2 de ese precepto: *«La legitimación para recurrir el auto indicado en el apartado anterior corresponde a la administración concursal, al concursado, a los trabajadores a través de sus representantes y al Fondo de Garantía Salarial, así como, en caso de declaración de la existencia de grupo laboral de empresas, a aquellas entidades que lo integren»*.

No pueden interponerlo los trabajadores individuales. El TSJ de Navarra negó que se produjera una desigualdad respecto del despido colectivo regulado en el 124.13 LRJS porque en este no existe control judicial de la negociación, ni aprobación judicial de la decisión patronal, lo que sí acontece en el procedimiento concursal, donde es el Juez Mercantil quien aprueba el acuerdo o decide la medidas a adoptar, existiendo una clara intervención judicial en todo el proceso (STSJ de Navarra de 9 de febrero de 2017, recurso 18/2017)[16]. Los trabajadores afectados solo pueden impugnar aquella decisión mediante demandas incidentales: el incidente concursal en materia laboral regulado en el art. 541 de la Ley Concursal.

C) TRAMITACIÓN

La tramitación del recurso de suplicación contra una resolución de un Juzgado de lo Mercantil sigue las reglas generales. El art. 191.4.b) LRJS establece que en estas resoluciones deberán consignarse expresamente y por separado, los hechos que se estimen probados. Las actuaciones que normalmente lleva a cabo el Juzgado de lo Social, las realiza en este supuesto el Juzgado de lo Mercantil. No es necesario interponer previo recurso de reposición porque ni la LRJS ni la Ley Concursal lo exigen. El recurso de suplicación no tiene efectos suspensivos.

4. SENTENCIAS DICTADAS POR JUZGADOS DE LO MERCANTIL

A) SENTENCIAS DICTADAS EN EL INCIDENTE CONCURSAL EN MATERIA LABORAL PROMOVIDO POR EL TRABAJADOR INDIVIDUAL

El art. 541 de la Ley Concursal regula el incidente concursal en materia laboral, que puede tener por objeto tanto medidas colectivas como individuales:

1) Colectivas: modificación sustancial de las condiciones de trabajo, traslado, despido, suspensión de contratos y reducción de jornada por causas económicas, técnicas, organizativas o de producción que, conforme a la ley, tengan carácter colectivo.

2) Individuales: extinción o suspensión acordada por la administración concursal de los contratos del personal de alta dirección.

El trabajador individual afectado por estas medidas puede promover un incidente concursal en materia laboral que finaliza por sentencia dictada por el Juz-

16. En el mismo sentido se han pronunciado las STSJ de Aragón de 15 de octubre de 2014, recurso 542/2014; TSJ de Castilla y León con sede en Valladolid de 23 de marzo de 2011, recurso 125/2011; 19 de octubre de 2011, recurso 1259/2011; 4 de julio de 2012, recurso 617/2012; 16 de diciembre de 2015, recurso 1539/2015; del TSJ de Cataluña de 13 de mayo de 2011, recurso 772/2011 y 15 de octubre de 2012, recurso 4357/2012; TSJ de Extremadura de 22 de mayo de 2014, recurso 190/2014; TSJ de Galicia de 24 de septiembre de 2014, recurso 2245/2014.

gado de lo Mercantil, la cual es recurrible en suplicación (arts. 551.1 y 621.5 de la Ley Concursal). Los TSJ de Andalucía con sede en Málaga y Castilla y León, interpretando la Ley Concursal de 2003, argumentaron que las acciones que los trabajadores o el FOGASA puedan ejercer contra el auto se limitaban a las cuestiones que se referían estrictamente a la relación jurídica individual (STSJ de Andalucía con sede en Málaga de 16 de enero de 2014, recurso 1517/2013 y TSJ de Castilla y León con sede en Valladolid de 16 de diciembre de 2015, recurso 1539/2015).

B) SENTENCIAS DICTADAS EN EL INCIDENTE CONCURSAL EN MATERIA LABORAL PROMOVIDO POR EL PERSONAL DE ALTA DIRECCIÓN

Respecto de los altos directivos, no se exige el requisito de que se trate de una medida colectiva. Por ello, la suspensión o extinción del contrato de un único trabajador, que sea alto directivo, será competencia del Juez del concurso y, si el alto directivo promueve un incidente concursal impugnando la decisión de la administración concursal, la sentencia que lo resuelva será recurrible en suplicación (art. 621.5 de la Ley Concursal).

VIII

Trámites del recurso

SUMARIO: 1. ANUNCIO DEL RECURSO DE SUPLICACIÓN. *A) Plazo. B) Forma.* 2. DEPÓSITO. *A) Fundamento constitucional del depósito. B) Plazo. C) Sujetos exentos y obligados a constituir el depósito.* a) Beneficiarios de justicia gratuita sin necesidad de acreditar insuficiencia de ingresos. b) Beneficiarios de justicia gratuita si acreditan insuficiencia de recursos. c) Entidades que no gozan del beneficio de justicia gratuita, pero están exentas del depósito y de la consignación. d) Sujetos obligados a depositar. *D) Constitución del depósito. E) Destino del depósito.* 3. CONSIGNACIÓN O ASEGURAMIENTO DE LA CONDENA. *A) Fundamento constitucional de la consignación. B) Sujetos obligados a consignar.* a) Condena solidaria. *C) Objeto de la consignación.* a) Sentencia condenatoria al pago de cantidad líquida. b) Sentencias de despido. i. Despido improcedente. ii. Despido nulo. iii. Salarios de tramitación. iv. Despido de trabajador temporal. v. Despido de trabajador fijo discontinuo. vi. Sociedad cooperativa. vii. Despido colectivo nulo. c) Sentencia colectiva. d) Auto. *D) Aseguramiento mediante aval. E) Hipoteca. F) Incumplimiento de la obligación de consignar o asegurar. G) Destino de la consignación o aseguramiento. H) Sentencias en materia de Seguridad Social: ingreso del capital importe de la prestación.* a) Fundamento constitucional. b) Objeto del ingreso. c) Sujetos obligados y exentos. i. Entidades públicas. ii. Beneficiarios de justicia gratuita. d) Procedimiento de ingreso del capital. e) Prohibición de aval. f) Entidades Gestoras: certificación acreditativa del abono de la prestación. g) Incumplimiento de la obligación de ingresar el capital importe de la prestación o de presentar la certificación. 4. ADMISIÓN, INADMISIÓN O SUBSANACIÓN DEL ANUNCIO DEL RECURSO DE SUPLICACIÓN. *A) Admisión del anuncio del recurso. B) Inadmisión del anuncio del recurso. C) Subsanación del anuncio del recurso.* 5. INTERPOSICIÓN DEL RECURSO DE SUPLICACIÓN. 6. IMPUGNACIÓN DEL RECURSO DE SUPLICACIÓN. 7. SUBSANACIÓN DE DEFECTOS. 8. RECEPCIÓN DE LOS AUTOS POR EL TSJ. 9. TRÁMITE DE INADMISIÓN DEL RECURSO DE SUPLICACIÓN. 10. ACUMULACIÓN DE RECURSOS DE SUPLICACIÓN. *A) No es una facultad discrecional. B) Requisitos. C) Procedimiento.* 11. SUSPENSIÓN DEL RECURSO DE SUPLICACIÓN. 12. APORTACIÓN DE DOCUMENTOS EN SUPLICACIÓN. *A) Requisitos de la aportación documental. B) Órgano judicial ante el que se tiene que presentar. C) Periodo de tiempo de presentación del documento o escrito. D) Interrupción del trámite . E) Audiencia de la contraparte. F) Resolución del incidente. G) Efectos de la admisión de los documentos.* 13. COSTAS. *A) Parte vencida. B) Que no goza del beneficio de justicia gratuita.* a) Sujetos exentos. b) Sujetos obligados. *C) Conceptos incluidos. D) Conflicto colectivo. E) Inadmisión del recurso y desestimiento.* a) Inadmisión del recurso. b) Desistimiento. *F) Mala fe, temeridad o dilación.* 14. SENTENCIA DE SUPLICACIÓN.

1. ANUNCIO DEL RECURSO DE SUPLICACIÓN

A) PLAZO

El plazo para anunciar el recurso de suplicación es de cinco días hábiles. Se trata de un plazo perentorio e improrrogable cuyo cómputo se inicia el día siguiente al de la notificación de la sentencia o de su aclaración o de la denegación de esta (art. 448.2 LEC).

La presentación de un escrito solicitando la aclaración de sentencia no interrumpe el plazo para interponer un recurso cuando la solicitud de aclaración resulte objetivamente improcedente e inútil para el fin perseguido, con lo que no sirve —por tratarse en realidad de un recurso inexistente— para interrumpir o alargar el plazo para recurrir (STC n.º 84/1994)[1].

Cuando la comunicación se realiza telemáticamente, las notificaciones a las partes se tendrán por realizadas el día siguiente a la fecha de recepción que conste en la diligencia o en el resguardo acreditativo de su recepción (arts. 60.3 LRJS y 151.2 LEC).

El Acuerdo no jurisdiccional del Pleno de la Sala Social del Tribunal Supremo de 6 de julio de 2016 diferencia:

> *«A) Cuando haya constancia de la correcta remisión del acto de comunicación y transcurran tres días hábiles sin que el destinatario acceda a su contenido, se entenderá que la comunicación ha sido efectuada con plenos efectos procesales. En este caso los plazos para desarrollar actuaciones impugnatorias comenzarán a computarse desde el día siguiente al tercero, todos ellos hábiles.*
>
> *B) Si se accede al contenido el día de su remisión o durante los tres días hábiles posteriores, la notificación se entiende realizada al día siguiente de dicho acceso. De este modo, si se accede el día tercero, la notificación se entiende realizada el cuarto día hábil y los plazos comienzan a computar desde el quinto».*

---

1. La STSJ de Extremadura de 22 de noviembre de 2018, recurso 636/2018, negó que el escrito de aclaración de sentencia (rectificación de errores) presentado ante el Juzgado de lo Social tuviera virtualidad a efectos de ampliar el plazo para anunciar el recurso de suplicación porque *«[l]o que se pretendió en el procedimiento actual a través del escrito de rectificación que se presentó fue, no corregir ningún error material, sino variar la valoración de la prueba efectuada por el Magistrado autor de la sentencia, así como el sentido del fallo. Tal solicitud de rectificación, que excede claramente la finalidad legalmente prevista para tal trámite, no puede suponer una interrupción de los plazos para formular recurso de suplicación».*

Por tanto, si se remite telemáticamente la notificación judicial y no consta que el destinatario haya accedido a su contenido, se considera efectuada la comunicación una vez transcurridos tres días hábiles desde la remisión. Por el contrario, si el destinatario accede al contenido dentro de los citados días, la notificación se considera realizada el día siguiente al acceso. A título de ejemplo:

1) Si la notificación se remite el día 1 de febrero, lunes, y el Abogado no accede a su contenido, la notificación se entiende realizada el día 3 de febrero y el primer día del plazo para preparar o interponer el recurso de suplicación será el 4 de febrero.

2) Si la notificación se remite el día 1 de febrero, lunes, y el Abogado accede a su contenido el tercer día (el 3 de febrero), la notificación se entiende hecha el 4 de febrero y el primer día del plazo para preparar o interponer el recurso será el 5 de febrero.

El TC ha declarado conforme a la CE el art. 152.2 LEC, el cual distingue entre los actos de comunicación por medios electrónicos y los avisos informativos a los profesionales de la justicia, de forma que la omisión del aviso informativo a dicho profesional no priva de validez al acto de comunicación [STC (Pleno) n.º 6/2019, de 17 de enero].

El escrito formalizando el recurso de suplicación se podrá presentar antes de las 15 horas del día siguiente al vencimiento del plazo legal (arts. 45 LRJS y 135.1 LEC).

El TS sostiene que *«[l]os escritos procesales han de presentarse en las dependencias judiciales competentes para su recepción, sin que puedan las partes decidir a su conveniencia el lugar de presentación de los escritos, consecuencia de ello es la preclusión de los plazos legales cuando los escritos se presentan ante órganos judiciales o en lugares inadecuados. Ni siquiera interrumpe el plazo la presentación de escritos ante un órgano judicial distinto al que resulte competente para conocer del escrito correspondiente»* (STS de 8 de noviembre de 1994, recurso 3992/1992 y autos del TS de 21 de diciembre de 2017, queja 55/2017; 15 de marzo de 2018, queja 91/2017; 18 de octubre de 2018, queja 19/2018; y 9 de septiembre de 2024, queja 15/2024).

La doctrina jurisprudencial explica que, *«si bien es factible la presentación del escrito en lugar diverso, ello comporta que deba tener entrada oficial en su lugar de destino antes de que haya transcurrido el plazo para recurrir»* (autos del TS de 19 de septiembre de 2017, queja 31/2017; 25 de enero de 2018, queja 81/2017; 12 de noviembre de 2019, queja 44/2019; y 9 de septiembre de 2024, queja 15/2024).

El TS niega que sean lugares idóneos para dichas presentaciones las oficinas de correos ni otras sedes distintas del Juzgado o Tribunal al que se dirijan, de modo que, de no efectuarse así, la consecuencia será que no se entenderán presentados hasta que tengan entrada en el registro del correspondiente Tribunal

Social (auto del TS 25 de septiembre de 2013, recurso 61/2013). En ningún caso se admitirá la presentación de escritos dirigidos al orden social en el juzgado que preste el servicio de guardia (art. 45.2 LRJS).

B) FORMA

El anuncio del recurso de suplicación puede ser oral, al notificarse la resolución impugnada (una sentencia oral) o en comparecencia judicial, o por escrito dirigido al mismo Juzgado de lo Social que dictó la resolución recurrida (art. 194 LRJS). El anuncio puede realizarlo el abogado que asistió a la parte en el juicio, aunque no tuviera otorgada la representación (auto del TSJ de Madrid n.º 5/2008, de 13 febrero).

No es necesario incluir argumentación alguna, ni firma de letrado o graduado social. Se debe identificar correctamente la resolución que se pretende impugnar y manifestar la declaración de voluntad de recurrir en suplicación.

El anuncio del recurso de suplicación debe acompañarse del nombramiento del abogado o graduado social que va a formalizarlo y, en su caso, del depósito de 300 euros y de la consignación o aseguramiento de la cantidad objeto de condena.

El nombramiento de letrado o de graduado social se hace ante el Juzgado en el momento de anunciar el recurso de suplicación, pudiendo hacerse esta designación por comparecencia o por escrito (art. 231 LRJS). Si el recurrente intervino sin abogado en la instancia y no hace designación expresa de letrado, si es trabajador o empresario que goce del beneficio de justicia gratuita, se le nombrará de oficio por el Juzgado (art. 231.1 LRJS; auto del TSJ de Madrid n.º 5/2008, de 13 febrero).

2. DEPÓSITO

Con la finalidad de disuadir al litigante temerario y al que únicamente pretende dilatar el proceso, el recurrente debe constituir un depósito de 300 euros para recurrir en suplicación. Cuando son varios recurrentes, cada uno debe efectuar su correspondiente depósito (auto del TS 14 de octubre de 1999, recurso 2228/1999). Si el recurso es de queja, el depósito es de 30 euros y si es el de reposición o revisión contra las resoluciones del LAJ, de 25 euros.

A) FUNDAMENTO CONSTITUCIONAL DEL DEPÓSITO

La STC 53/1983 y el auto del TC 219/2002 sostienen que el depósito para recurrir en suplicación es una medida tendente a asegurar la seriedad de los recursos de corte extraordinario o reprimir la contumacia del litigante vencido, imponiendo una moderada carga que no afecta al contenido esencial del derecho. El TC hace hincapié en los argumentos siguientes:

1) Se trata de una carga económica moderada y completada por un sistema de exención que comprende a todos los trabajadores y a los empresarios cuando gocen del beneficio legal de pobreza.

2) Es un recurso extraordinario. El TC concluye que no se vulnera el derecho a la tutela jurisdiccional y añade que se trata de un requisito subsanable.

B) PLAZO

En cuanto al plazo del depósito, debe efectuarse en el plazo de anuncio del recurso de suplicación. El art. 229.1 LRJS establece: «*Todo el que [...] anuncie recurso de suplicación [...] consignará como depósito*».

Si el recurso se anuncia con la mera manifestación en el momento de la notificación de la sentencia o antes de finalizar el plazo máximo de cinco días, el depósito puede hacerse posteriormente, con tal de que se realice dentro de plazo: hasta la expiración del plazo establecido para el anuncio del recurso, debiendo en este último caso acreditar dichos extremos dentro del mismo plazo ante la oficina judicial mediante los justificantes correspondientes (art. 230.3 LRJS).

La consignación puede realizarse durante las primeras quince horas del día posterior al último del plazo. El art. 45 LRJS, que permite presentar escritos hasta las quince horas del día siguiente a la finalización del plazo, es aplicable a la consignación de la cantidad objeto de condena porque se trata de un requisito accesorio respecto de la obligación principal [STS 818/2018, de 12 de septiembre (rcud 607/2017)].

En un caso en el que la asistencia jurídica gratuita se había pedido cuando ya se había superado con creces el plazo de cinco días para consignar la cantidad objeto de condena o bien para pedir la exención de dicha carga legal, el TSJ de Asturias negó que la solicitud del beneficio de justicia gratuita suspendiera el plazo para consignar (auto del TSJ de Asturias de 16 de mayo de 2018, recurso 889/2018)[2]. En realidad, no se trataba de un caso de suspensión del plazo porque la suspensión exige que el plazo no haya precluido. Se trató de un supuesto en el que la solicitud de asistencia jurídica gratuita se presentó cuando ya había

2. En el supuesto examinado en este auto del TSJ de Asturias de 16 de mayo de 2018, recurso 889/2018, la sentencia de instancia se había notificado a esta parte procesal el día 2 de febrero de 2018. El plazo para consignar o para justificar la exención expiró el día 9 de febrero de 2018. La parte solicitó la suspensión del plazo el día 9 de febrero en tanto se resolvía la solicitud de asistencia jurídica gratuita que afirmaba haber instado en dicha fecha. Sin embargo, no fue hasta el día 2 de marzo cuando efectivamente realizó tal solicitud. El TSJ argumentó que la empresa había superado en exceso el plazo de los 5 días para consignar la cantidad objeto de condena o bien la exención de dicha carga legal.

precluido el plazo legal para consignar la cantidad objeto de condena o solicitar la exención, sin que dicha solicitud pueda reabrir un plazo que ya ha finalizado.

El art. 16 de la Ley 1/1996, de 10 de enero, de asistencia jurídica gratuita, establece como regla general que *«[l]a solicitud de reconocimiento del derecho a la asistencia jurídica gratuita no suspenderá el curso del proceso»*. A continuación, permite la suspensión del proceso para evitar que el transcurso de los plazos pueda provocar la preclusión de un trámite o la indefensión de cualquiera de las partes, *«siempre que la solicitud del derecho se hubiera formulado en los plazos establecidos en las leyes procesales o administrativas»*.

Tampoco suspende el plazo de consignación la interposición de recurso de amparo ante el TC (auto del TSJ de Madrid de 12 de diciembre de 2012, recurso 3569/2012).

C) SUJETOS EXENTOS Y OBLIGADOS A CONSTITUIR EL DEPÓSITO

La determinación de los sujetos exentos de constituir el depósito requiere aplicar las siguientes normas:

1) El art. 229 LRJS.

2) El art. 6.5 (relativo a la exención del pago de depósitos necesarios para la interposición de recursos), el art. 2 (que reconoce el derecho a la asistencia jurídica gratuita) y la disposición adicional segunda de la Ley 1/1996, de asistencia jurídica gratuita.

3) El art. 12 de la Ley 52/1997, de 27 noviembre, que regula el régimen de la asistencia jurídica al Estado e Instituciones públicas.

El art. 229.1 LRJS se refiere exclusivamente a la obligación de constituir depósito. Por el contrario, el art. 229.4 LRJS se refiere tanto a la obligación de constituir depósito como de consignar.

a) Beneficiarios de justicia gratuita sin necesidad de acreditar insuficiencia de ingresos

No están obligados a constituir este depósito por disfrutar del beneficio de justicia gratuita con independencia de sus ingresos:

1) El trabajador, el beneficiario de la Seguridad Social, el funcionario y el personal estatutario (o sus causahabientes)

En sentido estricto, la exención no se concede a quien es trabajador, beneficiario, funcionario o personal estatutario, sino a quien litiga en concepto de trabajador o beneficiario. Así, si una persona interpone una demanda de despido o de reconocimiento de la condición de trabajador por cuenta ajena, aunque la sentencia de suplicación aprecie la incompetencia por razón de la materia, por considerar que no se trata de un trabajador del art. 1.1 del ET, no se le imponen las costas del recurso porque ha litigado en concepto de trabajador por cuenta ajena, aunque finalmente se ha demostrado que no lo era (STS de 4 de diciembre de 2013, recurso 2673/2012).

Los funcionarios y el personal estatutario en su actuación ante el orden jurisdiccional social como empleados públicos gozarán del derecho a la asistencia jurídica gratuita en los mismos términos que los trabajadores y beneficiarios del sistema de Seguridad Social (art. 21.5 LRJS).

2) Las Entidades Gestoras y Servicios Comunes de la Seguridad Social, en todo caso: INSS, Ingesa, Imserso, TGSS e Instituto Social de la Marina.

Por el contrario, los servicios de salud autonómicos (Servicio Madrileño de Salud, Osasunbidea, Servicio Andaluz de Salud...) no gozan del beneficio de justicia gratuita, a pesar de que gestionan prestaciones de la Seguridad Social (la asistencia sanitaria). En efecto, la doctrina jurisprudencial, dictada en pleitos en los que un servicio de salud autonómico había intervenido como empleador, deja sin efecto la doctrina anterior que les atribuía el beneficio de justicia gratuita, argumentando:

a) El art. 2 de la Ley de Justicia Gratuita ha sufrido varias reformas legislativas, que no han modificado su apartado b), en el que se reconoce el beneficio de justicia gratuita a las Entidades Gestoras.

b) Sí que ha variado la regulación de las entidades obligadas a prestar la sanidad pública. Las Comunidades Autónomas han creado diferentes Servicios de Salud, adoptando distintas formas jurídicas mixtas, pero no son entidades gestoras.

c) Solo son entidades gestoras las enumeradas en los arts. 66 y 67 de la LGSS.

d) El art. 59.3 LGSS de 1994 fue derogado por la Ley de Justicia Gratuita para incorporarlo al art. 2 de la misma, sin que esa disposición haya experimentado modificación posterior, lo que evidencia que sólo son entidades gestoras con derecho a justifica gratuita las reseñadas en el artículo 66 y no los entes públicos de derecho privado, ni otros organismos autónomos que administran derechos ajenos a las prestaciones del sistema de seguridad social.

Por ello, no son entidades gestoras de la Seguridad Social que gocen del beneficio de justifica gratuita las entidades públicas de derecho privado y demás organismos administrativos creados por las Comunidades Autónomas para cumplir con las obligaciones de asistencia sanitaria porque tienen una naturaleza jurídica distinta *«y en la materia, costas por actuaciones en procesos judiciales, les resultan de aplicación las mismas reglas que al Estado y demás Administraciones y entidades públicas»* [STS 850/2018, de 20 de septiembre (rcud 56/2017, Pleno); 912/2021, de 21 de septiembre (rcud 3063/2018); y 15/2024, de 8 de enero (rcud 1367/2022), entre otras]. En consecuencia, sí que se imponen las costas de suplicación a los servicios públicos de salud.

En los pleitos sobre reconocimiento del grado de discapacidad, el TS ha rectificado su doctrina, que eximía del pago de las costas a las Comunidades Autónomas. La STS 663/2024, de 7 de mayo (rcud 1356/2023) condenó al pago de las costas por el criterio del vencimiento a la Junta de Andalucía que había acordado extinguir una pensión de jubilación no contributiva por superar el límite de recursos legalmente previsto. El TS argumentó que *«las entidades gestoras de la seguridad social son las únicas que tienen reconocida la justicia gratuita y éstas se identifican con las que el legislador ha señalado y denominado como tal, no siendo posible que se otorgue la misma condición a otros organismos aunque actúan en el mismo marco competencial que aquellas, por virtud de los servicios transferidos, y aunque lo sea en materia que, en parte, pueda estar conectada con el sistema de prestaciones de seguridad social».*

En el mismo sentido se pronunciaron las STS 973/2022, de 20 de diciembre (rcud 3007/2019); 177/2024, de 29 de enero (rcud 1392/2021); y 626/2024, de 20 de abril (rcud 5065/2022), entre otras.

3) El Servicio Público de Empleo Estatal

La doctrina jurisprudencial ha sostenido que el INEM/SEPE tiene la condición de Entidad Gestora de la Seguridad Social, gozando por tanto del beneficio de asistencia jurídica gratuita por disposición expresa del art. 2.b) de la Ley 1/1996 [STS de 21 marzo 2001, recurso 530/2000; 21 de febrero de 2000, recurso 328/1999; 1126/2023, de 12 de diciembre (rcud 943/2022); 1137/2023, de 12 de diciembre (rcud 2827/2022); y 594/2024, de 26 de abril (rcud 4093/2021), entre otras].

4) Los sindicatos

La STS (Pleno) de 11 de mayo de 2014, recurso 3323/2014, diferencia:

a) Cuando los sindicatos ejercitan un interés colectivo en defensa de los trabajadores y beneficiarios de la Seguridad Social, están exentos de costas. El sindicato actúa en el ejercicio de su función constitucional de defensa de los intereses generales de los trabajadores, otorgándoles el mismo trato procesal que a sus representados.

b) Cuando el sindicato actúa en el proceso como un empleador que litiga en su propio interés, se le imponen las costas.

En el mismo sentido se han pronunciado las STS 1009/2018, 4 de diciembre de 2018 (rcud 4553/2017) y 889/2022, de 3 de noviembre (rcud 1958/2019).

El art. 2.g) de la Ley de asistencia jurídica gratuita establece que, *«en el ámbito concursal, los sindicatos estarán exentos de efectuar depósitos y consignaciones en todas sus actuaciones y gozarán del beneficio legal de justicia gratuita cuando ejerciten un interés colectivo en defensa de las personas trabajadoras y beneficiarias de la Seguridad Social»*. Esta exención de depósitos y consignaciones y la justicia gratuita alcanza a los recursos de suplicación interpuestos por los sindicatos contra los autos y sentencias de los Juzgados de lo Mercantil en materia laboral siempre que ejerciten un interés colectivo.

5) Las siguientes partes procesales [art. 2.h) de la Ley 1/1996]:

a) Las víctimas de violencia de género, de terrorismo y de trata de seres humanos en aquellos procesos que tengan vinculación, deriven o sean consecuencia de su condición de víctimas.

b) Las personas con discapacidad necesitadas de especial protección cuando sean víctimas de delitos de homicidio, de lesiones de los arts. 149 y 150 CP, en el delito de maltrato habitual previsto en el art. 173.2 CP, en los delitos contra la libertad, en los delitos contra la libertad sexual y en los delitos de trata de seres humanos.

c) Las mujeres y personas menores de edad que sean víctimas de los delitos contra la libertad sexual previstos en el título VIII del libro II del Código Penal, los delitos de mutilación genital femenina, matrimonio forzado y acoso con connotación sexual.

6) Las víctimas de accidentes graves que reclamen la indemnización

Se reconoce el derecho de asistencia jurídica gratuita a quienes a causa de un accidente acrediten secuelas permanentes que les impidan totalmente la realización de las tareas de su ocupación laboral o profesional habitual y requieran la ayuda de otras personas para realizar las actividades más esenciales de la vida diaria, cuando el objeto del litigio sea la reclamación de indemnización por los daños personales y morales sufridos [art. 2.i) de la Ley 1/1996].

7) La Cruz Roja Española; las Asociaciones de Consumidores y Usuarios, en los términos previstos en la ley que las regula; las asociaciones de utilidad pública que tengan como fin la promoción y defensa de los derechos de las personas con discapacidad (disposición adicional segunda de la Ley 1/1996); y las asociaciones que tengan como fin la promoción y defensa de los derechos de las víctimas del terrorismo, señaladas en la Ley 29/2011, de 22 de septiembre, de reconocimiento y protección integral a las víctimas del terrorismo [art. 2.j) de la Ley 1/1996].

b) Beneficiarios de justicia gratuita si acreditan insuficiencia de recursos

Si acreditan insuficiencia de recursos tienen derecho al beneficio de justicia gratuita:

1) Las personas físicas que no son trabajadores ni beneficiarios de la Seguridad Social

Deben concurrir los requisitos siguientes:

a) Ser personas físicas.

b) Carecer de patrimonio suficiente.

c) Contar con unos recursos e ingresos económicos brutos, computados anualmente por todos los conceptos y por unidad familiar, que no superen los siguientes umbrales (art. 3 de la Ley de Asistencia Jurídica Gratuita):

— Dos veces el indicador público de renta de efectos múltiples (IPREM) vigente en el momento de efectuar la solicitud cuando se trate de personas no integradas en ninguna unidad familiar.

— Dos veces y media el IPREM vigente en el momento de efectuar la solicitud cuando se trate de personas integradas en alguna de las modalidades de unidad familiar con menos de cuatro miembros.

— El triple del IPREM cuando se trate de unidades familiares integradas por cuatro o más miembros o que tengan reconocida su condición de familia numerosa de acuerdo con la normativa vigente.

2) Las siguientes personas jurídicas cuando acrediten insuficiencia de recursos para litigar:

a) Asociaciones de utilidad pública previstas en el artículo 32 de la Ley Orgánica 1/2002, Reguladora del Derecho de Asociación.

b) Fundaciones inscritas en el Registro Público correspondiente. La STS 390/2022, de 27 de abril (rcud 2575/2020) denegó la justicia gratuita a la Fundación Pública Andaluza Ingreso y Salud porque no había acreditado insuficiencia de recursos para litigar.

Dicha insuficiencia concurre cuando, careciendo de patrimonio suficiente, el resultado contable de la entidad en cómputo anual fuese inferior a la cantidad equivalente al triple del IPREM.

c) En el ámbito concursal, las microempresas.

El art. 2.g) de la Ley de asistencia jurídica gratuita reconoce el derecho a la asistencia gratuita en el ámbito concursal, para todos los trámites del procedimiento especial, a los deudores personas físicas o jurídicas que tengan la consideración de microempresa en los términos establecidos en la Ley Concursal, a los que resulte de aplicación el procedimiento especial previsto en su libro tercero, siempre que acrediten insuficiencia de recursos para litigar.

El libro tercero de la Ley Concursal regula un procedimiento especial para microempresas: las que han empleado durante el año anterior a la solicitud una media de menos de diez trabajadores y tienen un volumen de negocio anual inferior a 750.000 euros o un pasivo inferior a 350.000 euros.

c) Entidades que no gozan del beneficio de justicia gratuita, pero están exentas del depósito y de la consignación

Se incluyen el Estado, las Comunidades Autónomas, las entidades locales, las entidades de derecho público con personalidad jurídica propia vinculadas o dependientes de los mismos (el FOGASA), así como las entidades de derecho público reguladas por su normativa específica y los órganos constitucionales (art. 229.4 LRJS y art. 12 de la Ley 52/1997).

La STS 448/2022, de 17 de mayo (rcud 98/2021) declaró que la exención contenida en el art. 12 de la Ley 52/1997, de la obligación de constituir depósitos, cauciones, consignaciones o cualquier otro tipo de garantía previsto en las leyes, era aplicable a las Universidades Públicas.

La doctrina de suplicación negó que una fundación municipal tuviera que efectuar el depósito o la consignación (STSJ de Castilla y León con sede en Valladolid n.º 734/2005, de 16 mayo).

Esta exención de la consignación o aseguramiento a las entidades públicas es un privilegio procesal debido a que, por su naturaleza, aun cuando no consignen la cantidad objeto de condena, está garantizada la ejecución de la sentencia si esta resulta confirmada.

d) Sujetos obligados a depositar

El TS ha exigido el depósito y la consignación a las sociedades mercantiles públicas: sociedades con forma de sociedad anónima, de responsabilidad limitada o similar, que se rigen por entero por el ordenamiento privado pero que están controladas por una Administración u organismo público, pudiendo ser estatales, autonómicas o locales: Correos y Telégrafos SA, la Corporación RTVE... Tienen que consignar porque, sean o no sector público, lo que no son nunca es Administración, únicas exentas de consignar (auto del TS de 6 de abril de 2016, recurso 47/2015). La doctrina de suplicación también ha exigido el depósito o la consignación a una sociedad mercantil municipal (STSJ de Cataluña de 4 de octubre de 2018, recurso 3539/2018).

Lo mismo sucede con las empresas concursadas. Reiterados pronunciamientos del TS sostienen que la situación de concurso no exime a la empresa de la preceptiva consignación porque dicha situación concursal no es equiparable a la insolvencia, ni siquiera cuando hay falta de liquidez: de la misma forma que los administradores judiciales pueden autorizar el pago de facturas o de los salarios de quienes continúan trabajando, también podrían efectuar consignaciones en metálico o mediante aval bancario solidario o, en último extremo, a través, en su caso, de la autorización del Juez mercantil para enajenar o gravar los bienes y derechos que integran la masa activa del concursado (autos del TS de 7 de junio de 2011, recurso 21/2011; 7 de noviembre de 2011, recurso 24/2011; 26 de julio de 2012, recurso 9/2012; 13 de septiembre de 2012, recurso 30/2012; y 3 de diciembre de 2015, recurso 98/2014).

Como excepción, el art. 2.g) de la Ley de asistencia jurídica gratuita reconoce el derecho a la asistencia gratuita en el ámbito concursal a las microempresas siempre que acrediten insuficiencia de recursos para litigar. Ese precepto también exime de efectuar depósitos y consignaciones a los sindicatos en el ámbito concursal, cuando ejerciten un interés colectivo en defensa de las personas trabajadoras y beneficiarias de la Seguridad Social.

D) CONSTITUCIÓN DEL DEPÓSITO

El depósito necesariamente debe hacerse en metálico, no siendo admisible que se sustituya por un aval. Debe constituirse en la cuenta de depósitos y consignaciones del Juzgado de lo Social en la entidad bancaria que se señale en la notificación de la resolución que se pretende impugnar en suplicación (art. 229.2 LRJS). El Real Decreto 467/2006, de 21 abril, regula los depósitos y consignaciones judiciales en metálico, de efectos o valores. El LAJ debe verificar en la cuenta la realización del ingreso, debiendo constar en el procedimiento dicha actuación (art. 229.2 LRJS).

Cuando se recurre un auto, no una sentencia, dicho depósito es igualmente exigible porque no existen respecto del depósito normas semejantes a las de la consignación. El art. 245.1 LRJS excluye la obligación de consignar la condena respecto de los autos dictados en ejecución de sentencia. Y el art. 230.1 LRJS impone la consignación de la cantidad respecto de *«la sentencia impugnada»*, por lo que no es exigible respecto de los autos. Por el contrario, ningún precepto LRJS excluye a los autos del depósito para recurrir en suplicación.

Por consiguiente, para recurrir en suplicación un auto es necesario el depósito de 300 euros pero no debe efectuarse la consignación o aseguramiento de la condena.

E) DESTINO DEL DEPÓSITO

Hay que distinguir:

1) Inadmisión del recurso

La inadmisión del recurso por el TSJ cuando la parte recurrente no subsana defectos u omisiones subsanables, conlleva la devolución del depósito (art. 199 LRJS).

Por el contrario, la inadmisión del recurso en el trámite de inadmisión del art. 200 LRJS conlleva la pérdida del depósito.

Por ende, si se inadmite el recurso por no haberse subsanado un defecto subsanable se devuelve el depósito, pero si la causa es el incumplimiento de manera insubsanable de un requisito, se pierde el depósito.

2) Estimación total o parcial del recurso

Devolución íntegra del depósito (art. 203 LRJS).

3) Desestimación del recurso

Pérdida del depósito e ingreso del mismo en el Tesoro Público (art. 204.4 LRJS).

3. CONSIGNACIÓN O ASEGURAMIENTO DE LA CONDENA

Con la finalidad de garantizar la futura ejecución de la sentencia y disminuir los recursos dilatorios, la parte procesal que no goce del beneficio de justicia gratuita y haya sido condenada por sentencia al pago de cantidad, deberá consignar o asegurar la cantidad objeto de condena.

A) FUNDAMENTO CONSTITUCIONAL DE LA CONSIGNACIÓN

La STC 3/1983 niega que la exigencia de consignación al empresario y no al trabajador, vulnere el derecho a la igualdad del art. 14 CE. El TC argumenta que este precepto no establece un principio de igualdad absoluta. Esta disparidad normativa está justificada por la desigualdad originaria entre trabajador y empresario, debida a la distinta condición económica de ambos sujetos y a su respectiva posición en el contrato de trabajo, que es de dependencia o subordinación de uno respecto del otro. Esta desigualdad subjetiva se afronta por el ordenamiento jurídico mediante un tratamiento diferenciado, que pretende compensar e igualar, al menos parcialmente, estas desigualdades fundamentales, finalidad a la que sirven tanto las normas sustantivas como las procesales. Respecto al derecho a la tutela judicial efectiva del art. 24.1 CE, el TC argumenta que la consignación del importe de la condena constituye:

1) Una medida cautelar tendente a asegurar la ejecución de la sentencia si posteriormente es confirmada.

2) Pretende reducir el planteamiento de recursos meramente dilatorios, sin posibilidades de éxito, que alarguen injustificadamente el abono por el empresario y la percepción por el trabajador de las cantidades por la Magistratura.

3) Pretende evitar que se lesione el principio esencial laboral de la irrenunciabilidad de los derechos del trabajador, lo que se logra con la consignación, al limitar las posibles presiones sobre el trabajador para reducir su derecho ante la incertidumbre en la percepción de la cantidad judicialmente reconocida.

B) SUJETOS OBLIGADOS A CONSIGNAR

El empresario condenado, en principio (salvo que se le haya reconocido el beneficio de justicia gratuita) tiene que consignar la cantidad a la que ha sido condenado porque no está amparado por ningún beneficio legal que le exima de esta carga[3].

Para determinar los sujetos obligados a consignar hay que poner en relación:

1) El art. 230 LRJS.

2) El art. 229.4 LRJS, que excluye de la obligación de consignar a una pluralidad de personas jurídicas (el Estado, las Comunidades Autónomas...), así como a los que tuvieren reconocido el beneficio de justicia gratuita.

3) El art. 2 de la Ley 1/1996, de asistencia jurídica gratuita.

4) El art. 12 de la Ley 52/1997, de 27 noviembre, que regula el régimen de la asistencia jurídica al Estado e Instituciones públicas.

La aplicación de los citados preceptos legales supone que están exentos de consignar los mismos sujetos que están exentos de efectuar el depósito para recurrir en suplicación.

3. *Vide* STSJ de Madrid de 5 de febrero de 2008, recurso 5088/2007.

Un sector de la doctrina de suplicación ha negado que RENFE tuviera la obligación de consignar la cantidad objeto de condena, por tener la condición de entidad pública empresarial (auto del TSJ de Andalucía con sede en Sevilla de 27 de abril de 1998, recurso 561/1998).

Por el contrario, una comunidad de vecinos que pretenda recurrir, deberá consignar o avalar la cantidad objeto de condena, no siendo suficiente con el mero ofrecimiento de un bien inmueble (auto del TS de 13 de marzo de 1998, recurso 3097/1998).

a) Condena solidaria

En caso de condena solidaria, el deber de consignar afecta a cada uno de los recurrentes (art. 230.1 LRJS) porque si consigna uno solo de ellos y el recurso de quien ha consignado o asegurado la cantidad objeto de condena, es estimado, se le devolverá la consignación o el aval y quedará sin caución la obligación de pago de los restantes condenados solidariamente. Es decir, si la sentencia de instancia condena a dos empresarios solidariamente a abonar al actor una determinada cantidad, en principio cada uno de ellos deberá consignar o avalar la cantidad íntegra a cuyo pago ha sido condenado, si pretende recurrir, porque es la única forma de garantizar la ejecución de la sentencia. En efecto, si se acepta que consigne uno solo de estos empresarios y recurren los dos, puede suceder que se estime el recurso del empresario que consignó y se desestime el recurso del que no consignó. En tal caso, se devolverá la consignación al empresario que la efectuó y deberá ejecutarse la sentencia contra un empresario que recurrió la sentencia sin presentar consignación alguna.

Dicha regla se exceptúa cuando la consignación o el aseguramiento, aunque efectuado solamente por alguno de los condenados, tuviera expresamente carácter solidario respecto de todos ellos para responder íntegramente de la condena que pudiera finalmente recaer frente a cualquiera de los mismos (art. 230.1 LRJS).

En el mismo sentido, la STS de 15 de marzo de 1983 admitió la validez de una sola consignación efectuada con carácter solidario por las dos empresas recurrentes. El TS argumentó que dicha consignación solidaria cumple las funciones consistentes en garantizar el cumplimiento del fallo y en facilitar su ejecución provisional porque la naturaleza de esta institución, conforme a los arts. 1137 y siguientes del Código Civil, hace que los trabajadores demandantes puedan pedir y cada una de las empresas deban prestar íntegramente tanto en el supuesto de condena de una de ellas como en el caso de condena de las dos, las cosas objeto de la obligación (auto del TS de 10 de diciembre de 1998, recurso 1325/98).

También es válido un único aval bancario que garantice la responsabilidad de cada una de las empresas condenadas que pretendan recurrir porque, aunque en el recurso se absuelva a una de ellas, la responsabilidad de las restantes quedará garantizada por dicho aval (art. 230.1 LRJS y auto del TS de 10 de diciembre de 1998, recurso 1325/98).

Con anterioridad a la entrada en vigor LRJS, el auto del TS de 17 de octubre de 2003, recurso 16/2003, explicaba que la consignación de la cantidad objeto de condena por parte de uno de los condenados solidariamente solo beneficia a los demás (que también recurren, sin consignar) cuando la solidaridad impuesta en suplicación no se recurría en casación unificadora. Pero ello no ocurre cuando el recurrente pretende su absolución por entender que la responsabilidad solo alcanza al codemandado que ha consignado. En el mismo sentido, la STS de 5 de junio 2000, recurso 2469/1999, explicaba que la obligación de consignar de cada uno de los condenados solidariamente no opera cuando la declaración de solidaridad es firme.

Con posterioridad a las citadas resoluciones del TS, la LRJS exige expresamente la consignación por todos los condenados solidariamente, con la única excepción de que la consignación o aseguramiento tenga carácter solidario.

Si la sentencia de instancia condena solidariamente a dos codemandados al pago de una cantidad y uno de ellos consigna o asegura la cantidad, mientras que el otro no efectúa consignación ni aseguramiento alguno, el TSJ deberá concederle un plazo de subsanación para cerciorarse de si realmente consignó, aunque no tenga constancia de ello. La omisión absoluta de consignación es insubsanable, mientras que la consignación incompleta es subsanable. Puede suceder que, en el trámite de subsanación, el codemandado que sí que consignó, manifieste que se trató de una consignación solidaria. La duda radica en si se puede subsanar la mención relativa a que la consignación era solidaria (en cuyo caso el otro codemandado estaba exento de la carga de consignar).

En principio, salvo la concurrencia de circunstancias excepcionales, si un codemandado no ha efectuado consignación ni aseguramiento alguno, y el otro codemandado que sí consignó no manifestó en el plazo legal que la consignación era solidaria, la declaración extemporánea (en el plazo de subsanación) de que la consignación es solidaria se habrá realizado cuando había transcurrido el plazo legal para consignar o asegurar la condena, lo que la haría ineficaz porque aquel recurrente incumplió totalmente la carga procesal de consignar en plazo, por lo que su incumplimiento es insubsanable.

Si el recurso se interpone por un codemandado que no ha sido condenado, no debe consignar la cantidad a cuyo pago han sido condenados otros codemandados (auto del TS de 4 de julio de 2003, recurso 41/2002). Puede suceder que un codemandado que no ha sido condenado al pago de cantidad, tenga interés en recurrir contra la sentencia de instancia porque le causa un gravamen, en cuyo caso no deberá consignar ni asegurar la cantidad a cuyo pago han sido condenados otros codemandados distintos.

C) OBJETO DE LA CONSIGNACIÓN

La consignación, en principio, ha de hacerse pagando en metálico la cantidad objeto de condena, en la entidad de crédito y en la cuenta de depósitos y consignaciones del Juzgado.

Debe consignarse la cantidad bruta a la que ha sido condenado el recurrente, no la cantidad neta (descontando la retención por el IRPF) pero si la parte recurrente consigna la cantidad neta, es un defecto subsanable [STS 1346/2024, de 11 de diciembre (rcud 1465/2024)].

El TS establece que la consignación efectiva o aval bancario ha de hacerse inexcusablemente en el acto mismo de anuncio del recurso ante el TSJ, sin que se cumpla este requisito con la mera manifestación o acreditación de que se está tramitando un aval bancario (auto del TS de 14 de enero de 2004, recurso 51/2003).

a) Sentencia condenatoria al pago de cantidad líquida

El art. 230 LRJS exige la consignación o aseguramiento en caso de que *«la sentencia impugnada hubiere condenado al pago de cantidad»*. Es necesario que se trate de una sentencia (no de un auto) y que contenga la condena al pago de cantidad dineraria, en cuantía determinada y líquida. El importe a consignar se corresponde con la cantidad líquida y bruta contenida en la sentencia condenatoria. El recurrente ha de conocer la carga que se le impone y cómo debe cumplirla. Por eso, se exige que la cantidad sea líquida. De ello se deriva que la obligación de consignar no alcanza a los intereses moratorios (cuya cuantía se concreta en la fase de ejecución de sentencia).

El TS argumentaba que tampoco debían incluirse los honorarios de abogado impuestos a la parte vencida al amparo del art. 233 LPL (art. 235 de la vigente LRJS), ya que no se trataba de cantidades líquidas (auto del TS de 4 de noviembre de 1998, recurso 2777/1998).

Sin embargo, el TS sostiene que la concreción de la cuantía de los honorarios del abogado o graduado social cuando se desestima un recurso de suplicación o casación es una facultad discrecional de la Sala (auto del TS de 18 de mayo de 2007, recurso de súplica 3265/2004). En la práctica, las sentencias de los TSJ que desestiman los recursos de suplicación incluyen en su fallo menciones como la siguiente: *«con imposición a la recurrente de las costas del presente recurso, entre las que se incluyen los honorarios de la letrada de la parte recurrida e impugnante en la cuantía de 500 euros más IVA»* (STSJ de Asturias de 20 de noviembre de 2018, recurso 2243/2018).

Por consiguiente, se trata de una cantidad líquida, lo que obliga a preguntarse si la parte procesal debería consignar o asegurar dicha cantidad en caso de que pretenda recurrir en casación para la unificación de doctrina, a fin de que la consignación cumpla su finalidad constitucional de garantizar la futura ejecución de la sentencia, que incluye esa condena.

Se excluyen de la obligación de consignar las sentencias meramente declarativas, constitutivas o que impongan condenas de hacer o de no hacer, pero no de pago de cantidad.

b) Sentencias de despido

i. Despido improcedente

En los procesos en los que el despido se declara improcedente:

1) Si se opta por el pago de la indemnización, no es necesaria la consignación de salarios de trámite (autos del TS de 6 de abril de 2016, recurso 48/2015 y 14 de febrero de 2017, recurso 42/2016).

2) Si se opta por la readmisión del trabajador, la empresa recurrente debe consignar la indemnización extintiva y los salarios de tramitación, ante la posibilidad de que la readmisión no se cumpla o se haga de manera irregular. Esta doctrina se aplica tanto en el supuesto en que la opción corresponde al empresario como al trabajador (STC n.º 176/2016).

ii. Despido nulo

En cambio, si el despido se declara nulo, la consignación se limita a los salarios de tramitación porque la sentencia no fija ninguna indemnización extintiva, por lo que no cabe exigir la consignación de una indemnización a cuyo pago no se ha condenado al demandado (autos del TS 23 de junio de 2004, recurso 6224/03 y 19 de mayo de 2011, recurso 14/2011). Si la sentencia que declara la nulidad del despido nulo también condena al empresario al pago de una indemnización compensatoria de los daños y perjuicios, el empresario recurrente deberá consignar el importe de la misma.

iii. Salarios de tramitación

Respecto de los salarios de tramitación, aunque su importe exacto no se determina en la sentencia condenatoria, se trata de una cantidad líquida, puesto que la condena normalmente se extiende desde la fecha de efectividad del despido hasta la de notificación de la sentencia, y en ella debe constar el importe del salario regulador, por lo que deberá consignarse su importe.

El TSJ de Canarias con sede en Las Palmas consideró válida la consignación del importe de los salarios de tramitación realizada reteniendo de su importe el correspondiente a las retenciones a cuenta del IRPF. El tribunal argumentó que, a estos efectos, los salarios de tramitación han de ser asimilados en su tratamiento jurídico a los salarios ordinarios, siendo obligatorias dichas retenciones, por lo que el citado comportamiento empresarial debe considerarse conforme a derecho, sin perjuicio de que el trabajador pueda impugnar dichas retenciones judicialmente ante el orden jurisdiccional contencioso-administrativo (STSJ de Canarias con sede en Las Palmas de 17 octubre de 2005, recurso 1400/2004).

Si el trabajador ha obtenido un empleo nuevo, el TS sostiene que no hay razón para exigir la consignación de los salarios hasta la fecha de la sentencia, pues los comprendidos entre la fecha del nuevo empleo y los de la resolución recurrida, no serán a cargo de la empresa (art. 56 ET: STS de 13 de mayo de 1991 y auto del TS de 14 de junio de 2000, recurso 1833/2000).

En caso de que la empresa abone directamente al trabajador despedido los salarios de tramitación, no deberá consignarlos si dicho pago se efectúa en el plazo establecido para anunciar el recurso, pero sí que deberá hacerlo si el pago se efectúa con posterioridad (auto del TS de 14 de abril de 2002, recurso 1123/2001).

iv. Despido de trabajador temporal

El despido de un trabajador que había suscrito un contrato de trabajo temporal exige diferenciar:

1) Si el contrato temporal se celebró en fraude de ley, se tratará de un trabajador por tiempo indefinido y la consignación de los salarios de tramitación alcanzará todos los devengados desde el despido hasta la notificación de la sentencia.

2) Si el contrato temporal es conforme a derecho y la relación laboral se ha extinguido antes de la notificación de la sentencia de despido, la consignación solo alcanzará los salarios de tramitación desde la fecha del cese hasta aquélla en que debió terminar la relación laboral (STS de 19 de septiembre de 2000, recurso 3904/1999; 23 de marzo de 2011, recurso 2199/2011; 4 de abril de 2011, recurso 2175/2010 y 2 de julio de 2013, recurso 2597/2012).

v. Despido de trabajador fijo discontinuo

El TS ha aplicado analógicamente la citada doctrina de los trabajadores temporales a los contratos fijos discontinuos porque tienen una duración periódico-temporal que conlleva su finalización cuando termina la temporada, argumentando el carácter resarcitorio que tienen los salarios de tramitación con cuyo pago se persigue indemnizar por la pérdida salarial sufrida durante la tramitación del despido. Por consiguiente, los salarios de tramitación solo se refieren a los periodos de trabajo efectivo (STS de 2 de julio de 2013, recurso 2597/2012).

vi. Sociedad cooperativa

El TSJ de Cataluña ha negado que sea exigible la consignación de los salarios de tramitación para que una sociedad cooperativa recurra en suplicación contra una sentencia que declara nula su decisión de extinguir el contrato de asociación de uno de sus socios trabajadores, argumentando que queda descartada la naturaleza laboral de la relación existente entre las cooperativas de trabajo asociado y sus socios trabajadores, por lo que, cuando el cese o la expulsión de uno de estos socios, con apoyo en motivos disciplinarios, se declara improcedente o indebida por sentencia judicial, el socio expulsado carece de derecho a percibir salarios de tramitación, pues nunca había percibido «salario» en sentido jurídico-laboral (STSJ de Cataluña de 1 de diciembre de 2015, recurso 4161/2015).

vii. Despido colectivo nulo

También están sujetas a la obligación de consignar o avalar las sentencias de despido colectivo que lo declaran nulo, condenando a la readmisión de los afectados y al abono de salarios dejados de percibir. En tal caso, la sentencia de instancia la habrá dictado la Sala de lo Social de un TSJ o de la Audiencia Nacional, por lo que el recurso devolutivo será el de casación ordinaria, no el de suplicación [STS 28/2018, de 17 de enero (rec. 171/2017, Pleno) y auto de 31 de mayo de 2018, recurso 1/2018].

En el mismo sentido se ha pronunciado el TS respecto de las sentencias que declaran la nulidad de suspensiones de contratos de trabajo y condenan a la empresa a la readmisión y al pago de los salarios dejados de percibir [STS 474/2021, de 4 de mayo (rec. 81/2019) y 638/2021, de 23 de junio (rec. 154/2020, Pleno)].

c) Sentencia colectiva

En las sentencias colectivas solo es exigible la consignación o aval cuando tengan un pronunciamiento susceptible de ejecución (art. 160.3 en relación con el art. 247 LRJS).

Como regla general, el TS ha negado que sea necesaria la consignación de la cantidad objeto de condena para recurrir una sentencia dictada en un proceso de conflicto colectivo, porque no es susceptible de ejecución provisional, ni se ha concretado en la sentencia el número de trabajadores afectados, ni las cuantías debidas (auto del TS de 18 de octubre de 2017, recurso 9/2017).

Como excepción, el TS exige la consignación o aseguramiento cuando la sentencia colectiva contiene los elementos necesarios que determinan la existencia de una obligación exigible. El TS sostiene que, *«para que la declaración general que contiene normalmente la sentencia colectiva pueda transformarse en un pronunciamiento de condena ejecutable sería necesario que se precisaran los elementos necesarios que en plano subjetivo y objetivo determinan la existencia de una obligación exigible. Sólo cuando concurren esos elementos existe una condena que puede ser ejecutada»*. En caso contrario, no será necesario consignar o avalar [STS 223/2018, de 28 de febrero (rec. 16/2017) y ATS de 2 de octubre de 2019 (rcud 5/2019)].

Las STS 872/2018, de 27 de septiembre (rec. 44/2018) y 746/2020, de 9 de septiembre (rec. 13/201), explican que la consignación para recurrir las sentencias dictadas en los procesos de conflictos colectivos es exigible cuando la condena es susceptible de ejecución individual. Debe ser una condena que, alcanzada la firmeza de la sentencia, pueda ser cumplida o ejecutada inmediatamente tomando a tal fin y sin más la cantidad consignada, por ser ese su destino legal. Si la sentencia de conflicto colectivo no goza de esa inmediatez en su cumplimiento efectivo, la finalidad que se persigue con la consignación para recurrir no se vería cumplida.

d) Auto

Cuando se recurre en suplicación un auto no será necesario efectuar la consignación. Con carácter general, el art. 230 LRJS exige la consignación *«cuando la sentencia impugnada hubiera condenado al pago de cantidad»*. Este precepto se refiere exclusivamente a las sentencias. El art. 245.1 LRJS establece que las resoluciones dictadas en ejecución (los autos dictados en ejecución de sentencia) se llevarán a efecto no obstante su impugnación y no será necesario efectuar consignaciones para recurrirlas. En ejecución de sentencia, el Juzgado embarga los bienes del ejecutado, sin que el recurso contra dicha resolución suspenda su ejecución, por lo que no es necesario que se consigne o asegure una condena que ya se puede ejecutar.

Esta exención de consignación opera también respecto de los autos en los que el órgano judicial declara la falta de jurisdicción o la incompetencia acto seguido de la presentación de la demanda (art. 5 LRJS), porque en tal caso no se ha producido ninguna condena.

D) ASEGURAMIENTO MEDIANTE AVAL

La brevedad del plazo para consignar la cantidad objeto de condena, con la dificultad que puede suponer para el condenado conseguir dicha cantidad en efectivo, aconsejan establecer otro sistema de aseguramiento que, con la condición de permitir la satisfacción inmediata del trabajador si la sentencia recurrida es confirmada, facilite el acceso al recurso que, en otro caso, podría ser imposible. Por ello, el art. 230 LRJS permite que el recurrente sustituya la consignación en metálico por el aval bancario, en el que debe constar la responsabilidad solidaria del avalista. Este aseguramiento debe hacerse dentro del plazo del anuncio del recurso de suplicación. El aval tiene que ser solidario, de duración indefinida y pagadero a primer requerimiento de la entidad de crédito.

No se considera cumplido este requisito con la mera manifestación o acreditación de que se está tramitando un aval bancario (auto del TS de 14 de enero de 2004, recurso 51/2003).

Se ha considerado presentado fuera de plazo el aval aportado por la parte recurrente con posterioridad al plazo de anuncio del recurso de suplicación, cuando la parte contraria presentó recurso de reposición contra la resolución teniendo por anunciado el recurso (STSJ de Cataluña de 7 de julio de 2015, recurso 2389/2015).

E) HIPOTECA

Los autos del TS de 3 de febrero de 2004, recursos 57/2003 y 60/2003, explican que el art. 170 de la derogada LPL de 1980 exigía para poder recurrir en suplicación o casación la consignación en metálico, sin otra alternativa válida. La STC 3/1983 matizó esta exigencia, admitiendo otras soluciones alternativas a la consignación *«en tanto no se produzca la necesaria reforma legislativa»*, a fin de evitar que esta exigencia se convirtiese en un obstáculo insuperable para el acceso del empresario al recurso. La LPL 1990 admitió tanto la consignación como el aval bancario, ofreciendo dos soluciones alternativas. Posteriormente, la STC 30/1994 aceptó como posibilidad alternativa a la consignación y al aval bancario, la constitución de una hipoteca unilateral, contemplando la especial situación relativa a una empresa en quiebra voluntaria, que había acreditado la negativa de varias entidades bancarias a constituir el aval por ella solicitado y en un supuesto en el que la cantidad a consignar ascendía a más de seiscientos millones de pesetas. Como explican estos autos del TS, esta STC pudo mover al legislador de 1995 a incluir la hipoteca unilateral dentro de las medidas de aseguramiento, pero no lo hizo. Por ello, el TS sostiene que los únicos medios garantistas válidamente aceptables son los dos que se expresan en dicho precepto legal, aunque pueda seguir aceptándose en algún caso extremo la hipoteca unilateral. Sólo en supuestos muy excepcionales cabría aceptar como sustituto válido de la consignación y el aval bancario legalmente previstos, un supuesto de garantía real.

Por su parte, la STC 64/2000 argumenta que la finalidad de la consignación no es simplemente la de garantizar la ejecución de la sentencia, sino más propiamente la de asegurar la «inmediata» ejecución y ello solamente se obtiene con la constitución previa del depósito de la condena, sin que la garantía real en que consiste una oferta de hipoteca o de embargo, con independencia del riesgo de que los bienes se deprecien, ofrezca aquella garantía de inmediata ejecución que los medios legales específicamente previstos sí que aseguran.

El auto del TS de 20 de febrero de 2001, recurso 4794/2000, negó eficacia, a efectos del aseguramiento para recurrir en casación para la unificación de doctrina, a un escrito acompañado de una nota informativa del Registro de la Propiedad ofreciendo como garantía una finca. El TS explicó que no se trataba de un supuesto de quiebra, ni se acreditó en el momento oportuno la imposibilidad de obtener el aval bancario.

Posteriormente, el auto del TS de 16 de abril de 2004, recurso de queja 8/2004, examinó la posibilidad de ofrecer en garantía de la condena determinados bienes inmuebles, citando los autos de la misma Sala de 3 de febrero de 2004, recurso de queja 57/2003 y 27 de febrero de 2004, recurso de queja 63/2003, dictados en sendos supuestos idénticos. El TS argumentó: «*En el presente caso la empresa no se halla en quiebra, y se limita a alegar, sin acreditar, que no ha podido obtener el aval bancario requerido, y a ofrecer unos bienes inmuebles en garantía del cumplimiento de la condena junto a tasaciones de los mismos que en principio parecen suficiente garantía. Pero este ofrecimiento no puede aceptarse como sustituto válido de la "consignación o el aval bancario con garantía solidaria" a los que se refiere el art. 228 LPL, por cuanto tal ofrecimiento no es suficiente para cubrir la fundamental razón de ser de aquellas garantías [...] asegurar la "inmediata" ejecución [...] sólo en supuestos muy excepcionales como los contemplados por la STC 30/1994 cabría aceptar como sustituto válido de la consignación y el aval bancario legalmente previstos, un supuesto de garantía real, al tenor de la finalidad por la que se han establecido tales exigencias legales*».

Ese auto del TS de 16 de abril de 2004 desestimó el recurso de queja en relación con una sentencia que había declarado la improcedencia de un despido, fijando la indemnización extintiva en 41.875,51 euros y los salarios de tramitación a razón de 37,22 euros diarios.

También han rechazado la garantía hipotecaria:

1) El auto del TS de 28 de junio de 2006, recurso 2035/2005, dictado en un supuesto en el que se había declarado la improcedencia de un despido y se había fijado la indemnización extintiva en 82.255 euros y los salarios de tramitación en 65 euros diarios.

2) El auto del TS de 13 de abril de 2011, recurso de queja 5/2011, desestimó el recurso de queja en relación con una sentencia que había declarado la improcedencia del despido y había fijado la indemnización sustitutiva en 83.598,48 euros.

3) El auto del TS de 18 de junio de 2012, recurso de queja 5/2013, también desestimó un recurso de queja en relación con una sentencia que había condenado a las empresas demandadas a abonar a los actores un total de 332.421 euros.

Algunos TSJ han aceptado excepcionalmente la garantía hipotecaria. El TSJ de Castilla y León con sede en Burgos aceptó una garantía hipotecaria en un supuesto concreto en que:

1) La cantidad objeto de condena era muy elevada (más de 584 millones de pesetas).

2) La empresa se hallaba en quiebra, lo que, unido a la cuantía de la reclamación, hacía prácticamente imposible que una institución financiera accediese a conceder el aval solicitado.

3) El valor de los bienes hipotecados (tasados pericialmente en más de 900 millones de pesetas) era lo suficientemente elevado como para entender logradas las finalidades de previsión de recursos temerarios y aseguramiento en lo posible el cumplimiento en el futuro de la sentencia, de ser confirmada esta (auto del TSJ de Castilla y León con sede en Burgos de 28 diciembre de 2006, recurso 1109/2006).

En definitiva, la finalidad esencial de la consignación de la cantidad objeto de condena: asegurar la inmediata ejecución de la sentencia, no se consigue con una hipoteca. Sin embargo, el derecho fundamental a la tutela judicial efectiva del art. 24 CE obliga a que, en supuestos excepcionales en que se acredite que la consignación o aval sean manifiestamente imposibles, se deban aceptar las garantías hipotecarias, pues en caso contrario la parte vencida no podría recurrir contra la sentencia de instancia.

F) INCUMPLIMIENTO DE LA OBLIGACIÓN DE CONSIGNAR O ASEGURAR

La regla general es la de considerar subsanable la consignación insuficiente o incompleta, y considerar insubsanable la falta total o absoluta de consignación (art. 230.4 LRJS: STS 14 de julio del 2000, recurso 487/99 y 19 de diciembre de 2007, recurso 169/2006 y STC 173/1993 y 343/1993), puesto que ello supondría dejar al arbitrio de la parte recurrente la ampliación del plazo para consignar que establece la norma legal. En este último caso, se trata de una conducta obstructiva al cumplimiento de la carga procesal de consignar que denota la falta de diligencia por parte del recurrente.

Si la consignación o aseguramiento se ha efectuado y el incumplimiento afecta únicamente a la aportación del documento acreditativo de la misma, se tratará de un defecto subsanable, debiendo concederse un plazo de subsanación. Si se ha producido una insuficiencia de la consignación o aseguramiento debida a un error y no a una voluntad contraria al cumplimiento, también deberá concederse la posibilidad de subsanación.

La citada regla general admite excepciones. Las STC 176/1990, 30/1994, y 186/1994 invocan criterios de flexibilidad y proporción en relación con la consignación. Como explica la STS de 19 de diciembre de 2007, recurso 169/2006, estos criterios permiten excepciones a la regla general en determinados supuestos en los que, por las muy particulares circunstancias en ellos concurrentes, de no admitirse la subsanación de la falta de consignación, se vulneraría claramente el art. 24.1 CE. En el supuesto enjuiciado por dicha resolución judicial, la sentencia de instancia era imprecisa en cuanto a la cantidad objeto de condena (no fijaba una cantidad concreta). El TS considera que, en tales condiciones, exigir a la empresa condenada la constitución del depósito o aseguramiento del art. 228 LPL dentro del breve plazo de cinco días que impone el art. 192.1 LPL, equivale prácticamente a impedirle el acceso al recurso, con clara violación del art. 24.1 CE. Por ello, el TS consideró correcta la posibilidad de subsanación concedida por el Juez de instancia.

En los procesos en que se declara la improcedencia del despido y se deben consignar o asegurar la indemnización y los salarios de tramitación, cuando se consignan solo los salarios de tramitación, omitiendo la consignación de la indemnización, se considera un defecto subsanable (STS de 19 de septiembre de 2007, recurso 10/2007; 3 de noviembre de 2008, recurso 3287/2007 y 3 de julio de 2012, recurso 3490/2011) porque rige la regla general según la cual la condena que se impone en una sentencia al pago de diversos conceptos es siempre única y por la cantidad total. Ese importe total de la «cantidad objeto de la condena», sin necesidad de más individualización, debe ser objeto de una única consignación para cumplir con las exigencias del precepto procesal. Por ello, debe abrirse el trámite de subsanación del recurso cuando el recurrente omite la consignación de una sola de estas cantidades. Si no efectúa la consignación o aseguramiento de la cantidad objeto de condena en tiempo y forma, se tratará de un defecto insubsanable (STS 17 de febrero de 1999, recurso 741/1998 y 14 de julio de 2000, recurso 487/1999).

Si la sentencia declara nulo el despido y la empresa recurrente no consigna cantidad alguna en concepto de salarios de tramitación, se tratará de una falta total de consignación, que debe reputarse insubsanable (STS de 14 de junio de

2000, recurso 3338/1999 y autos del TS 23 de junio de 2004, recurso 6224/03 y 19 de mayo de 2011, recurso 14/2011).

G) DESTINO DE LA CONSIGNACIÓN O ASEGURAMIENTO

La devolución o la pérdida de la consignación no depende de si ha habido una estimación total o parcial del recurso de suplicación, sino de si ha habido una revocación total o parcial de la sentencia condenatoria recurrida. Es decir, puede suceder que se estime totalmente un recurso de suplicación (o casación) pero subsista parte de la condena establecida por la sentencia recurrida.

A título de ejemplo:

1) La sentencia de instancia condena al demandado a abonar 5.000 euros al actor.

2) El demandado recurre en suplicación, reconoce que adeuda al trabajador 2.000 euros y solicita que la condena se aminore en 3.000 euros. El suplico del recurso de suplicación solicitará que se condene al demandado a abonar al actor 2.000 euros.

3) En tal caso, la estimación total del recurso de suplicación supondrá que la sentencia condenatoria firme alcanzará únicamente los 2.000 euros.

4) El recurrente, para poder recurrir en suplicación, habrá tenido que consignar o asegurar 5.000 euros.

5) Como quiera que la sentencia firme estimatoria del recurso de suplicación condenará al demandado a abonar 2.000 euros al actor, no procederá la devolución total de la consignación o aseguramiento, sino únicamente *«la devolución parcial de las consignaciones, en la cuantía que corresponda a la diferencia de las dos condenas, y la cancelación también parcial de los aseguramientos»* (art. 203.2 LRJS). Solamente se le devolverán 3.000 euros. Los otros 2.000 euros consignados se destinarán al cumplimiento de la sentencia firme.

Por el contrario, si se estima el recurso de suplicación con revocación total de la sentencia recurrida, una vez firme la sentencia deberá procederse a la devolución de la consignación o la cancelación del aseguramiento prestado.

Si se inadmite o desestima el recurso de suplicación, deberá acordarse la pérdida de la consignación o el mantenimiento del aseguramiento prestado.

En cuanto a las empresas concursadas, durante la vigencia de la Ley Concursal de 2003 el TS argumentó que, si se declaraba en concurso la empresa demandada con posterioridad a la sentencia que la había condenado por despido improcedente, debía entregarse al trabajador la cantidad consignada en su día por la empresa para recurrir en suplicación contra la sentencia de instancia porque esta entrega no constituía propiamente una ejecución de sentencia en sentido técnico, por lo que correspondía al Juez de lo Social. El TS interpretaba el término «ejecución» de los arts. 8.3 y 55 de la Ley Concursal de 2003 en el sentido técnico de proceso o procedimiento ejecutivo. El instituto de la consignación es precisamente una cautela para prevenir y evitar tal proceso ejecutivo haciendo disponible de manera inmediata para el litigante que vence en juicio el derecho reconocido. Los citados preceptos de la Ley Concursal prohibían «iniciar» «ejecuciones singulares», pero no entregar una cantidad que había salido del patrimonio del concursado antes de la declaración del concurso. Por ello, el Juez de lo Social era competente para entregar al trabajador las indemnizaciones de despido adquiridas por sentencia antes de la declaración del concurso, respecto de las que ostentaba un derecho expectante generado por la resolución judicial, cuya plena efectividad futura no debía depender de la contingencia de una vía judicial de recurso que finalmente no había prosperado [STS (dos) de 11 de diciembre de 2012, recurso 440/2012 y 782/2012].

Durante la vigencia de la Ley Concursal de 2003, el TS también declaró la competencia del orden jurisdiccional social para la ejecución del aval prestado para recurrir en suplicación, cuando la empresa era declarada en concurso de acreedores durante la tramitación del recurso, porque no se trataba de un acto de ejecución en sentido estricto a efectos del art. 8 de la Ley Concursal de 2003, ni se dirigía contra bienes del concursado (STS de 14 de octubre de 2013, recurso 2668/2012).

H) SENTENCIAS EN MATERIA DE SEGURIDAD SOCIAL: INGRESO DEL CAPITAL IMPORTE DE LA PRESTACIÓN

a) Fundamento constitucional

La STC 99/1988 sostiene que la exigencia de ingresar el capital importe de la prestación de la Seguridad Social a cuyo pago ha sido condenado en la sentencia de instancia, para poder recurrir en suplicación, constituye un requisito que es por completo razonable, está expresamente justificado y en modo alguno constituye un obstáculo irracional o desmesurado para el ejercicio del derecho fundamental reconocido del art. 24 CE, consistente en este caso en el ejercicio del recurso de suplicación.

A diferencia de la consignación de una deuda pecuniaria prevista en el art. 230 LRJS, que pretende asegurar la ejecución de la sentencia cuando adquiera firmeza, el ingreso del capital importe de la prestación no solo pretende asegurar la solvencia del recurrente, sino también hacer efectiva la ejecución provisional de la sentencia, puesto que la prestación de la Seguridad Social se abona a los beneficiarios durante la sustanciación del recurso [art. 230.2.a) LRJS]. La revocación de la sentencia no conlleva la obligación del reintegro de las cantidades percibidas durante el período de ejecución provisional (art. 294.2 LRJS).

Respecto de la obligación de certificación de las Entidades Gestoras, la STC 110/1992 explica que dicha certificación cumple la misma finalidad que la consignación a la que se refieren los párrafos precedentes del mismo artículo: que el beneficiario, que tiene por sentencia judicial reconocido un derecho de contenido económico, no quede desasistido durante la tramitación del recurso, evitando que le perjudique el ejercicio por la Entidad Gestora de su derecho al recurso. La Entidad Gestora debe comenzar el inmediato abono de la prestación, que se prolonga durante la tramitación del recurso de suplicación.

La STS 1004/2023, de 28 de noviembre (rcud 4140/2020), explica que la finalidad de esta exigencia es garantizar la cobertura de las situaciones de necesidad que las prestaciones de Seguridad Social tratan de subvenir.

La certificación debe acreditar el abono real y efectivo, y no un mero compromiso (STC 27/1988, de 23 de febrero y STC 124/1987, de 15 de julio).

b) Objeto del ingreso

Debe tratarse de una prestación periódica. El art. 230.2.a) LRJS se refiere genéricamente a la sentencia en materia de Seguridad Social *«que reconozca al beneficiario el derecho a percibir prestaciones»*. Pero a continuación explica que el recurrente debe ingresar el capital importe de la prestación. Ello evidencia que se refiere a las prestaciones periódicas (como una pensión de jubilación), que son las únicas susceptibles de dicha capitalización.

No procede el ingreso del capital importe de la prestación en los casos siguientes:

1) Cuando se trate de una sentencia meramente declarativa o constitutiva.

2) Cuando la sentencia condene a la parte demandada a prestar un servicio, como la asistencia sanitaria.

3) Si se trata de una cantidad a tanto alzado (por ejemplo, una prestación de incapacidad permanente parcial). En tal caso, debe garantizarse mediante la correspondiente consignación de dicha cantidad (art. 230 LRJS). Asimismo, si se condena al pago de un subsidio por incapacidad temporal correspondiente a un período anterior a la fecha del juicio oral, debe garantizarse con la consignación de la cantidad objeto de condena.

4) El TS también ha negado este ingreso cuando la sentencia condena al pago de mejoras complementarias concertadas con compañías de

seguro o a cargo del empresario puesto que el art. 230.2 LRJS se refiere a las prestaciones básicas de la Seguridad Social (STS de 29 septiembre 1992, recurso 1201/1991)[4].

5) En cuanto al recargo de prestaciones económicas de la Seguridad Social, el TS afirmó que, cuando la sentencia recurrida declara la responsabilidad subsidiaria en el abono del recargo por parte del INSS, no es necesario que la Entidad Gestora presente la certificación del art. 230.2.c) LRJS, ni que proceda al pago de la cantidad reconocida durante la tramitación del recurso, porque los preceptos citados se refieren a la obligación de abonar durante la tramitación del recurso las prestaciones de la Seguridad Social (STS de 22 de abril de 2004, recurso 4555/2002).

El TSJ de Cataluña explica que, tanto la consignación como el aseguramiento de la cantidad objeto de condena, operan con independencia de la dinámica de la prestación de la Seguridad Social que se discute. Si la sentencia condena al pago de una prestación, debe consignarse o avalarse, sin que el incumplimiento de este requisito por el recurrente pueda justificarse por el hecho de que no procedía el abono de la prestación por cuidado de menores afectados por cáncer y otra enfermedad grave debido a que el actor había percibido su salario completo desde la fecha del reconocimiento, sin perjuicio de lo que pudiera haberse acordado en ejecución de la sentencia. El TSJ explica que esas alegaciones de la parte recurrente no afectan al cumplimiento del requisito procesal de admisibilidad del recurso, al establecer claramente la LRJS la inadmisión de plano cuanto no se consigne o asegure el importe de la condena (STSJ de Cataluña de 7 de julio de 2015, recurso 2389/2015).

c) Sujetos obligados y exentos

i. Entidades públicas

En relación con los sujetos obligados al ingreso del capital coste, debe partirse de las normas siguientes:

1) El art. 230.1 LRJS excluye expresamente de la obligación de consignar las condenas al pago de cantidad, a los recurrentes que gocen del beneficio de justicia gratuita.

2) El art. 229.4 LRJS excluye de consignaciones o cualquier otro tipo de garantía al Estado, las Comunidades Autónomas, las entidades locales...

4. La STS de 29 septiembre 1992, recurso 1201/1991, explicó que el art. 192 de la derogada LPL se refería a las prestaciones básicas de la Seguridad Social. El art. 230.2 LRJS regula esta materia en el mismo sentido.

3) El art. 230.2 LRJS establece reglas especiales en materia de Seguridad Social:

   a) En su apartado a) obliga al ingreso en la TGSS del capital coste de la pensión o el importe de la prestación a la que haya sido condenado en el fallo, con objeto de abonarla a los beneficiarios durante la sustanciación del recurso.

   b) En su apartado c) excluye de la consignación de prestaciones de la Seguridad Social a las Entidades Gestoras (a cambio, les impone la obligación de abono de la prestación mientras se tramita el recurso).

Los citados preceptos legales se interpretan en el sentido de que el art. 230.2.a) LRJS es una norma especial tuitiva de los beneficiarios de prestaciones que prevalece sobre el art. 229.4 LRJS. Es cierto que el art. 229.4 LRJS exime de las consignaciones para recurrir previstas en la LRJS al Estado, las Comunidades Autónomas, las entidades locales, las entidades de derecho público reguladas por su normativa específica y los órganos constitucionales. Pero en sentido estricto, el art. 230.2.a) LRJS no establece una consignación sino el ingreso del capital coste en la TGSS, con la finalidad de abonar la prestación a los beneficiarios durante la sustanciación del recurso. Por tanto, no existe norma alguna que excluya a las mencionadas entidades (Estado, Comunidades Autónomas...) de este abono (STC 99/1989 y STS de 20 de septiembre de 2004, recurso 3405/2003). También están obligadas a consignar las embajadas extranjeras en España (auto del TSJ de Madrid de 8 de mayo de 2017, recurso 157/2017).

Hemos explicado que la exención de consignación o aseguramiento a las entidades públicas es un privilegio justificado porque, debido a su naturaleza, aun cuando no consignen la cantidad objeto de condena, está garantizada la ejecución de la sentencia si esta resulta confirmada.

Sin embargo, la finalidad del ingreso en la TGSS de las prestaciones de la Seguridad Social no es solamente garantizar la ejecución de la sentencia sino abonar la prestación a los beneficiarios durante la sustanciación del recurso. Por ello, la naturaleza pública de esas entidades les exime de consignar o asegurar las condenas, pero no de ingresar en la TGSS las prestaciones de la Seguridad Social para que el beneficiario perciba su importe durante la tramitación del recurso, evitando su desprotección. Esta exigencia de ingresar las prestaciones de la Seguridad Social en la TGSS no les causa la indefensión prohibida por el art. 24 de la CE porque no son entidades con insuficiencia de recursos económicos: son entidades públicas que disponen de recursos económicos suficientes para efectuar dichos ingresos y acceder al recurso de suplicación.

Solamente están exentas de dicho ingreso las Entidades Gestoras. A cambio, deben presentar certificación acreditativa del abono de dicha prestación. Se trata de dos requisitos acumulativos:

1) Debe presentar un documento acreditativo de dicho abono (una certificación, que debe presentar dentro de los cinco días de anuncio del recurso).

2) Debe proceder al efectivo abono de dicha prestación al beneficiario.

ii. Beneficiarios de justicia gratuita

El art. 230.1 LRJS exonera a los beneficiarios de justicia gratuita de consignaciones. En sentido estricto, el art. 230.2 LRJS no regula una consignación sino un ingreso en la TGSS. Además, el contenido material del derecho a la asistencia de justicia gratuita no incluye expresamente dicho ingreso en la TGSS.

Si admitimos que un empresario que ha acreditado la insuficiencia de recursos para litigar, pueda recurrir en suplicación contra una sentencia que le condena al pago de prestaciones de la Seguridad Social sin efectuar el correspondiente ingreso en la TGSS, en tal caso se tramitaría el recurso sin que el beneficiario estuviera percibiendo la prestación de la Seguridad Social.

El problema radica en que, si se condena al pago de la prestación de la Seguridad Social a un beneficiario de justicia gratuita y se le exige que ingrese el capital coste de la prestación, se le puede causar la indefensión prohibida por el art. 24 CE en la medida en que para acceder al recurso de suplicación se le exige un pago que está imposibilitado de realizar por falta de recursos económicos.

Exigir dicho abono a quien ha acreditado que no puede efectuarlo supondría exigir un requisito imposible, que impediría el acceso al recurso de suplicación a las partes que carecen de recursos, lo que podría tener relevancia constitucional desde el punto de vista de la prohibición de indefensión del art. 24 CE.

La STSJ del País Vasco de 23 de mayo de 2016, recurso 1295/2015, eximió del ingreso del capital coste a un empresario persona física que había sido condenado al abono de un recargo del 50% de todas las prestaciones derivadas de un accidente de trabajo porque se le había reconocido el derecho a la asistencia jurídica gratuita.

d) Procedimiento de ingreso del capital

Hay que diferenciar:

1) Pensión vitalicia. El condenado debe ingresar en la TGSS el capital importe de la prestación declarada en el fallo, con objeto de abonarla a

los beneficiarios durante la sustanciación del recurso. Una vez anunciado el recurso, el LAJ dictará diligencia ordenando que se dé traslado a la Entidad Gestora o Servicio Común para que se fije el capital importe de la pensión a percibir. Recibida esta comunicación, la notifica al recurrente para que en el plazo de cinco días efectúe la consignación requerida en la TGSS, bajo apercibimiento de que de no hacerlo así se pondrá fin al trámite del recurso.

2) Prestación de pago periódico que no es vitalicia (como el subsidio por incapacidad temporal o la prestación contributiva por desempleo). No requiere previa capitalización, puesto que el importe de la prestación y el período de abono deben estar fijados en la sentencia o tienen una duración legal máxima, por lo que el recurrente conoce el límite de la responsabilidad que se le impone, cuyo pago debe efectuar a la TGSS para que ésta abone la prestación al beneficiario mientras se sustancia el recurso.

3) Prestación de pago único (como la prestación por incapacidad permanente parcial). La cantidad a tanto alzado debe consignarse, al igual que cualquier otra cantidad líquida, sin intervención de la TGSS, que resulta innecesaria.

e) Prohibición de aval

El art. 230.2.a) LRJS establece que el abono del capital coste debe hacerse mediante el cálculo de su importe por la TGSS, lo que excluye que pueda hacerse mediante aval o afianzamiento, que no permitiría el abono de la prestación durante el recurso (STSJ de la Comunidad Valenciana 62/1998, de 16 enero).

La STC 99/1988 permite en alguna ocasión y con criterios hermenéuticos finalistas, considerar cumplido este requisito, aunque no se haya ingresado el capital. En el supuesto enjuiciado, el recurrente afirmó que los casi diez millones de pesetas del capital de la prestación le resultó una cantidad elevada y de muy difícil obtención en el corto espacio de tiempo establecido para el anuncio del recurso, por lo que logró que fuera convenientemente avalada por una entidad bancaria de máxima solvencia. El TC explica que esto no hubiera bastado por sí solo para dar por cumplido el requisito legal, pero la Entidad Gestora aceptó el aval y pagó a su tiempo la prestación debida, de lo cual quedó constancia en las actuaciones. El TC considera que el fin propuesto por la norma para exigir el ingreso del capital se cumplió. La Entidad Gestora pudo negarse a hacer efectivos los pagos, pero aceptó el aval bancario y pagó. El TC considera que, al haberse cumplido el fin propuesto al requerir el ingreso del capital, el TCT incurrió en un formalismo excesivo al inadmitir el recurso de suplicación, otorgando el amparo. También han admitido la flexibilización de este requisito las STC 135/1987 y 151/1989.

f) Entidades Gestoras: certificación acreditativa del abono de la prestación

Si la condenada es una Entidad Gestora o una Administración pública que ha asumido la gestión de prestaciones no contributivas de la Seguridad Social (STS de 30 noviembre 2005, recurso 434/2004) quedará exenta del ingreso, pero deberá presentar ante la Oficina Judicial, al anunciar su recurso, certificación acreditativa de que comienza el abono de la prestación de pago periódico y que lo proseguirá puntualmente durante la tramitación del recurso. De no cumplirse efectivamente este abono se pondrá fin al trámite del recurso. Si el subsidio se ha reconocido durante un período que finaliza durante la sustanciación del recurso de suplicación, únicamente deberá abonarlo hasta la fecha de extinción de dicha prestación.

Esta obligación se refiere al compromiso de la Administración pública de abonar, durante la tramitación del recurso, las pagas periódicas, pero no las cantidades y períodos ya vencidos a las que fue condenada la misma. Es decir, la obligación de abono de la prestación se refiere a las prestaciones devengadas durante la tramitación del recurso, pero no a las prestaciones vencidas con anterioridad al dictado de la sentencia de instancia (auto del TS de 17 julio de 1998, recurso 1753/1998).

Las STC 178/1988, 247/1991 y 110/1992 sostienen que la decisión judicial de tener por desistida de un recurso de suplicación a una Entidad Gestora por defectos en la certificación aportada o por no haber aportado la certificación cuando era dudoso su deber de hacerlo, sin ofrecerle la oportunidad de subsanarlos, constituye una interpretación rigurosamente formalista del correspondiente precepto. Las STC 124/1987, 68/1988 y 110/1992 sostienen que, en la apreciación del cumplimiento de este requisito relativo al certificado acreditativo del pago de la prestación, debe tenerse en cuenta el factor tiempo, puesto que una cosa es que la duda se la plantee el Tribunal en el momento en el que el abono de las prestaciones debió comenzar (al tiempo de recurrir), en cuyo caso el rigor en la exigencia está justificado, y otra cosa es que la cuestión se plantee en el momento de sentenciar, habiendo transcurrido varios años, en cuyo caso lo que debe hacer el Tribunal es simplemente comprobar que el abono de las prestaciones se ha venido efectivamente realizando.

El TSJ de Castilla-La Mancha explica que, si la sentencia de instancia reconoce el derecho del actor a percibir una pensión de jubilación con cierta cuantía, su abono debe realizarse de modo automático, ya que no se encuentra condicionado a dinámica alguna en materia de prestaciones de Seguridad Social. En caso de que la Administración que le había empleado le esté abonando un complemento voluntario, superando la suma de ambas la cuantía máxima de acumulación de pensiones públicas es esta empleadora la que debe ajustar el importe de la mejora cuantas veces sea preciso para adecuarla a la cuantía que se estime procedente en cada momento, e incluso proveer el reintegro de lo indebidamente percibido por tal concepto. Pero la Entidad Gestora no puede escudarse en dicha mejora voluntaria para no abonar la pensión de jubilación durante la tramitación del recurso de suplicación y, al no haberlo hecho, procede inadmitir el recurso de suplicación (STSJ de Castilla-La Mancha de 12 de noviembre de 2014, recurso 411/2014).

Esta certificación no debe aportarse cuando se reclama el derecho a percibir la asistencia sanitaria porque dicho requisito se refiere a las prestaciones de abonar y no a las prestaciones de hacer, para las que el interesado o beneficiario por la sentencia recurrida puede instar la ejecución provisional que prevé el art. 296 LRJS (STSJ de Castilla y León con sede en Valladolid de 19 de diciembre de 2016, recurso 1834/2016).

g) Incumplimiento de la obligación de ingresar el capital importe de la prestación o de presentar la certificación

La omisión absoluta de este ingreso es insubsanable. En cambio, el ingreso insuficiente puede ser subsanable si tiene carácter justificado. La STC 239/1991 enjuició un supuesto en el que la mutua recurrente alegaba que, al tratarse de un accidente de trabajo, solo era responsable del 70 por 100 de la prestación correspondiente, puesto que el 30 por 100 restante correspondía a la Entidad Gestora por aplicación de las obligaciones legales de reaseguro, por lo que no debía exigírsele la consignación íntegra del capital importe de la prestación. El TC considera razonable y proporcionada la tesis de la recurrente, argumentando que el TCT, al exigir el ingreso del 100 por 100 del capital coste, llega a una conclusión que vulnera el derecho de recurrir, integrado en el derecho de tutela judicial, debiendo haber permitido a la parte la posibilidad de subsanar el defecto cuantitativo de la consignación. El TC estimó el recurso de amparo a fin de que se permitiera la subsanación.

En cuanto a la presentación de la certificación del abono de la prestación de Seguridad Social, la STS de 29 junio 2001, recurso 3359/2000, sostiene que la falta de presentación de la citada certificación no debe constituir un defecto insubsanable, si la Entidad Gestora está cumpliendo con el pago de la prestación a que fue condenada.

4. ADMISIÓN, INADMISIÓN O SUBSANACIÓN DEL ANUNCIO DEL RECURSO DE SUPLICACIÓN

A) ADMISIÓN DEL ANUNCIO DEL RECURSO

Si la sentencia (o el auto) es recurrible en suplicación, el anuncio del recurso se ha hecho en plazo y en forma, se ha efectuado el depósito de 300 euros (si es necesario) y se ha presentado el resguardo de consignación en metálico o el documento de aseguramiento, o bien se acredita el ingreso en la TGSS del capital coste o se aporta la certificación de la Entidad Gestora acreditativa del abono de la prestación, el LAJ tendrá por anunciado el recurso, acordando poner los autos a disposición del letrado o graduado social colegiado designado.

B) INADMISIÓN DEL ANUNCIO DEL RECURSO

El art. 195.2 LRJS enumera varias causas de inadmisión del recurso de suplicación:

1) La sentencia o el auto no es recurrible en suplicación.

2) El anuncio se ha hecho fuera de plazo.

3) Se han incumplido los requisitos necesarios para el anuncio del recurso de modo insubsanable. Se incluyen como defectos insubsanables la omisión absoluta de la consignación o aseguramiento de la cantidad objeto de condena o el transcurso del plazo legal para el abono del capital coste de las prestaciones periódicas de la Seguridad Social.

4) Se concedió un plazo de subsanación, pero los defectos subsanables no lo fueron.

No se trata de un *numerus clausus*: de una enumeración taxativa. Puede haber causas de inadmisión que no estén expresamente incluidas. Por ejemplo, si pretende recurrir en suplicación alguien que no es parte procesal y no está legitimado para recurrir. Esta falta patente de legitimación permite, por un elemental principio de economía procesal, declarar la inadmisión del recurso.

La STC 162/1995 explica que los errores de los órganos judiciales, cuando no son imputables a la negligencia de la propia parte procesal y cierran las vías de defensa, no deben producir efectos negativos en la esfera jurídica del ciudadano. Si la causa de inadmisión del recurso es imputable a un error cometido por el órgano judicial, deberá concederse un trámite de subsanación a la parte recurrente. Por el contrario, la STC 239/1993 explica que, si es la propia parte procesal la que incurre en error al formalizar el recurso, por causa no imputable a una indicación errónea del órgano judicial sino a una actuación negligente suya, las consecuencias han de recaer sobre la propia parte.

La inadmisión del recurso debe hacerse por auto motivado, susceptible de recurso de queja ante el TSJ (art. 195.2 LRJS).

C) SUBSANACIÓN DEL ANUNCIO DEL RECURSO

Como regla general, todos los defectos u omisiones de la parte recurrente susceptibles de ser subsanados sin perjuicio de los derechos de la parte contraria, deben permitir su subsanación. El art. 243.3 LOPJ establece que *«el juzgado o tribunal cuidará de que puedan ser subsanados los defectos en que incurran los actos procesales de las partes, siempre que en dichos actos se hubiese manifestado la voluntad de cumplir los requisitos exigidos por la Ley»*.

El TC (STC 95/1988, 95/1989 y 13/1990) ha admitido la subsanación de los defectos advertidos en el recurso siempre que no tengan su origen en una actitud negligente o maliciosa del interesado y no dañe la regularidad del procedimiento ni los intereses de la contraparte.

El art. 230.5 LRJS considera subsanables los siguientes defectos u omisiones:

a) Insuficiencia de la consignación o del aseguramiento efectuados, incluidas las especialidades en materia de Seguridad Social.

   La insuficiencia es subsanable, la omisión total es insubsanable.

b) Falta de aportación, en el momento del anuncio o preparación del recurso, de los justificantes de la consignación o del aseguramiento, siempre que el requisito se hubiera cumplimentado dentro del plazo de anuncio o preparación.

c) Defecto, omisión o error en la constitución del depósito o en la justificación documental del mismo.

d) Falta de acreditación o acreditación insuficiente de la representación necesaria o de cualquier requisito formal de carácter subsanable necesario para el anuncio o preparación.

Tampoco se trata de una enumeración taxativa, sino ejemplificativa. El TC ha considerado subsanables los avales defectuosos (STC 343/1993) o la falta de habilitación del letrado (STC 33/1990 y 4/1995).

El art. 230.6 LRJS establece que, si no se subsana el defecto u omisión, se dictará auto que ponga fin al trámite del recurso, quedando firme la sentencia impugnada, contra el que podrá recurrirse en queja. Si la parte procesal requerida para que subsane, no efectúa la subsanación en tiempo y forma, la consecuencia es la misma que si se hubiera tratado de un defecto insubsanable.

5. INTERPOSICIÓN DEL RECURSO DE SUPLICACIÓN

El plazo de interposición del recurso de suplicación es de diez días. Si transcurre el plazo legal sin que se haya presentado el escrito de interposición del recurso de suplicación, el Juzgado de lo Social deberá tener por no interpuesto el recurso. Contra el auto de inadmisión del recurso se podrá recurrir en queja.

En cambio, si falta la firma de letrado en el escrito de interposición del recurso, el LAJ deberá conceder un plazo de subsanación. La LRJS no fija el plazo de subsanación, debiendo aplicarse analógicamente el plazo máximo de cinco días del art. 230.5 LRJS. Si transcurre el plazo de subsanación sin que la parte procesal haya procedido a la subsanación de dicho defecto, deberá dictarse auto de inadmisión del recurso, contra el que podrá recurrirse en queja. Este control de los requisitos formales del escrito de interposición del recurso de suplicación debe limitarse a los requisitos externos.

6. IMPUGNACIÓN DEL RECURSO DE SUPLICACIÓN

Una vez cumplimentados los requisitos de interposición del recurso de suplicación, en el plazo de dos días el LAJ da traslado del escrito de interposición del recurso a la parte o partes recurridas por un plazo único de cinco días para que presenten el escrito de impugnación del recurso de suplicación. El TC ha declarado la nulidad de las actuaciones cuando no se dio al recurrido la posibilidad de impugnar el recurso de suplicación (STC 227/2002), lo que evidencia la importancia de este trámite procesal.

La STC 197/1989 examinó un supuesto en el que la parte demandada había interpuesto recurso de suplicación. Se dio traslado del recurso a la parte actora para que lo impugnara. La parte actora interpuso recurso de reposición contra la providencia que le había dado traslado del recurso de suplicación, pero no presentó escrito de impugnación del recurso de suplicación. La Magistratura de Trabajo no resolvió dicho recurso de reposición y, mientras tanto, transcurrió el plazo para impugnar el recurso. El TC argumentó que la LPL de 1980 solo preveía el recurso de reposición frente a la decisión que deniega la admisión del recurso de suplicación (art. 191 LPL de 1980), no frente a la que la acuerda y por tanto la recurrente no disponía de un recurso de reposición, debiendo hacer valer en el escrito de impugnación tanto las razones por las que sostenía la corrección de la sentencia impugnada como los argumentos contrarios a la recurribilidad suplicacional de la sentencia, pues tal decisión pudo ser revisada por el órgano superior. Por ello, ante la ausencia de una norma procesal expresa que autorice la interposición del recurso de reposición contra las providencias que admiten a trámite un recurso de suplicación, como quiera que el recurso de reposición no tiene efecto suspensivo, su interposición no puede ser interpretada como causa determinante de la interrupción del plazo de que disponía para presentar el escrito de impugnación. El TC denegó el amparo.

7. SUBSANACIÓN DE DEFECTOS

En cuanto a la subsanación de defectos del escrito de impugnación del recurso de suplicación, aunque la LRJS no regula dicho trámite de subsanación, en aras al principio de igualdad de las partes en el proceso, que se integra en el art. 24 CE (el canon de constitucionalidad no puede ser el art. 14 de la CE, porque no se trata de una cuestión atinente a la desigualdad ante la ley, sino el art. 24.1 de la CE), debe operar este trámite de subsanación si se ha omitido la firma de letrado o graduado social.

Transcurrido este plazo de cinco días, con independencia de que se hayan presentado o no escritos de impugnación, se elevan los autos a la Sala de lo Social del TSJ.

8. RECEPCIÓN DE LOS AUTOS POR EL TSJ

Una vez recibidos los autos en la Sala Social del TSJ, se procede a su registro por el LAJ. Posteriormente se designa ponente a uno de los magistrados de la Sala, incluido el Presidente, de conformidad con las normas de reparto del Tribunal, basadas en criterios objetivos. La designación de ponente se notifica a las partes procesales. Al tener conocimiento del magistrado ponente, las partes procesales pueden recusarlo. La recusación deberá proponerse tan pronto como se tenga conocimiento de la causa en que se funde, pues, en otro caso, no se admitirá a trámite (art. 107 LEC y art. 223.1 LOPJ). La STC 210/2001 explica que, para que pueda apreciarse la existencia de indefensión de la parte procesal, esta debe reaccionar con diligencia, presentando la recusación tan pronto como tenga conocimiento de la composición definitiva del Tribunal. También puede promover la recusación el Ministerio Fiscal (art. 218 LOPJ). Por su parte, los magistrados pueden y, en su caso, deben abstenerse. La STC 230/1992 afirma que la falta de notificación a las partes de la composición de un tribunal vulnera el derecho a la tutela judicial efectiva cuando impide el ejercicio de la recusación de alguno de sus miembros.

Se establece un nuevo trámite de subsanación, a cargo del LAJ, con un plazo de cinco días (art. 199 LRJS). Si la parte procesal requerida para que subsane, no efectúa la subsanación en tiempo y forma, el TSJ debe dictar auto declarando la inadmisión del recurso y la firmeza de la resolución recurrida, devolviendo el depósito a la parte recurrente y remitiendo las actuaciones al Juzgado de origen. En tal caso, la inadmisión del recurso es imputable únicamente a la propia parte procesal.

Contra este auto de inadmisión solo cabe interponer recurso de reposición, resuelto por el mismo TSJ.

9. TRÁMITE DE INADMISIÓN DEL RECURSO DE SUPLICACIÓN

El éxito incuestionable del trámite de inadmisión del recurso de casación para la unificación de doctrina y del trámite de inadmisión del recurso de amparo ante el TC contrasta con el fracaso sin paliativos de este trámite de inadmisión del recurso de suplicación. La mayoría de los recursos de casación para la unificación de doctrina y de los recursos de amparo son inadmitidos por el TS y el

TC respectivamente. Sin embargo, este trámite de inadmisión del recurso de suplicación prácticamente no se ha utilizado por los tribunales, debido a las razones siguientes:

1) La economía procesal: su compleja tramitación hace que sea más sencillo y rápido que el TSJ dicte sentencia resolviendo el fondo del asunto.

2) La falta de medios personales de los TSJ, que no tienen Gabinetes Técnicos.

3) El auto de inadmisión no es recurrible en casación para la unificación de doctrina, lo que supone que, si el TSJ opta por este trámite de inadmisión, priva a la parte procesal de que pueda recurrir al TS para que controle su acierto.

Por todo ello, la utilización de este trámite ha sido prácticamente inexistente, lo que excusa de una explicación prolija del mismo.

Las causas de inadmisión reguladas en el art. 200 LRJS son dos:

1) El incumplimiento de manera manifiesta e insubsanable de los requisitos para recurrir en suplicación (por ejemplo, la omisión de la consignación o aseguramiento de la cantidad objeto de condena).

2) La existencia de doctrina jurisprudencial unificada del TS en el mismo sentido que la sentencia recurrida.

El peligro de esta última causa de inadmisión radica en que pueda producirse una «petrificación» de la doctrina del TSJ, que impida la necesaria evolución de su doctrina.

La tramitación de este incidente es la siguiente:

1) El magistrado ponente tiene que dar cuenta a la Sala de la existencia de una causa de inadmisión.

2) El TSJ debe identificar las circunstancias justificativas.

3) Un trámite potestativo de audiencia de la parte recurrente.

4) El TSJ dicta auto de inadmisión, con condena en costas al recurrente y con pérdida del depósito.

Cuando se dicta un auto inadmitiendo el recurso de suplicación porque la parte recurrente no ha subsanado un defecto subsanable, se le devuelve el depósito de 300 euros para recurrir (art. 199 LRJS). Por el contrario, cuando se trata de un defecto insubsanable, la parte recurrente pierde el depósito (art. 200.2 LRJS). No se acierta a entender el porqué de esta diferencia.

Cabe la inadmisión parcial del recurso de suplicación. El auto acordando la inadmisión del recurso no es recurrible, ni siquiera en reposición.

10. ACUMULACIÓN DE RECURSOS DE SUPLICACIÓN

A) NO ES UNA FACULTAD DISCRECIONAL

Ha habido una clara evolución legislativa:

1) La LPL de 1995, antes de la entrada en vigor de la Ley 13/2009, establecía en su art. 231: *«La Sala podrá acordar, de oficio o a instancia de parte [...] la acumulación de los recursos»*. La doctrina jurisprudencial interpretaba esa mención legal como una facultad discrecional de la Sala[5].

2) La Ley 13/2009 modificó este precepto: *«La Sala podrá acordar de oficio y deberá decretar si es a instancia de parte [...] la acumulación de los recursos [...]»*.

3) El art. 234 LRJS dispone: *«La Sala acordará en resolución motivada y sin ulterior recurso, de oficio o a instancia de parte [...] la acumulación de los recursos»*.

4) El Real Decreto-ley 6/2023 reformó el art. 234 LRJS añadiendo el texto siguiente: *«La acumulación podrá acordarse directamente de oficio, previo traslado a las partes para que manifiesten lo que a su derecho convenga en un plazo de cinco días. Acordada la acumulación de recursos, no podrá ésta dejarse sin efecto por el tribunal, salvo que no se hayan cumplido las prescripciones legales sobre acumulación o cuando la Sala justifique, de forma motivada, que la acumulación efectuada podría ocasionar perjuicios desproporcionados a la tutela judicial efectiva del resto de intervinientes»*.

El legislador intenta disminuir la pendencia de procedimientos favoreciendo la acumulación de procesos y de recursos. Si concurren los requisitos legales, la acumulación no es una mera facultad discrecional de la Sala, sino que está obligada a llevarla a cabo, en aras a la economía procesal.

B) REQUISITOS

Se atribuye al TSJ, de oficio o a petición de una de las partes procesales, la acumulación de recursos de suplicación en trámite, siempre que concurran los requisitos siguientes:

5. Autos del TS de 8 de abril de 1997, recurso 2658/1996; 18 julio 2000, recurso 1566/2000; 6 de mayo de 1998, recurso 4629/1997 y 5 de junio de 1997, recurso 701/1997.

1) Requisito temporal: la acumulación debe efectuarse antes del señalamiento para votación y fallo o para la vista.

Este requisito limita el éxito de la acumulación de recursos de suplicación. En muchos pleitos el TSJ no se da cuenta de que dos o más recursos tienen la identidad objetiva y subjetiva que permitiría la acumulación hasta el señalamiento para votación y fallo, momento en que la acumulación ya no es posible.

A fin de impulsar las acumulaciones de recursos, el art. 234.5 LRJS atribuye al LAJ la función de velar por el cumplimiento de lo dispuesto en ese artículo, poniendo en conocimiento del Tribunal los recursos en los que se cumplan dichos requisitos para que se resuelva sobre la acumulación.

2) Requisito objetivo: identidad de objeto

El objeto de los recursos que se acumulan debe ser idéntico. El rigor en la exigencia de este requisito, dotado de un elevado grado de indeterminación, debe ponderarse teniendo en cuenta criterios de economía procesal.

Si acumulando recursos de suplicación se consigue que con una sola sentencia de suplicación se resuelvan varios recursos, de forma que el TSJ evite tener que reiterar en muchas resoluciones judiciales los mismos argumentos, estará justificada la acumulación.

Por el contrario, si la acumulación de recursos de suplicación, cada uno de los cuales está dotado de matices propios, obliga a dictar una sentencia de suplicación extraordinariamente compleja, deberá evitarse la acumulación.

3) Requisito subjetivo: identidad de alguna de las partes procesales

4) Equivalencia de procedimientos

La STS de 6 octubre 1997, recurso 4181/1996, consideró que se había producido una acumulación indebida de actuaciones en un supuesto en que el TSJ había acumulado un recurso de suplicación contra un auto dictado en ejecución de sentencia con una pretensión de audiencia en rebeldía, argumentando que ni hay equivalencia en los procedimientos ni en el régimen de impugnación, pues mientras que frente a la sentencia dictada en suplicación el recurso procedente es el de casación para la unificación de doctrina, frente a una decisión dictada por una Sala de lo Social en una pretensión de audiencia al rebelde solo cabía el recurso de casación ordinario. Por ello, el TS acordó de oficio la nulidad de las actuaciones, dejando sin efecto la acumulación.

5) Los recursos deben estar en la misma fase de trámite procesal

El TS deniega la acumulación de recursos cuando éstos se encuentran en momentos procesales distintos, ya que en otro supuesto se provocarían importantes descoordinaciones de plazos y de otra índole en su tramitación conjunta (autos del TS de 6 de mayo de 1998, recurso 4629/1997 y 18 julio 2000, recurso 1566/2000).

La LRJS establece una norma específica para los procesos derivados de un mismo accidente de trabajo o enfermedad profesional: cuando exista más de un juzgado o sección de la misma sala y tribunal, en el momento de su presentación se repartirán al juzgado o sección que conociera del primero de dichos procesos, las demandas ulteriores relativas a ese accidente de trabajo o enfermedad profesional (art. 25.5 LRJS). La LRJS también estatuye normas específicas de acumulación respecto de las demandas relativas a actos o resoluciones administrativas (art. 25.6 y 7 LRJS).

C) PROCEDIMIENTO

La acumulación puede iniciarse de oficio o a instancia de una de las partes procesales. En cuanto al momento inicial para acordarla, en el recurso de suplicación la acumulación puede acordarse tan ponto como los autos hayan llegado a la Sala.

La parte puede solicitar la acumulación de recursos en los escritos de interposición del recurso de suplicación y de impugnación del mismo, o bien en un escrito independiente redactado con esta exclusiva finalidad.

Cuando la acumulación se acuerda de oficio, la LRJS dispone que debe efectuarse previa audiencia de las partes en un plazo de cinco días. Si la acumulación la solicita una de las partes, la LRJS no establece ningún trámite de audiencia. La acumulación se acuerda por auto motivado.

Se designa Magistrado ponente de los recursos acumulados al que, de ellos, hubiera sido primeramente nombrado, y en igualdad de fechas, al más moderno. La acumulación produce el efecto de discutirse y resolverse conjuntamente todas las cuestiones planteadas en una única sentencia, que se dictará en las actuaciones a las que se hayan acumulado las demás, dejando constancia de la sentencia en éstas.

El Reglamento del CGPJ 2/2018 regulador del régimen retributivo de las Carreras Judicial y Fiscal, puede tener un efecto disuasorio de las acumulaciones de procesos y recursos. Las retribuciones variables por objetivos de los jueces están vinculadas al rendimiento individual acreditado por cada juez o magistrado en el desempeño de sus funciones jurisdiccionales y profesionales. A la hora de valorar dicho rendimiento, no se tiene en cuanta si la sentencia resuelve un único recurso de suplicación o múltiples recursos de suplicación acumulados.

11. SUSPENSIÓN DEL RECURSO DE SUPLICACIÓN

El recurso de suplicación puede suspenderse en los casos siguientes:

1) Por acuerdo de las partes procesales

El art. 86.4 LRJS establece que el procedimiento puede suspenderse a solicitud de ambas partes, hasta que recaiga resolución firme en otro procedimiento distinto, cuando en éste deba resolverse la que constituya objeto principal del primer proceso. Dicha suspensión opera tanto cuando el pleito suspendido se está tramitando en la instancia, como cuando se están tramitando los recursos de suplicación o casación.

2) Procedimiento de conflicto colectivo sobre el mismo objeto

El art. 160.5 LRJS acuerda la suspensión de los procesos individuales que puedan verse afectados por procesos carácter colectivo que versen sobre un objeto idéntico o con relación de directa conexión.

No procede la suspensión del proceso individual cuando se ha dictado sentencia firme en el proceso colectivo, en cuyo caso opera el efecto de cosa juzgada (STS de 29 de enero de 2019, recurso 33/2017).

3) Procedimiento de despido colectivo

Si el trabajador impugna individualmente un despido colectivo y se acredita que dicho despido también ha sido impugnado colectivamente (por los representantes de los trabajadores, por el empresario o por la autoridad laboral, en el procedimiento de oficio), deberá suspenderse el recurso de suplicación hasta que se dicte sentencia colectiva firme, que produce efecto de cosa juzgada sobre los procesos individuales [art. 124.13.b).2.º LRJS].

También se suspende el recurso de suplicación en los procedimientos de oficio interpuestos por la autoridad laboral impugnando un despido colectivo, si se acredita que los representantes de los trabajadores o el empresario han iniciado el proceso de despido colectivo. La suspensión finalizará cuando se resuelva este procedimiento (art. 124.7 LRJS).

4) Otras causas de suspensión derivadas del derecho a la tutela judicial efectiva

El TS acordó la suspensión de la tramitación de un recurso de casación para la unificación de doctrina en un supuesto en que se habían reclamado daños y perjuicios por infracción de medidas de seguridad en el fallecimiento de un trabajador derivado de enfermedad profesional. La parte recurrente aportó en casación un documento consistente en la demanda interpuesta por las Entidades Gestoras alegando error de diagnóstico e instando la revisión de aquella contingencia. El TS admitió el documento y acordó la suspensión del procedimiento hasta la firmeza de la sentencia que se dicte en el procedimiento instado por las Entidades Gestoras, argumentando que la determinación de la contingencia era cuestión prejudicial cuya prioritaria decisión se imponía en aplicación del art. 43 LEC (auto del TS de 24 de abril de 2018, recurso 3734/2017).

Por consiguiente, las causas de suspensión del procedimiento no constituyen un *numerus clausus* sino que, por aplicación del art. 24 CE, puede acordarse la suspensión de la tramitación del recurso de suplicación en casos que no están expresamente previstos, en aras a evitar la indefensión constitucionalmente proscrita.

12. APORTACIÓN DE DOCUMENTOS EN SUPLICACIÓN

A) REQUISITOS DE LA APORTACIÓN DOCUMENTAL

El art. 233 LRJS contiene una regla general de prohibición de la aportación de documentos en suplicación y casación, en coherencia con su naturaleza extraordinaria: *«La Sala no admitirá a las partes documento alguno ni alegaciones de hechos que no resulten de los autos»*.

A continuación, exceptúa de dicha prohibición:

1) La sentencia o resolución judicial o administrativa firme.

2) Los documentos decisivos para la resolución del recurso que la parte no hubiera podido aportar anteriormente al proceso por causas que no le fueran imputables.

3) Cuando en todo caso pudiera darse lugar a posterior recurso de revisión por tal motivo.

4) Cuando fuera necesario para evitar la vulneración de un derecho fundamental.

El TS ha sentado la doctrina siguiente:

> *«1) En los recursos extraordinarios de suplicación y casación, incluido el de casación para la unificación de doctrina, los únicos documentos que podrán ser admitidos durante su tramitación serán los que tengan la condición formal de sentencias o resoluciones judiciales o administrativas firmes y no cualesquiera otros diferentes de aquellos.*
>
> *2) La admisión de dichos documentos viene igualmente condicionada a que:*
>
> *a) Las sentencias o resoluciones hayan sido dictadas o notificadas en fecha posterior al momento en que se llevaron a cabo las conclusiones en el juicio laboral de instancia,*

b) Que serán admisibles si, además, por su objeto y contenido aparecieran como condicionantes o decisivas para resolver la cuestión planteada en la instancia o en el recurso

c) En el caso de que no se trate de documentos de tal naturaleza o calidad, deberán ser rechazados de plano, y serán devueltos a la parte que los aportó, sin que puedan por lo tanto ser tenidos en cuenta para la posterior resolución que haya de dictar la Sala.

3) Los documentos que por reunir aquellos requisitos previos hayan sido admitidos y unidos a los autos producirán el efecto pretendido por la parte sólo en el caso de que la producción, obtención o presentación de los mismos no tenga su origen en una actuación dolosa, fraudulenta o negligente de la propia parte que pretende aportarlos; lo cual será valorado en la resolución (auto o sentencia) que proceda adoptar, en definitiva.

4) Cuando el documento o documentos aportados reúna todas las anteriores exigencias la Sala valorará en cada caso su alcance en la propia sentencia o auto que haya de dictar» (autos del TS de 25 de julio de 2019, recurso 4050/2015; 7 de octubre de 2021, recurso 2156/2021; 1 de diciembre de 2021, recurso 3242/2021; y 3 de febrero de 2025, recurso 2969/2023).

El recurso de suplicación tiene naturaleza extraordinaria, lo que supone que el trámite de proposición y práctica de las pruebas se ciñe a la instancia, a diferencia del recurso de apelación que, al tratarse de un recurso ordinario, admite limitadamente la aportación y práctica de pruebas ante el tribunal *ad quem*. El auto del TS de 14 de febrero de 2003, recurso 1973/2002, interpretó el art. 231.1 de la derogada LPL, que admitía la aportación excepcional de documentos en suplicación y casación, y explicó que este precepto legal *«sienta una regla general en el sentido de que la Sala correspondiente [...] no admitirá a las partes documento alguno en el trámite de estos recursos. Esto es consecuencia, sin duda, del carácter de extraordinarios con el que ambos vienen legalmente configurados, de tal suerte que, sólo con carácter excepcional, es posible atacar a través de ellos la relación de hechos probados que se contiene en la resolución de instancia»*. El art. 233 LRJS mantiene la excepcionalidad de la aportación documental en suplicación y casación.

El auto del TS de 24 de enero de 2019, recurso 2570/2018, inadmitió varios documentos aportados por la parte recurrente en casación unificadora por ser anteriores a la sentencia recurrida, por lo que debieron de haber sido aportados ante la sala de suplicación. El mismo criterio es aplicable al recurso de suplicación.

La STS 1214/2024, de 29 de octubre (rcud 1253/2023) explica que el art. 233 de la LRJS ha permitido la admisión de las siguientes resoluciones judiciales:

a) Sentencias posteriores y firmes entre las mismas partes que fijan una fecha de extinción distinta y diferentes condiciones indemnizatorias: ATS de 5 de abril de 2019 (rcud 1864/2018).

b) La sentencia del Juzgado de lo Social que deja sin efecto la sanción, cuando los hechos reflejados en el acta de infracción son los que motivan la demanda: ATS de 20 de diciembre de 2019 (rcud 4984/2018).

c) La sentencia anterior a la de suplicación y firme que confirma la existencia de cosa juzgada, por lo que se anulan actuaciones para que la sala de suplicación decida: STS de 13 de abril de 2016 (rcud 3043/2013).

La citada STS 1214/2024, de 29 de octubre (rcud 1253/2023) explica que es válida la modificación fáctica operada sobre la base de los hechos probados en una sentencia firme dictada en otro procedimiento que se incorporó a autos de conformidad con el art. 233 LRJS [STS 492/2020, de 23 de junio (rcud 229/2018)].

No cabe utilizar la aportación documental en suplicación para subsanar omisiones en la práctica de la prueba ante el Juzgado de lo Social. En algunas ocasiones, la sentencia del Juzgado de lo Social desestima la demanda por falta de prueba de algún extremo controvertido. La parte recurrente aporta en suplicación un documento con la finalidad de acreditar el citado extremo. Normalmente, a fin de que el documento sea de fecha posterior a la del juicio oral, la parte recurrente provoca la emisión de dicho documento.

Por ejemplo, en un pleito de incapacidad permanente, se desestima la demanda porque la parte actora no ha demostrado que tuviera una coxartrosis grado III. Con posterioridad al dictado de la sentencia de instancia, el demandante acude a un médico traumatólogo para que redacte un informe médico en el que aparece que padece la citada dolencia y lo aporta en suplicación al amparo del art. 233 LRJS. No se trata de un documento surgido del tráfico jurídico sino que la parte recurrente, disconforme con la valoración de la prueba practicada en la instancia, se dirigió a ese facultativo para que redactara un documento con la exclusiva finalidad de combatir el relato fáctico de la sentencia recurrida, por lo que procede rechazar su admisión en el recurso extraordinario de suplicación, puesto que no concurre ninguno de los supuestos que permiten la aportación de prueba documental en suplicación.

Es importante insistir en que el documento es una institución causal, surgida en el tráfico jurídico en sentido amplio con una causa concreta. Si el documento no ha surgido del tráfico jurídico, sino que la causa de la emisión del documento es aportarlo en suplicación al amparo del art. 233 LRJS para subsanar la deficiente práctica de prueba ante el Juzgado de lo Social, procederá inadmitirlo.

B) ÓRGANO JUDICIAL ANTE EL QUE SE TIENE QUE PRESENTAR

En la práctica forense es habitual que los documentos del art. 233 LRJS se presenten ante el propio Juzgado de lo Social, adjuntando el documento nuevo con el escrito de interposición del recurso de suplicación o con el escrito de impugnación. Sin embargo, el art. 233 LRJS se refiere exclusivamente a *«la Sala»*, por lo que, conforme al tenor literal de la norma, en el recurso de suplicación parece que estos documentos se deberían presentar ante el TSJ.

Pese a ello, teniendo en cuenta que la sustanciación de la suplicación se lleva a cabo ante el Juzgado de lo Social; que al presentarse estos documentos con el escrito de interposición del recurso, el trámite de traslado del recurso de suplicación permite cumplir la audiencia de la parte contraria prevista en el art. 233.1 LRJS, con la consiguiente economía procesal; y que puede resultar más fácil para la parte procesal la presentación del documento ante el Juzgado de lo Social que ante el TSJ, no debe haber inconveniente a su presentación ante el Juzgado que, al remitir los autos al TSJ para la resolución del recurso, remitirá también el documento.

C) PERIODO DE TIEMPO DE PRESENTACIÓN DEL DOCUMENTO O ESCRITO

La LRJS no se refiere al momento procesal en el que se debe presentar este documento. El auto del TS de 28 de octubre de 2021, recurso 3691/2020 argumenta que *«[l]a fecha de la deliberación opera como día final para aportar documentos al amparo del art. 233 de la LRJS porque constituye el momento en que queda fijado el contenido de la decisión judicial, pendiente únicamente de la redacción de la sentencia por el ponente, operando como término preclusivo de la posibilidad de aportar documentos en suplicación»*.

D) INTERRUPCIÓN DEL TRÁMITE

El art. 233.2 LRJS establece que el trámite de admisión de documentos interrumpirá el *«que, en su caso, acuerde la Sala sobre la inadmisión del propio recurso»*. Esta suspensión se refiere exclusivamente al trámite de inadmisión del recurso de suplicación por haberse resuelto otros supuestos iguales (art. 200 LRJS), debido a que el documento puede incidir sobre la apreciación de las causas de inadmisión por razones de fondo. Pero no se paralizan los trámites relativos al cumplimiento de los requisitos procesales del recurso (por ejemplo, la falta de consignación), porque en estos casos lo determinante no son razones de fondo, sino el incumplimiento de requisitos procesales, que en todo caso han de concurrir, sea cual sea la decisión sobre el documento o el hecho. Ello supone que la parte procesal no puede pretender suspender el plazo para que cumpla un trámite procesal (por ejemplo, si se le requiere para que acredite haber efectuado la correspondiente consignación) por la vía de aportar un documento al amparo del art. 233 LRJS.

E) AUDIENCIA DE LA CONTRAPARTE

El art. 233 LRJS prevé la audiencia de la contraparte para que formule alegaciones en el plazo de tres días. Este trámite no es necesario en los siguientes supuestos:

1) Cuando el documento se presenta junto con el escrito de interposición del recurso de suplicación, pues en tal caso el recurrido tiene la posibilidad de alegar lo que considere oportuno en su escrito de impugnación del recurso (STS de 16 diciembre 2002, recurso 1208/2001).

2) Cuando no se han aportado documentos en condiciones de ser examinados (como un documento ilegible).

3) Cuando los documentos aportados son, sin necesidad de mayores averiguaciones, radicalmente inadmisibles.

En cuanto al contenido de este trámite, la contraparte, al evacuar la audiencia, puede impugnar la concurrencia de los requisitos que permiten la incorporación del documento y referirse al contenido del documento o a su influencia en el pleito.

F) RESOLUCIÓN DEL INCIDENTE

El art. 233.1 LRJS prevé que el trámite de admisión se resolverá por auto, dictado en el plazo de dos días, contra el que no cabrá recurso de reposición. En este auto el tribunal debe pronunciarse exclusivamente sobre si debe admitirse o no el documento, dejando la valoración de fondo para la sentencia de suplicación o de casación.

Si el TSJ admite el documento, deberá complementarse el recurso o la impugnación del recurso. Por razones de economía, concentración y agilidad procesal, la inadmisión del documento también puede acordarse en la sentencia que ponga fin al recurso (STS de 5 de enero de 2000, recurso 4385/1998; 18 de julio de 2002, recurso 3858/2001 y 16 de diciembre de 2002, recurso 1208/2001)[6].

---

6. Estas STS de 5 de enero de 2000, recurso 4385/1998; 18 de julio de 2002, recurso 3858/2001 y 16 de diciembre de 2002, recurso 1208/2001, resolvieron el incidente en la propia sentencia.

G) EFECTOS DE LA ADMISIÓN DE LOS DOCUMENTOS

El art. 233.1 LRJS establece que, si se admite el documento, se dará traslado a la parte que lo presentó para que en el plazo de cinco días complemente su recurso o su impugnación y posteriormente se dará traslado a la parte contraria por cinco días para que se oponga a su pretensión.

Si el documento lo ha presentado la parte recurrente, deberá presentar un escrito de compleción del recurso de suplicación, incluyendo motivos suplicacionales amparados en la letra b) del art. 193 LRJS, dirigidos a la revisión del relato fáctico de instancia, sustentados en el documento aportado en suplicación, así como motivos amparados en el apartado c) del art. 13 LRJS, en los que denuncie la infracción de normas jurídicas o de la jurisprudencia basadas en la mentada revisión histórica.

Si lo ha presentado la parte recurrida, deberá presentar un escrito de compleción del escrito de impugnación del recurso de suplicación, postulando revisiones de hecho basadas en el citado documento y causas de oposición subsidiarias al recurso de suplicación sustentadas en dicha revisión fáctica.

13. COSTAS

La desestimación del recurso de suplicación conlleva la condena al pago de las costas del recurso a la parte vencida que no goce del beneficio de justicia gratuita.

A) PARTE VENCIDA

La condena al pago de las costas del recurso persigue que la parte procesal que instó un trámite procesal que se ha revelado inútil (la impugnación de una sentencia, que se ha desestimado), abone los gastos causados por dicha intervención procesal. Por ello, no se imponen las costas al recurrido que impugnó el recurso, aunque este se estime (STS de 21 enero 2002, recurso 176/2001; 18 octubre 2006, recurso 396/2005 y 2 de enero de 2009, recurso 1013/2006), ni al recurrente cuyo recurso se estima parcialmente. En consecuencia, si una parte procesal interpone un recurso de suplicación, aunque se estime, ello no supone que la parte recurrida, que en el escrito de impugnación del recurso solicitó la confirmación de la sentencia de instancia, deba pagar las costas del recurrente. Si la parte recurrente consigue una estimación parcial de su recurso (lo que significa que la sentencia recurrida no era conforme a derecho en su integridad), tampoco se le condena al pago de las costas del recurso.

Si recurren ambas partes procesales (demandante y demandado) y ambos recursos se desestiman, procederá la condena al pago de las costas a la parte recurrente que no goza del beneficio de justicia gratuita, aunque su importe se limitará a las devengadas en su recurso: el recurrente que no goza del beneficio de justicia gratuita (el empresario) cuyo recurso se ha desestimado, deberá abonar las costas derivadas de su propio recurso: los honorarios del letrado o graduado social del trabajador que presentó el escrito de impugnación del recurso. En cambio, aunque el trabajador también interponga recurso contra la sentencia de instancia y asimismo se desestime, como goza del beneficio de justicia gratuita, no se le condenará al pago de las costas de su recurso (STS de 29 enero 2007, recurso 4138/2005 y 14 febrero 2007, recurso 1514/2005).

B) QUE NO GOZA DEL BENEFICIO DE JUSTICIA GRATUITA

a) Sujetos exentos

Están exentos de abonar las costas de suplicación las partes procesales que tienen reconocido el derecho a la asistencia jurídica gratuita. En el epígrafe relativo a la obligación de depositar 300 euros para recurrir en suplicación examinamos dicha exención.

b) Sujetos obligados

Se condena al pago de las costas al recurrente cuyo recurso se desestima siempre que no goce del beneficio de justicia gratuita. La LRJS exime a diferentes Administraciones públicas (Estado, Comunidades Autónomas...) de la obligación de depositar y consignar para recurrir en suplicación o casación (art. 229.4 LRJS) pero no les exonera de la condena al pago de las costas de estos recursos: aun cuando están exentas del requisito de efectuar el depósito y la consignación para recurrir, estas Administraciones públicas deben ser condenadas al pago de las costas de los recursos. El art. 13.3 de la Ley 52/1997, de 27 noviembre, que regula el régimen de la asistencia jurídica al Estado e Instituciones públicas, establece que las costas a cuyo pago fuese condenado el Estado, sus Organismos Públicos o los órganos constitucionales serán abonadas con cargo a los respectivos presupuestos de acuerdo con lo establecido reglamentariamente.

Están obligados a abonar las costas de los recursos de suplicación y casación las siguientes personas jurídicas, puesto que no gozan del beneficio de justicia gratuita:

1) La Administración del Estado (STS de 10 octubre 1996, recurso 855/1996 y 13 marzo 1997, recurso 3345/1996).

2) Las Comunidades Autónomas (STS de 27 diciembre 1994, recurso 2115/1993).

3) Las Diputaciones Provinciales (STS de 9 julio 1994, recurso 3674/1993).

4) Los Ayuntamientos (STS de 24 enero 1997, recurso 2897/1996).

5) Las Universidades. Los autos del TS de 21 de enero de 1999; 23 de febrero de 2000 y 21 septiembre 2001, recurso 3892/2000, explican que después de la entrada en vigor de la Ley 1/1996, de asistencia jurídica gratuita, los beneficios de la justicia gratuita han quedado reducidos por Ley a muy limitados supuestos y entidades, entre los que no se hallan las fundaciones benéfico-docentes ni, por tanto, las Universidades por lo que no están exentas del pago de las costas.

6) El Fondo de Garantía Salarial (STS de de 18 enero 2000, recurso 4608/1999).

C) CONCEPTOS INCLUIDOS

El art. 241.1 LEC enumera los conceptos incluidos en las costas del proceso. La condena al pago de las costas del art. 235 LRJS se refiere a las costas de un recurso. Por ello, en la práctica la condena se limita a los honorarios del letrado o graduado social de la parte contraria.

Su cuantía se limita a un máximo de 1.200 euros para el recurso de suplicación. Si una única parte procesal recurre en suplicación y hay varios impugnantes del recurso, la parte recurrente deberá abonar los honorarios de cada uno de los abogados o graduados sociales que han presentado escritos de impugnación del recurso de suplicación. Es decir, en la parte dispositiva de la sentencia de suplicación se condenará a la parte recurrente a abonar los honorarios del abogado o graduado social de cada una de las partes recurridas, fijando la cuantía de cada uno de ellos dentro del máximo legal de 1.200 euros.

En cambio, si hay varios recurrentes y un solo escrito de impugnación, solo se deberán abonar los honorarios correspondientes a ese único escrito, distribuyendo su importe entre todos los recurrentes.

La concreción de la cuantía en cada caso, dentro del máximo legal, es facultad discrecional de la Sala, que no tiene por qué asumir las normas orientadoras de los Colegios de Abogados. El auto del TS de 18 de mayo de 2007, recurso de súplica 3265/2004, argumentó que el tenor literal del art. 233 LPL conllevaba que no hubiera tasación de costas en los recursos extraordinarios laborales, sino determinación discrecional por la Sala de los honorarios cuando hubiera condena en costas y no se produjera acuerdo de las partes sobre su importe y abono, tratándose de una facultad discrecional dentro de los límites legales. En el mismo sentido se pronuncia el auto del TS de 15 de marzo de 2007, recurso 3346/2004, el cual explica que estos honorarios pueden ser cuantificados en la propia sentencia, sin otro requisito ni condicionamiento que el de no rebasar el limite legalmente previsto. La citada doctrina jurisprudencial es aplicable a la vigente LRJS, cuyo art. 235 regula las costas en suplicación en términos similares al derogado art. 233 LPL.

Si el abogado se defiende a sí mismo, no procede la condena a la parte contraria a abonarle sus honorarios. El TS concluye que el abogado que se defiende a sí mismo no está ejerciendo una defensa de intereses ajenos, que es lo que propiamente constituye el cometido profesional del abogado, ni por tanto existe razón para generar el derecho a unos honorarios profesionales (STS de 8 marzo 2002, recurso 2796/1999)[7].

La intervención de los graduados sociales colegiados en el recurso de suplicación supone que la condena al pago de las costas incluirá los honorarios del graduado social colegiado cuando haya suscrito el escrito de impugnación del recurso de suplicación.

El ATS de 25 de julio de 2019 (rec. 4594/2017) excluye de las costas de un recurso de casación, los gastos derivados de la actuación del Procurador designado por la parte vencedora en el recurso, aunque su domicilio esté fuera de Madrid, porque la LRJS solamente contempla las costas correspondientes a los honorarios de abogado o de graduado social, no siendo preceptiva su intervención.

D) CONFLICTO COLECTIVO

La regla de vencimiento no se aplica a los recursos interpuestos en el proceso de conflicto colectivo, en el que cada parte se hace cargo de las costas causadas a su instancia (art. 235.2 LRJS), salvo que se haya recurrido con temeridad. Se entiende que un recurso es temerario cuando es notoriamente infundado o se refiere a cuestiones litigiosas que ya han sido resueltas reiteradamente por el tribunal en un determinado sentido.

E) INADMISIÓN DEL RECURSO Y DESESTIMIENTO

a) Inadmisión del recurso

El art. 200 LRJS regula un trámite de inadmisión del recurso de suplicación por incumplimiento manifiesto e insubsanable de los requisitos para recurrir o por haber desestimado la Sala en el fondo otros recursos en supuestos sustancialmente iguales. Esta inadmisión, resuelta por auto, determina la imposición de las costas al recurrente (art. 200.2 LRJS).

Por el contrario, las STS de 26 de noviembre de 2003, recurso 4863/2002 y 31 mayo 2005, recurso 2881/2004, negaron que proceda la imposición de costas cuando se declara la inadmisión del recurso de suplicación porque la sentencia

7. Esta STS de 8 marzo 2002, recurso 2796/1999, cita la sentencia del TS, Sala Contencioso-Administrativa, de 3 de diciembre de 1996, recurso 4991/1994.

de instancia no era susceptible de recurso, argumentando que el art. 233 LPL establecía que la sentencia impondría las costas a la parte vencida en el recurso, y en este caso no existía parte vencida, al no haber existido pronunciamiento sobre el fondo. El TS explica que en los recursos de suplicación en los que se decreta la nulidad de actuaciones por no alcanzar lo reclamado la cuantía mínima y no existir afectación general, la parte procesal se limitó a utilizar los medios de defensa indicados por el Juzgado de instancia, que ofreció la posibilidad de recurrir en suplicación. Al no haberse podido proceder al examen de la cuestión de fondo, no existe una parte procesal de la que pueda decirse que haya sido «vencida» en el recurso (art. 233.1 LPL) y a la que, en consecuencia, haya que imponer las costas conforme a dicho precepto.

b) Desistimiento

La parte recurrente puede desistir del recurso de suplicación en cualquier momento antes del dictado de la sentencia resolutoria del recurso. Es necesario poder especial del letrado o graduado social y en su defecto que ratifique el desestimiento la parte recurrente, sin necesidad de audiencia de la contraparte. El TS ha rechazado la imposición de costas al recurrente que desiste (auto del TS de 6 de febrero de 2003, recurso 2840/2002). Pero sí que se acuerda la pérdida del depósito (auto del TS de 26 de junio de 2008, recurso 3879/2005).

F) MALA FE, TEMERIDAD O DILACIÓN

La STS de 15 de octubre de 2002, recurso 1267/2001, consideró que el art. 97.3 LPL era aplicable al recurso de casación, en caso de temeridad o mala fe en la interposición de dicho recurso. El TS impuso las costas del recurso a un sindicato y a varios trabajadores por apreciar temeridad en su conducta. La STS de 25 de marzo de 1999, recurso 1370/1998, también impuso las costas por temeridad a un beneficiario de la Seguridad Social que había solicitado la revisión de una sentencia firme[8].

En realidad, el art. 97.3 LRJS, que es trasunto del art. 97.3 de la derogada LPL, regula la imposición de una sanción pecuniaria. Además de ella, si el condenado es el empresario, debe abonar los honorarios de los abogados. La condena principal es la sanción. Y la condena accesoria, en algunos casos, el pago de los honorarios de los abogados.

El art. 235.3 LRJS dispone que, en caso de mala fe o temeridad de la parte recurrente en suplicación, así como cuando el recurso se interponga con propósito dilatorio, se le podrá imponer la multa del art. 75.4 y 97.3 LRJS (de 600

8. Implícitamente admiten la procedencia de la condena al pago de las costas del recurso en caso de temeridad o mala fe, las STS de 21 de noviembre de 2007, recurso 1767/2006 y 13 de mayo de 2008, recurso 487/2007. Se ha pronunciado en el mismo sentido respecto del recurso de suplicación, la STSJ de Cataluña n.º 3529/2006, de 9 mayo.

a 6.000 euros, con el límite de la tercera parte de la cuantía del litigio). Si el recurrente no es trabajador, funcionario, personal estatutario o beneficiario de la Seguridad Social, se le pueden imponer los honorarios de los abogados o graduados sociales colegiados actuantes en el recurso dentro del límite de 1.200 euros.

Por ende, solamente están exentos del pago de costas por temeridad, mala fe o dilación las citadas personas físicas: trabajadores, funcionarios, personal estatutario y beneficiarios. Un empresario que goce del beneficio de asistencia jurídica gratuita o una persona jurídica que la tenga reconocida por ley o por insuficiencia de recursos para litigar (como el INSS o un sindicato) sí que pueden ser condenados al pago de costas por temeridad, mala fe o dilación.

Si la condena en costas por temeridad, mala fe o dilación la solicita la parte recurrida en su escrito de impugnación del recurso de suplicación y se ha dado traslado a la parte recurrente, no será necesario que el TSJ cumplimente un trámite de audiencia previo. Pero cuando el TSJ pretenda imponer las anteriores medidas de oficio, oirá previamente a las partes personadas.

14. SENTENCIA DE SUPLICACIÓN

Si el recurso se admite, el TSJ debe dictar sentencia en el plazo de diez días. Este precepto debe interpretarse en el sentido de que, tras admitirse el recurso, el TSJ debe señalar día y hora para la votación y fallo del recurso (art. 486 LEC), computándose el plazo de diez días hábiles para dictar sentencia desde el día señalado para votación y fallo.

La redacción de la sentencia le corresponde al magistrado ponente. Si éste no se conforma con el voto de la mayoría, se encomienda la redacción a otro magistrado y el magistrado designado originariamente como ponente dicta un voto particular.

La sentencia de suplicación se notifica a todas las partes procesales, tanto a las que presentaron escritos de interposición del recurso de suplicación o de impugnación del recurso, como a las que no lo hicieron.

También se notifica la sentencia al Ministerio Fiscal del TSJ, que está legitimado para interponer recurso de casación para la unificación de doctrina.

Transcurrido el plazo de diez días desde la notificación de la sentencia sin que ninguna de las partes procesales, ni el Ministerio Fiscal, haya interpuesto recurso de casación para la unificación de doctrina, la sentencia deviene firme, debiendo acordar el LAJ la devolución de los autos, junto con la certificación de aquélla, al Juzgado de procedencia para su ejecución. La sentencia original se incorpora al libro de sentencias del tribunal (art. 213 LEC).

El éxito del recurso de suplicación interpuesto por unos de los condenados solidariamente por el Juzgado de lo Social aprovecha al resto de los condenados solidariamente [STS 158/2020, de 19 de febrero (rcud 2852/2017); y 1318/2023, de 26 de diciembre (rcud 1579/2022)].